# 走进历史的陈忠实

ZOUJIN LISHI DE
**CHEN ZHONGSHI**

邢小利 著

陕西新华出版
陕西人民出版社

图书在版编目（CIP）数据

走进历史的陈忠实／邢小利著.—西安：陕西人民出版社，2024.4
　ISBN 978-7-224-15156-5

　Ⅰ.①走… Ⅱ.①邢… Ⅲ.①陈忠实（1942-2016）—人物研究—文集 Ⅳ.①K825.6-53

中国国家版本馆 CIP 数据核字（2023）第 210960 号

出 品 人：赵小峰
策划编辑：张孔明　彭　莘
责任编辑：王彦龙　姜一慧
封面设计：杨亚强

## 走进历史的陈忠实
ZOUJIN LISHI DE CHENZHONGSHI

| 作　　者 | 邢小利 |
|---|---|
| 出版发行 | 陕西人民出版社 |
|  | （西安市北大街 147 号　邮编：710003） |
| 印　　刷 | 陕西天地印刷有限公司 |
| 开　　本 | 787 毫米×1092 毫米　1/16 |
| 印　　张 | 22.75 |
| 字　　数 | 330 千字 |
| 版　　次 | 2024 年 4 月第 1 版 |
| 印　　次 | 2024 年 4 月第 1 次印刷 |
| 书　　号 | ISBN 978-7-224-15156-5 |
| 定　　价 | 68.00 元 |

如有印装质量问题，请与本社联系调换。电话：029-87205094

# 目录 CONTENT

## 走进历史的陈忠实

- 003　陈忠实的创作道路与文学地位
- 022　陈忠实：画出民族的魂
- 034　"剥离"与"寻找"之后的收获
- 038　走进历史的陈忠实
- 044　《白鹿原》解读
- 048　关中的世相和风骨
- 053　忠实与发挥
- 057　今天与昨天的对话
- 061　现实主义：从柳青到路遥和陈忠实

## 陈忠实的"枕头工程"

071　　陈忠实：踏过泥泞五十秋
082　　陈忠实的"枕头工程"
094　　陈忠实在八十年代
117　　《白鹿原》的创作过程
127　　《白鹿原》参评茅盾文学奖
141　　《白鹿原》电影的问世
178　　山重水复十七年
195　　归去原下
203　　陈忠实逝世后海内外唁电中对他的评价

## 注目南原觅白鹿

221　先生之风，山高水长

225　陈忠实：高风亮节　行为世范

231　陈忠实与《白鹿原》

232　陈忠实的寂寞

254　陈忠实的得意

263　注目南原觅白鹿

274　《陈忠实传》是这样写成的

**新文学的一个高峰**

281　史学的态度，史学的方法

306　《白鹿原》是近一百年来新文学的一个高峰

313　《白鹿原》提供了"白学"的文本基础

317　陈忠实之后：乡土文学的出路

319　《白鹿原》电视剧是难得一见的"良心剧"

321　陈忠实是一位人品和文品俱佳的作家

328　陈忠实文学馆是一部陕西地域文化史

335　陈忠实、《白鹿原》研究及其他

348　研究陈忠实是天时地利人和

357　后记

# 走进历史的陈忠实

# 陈忠实的创作道路与文学地位

## 陈忠实的创作道路

陈忠实，1942年8月3日出生于西安市灞桥区白鹿原北坡下的西蒋村。1962年高中毕业。同年秋任西安市郊区毛西公社蒋村小学民请教师。1964年秋，调毛西公社农业中学任教。1966年2月加入中国共产党。1968年12月，借调到立新（原毛西）公社协助搞专案、整党等项工作。其中的专案工作，主要任务是给农村和社属单位在"清理阶级队伍"中揪出来的人落实政策，他主要负责文字工作。1971年6月，因工资问题在公社不好解决，立新公社安排陈忠实任公社卫生院革命领导小组组长（即院长）。1973年春任毛西公社革委会副主任。1975年被任命为中共毛西公社副书记。同年8月，经中共西安市郊区党委同意，应西安电影制片厂之邀到该厂，将他发表于1973年的短篇小说《接班以后》改编为电影剧本。电影于1976年拍成，片名《渭水新歌》，1977年1月发行放映。1977年夏，被任命为毛西公社平整土地学大寨副总指挥；冬，被任命为毛西公社灞河河堤水利会战工程主管副总指挥。1978年10月，调入西安市郊区文化馆工作，任副馆长。同年10月加入中国作家协会西安分会（即后来的陕西省作家协会）。1979年6月3日在《陕西日报》发表短篇小说《信任》，后获中国作协1979年全国优秀短篇小说奖。同年9月加入中国作家协会。1980年，调入西安市灞桥区文化局，被任命为副局长兼文化馆副馆长。1982年11月调入中国作家协会西安分会从事专业创作。1985年4月，在中国作家协会陕西分会（即后来的陕西省作家协会）三届二次理事会上，被选举为中国作协陕西分会副主席。1987年10月被选为代表参加中国共产党第十三次全国代表大会。1992年5月，报告文学《渭北高原，关于一个人的记忆》（与田长山合作）获中国作家协会1990—1991年度全国优秀报告文学奖。同年10月，当选为代表出席中国共产党第十四次全国代表大会。1993年6月，长篇小说《白鹿原》由人民文学出版社出版。同年6月，陕西省作家协会第四次会员代表大会召开，当选为陕西省作家协会主席。2001年12月，在中国作协第六次全国代表大会上当选为中国作家协会副主席。2006年11月，在中国作家协会第七次全国代表大会上再次当选中国作家协会副主席。2007年9月，在陕西省作家协会第五次会员代表大会上被聘为陕西省作家协会名誉主席。2011年11月，在中国作家协会第八次全国代表大会上第三次当选中国作家协会副主席。

陈忠实的创作道路大致可以分为四个时期。

第一时期：从"文革"前到"文革"结束后两年（1965—1978）。这一个时期又可分为两个阶段。第一阶段是模仿性的习作期，尚缺乏文学的自觉。陈忠实上初中二年级时就爱上了文学，初中三年级时在"诗歌大跃进"的时代氛围影响下，写了不少诗歌，1958年11月4日《西安日报》发表了其中的一首《钢、粮颂》。1962年，陈忠实回乡当了小学民请教师，立志从事创作，以文学为人生希望，意欲以此改变命运，同时亦以文学作为困境生活中的精神安慰。从1965年到1966年4月，在《西安晚报》发表散文5篇、故事1篇、诗歌1首、快板书1篇，内容多为叙说农村生活中的好人好事，歌颂新时代和新生活，或通过记述贫苦农民的命运反映阶级斗争历史。这些带有习作痕迹的作品的创作和发表，一方面为他带来喜悦和希望，另一方面又使他受染于时代的生活气息和文学观念，开始了与时代的"合唱"。第二阶段是"文革"后期，从1973年11月在《陕西文艺》第3期头条发表生平第一个短篇小说《接班以后》亮相文坛，至1976年在《人民文学》第3期小说栏目头条发表短篇小说《无畏》，四年间连续发表的4个短篇小说均在当时文坛和读者中引起较大的反响。《接班以后》《高家兄弟》《公社书记》和《无畏》四个短篇小说，单从形象塑造、结构和语言等技术层面来看，都较为成熟，可以看作陈忠实在文学创作道路上跃升为比较自觉时期的作品。

创作和发表这几个短篇小说时，陈忠实三十岁出头，由民请教师身份转为国家正式干部不久，不仅在人民公社的工作热情积极，业余的文学创作也有一种期望不断向前的激情。他在这一阶段的小说写作，其基本内容和人物塑造明显受到了当时意识形态和文艺政策的影响。内容的一个重点就是农村复杂的阶级斗争，尤其是无产阶级和资产阶级两条路线的斗争，这样的政治主题最后往往归结于一个核心问题，那就是围绕权力的斗争。这些小说着力塑造普通人中的英雄人物形象，特别是青年英雄人物形象，这些人物一般富有大公无私的优秀品质，工作出色，特别是勇于斗争、善于斗争，很有一股子闯劲。

第二时期：大约从1979年到1986年。这一时期的创作特点，大致可以概括为从追踪政治与人的关系到探寻文化与人的关系。

这一个历史阶段的中国文学主流，是从伤痕文学、反思文学、改革文学到"85新潮"的现代派文学、先锋文学、女性文学和寻根文学，后浪逐前浪，不断出新。陈忠实因1976年发表与"走资派"做斗争的短篇《无畏》，工作和生活受到冲击，历经两年多的苦闷和反思，之后他重新拿起笔，一方面继续沿着他所熟悉的政治与人的创作思路进行创作，另一方面，他不断关注当时的文学思潮并受其影响，开始了缓慢而深刻的创作转型。1978年春天，陈忠实在灞河筑堤工地上，读了刘心武的短篇小说《班主任》。这篇小说大胆触及时代给人带来的人格和心灵伤害所呈现出的那种全新文学视角，给他以极大震动。他由此敏锐地感觉到：文学创作可以当作事业来干的时候终于到来了[1]。这一年的10月，他由毛西公社调到西安市郊区文化馆工作，开始有目标地认真读书和思考，并写成短篇小说《南北寨》，后刊于《飞天》1978年第12期。这个短篇通过北寨的社员到南寨社员家里来借粮引起的风波和故

---

[1] 陈忠实：《接通地脉》，作家出版社2012年，第54页。

事，表明因两个村寨以支书为首的干部领导作风和工作思路不同，南寨主抓农业生产，北寨紧跟形势，坚持搞阶级斗争和两条路线斗争，热衷于写诗唱戏，不抓农事，反映了南、北两个村寨社员不同的生活境况和水平，南寨反而被上级领导批评，北寨却被树为"样板"，小说意在批判极左政治和思潮对农村社会和群众生活的破坏。《小河边》（1979年）写了三个人物，一个是老九，搞科研的知识分子；一个是老八，走资本主义路线的当权派；一个是老大，原来是村支书，为大队围滩造田，被划成地主成分。"文革"后期，三人都无所作为，老九钓鱼，老八摸鱼，老大搬石头修河堤。小说重点写三个难友在困难时期互相激励的情谊。在周恩来总理逝世后，他们在小河边给总理遗像敬献鲜花，表达了特殊环境中几个不同身份的人共同的坚定的政治态度。《幸福》（1979年）写幸福与引娣这两个同村的中学同学的故事。幸福为人实在，引娣喜欢弄虚，热衷于参加各种会议和学习班，喜欢在各种会议上代表贫下中农发言，表态积极，批判激烈。两个本来要好的同学有了分歧。谁是谁非？幸福劝导引娣，农民讲究实在的，可是引娣却因其所作所为入了党。公社原拟推荐幸福上大学，引娣揭发了幸福和她私下的一些言论，取而代之。后来幸福自己考上了大学。小说通过两个同学的为人和命运，揭示了扭曲的时代对人格的扭曲和对人物命运的捉弄，表明生活中最后的得益者还是老实人。《徐家园三老汉》（1979年）描写徐长林、黑山、徐治安三个同年龄段的老汉，性格各异，"俩半能人"，都是务菜能手，同在大队苗圃干活。徐长林性子沉稳，智慧。黑山老汉是直杠子脾气。徐治安自私，有心计，人称"懒熊""奸老汉"。徐治安起初一心想来苗圃干活，想方设法来了，却不下力气干活，看园子时偷懒睡觉，让猪拱了菜园子。徐长林是老共产党员，帮助他，教育他，徐治安有了大的转变。小说写农业集体化时期三个老农对待集体不同的心态和行为，把公与私的心理和诚与奸的人格联系起来写，是那个时代较为普遍的文学意识。陈忠实写了三个农村老汉，意在塑造三种不同的性格，此作在《北京文艺》1979年第7期发表后受到称赞，陈忠实被誉为写农村老汉的能手。《信任》（1979年）是陈忠实这一时期的一篇代表作。小说反映的是在时代发生巨大转变时如何对待过去的矛盾和问题。小说中在前台角斗的是两个年轻人，背后角力的是两个当年共过事的村干部，一个是"四清运动"中被补划为地主、年初平反后刚刚上任的村党支部书记罗坤，一个是"四清运动"的积极分子罗梦田。事情因子辈的打架引起，打架事件是现时显在的矛盾，背后折射出的是父辈在过去政治运动中的恩怨情仇。如何对待今与昔的矛盾，罗坤的公道处理方法使罗梦田父子受了感化，全村人也更为拥戴罗坤。小说在当时普遍写历次政治运动给人心留下的深重"伤痕"的时代文学风潮中，另辟蹊径，表达了要化解矛盾、克服内伤、团结一心向前看的主题。

这一个时期陈忠实的小说创作，总的特点是紧紧追踪时代的脚步，关注政治与人的关系，注重描写政治与政策的变化给农村社会特别是农民生活、农民心理带来的变化，或者反过来说，是通过农民生活特别是农民心理的变化来反映政治的革新和时代的变化。小说艺术的侧重点是塑造典型环境中的典型性格，在性格描写中，着重展示人物的道德品质。道德品质是那个时代对人物的一种强调和评判。

中篇小说《初夏》于1983年写成，它在陈忠实的创作中是一个里程碑，也是一个重要的过渡。前者是说这是他的第一部中篇，后者是说这部小说既有以往写作的惯性延伸，如注重塑造新人，又有新的社会问题的发现和强烈的现实关怀。作品写改革开放初期一个家庭父与子的故事。离开还是坚守农村？只考虑个人前途利益还是带领大伙走共同富裕之路？在此人生选择问题上，父亲冯景藩这个农村的"旧人"与儿子冯马驹这个农村的"新人"发生了激烈的无法调和的冲突。父亲几十年来一直奋斗在农村基层，把一切都献给了党在农村的集体化事业。如今，农村实行了家庭联产承包责任制，面对这一颠覆性的历史巨变，比较当年的同伴冯安国，冯景藩感觉自己的忠诚工作吃了大亏，有一种强烈的幻灭感。小说中写的这个人物是真实的，颇有时代的典型意义和相当的思想深度，也反映了作者对于生活的敏感。但是，陈忠实这时的艺术思维，受"十七年"文学影响所形成的心理定式还未完全冲破，他还习惯以对比手法塑造与"自私""落后"的冯景藩对立的另一面，这就是乡村里的新人形象冯马驹，这是一个退伍军人，年轻的共产党员，对于进城，他虽有犹豫，但最终还是心明志坚，主动放弃了进城机会，矢志扎根农村，带头与青年伙伴一起改变农村的落后面貌，共同致富。冯马驹这个人物不能说现实生活中绝无仅有，但他显然是作者艺术固化观念中的一个想象式的人物，缺乏历史的真实感和时代的典型性。

《初夏》以及陈忠实这一时期的相当一部分小说，如短篇小说《枣林曲》《丁字路口》等，都把青年人进城与留乡的行为选择、为公与谋私的个人打算作为衡量、评价人物的一个标尺，有时还给人物涂上或浓或淡的先进与落后的政治色彩，笔下自觉不自觉地对人物进行着高尚与低下的道德人格评判。而且，在陈忠实的《初夏》以及同类小说中，往往还表明了这样一个认识，即农村的贫穷，主要是因为没有或缺乏好干部的领导，所以，陈忠实在多篇小说中，都在着力塑造好干部的形象。这样的好干部差不多都有着与冯马驹一样的性格特征：年轻，党员，公而忘私，能舍弃个人利益，一心扑在集体事业上，肯吃苦，脑子也灵活，最终成为农村走共同富裕之路的带路人或榜样。由此表明，陈忠实这一时期的创作中，有一个顽强的思维定式，这就是塑造不同时期农村好干部的新人形象。这样一来，作者所塑造的人物性格，特别是所谓的正面人物形象和作者心目中的新人形象，都有着或浓或淡的某种既定概念的影子，人往往只是表达概念的工具，而不是艺术的目的。所以，这些人物的性格在艺术上都显得比较单薄甚至纯粹，往往是非此即彼，缺乏性格的丰富性和复杂性，这在一定程度上反映了作者艺术思维的简单化，或者说，受"十七年"文学观念的影响过深，艺术思维还未能摆脱旧的观念的束缚。

《初夏》的艰难写作以及这一历史时期诸多社会和思想的变化引发了陈忠实的文学反思，他后来称之为思想和艺术的"剥离"。陈忠实于1982年写了中篇小说《康家小院》，他写这部中篇，至少受到两个外部因素的影响，一是1981年夏，他去曲阜参观了孔府、孔庙和孔林，在那里，他对文化与人的关系深有感触，由此生发而孕育出了这部小说；二是他读了路遥的《人生》，为其人生主题、人物性格的真实准确描写和艺术力量而深受震撼，触动他深入思考文学如何写人。《康家小院》开始关注文化与人的内在关系。小说在写真实的人物及其命运的过程中，触及文化与人的关系这一重大命题。写于1985年夏秋之际的《蓝袍先生》，写文化观念对人行为的影响，特别是传统礼教与政治文化对人的束缚。写于1986年夏天的中篇小说《四妹子》，写陕北女子嫁到关中来的生活和命运，是陈忠实第一次从地域文化对人物文化心理性格的影响入手，来开掘人物性格的特点。

第三个时期，是《白鹿原》的写作，时为1987年至1992年。这个时期的陈忠实已年过不惑，接近天命，是他生活、思想和艺术积累已经相对成熟，同时也是精力最为旺盛、思维最为活跃、艺术创造力最为丰富的一个生命阶段。《白鹿原》的准备、构思与写作，是陈忠实创作方向的一个最大转折，他从二十多年来一贯关注的现实转向了历史。这一艺术转变，与陈忠实密切关注1985年兴起的"寻根文学"思潮并且深入思考有关问题有关。他的艺术聚焦，是从家族关系入手，从人与文化角度切入，触及社会特别是农村社会的生产方式、经济活动、教育理念与方法以及政治关系等关乎人的生存的各个方面，深刻透视传统中国宗法社会数千年传承下来的人的生活方式、生存态度和生存之道，展现传统的宗法社会和乡规民约在时代暴风雨的击打中所发生的深刻嬗变，家族的嬗变，人性的嬗变，人心的嬗变。并从这嬗变中，透示社会演变的轨迹和历史深层的文化脉动。

第四个时期，为1993年至2013年。二十年来，陈忠实除过写了九个短篇小说，偶尔也写点遣兴的旧体诗词，其他的基本上都是散文和随笔。结集出版的主要有《生命之雨》《告别白鸽》《家之脉》《原下的日子》《吟诵关中》等。这些散文和随笔，其题旨，多为对生活的回味，对生命的咏叹，以及对生活的感悟和思考。陈忠实的创作道路，从写社会热点始，进而以小说直面并深入广阔的社会生活，现在，陈忠实通过散文，回到了自身，审视自己的生活，回味自己的人生甘苦，思索更为深沉的人生哲理。

陈忠实从1993年到2013年这二十年的散文写作，可分为前十年和后十年。前十年即20世纪90年代，他的散文多是对往事的回忆和对已逝生命的感怀，后十年即新世纪以来，他的散文中则有了不少直面当下之作。总体上看，陈忠实属于一个客观写实性的作家，他五十岁以前的作品，以写小说为主，小说是一种要把作家主体隐藏起来的文体；五十岁以后，他集中写起了散文，尽管散文是一种更贴近创作主体的文体，但也许是由于写作惯性，陈忠实这个时期的散文，仍然喜欢侧重于写实的叙事散文，有的散文也有很强的情绪表露，但较为节制，注意藏"我"。而六十岁以后，也许是散文这个文体真的适合表现，也许是作者的生命境界更臻于自由，也许是作者的现实感怀更为强烈，也许三者兼而有之，陈忠实的散文出现了一个重要变化，这就是他虽然还是习惯在叙事或状物中表现思想感情，但他此时的写作旨趣，主要是托物言志，借景抒情，以事说理，更多的是思想情怀的表现。

## 《白鹿原》及其他代表性作品分析

《白鹿原》展示的是中国两千多年皇权社会崩溃之后，新的社会秩序将建而未建以及革命、抗日、内战等历史大背景下的农村社会图景和农民生活的变迁。地主白嘉轩、鹿子霖，长工鹿三，乡村贤哲朱先生，以全新的面目出现于文学史画廊，每一个人都具有深刻的历史文化内涵；浪子黑娃、白孝文，荡妇田小娥，追求新的社会理想的鹿兆鹏、鹿兆海和白灵，无不体现着鲜明的时代特征。在历史进行深刻转变的时期，这些从传统深处走来的老少人物，有的继续努力恪守传统的生活观念和人格理想，有的受时代感召，或追逐时代的步伐，或被时代的车轮驱裹，其凌乱的人生履痕，其复杂多变的命运，揭示了传统观念和人格精神在现代文化背景中的深刻矛盾和裂变，展示了一个民族从传统迈向现代的历史轨迹和心路历程。《白鹿原》是一部史诗般的巨作，它超越了简单的阶级斗争模式，突破了狭隘的政治斗争视域，以幽深的文化眼光打量历史行程中的各色人物，以宽阔的历史视角观照波澜壮阔的历史进程。

《白鹿原》的主旨是探寻民族的文化心理，进而探求民族的命运和前途。《白鹿原》中的主要人物大致分属父与子两代人，父一辈人物总体上沿袭着传统的人生观念和生活方式，子一辈多叛逆，他们在趋时和向新的历史风潮中和个人的命运转换中逐步完成了自己的人格形象。父一代是"守"或"守"中有"变"的农民，子一代是"变"或"变"中趋"守"的农民。一"守"一"变"，"守"中有"变"和"变"中趋"守"，生动而准确地反映了清末以至民国再至解放这一历史时期的生活巨变和人心嬗变。

父辈人物是从历史深处走来的，他们的身上带有几千年封建社会的精神遗存。子辈人物则延伸到历史的未来，即使有些人物死了，如黑娃等，但他们在这个转变时代所完成的人生命运和所形成的人格态度，都凝聚成了一种精神，所谓精神不死，伸展到未来，活到了今天。

小说中的核心人物是白嘉轩。这是一个真正意义上的中国农民，他的身上继承了几千年来传统中国农民的本质特征。他是非常现实也务实的人，注重现实的世俗生活，没有不切实际的空想，换句话说，没有浪漫情怀。他所在的白鹿原的生活环境和文化氛围，主体是儒家的思想文化，在这样的生存环境中耳濡目染，又接受了来自朱先生的儒家思想和伦理观念的教化，他终生服膺儒家的思想和精神，并以儒家思想正己治家。他的整个人生理想和目标，一是做人，二是治家，这也就是儒家所谓的"修身"和"齐家"。在白嘉轩之上，是整个白鹿原的灵魂人物朱先生。朱先生是白嘉轩的精神导师和生活的指路人。白嘉轩则是朱先生思想和精神的实践者。朱先生是白鹿原的精神文化象征，他的思想渊源是儒家，具体到他的身上，则是儒家思想的变相理学，理学中的关学一脉，关学强调"通经致用""躬行礼教"。这样一种实践理性非常契合白嘉轩们的生活实践和生命实践，对于白嘉轩这样的农民和族长特别有现实的指导意义，被他们易于和乐于接受并且深刻地掌握。鹿三是白嘉轩这个地主东家的长工，他与白嘉轩构成了中国传统社会中一对重要的关系，这就是主子与奴仆的关系。他忠厚、善良，也非常执拗，拗在两个字："忠"与"义"，这也是传统封建社会所强调的奴才对主子的"忠"与

"义"。鹿子霖也是中国传统农民的一个典型人物。这个人物与白嘉轩性格相反但却能成为一个互补的形象。白嘉轩做人行事,遵循的是内心已然形成的信念和意志;而鹿子霖行事做人,则是依照现实的形势,这是一个能够迅速判断时势也能够很快顺应时务的乡村俊杰。千百年来,中国的乡村社会,主要的核心就是由这两种人物构成,一个坚守先贤的遗训和内心的原则,一个观风看云不断顺应时势的变化,一静一动,动静冲突又结合,构成了一部激荡而又稳定的中国历史。白嘉轩和鹿子霖都是白鹿原上仁义白鹿村的精明人和威权人物。他们在中国历史和文化中都具有原型的意义。

黑娃和白孝文是小说中两个性格最为鲜明的叛逆形象,前者先由一个淳朴的农家子弟变为"土匪",再由一个"土匪坯子"变为真心向学的儒家门徒,并发誓"学为好人",后者由族长传人堕落到不知羞耻,再变而为残杀异己毫不手软的冷酷之徒,他们性格的发展和变化,都包蕴着丰富而复杂的时代内涵和历史文化内涵。鹿兆鹏、鹿兆海和白灵等人,皆为一个时代的有志青年,他们不愿意依照父辈预设的生活方式去生活,他们是时代的英才,追求远大理想,忠诚,热情,有献身精神,但他们后来各自的命运,如鹿兆鹏失踪,鹿兆海死于内战,白灵被活埋,既是深刻的个人悲剧,也都深刻地触及了中国近现代半个世纪历史进程中的深层矛盾和历史脉搏,具有深广的社会内涵。

陈忠实是描写秦地关中农村生活的高手,他在《白鹿原》之前的一些中短篇小说既有生活厚度,也颇富艺术魅力。

《康家小院》就是一篇很有艺术魅力的中篇小说,写的是解放初农村一位新媳妇的故事。吴玉贤在解放初期响应政府扫除青年文盲的号召,上了冬学,接触了授课的杨老师这个文化人。杨老师给她讲了一些她闻所未闻的世界上的新鲜事和新观念,这个文化人以及他所带来的新文化,像一股春风,吹得没有见过世面的吴玉贤有些迷醉,她对生活有了一些前所未有的想象。然而就在她还没有理清自己对这个文化人朦胧的好感究竟是怎么回事的时候,就糊里糊涂、晕晕忽忽地当了杨老师的俘虏。事情败露后,男人打她,父亲打她,母亲也骂她,她想起杨老师教过她的新观念"婚姻自由",就找杨老师商量,想离了婚与之结婚。不想杨老师露出叶公好龙的本相,劝她"甭胡思乱想!回去和勤娃好好过日月!他打土坯你花钱,好日月嘛",说他和她"不过是玩玩"。与《人生》中的高加林一样,在意识到自己错了对不住人之后,吴玉贤开始了一番道德的自我谴责,悔恨中又自觉地回归原来的生活秩序之中。吴玉贤这个人物形象是真实的,她经历的生活以及命运过程也是真实的。吴玉贤先是不识字没有文化,学了一点文化开了眼界,因为文化的觉醒引起人的觉醒,觉醒之后试图改变自己的生活,却引起了激烈的始料不及的生活冲突。吴玉贤在痛苦的人生矛盾中开始反省,逐渐对生活有了新的觉悟。小说是一个悲剧,吴玉贤的悲剧是双重的:没有文化的悲剧和文化觉醒之后又无法实现觉醒了的文化的悲剧。

总体上看,陈忠实是一位重视客观化写作的作家,他以前的作品较少表现自己的生命体验,到了这一个时期,他开始在客观的生活描写中融入自己的生命体验。中篇小说《最后一次收获》(1985年),写一个即将举家迁往城市而最后一次回到家乡收获庄稼的文化人的生活经历和人生感悟。该作深刻地融入了陈忠实自己的人生经历和生命体验。一般作者选择这样的题材,可能会简单地处理,写成一种抒情性的感慨之作。陈忠实显然不是一个仅仅喜欢抒发个人感慨的作家,他正面切入这个题材,"硬碰硬"地展开描写,而且进行了深入开掘,人物性格真实、准确、生动,乡土生活气息浓郁,艺术魅力极强。由此甚至可以看到陈忠实创作的一个特点,他不大选取侧面取巧的方式处理素材,一般都是正面切入,直接面对他笔下的人物和生活,喜欢正面描写。

陈忠实后期的散文佳作以《三九的雨》(2002)、《原下的日子》(2003)等为代表。《原下的日子》《三九的雨》,是陈忠实最为抒情的散文,也是作家对自己的生命、对人生的方向思考得最为深沉的作品。评论家李建军曾以

"随物婉转"和"与心徘徊"评论陈忠实早期和后期的散文创作①，确实深中肯綮。而李建军所论"与心徘徊"之作品，还都是陈忠实二十世纪九十年代所写的散文，陈忠实进入二十一世纪之后所写的散文，像《原下的日子》和《三九的雨》等，不仅有"与心徘徊"的好思致，更有"明心见性"的敞亮感。

在《原下的日子》中，陈忠实引了白居易的一首诗《城东闲游》："宠辱忧欢不到情，任他朝市自营营。独寻秋景城东去，白鹿原头信马行。"然后略作发挥，"一目了然可知白诗人在长安官场被蝇营狗苟的龌龊惹烦了，闹得腻了，倒胃口了，想呕吐了，却终于说不出口呕不出喉，或许是不屑于说或吐，干脆骑马到白鹿原头逛去"。《南史·隐逸传上·陶潜》说陶渊明"著《五柳先生传》，盖以自况，时人谓之实录"，此亦为陈忠实之自况、实录。"还有什么龌龊能淹没能污脏这个以白鹿命名的原呢？断定不会有。"这就是说，白鹿原是干净的，因此，他才回到了白鹿原，复归原下。他写道，回到祖居的老屋，尽管生了炉火，看到小院月季枝头暴出了紫红的芽苞，传达着春的信息，但久不住人的小院太过沉寂太过阴冷的气氛，一时还不能让他生出回归乡土的欢愉。文字之外，让人感受到的，其实是他的心情许久以来过于郁闷，也太过压抑，所以，尽管回归了朝思暮想的老屋，但心情一时还是难以转换，是一派春寒的冷寂。"这个给我留下拥挤也留下热闹印象的祖居的小院，只有我一个人站在院子里。""我站在院子里，抽我的雪茄。""我一个人站在院子里。原坡上漫下来寒冷的风。从未有过的空旷。从未有过的空落。从未有过的空洞。"一连三个排比句，三个"空"字，三个斩钉截铁的句号，极力表达着作者内心的空茫和宁静。他写道："我不会问自己也不会向谁解释为了什么又为了什么重新回来，因为这已经是行为之前的决计了。丰富的汉语言文字里有一个词儿叫龌龊。我在一段时日里充分地体味到这个词儿的不尽的内蕴。"其实，在这里，陈忠实反复斟酌拈出的"龌龊"一词，已经透露了他复

---

① 见李建军著《宁静的丰收——陈忠实论》，华夏出版社2000年，第97页。

归原下的原因。具体是什么"龌龊",没有必要追问。"我听见架在火炉上的水壶发出噗噗噗的响声。我沏下一杯上好的陕南绿茶,坐在曾经坐过近二十年的那把藤条已经变灰的藤椅上,抿一口清香的茶水,瞅着火炉炉膛里炽红的炭块,耳际似乎缭绕着见过面乃至根本未见过面的老祖宗们的声音:嗨!你早该回来了!"最后一句是陈忠实的表达语言。陶渊明或千古以来文人的表达句式是:"归去来兮,田园将芜胡不归!"意思是一样的。第二天微明,他在鸟叫声中醒来,"竟然泪眼模糊"。在尽情地抒写乡间一年四季的美妙之后,他"由衷地咏叹,我原下的乡村"。全文激情涌荡,一唱三叹,气盛言宜,慷慨明志。

《三九的雨》写于旧历一年将尽之时,有顾后瞻前之意。此文写得非常从容,然而情绪却又回环往复,宛如一首慢板的乐曲。这是他当时的心境,也是他当时的生活状态。悠游从容,淡定自然。三九本该是严寒的天气,却没有落雪,而是下了一场雨。陈忠实一直感觉自己生命中缺水,缺雨,三九天居然下了这一场雨,自然令他欣喜万分。腊月初四天明后,他来到村外一片不大却显得空旷的台地上,极目四望,感受三九雨后的乡村和原野。四野宁静,天籁自鸣,陈忠实觉得宁静到可以听到大地的声音。雨后的一片湿润一片宁静中,陈忠实的目光从脚下的路延展开去,陷入往事的回想。脚下的沙石路当年只有一步之宽,为了求学,他走了十二年。当年背着一周的干粮,走出村子踏上小路走向远方,小小年纪情绪踊跃而高涨,但对未来却是模糊无知。当时最大的宏愿无非是当个工人,不想却爱上了文学,"这不仅大大出乎父母的意料,连我自己也感到奇怪"。"背着馍口袋出村挟着空口袋回村,在这条小路上走了十二年",所获的是高中毕业。那一刻,他意识到,他的一生都与脚下的这条沙石路命运攸关。在回顾了过往的大半生的人生之路后,他强调"我现在又回到原下祖居的老屋了"。"老屋是一种心理蕴藏"。他在和祖先默视、和大地对话的过程中,获取心理的力量蕴蓄,特别是从他第一次走出这个村子到城里念书的时候起,他的父亲和母亲送他出家门,眼里都有一种"神光","给我一个永远不变的警示:怎么出去还怎么回来,不要把龌龊带回村子带回屋院"。"在我变换种种社会角色的几十年里,每逢周日回家,父亲迎接我的眼睛里仍然是那种神色,根本不在乎我干成了什么事干错了什么事,升了或降了,根本不在乎我比他实际上丰富得多的社会阅历和完全超出他的文化水平",关键是"别把龌龊带回这个屋院来"。这个警示给"这个屋院"赋予了特别的意义:它是净地,它是祖屋。在这篇散文即将结束的时候,他简单地提了一句他前不久在北京当选为中国作家协会副主席,有记者向他提问,他的回答是:"作为一个作家,应该始终把智慧投入写作。"然后,他从容地写道,"我站在我村与邻村之间空旷的台地上,看'三九'的雨淋湿了的原坡和河川","粘连在这条路上倚靠着原坡的我,获得的是沉静",自然而又端然地展现出一派宠辱不惊的气度、宁静致远的心态。

## 陈忠实的文学地位、影响和意义

陈忠实是描写农民生活、农村社会和乡村文化的高手。

中国是一个历史悠久的农业社会国家,几千年来,乡村是中国人生活的家园、生命的故乡,乡村自然也成了历朝历代文人描写和咏歌的对象,从先秦《诗经》中的"国风"到东晋的陶渊明再到唐代的王维、孟浩然、韦应物以及宋代的范成大、杨万里等,形成了一个源远流长的山水田园诗派,形成了中国文学独有的关于乡村的审美范式,并积淀为中国人关于乡村的审美理想和文化想象。仔细辨析,其实乡村可分为自然的乡村和社会的乡村。中国古代文人描写和咏歌的,主要是自然的乡村,是可以尽情享受自然之美和人伦之美的牧歌式的乡村,是士子失意后或不得志时可以归来隐去的乡村,这样的乡村图景和乡村生活,表现的基本上或更多的是乡村社会自然的一面。到了现代,文学中的社会展现因素增强,乡村世界中社会的现实的一面,才逐渐在文学特别是小说中得以全面描绘和深刻表现。鲁迅笔下的乡村社会,灰暗、破败、衰落、沉闷、令人失望甚至绝望,就是当时乡村社会的真实写照。而沈从文笔下的边城人生,由于作者更倾心于抒写自然人性,他笔下的乡村社会也就更偏向于自然的一面。鲁迅和沈从文，双水分流，各有侧重，从而构成了中国现代文学一个侧重于展现社会的乡村、一个侧重于描绘自然的乡村的艺术流向。前者的艺术价值追求在于真实、深刻，后者的艺术价值追求在于自然、优美。沿此双水分流之方向，赵树理的"山药蛋"小说、柳青描写农民创业的小说，其艺术追求总体上看走的是鲁迅之路，而孙犁的"村歌"小说、刘绍棠的乡村牧歌情调小说，则大体走的是沈从文之路。

从近现代以来的文学改良和文学革命的思想背景和艺术思潮来看，文学干预社会的作用被极度放大和空前提高，从写乡村生活的文学特别是小说来看，以鲁迅、茅盾、赵树理、柳青等人为代表的写实派或称现实主义流派显然是主流。陈忠实走上文学道路，完全靠的是自学，而他所学和所宗之师，前为赵树理，后为柳青。因此，陈忠实承续的是展现社会的乡村这一小说之脉，此脉也被称为现实主义流派。陈忠实在他数十年的创作实践中，在坚持现实主义创作方法的同时，艺术上也不断更新，也吸收和融入了现代小说的魔幻、心理分析等艺术表现手法。从文学表现乡村的历史来看，陈忠实的小说，既准确地表现了自然的乡村，表现了北方大地的乡村民俗风物之美，也真实、深刻地展现了社会的乡村，深刻剖析了那种关系复杂的家族、宗法、政治、经济糅在一起的社会的乡村，而他的《白鹿原》，更是表现了文化的乡村，儒家文化积淀深厚并且深入人心的文化的乡村。

陈忠实的文学史意义，还在于他的创作道路、身份变化与共和国的文艺政策、文学体制密切相关，一滴水而映大海，从他的人生履痕可以见出文坛变化的轨迹以至某些内在的脉动。陈忠实作为一个作家，他的成长之路，他的精神"剥离"过程或称反思过程，他对艺术的追寻之路，不仅放在共和国的历史中，就是放在中国文学的历史长河中，都是相当独特的，具有一定的历史典型意义。

陈忠实首先是在毛泽东《在延安文艺座谈会上的讲话》的精神哺育下，在中国共产党培养工农兵业余作者的体制扶持下，由于自己的兴趣爱好，再加上对于人生出路的追求和奋斗，自学写作，最终走上了文学写作之路。他早期的写作主要是在党的政策指导下写生活与人,这是一种不自觉的听命式的政治性写作。后来几经生活的挫折和文学上的失败,他开始认真反思和苦苦寻找,进入了文学写作上的政策阐释与文学描写的二重变奏。最后,经过生活实践的磨砺,通过创作实践的体悟,他的思想境界得以提高,艺术境界得以升华,终于回到了艺术之本——人自身。他既认识到文学是写人的,是人的文学,文学描写的对象是写人,真实的人,不同的人,丰富而复杂的人,在写人中写农民的文化心理,进而探寻民族命运;也深刻地体悟到创作还要回到作家自身,要写作家这个人的"生命体验"。"从生活体验到生命体验",这是他创作并完成《白鹿原》之后谈得最多的一个创作体会。

从中国文化和精神的谱系上看,陈忠实既不属于传统意义上的文人,也不属于现代意义上的知识分子。他的经历,他所受的教育,以及由经历和教育所形成的生活观念和思想观念,都更接近于中国农民的生活观念和思想观念。传统文人的生活方式、价值观念与艺术趣味,在中国历史上,几千年来,有源有流,自成一条源远流长、博大汹涌的江流,独具空间,自成体系,有自己的"文统",也有自己的"道统",上与朝廷官府迥异其趣,下与黎民百姓截然有别,它是"士"阶层的文化与精神。中国传统文人虽然也做官,成为朝廷官府之一员,但他们在思想和精神上与朝廷官府之习气始终保持着相当的距离,邦有道则仕,邦无道则可卷而怀之,他们在朝廷与山林田园之间进行价值选择,或进或退;他们也可能出自草野民间,但他们与普通百姓的生活方式和趣味也存在着一定的距离,这就使他们对普通百姓的态度,既有关怀、同情的一面,也有劝导、批判的一面。知识分子是一个现代性的概念,它与工具理性相区别,注重价值理性,是社会的良心,上对权力保持警惕和批判态度,下对民众负有启蒙和引导的责任。总之,无论是文人还是知识分子,都有一个共同点,那就是坚持独立之人格,自由之精神。说陈忠实既不属于传统意义上的文人,也不属于现代意义上的知识分子,着眼点就在于此。差不多在四十岁以前,陈忠实基本上还没有或者说尚缺乏独立人格、自由精神的意识。受自身的文化背景、教育以及时代观念的影响,他的意识中,还是觉得自己是人民大众的一员，即使是一个作家（作者），也应该是人民大众的代言人，他的眼光基本是向人民大众看齐的，对上，则是要听从党的领导和指挥；而对于文学的认识，也是除了认同文学的"真"——真实地反映生活和"美"——艺术地反映生活这两条原则之外，也认同文学是党的事业，是代人民大众说话的工具，换句话说，是认同文学为政治服务、为人民服务这个时代的口号的。对于这个强有力的时代的口号，陈忠实在意识深处是相信并认同的，因而也不可能产生怀疑的念头。

文学是党的事业的一部分，作为一个工农兵"业余作者"，自然是党领导下的一兵，属于整架革命机器上的一颗"螺丝钉"。与传统文人和知识分子对人的认识不同，传统文人和知识分子认为"人"或"我"是独立的"个人"，而作为工农兵"业余作者"时期的陈忠实，认同的是时代的普遍意识，没有独立的"个人"的存在，只有作为"人民"一员的"群众"的存在。文学当然也不是甚至绝对不是关于"自我"的表现，而是革命事业的一部分，是党的事业的一部分，因此，文学创作要服从党对革命事业的统一领导和指挥。文学是按照党的意志对人民生活和群众"意愿"的反映，当群众的"意愿"与党的意志一致时，它就是正确的，反之，就是错误的甚至是反动的。而在当时的文化语境里，任何背离党的意志，表达自己所认为的群众"意愿"，要么被认为是"不真实"的，要么被视为"自我""小我"的表现，是要受到批评甚至批判的。这种关于文学的认识，在当时，不仅仅是陈忠实一个人的理解，而且简直就是一个时代的"文学意志"。

这个时期以至以后的陈忠实，反复强调文学与生活的关系，认为生活是创作的唯一源泉，因此特别强调要深入生活。比如他在1980年4月写的《我信服柳青三个学校的主张——〈信任〉获奖感言》，1982年5月写的《和生活的创造者一起前进》，1982年12月写的《深入生活浅议》，都从不同角度反复谈到了这一点。他的这个观点或者说是认识，主要来自两个方面。一个是理论方面，这个理论就是毛泽东的《在延安文艺座谈会上的讲话》。毛泽东在《讲话》中说："一切种类的文学艺术的源泉究竟是从何而来的呢？作为观念形态的文艺作品,都是一定的社会生活在人类头脑中的反映的产物。革命的文艺,则是人民生活在革命作家头脑中的反映的产物。"① 另外一个是创作实践方面,陈忠实在创作方面,很长一段时期特别是早期一直以柳青为榜样,而柳青为实践毛泽东《讲话》精神,从北京到西安,再从西安城市到了长安县(今长安区)农村,扎根农村十四年,写出了《创业史》。《创业史》对陈忠实影响极大极深,同时也令陈忠实钦佩不已。陈忠实认为,《创业史》的创作成功,一个重要的原因,就是柳青坚持了"深入生活"。由于长期过于重视生活对于文学的作用,陈忠实在某种程度上忽略了作家主体精神建构的重要而特殊的作用,表现在创作实践上,陈忠实的创作总体上偏于客观性和写实性,而弱于主观精神的表现。

陈忠实的文学创作虽然与时代的前行总体能保持同步挺进的姿态,但他某些时段的创作也有徘徊以至困惑。他是一个看重生活积累、强调生命体验并在此基础上极为重视文学的思想性包括政治关怀的作家,原本从文学爱好起步,从业余写作入手,后来在环境、时势和个人的追求中一步步成为半专业以至专业作家,时代所给的思想教育,环境所给的文化影响,个人所修的艺术准备,先天的和后天的都有这样那样的缺陷,因此,当他把文学当作终生的事业孜孜以求的时候,他对自己的创作常有自觉的反思。在经历了文学以及因文学而引起的人生挫折之后,特别是面对变化着的新时期的社会生活,他更是从理性高度自觉地反思自己的思想观念、思维方式和文学观念,博览群书以广视野以得启迪,深刻反省以吐故纳新,用陈忠实的话说,就是"剥离"自身的非文学因素,进而"寻找属于自己的句子"。正是有了自觉的和不断的"剥离"和"寻找"过程,陈忠实的创作才有了大的跨越以至超越。

蝴蝶一生发育要经过几个阶段的完全变态,才能由蛹变蝶。作为作家的陈忠实,在其精神进化的过程中,大约也经历了这样几个阶段。因为出身、经历以及社会环境等各方面的原因,陈忠实的文学准备应该说是先天不足,

---

①毛泽东:《在延安文艺座谈会上的讲话》,见《文学运动史料选》第四册,上海教育出版社 1979 年,第 530 页。

但他始终视文学为神圣的事业，他的身上也具有文学圣徒的精神，虽九死而不悔，一方面具有顽强的不断求索的精神，另一方面具有可贵的自我反思精神，这就使他能由最初的听命和顺随式的写作，转为自身的怀疑和内心的惶惑，进而不断地开阔视野并寻找自己，在不断蜕变中最终完成了作为一个作家的自我。听命与顺随，反思与寻找，蜕变与完成，三级跳跃，陈忠实走过了从没有自我到寻找自我最后完成并确立自我这样一个过程，成为一个具有时代标志性和代表性的大作家。

原刊 2014 年第 3 期《西北大学学报》（哲学社会科学版）

收入《陕西文学 60 年作品选·理论批评卷》，陕西人民出版社 2014 年版

# 陈忠实：画出民族的魂

## ——通往《白鹿原》之路

陈忠实是当代现实主义作家的杰出代表，《白鹿原》是他的代表作，也是一部现实主义的经典作品。现在看来，从《白鹿原》上回望陈忠实走过的创作之路，似乎可以这么说，陈忠实《白鹿原》之前的所有作品，都是为写《白鹿原》做准备的。生活的、人物的、思想的、艺术的准备，也包括成功的和失败的准备。然后到了《白鹿原》，登上这个广阔的一望无际的原顶，陈忠实看到的是山高水长。

《白鹿原》写作之前，陈忠实的短篇小说，从 1973 年 11 月在《陕西文艺》发表的《接班以后》起，到 1988 年 6 月完稿于"白鹿园"即西蒋村老家的《害羞》（刊《鸭绿江》1989 年第 1 期）止，共写了 54 篇短篇小说；中篇小说从 1981 年 1 月开始写《初夏》（刊《当代》1984 年第 4 期）起，到 1988 年 1 月在《延河》发表《地窖》止，共写了 9 部中篇小说。从这些作品看，陈忠实的创作已然体现出鲜明的现实主义特点，植根生活深处，紧扣时代脉搏，每一篇、每一部作品，都有作家的现实关切，都表现出作家对生活、对时代的发现和思考。这是陈忠实走向《白鹿原》、走向广阔而深厚的现实主义的一个重要基础。

陈忠实不是一个天才的作家。"文革"前，他二十三四岁的时候，靠自学，在地方报纸发表了十来篇模仿性的诗歌、散文、故事等习作。1973 年，三十一岁那年，他在《陕西文艺》发表第一篇短篇小说《接班以后》，此后一年一篇，到 1976 年在刚复刊的《人民文学》第 3 期上发表《无畏》止，连续发表了四篇短篇小说，在当时还颇有影响。但诚如他后来回忆总结的，在

"文革"中后期，受极左政治路线及其文艺政策影响，他们这些青年业余作者由于文学基础薄弱，文化视野和艺术视野狭窄，各人不同程度都受到了当时"三突出"创作观念的影响。这些作品的主题，都是按当时的要求跟着政治潮流走，都在阐释阶级斗争这个当时社会的"纲"，陈忠实自己都说事后简直不敢再看。当然，这些写作实践也锻炼了他直接从生活中选取素材的能力，锻炼了语言文字的表达能力，演练了结构和驾驭较大篇幅小说的基本功。

1978年，陈忠实由公社干部转到文化馆工作，开始了艰难又艰苦的自我思想反思和艺术上的新的探索。陈忠实是共和国培养的作家，他对生活的认识和文学观念与当年的时代潮流基本同步。他不是一个先知先觉者，多年僻居乡间，接触的文化信息有限而单一，他对生活的理解和认识，很长一段时间，一是来自当时的上边的精神，二是通过文学这个窗口——也还是相当有限的阅读。所以，如果说他在"文革"后期的写作是跟跟跄跄地跟着潮流走，那么，他在改革开放新时期的创作则是在迷茫中探索，在探索中发现，"寻找属于自己的句子"，逐渐走出自己的一片天地来。中国文学经过20世纪70年代后期和80年代初的思想反思与艺术转型，到了80年代前期，作家的创作开始进入艰苦的艺术实践与艺术探索。陈忠实创作的转变，他的通往《白鹿原》之路，也是从1978年开始，到1988年完成，历时十年。这个时期陈忠实的创作也在进行着突破前的艰苦探索和转折。他这一时期的创作特点，可以概括为从追踪政治与人的关系到探寻文化与人的关系两个阶段。

这个过程，从一定意义上说，可以称为通往《白鹿原》之路，他的中篇小说《初夏》《康家小院》和《蓝袍先生》为其路标。从这三部小说中，可以明显地看出陈忠实创作探索和变化的轨迹，也可以看到陈忠实在现实主义创作的道路上，不断走向开阔与丰富。

一

八十年代发生的一切，对于这个国家和民族来说太重要了，太不容易了，太了不起了。对于经历过这一变革全过程的我来说，也是一次又一次从血肉到精神再到心理的剥离过程。这个时期的我的中、短篇小说，大都是我一次又一次完成剥离的体验，今天读来，仍然可以回味当时的剥离过程中的痛苦与欢欣。

——陈忠实

第一个阶段，陈忠实的小说创作紧紧追踪时代的脚步，关注时代的政治与人的关系，注重描写政治与政策的变化给农村社会特别是农民生活、农民心理带来的变化，或者反过来说，是通过农民生活特别是农民心理的变化来反映政治的革新和时代的变化。他的小说侧重在人物冲突中，揭示社会问题，在性格描写中，展示人物的道德品质，并隐隐以道德标准来评判人物。《初夏》在陈忠实的创作中是一个里程碑，也是一个重要的过渡。这是陈忠实写的第一部中篇，这部小说既有他以往写作的惯性延伸，如注重塑造新人，又有新的社会问题的发现和强烈的现实关怀。小说写的是改革开放初期一个家庭父与子的故事。坚守农村还是离开农村，带领大伙走共同富裕之路还是考虑个人前途和利益，在此人生选择问题上，儿子这个农村的"新人"与父亲这个农村的"旧人"发生了激烈的无法调和的冲突。父亲冯景藩，是冯家滩的老支部书记，几十年来一直奋斗在农村基层，把一切都献给了集体化事业。如今，农村实行家庭联产承包责任制，他觉得以前的工作白干了，心血白费了，从而有一种强烈的幻灭感。醒悟之后，他走后门让儿子到城里当司机，不料儿子冯马驹却重蹈他的覆辙，放弃了他多方奔走弄到的进城机会，决心留在农村创办农办工厂，带领大伙"共同富裕"。这是一个中国社会历史转型初期的故事，陈忠实的思想观念和艺术观念也正在转变的过渡之中。他在与著名的写合作化题材的作家王汶石的通信中写道：他写这部小说，期望"用较大的篇幅来概括我经历过的和正在经历着的农村生活"，但他写得很艰难。他于1981年元月写了《初夏》第一稿，寄《当代》杂志，编辑让他一改再改，三年间三次修改始得完成，刊《当代》1984年第4期。陈忠实说，"这是我写得最艰难的一部中篇，写作过程中仅仅意识到我对较大篇幅的中篇小说缺乏经验，驾驭能力弱。后来我意识到是对作品人物心理世界把握不透，才是几经修改而仍不尽如人意的关键所在"。"对作品人物心理世界把握不透"，实际上反映了作家在新时期思想认识上的某些局限性。陈忠实写冯景藩，写这类人物在特定历史时期的"思想负担"和"失落"情绪，真实且有时代的典型意义，反映了作者对于生活的敏感。但是，陈忠实这时的艺术思维，受"十七年"文学影响所形成的心理定式还未完全冲破，他还习惯以对比手法塑造与"自私""落后"的冯景藩对立的另一面，这就是乡村新人形象冯马驹，这个人物不能说现实生活中绝无仅有，但他显然是作者艺术固化观念中的一个想象式的人物，缺乏历史的真实感和时代的典型性。

《初夏》的艰难写作，特别是当时社会生活中的诸多变化，引发了陈忠实的反思，陈忠实后来称之为思想和艺术的"剥离"。他明白，他自身需要一个蜕变，一个文化心理上的和艺术思维上的深刻蜕变。"剥离"的同时还要"寻找"，这是陈忠实20世纪80年代前期必要的思想和艺术的蜕变过程，没有这个过程，就没有后来的作家陈忠实，也就没有《白鹿原》。考辨"剥离"与"寻找"，其实是一个问题的两个方面，没有洗心革面、脱胎换骨的"剥离"，就没有真正意义上的"寻找"；而要"寻找"——寻找到"属于自己的句子"，就必然要经历"剥离"过程，"剥离"是"寻找"的必要前提。这是一个鱼跃龙门的过程，也是一个化蛹为蝶的过程。"剥离"是精神涅槃，"剥离"的过程也是一个"拷问"自己的过程，陈忠实说，他的这种"剥离"意识从1982年春节因现实生活触动开始，而后贯穿整个80年代，"这种精神和心理的剥离几乎没有间歇过"。

陈忠实走向《白鹿原》的第二个阶段，是他认识到了文化与人的重要关系，也开始了文化与人的艺术探索与文学表现。1982年，他写了中篇小说《康家小院》，发表于《小说界》1983年第2期。陈忠实写这部中篇，与他1981年夏去曲阜参观了三孔——孔府、孔庙、孔林有关，在那里，他对文化与人的关系深有感触，由此生发而孕育出了这部小说。《康家小院》开始关注文化与人的内在关系。陈忠实此后的小说不断触及文化与人这个命题，1985年写的中篇小说《蓝袍先生》从传统文化对人的影响写人，1986年写的中篇小说《四妹子》从地域文化入手写人，最后走向《白鹿原》并在《白鹿原》中全面地完成了陈忠实关于文化与人的文学思考。

《康家小院》中人物有四个：农民康田生，儿子康勤娃，勤娃媳妇吴玉贤，冬学教员杨老师。康田生老实、厚道，勤娃是"生就的庄稼坯子"，跟着父亲给人打土坯。乡邻吴三看上这父子俩的厚诚和实在，主动提出把女儿玉贤嫁给勤娃。新中国成立后，新政权给村上派来了冬学教员，教妇女认字学文化，也传授新思想。18岁漂亮的新媳妇玉贤，遇上了20岁左右的长着白净脸膛的冬学教员，被其所带来的新生活的气息迷惑，也被其迥异于农民勤娃的文化气质迷住。就在玉贤迷迷糊糊之时，这个冬学教员趁着在康家吃派饭的机会，与玉贤有了私情。面对这样的事，"庄稼坯子"勤娃怒火万丈，暴打玉贤。出人意料却也符合人物性格逻辑的是，玉贤在挨了丈夫勤娃的打骂、父亲吴三的打骂、母亲苦口婆心的生活劝导之后，却去找杨老师，如果他能给她一句靠得住的话，她就和勤娃离婚，和"可亲"的杨老师结婚，因为她已经接受了"婚姻自由"的思想启蒙。此时县文教局已经风闻杨老师的问题，正在派人查他，这个宣讲新思想、新文化的冬学教员面对天黑来访的玉贤，就显出了叶公好龙的本相，说他与她不过是玩玩。这里有意味的是，当被启蒙者真的觉醒后，"启蒙者"却以自己的行为否定了自己的"启蒙"之说。小说对玉贤的心理刻画相当深入，她本来是按农村传统的生活方式和生活观念生活的，但与冬学教员相遇之后，接受了一些文化教育或者说是简单意义上的思想"启蒙"，她精神深处某些沉睡的意识开始觉醒。还没有等她完全想明白一些问题，她就经历了一系列的突然事变，但她还是坚持按她觉醒后发现的一点精神亮光勇敢地向前摸索，结果却发现此路不通。经历了这一切，她有所觉悟，觉得自己错了，又去找勤娃，觉得"死了也该是康家的鬼"。玉贤由精神的某种程度的觉醒，到经历了人生的痛苦和迷乱，而后又有所觉悟，历经生活的否定之否定之后，从人生轨迹来看，似乎是画了一个圆又回到原点,其实她是在精神上跃向了新的层面,她看到了生活的本相,也真切地认识到了自己人生的位置。吴玉贤的悲剧是双重的:没有文化的悲剧和文化觉醒之后又无法实现觉醒了的文化的悲剧。

《蓝袍先生》是第三个路标。此作写于1985年8月底到11月间。在《蓝袍先生》之前,陈忠实的小说基本上是密切关注并且紧跟当下的现实生活,有个别小说虽然涉及新中国成立以前,如《康家小院》《梆子老太》等,但都是作为一种故事背景简单提及,重点描写的还是现实生活,而这部中篇小说写的是一个"历史人物"。蓝袍先生徐慎行的性格和命运从新中国成立前延伸到新中国成立后,在描写这个人物的性格和心理、展现这个人物的命运的时候,特别是发掘这个特意把门楼匾额"耕读传家"的"耕读"二字调换成"读耕"的人家的时候,这个幽深的宅院以及这个宅院所能折射出的一些民族文化心理的隐秘,让陈忠实久久凝目并且沉思。陈忠实的眼光一直盯着前面和脚下,偶尔一回顾,让陈忠实暗暗大吃一惊。身后的风景居然还有那么多迷人之处,身后的更远处,迷茫的历史烟云飘忽不定,而脚下之路正从那里遥遥伸展而来。由此引发了他对民族命运这一个大命题的思考。正是在写《蓝袍先生》的过程中,陈忠实关于长篇小说的一个若有若无的混沌景象开始浮现,他也就此萌发了创作《白鹿原》的念头。《蓝袍先生》写文化观念对人行为的影响,特别是传统礼教与政治文化对人的束缚。这个小说虽然以较长的篇幅写乡村的小知识分子,陈忠实也触摸到了文化人的一些特点,但陈忠实对文人和知识分子还是多少有些隔膜,不如对农民那样了然于心。但是,这部小说给他打开了一扇门,转移了他的创作视线,他开始关注并研究历史的乡村。

## 二

作家毕其一生都在寻找属于自己的句子。因为小说创作是以个性为标志的劳动,没有个性就没有文学。

——陈忠实

创作之外，陈忠实在 20 世纪 80 年代中期的广泛阅读，对他的思想和艺术思维也颇有启迪。他读当时广被介绍的拉美文学；读捷克作家米兰·昆德拉的作品，米兰·昆德拉启示他，创作重要的不是写生活经验，而是写生命体验；读"寻根文学"作品以及与这一文学和文化思潮相关的理论和评论。为了增强未来小说的可读性，他还阅读了大量"好看"的作品，包括外国的畅销小说。

他在《世界文学》1985 年第 4 期上读到魔幻现实主义的开山大师、古巴作家阿莱霍·卡彭铁尔的中篇小说《人间王国》，还读到同期杂志配发评论《拉丁美洲"神奇的现实"的寻踪者》。陈忠实读后不仅对魔幻现实主义的创立和发展有了一个较为清晰的了解，而且对他最富有启示意义的，是卡彭铁尔艺术探索的传奇经历。卡彭铁尔早年受到欧洲文坛各种流派尤其是超现实主义的极大影响，后来他远涉重洋来到超现实主义"革命中心"的法国，"但是八年漫长的岁月却仅仅吝啬地给予卡彭铁尔写出几篇不知所云的超现实主义短篇小说的'灵感'"。卡彭铁尔意识到自己若要有所作为，必须彻底改变创作方向，"拉丁美洲本土以及她那古朴敦厚而带有神秘色彩的民族文化才具有巨大的迷人魅力，才是创作的源泉"。卡彭铁尔后来深入海地写出了别开生面的《人间王国》，被小说史家称为"标志着拉丁美洲作家从此跨入了一个新的时期"。卡彭铁尔对陈忠实启示最深的，是要写"本土"，但当他真正面对自己"本土"的时候，他对自己乡村生活的自信被击碎了。陈忠实有相当深厚的农村生活经验，他曾经说他对农村生活的熟悉程度，不亚于柳青，但他所熟悉的农村生活，主要是当代的农村生活。他感觉自己对于乡村的生活知道得太狭窄了，只知当下，不知以往，遑论未来。陈忠实意识到，自己对脚下这块土地的了解，还是太肤浅了，而这对像他这样试图从农村生活方面描写中国人生活历程的作家来说，是绝对不应该的。缺的课，必须补上。

陈忠实对"寻根文学"的理论和创作极有兴趣也极为关注，但是陈忠实很快发现，"寻根文学"发展的方向有了问题，一些人后来越"寻"越远，离开了现实生活。陈忠实认为，民族文化之根应该寻找，但这个根不应该在深山老林和荒蛮野人那里，而应该在现实生活中人群最稠密的地方。

陈忠实关注文坛动向，喜欢读文学评论。在读当时的一些文学评论时，他了解并接受了"文化—心理结构"这个从哲学转为文学的理论。这个理论给陈忠实的启悟是，文化是人的心理结构形态的决定因素，人的心理结构更是有巨大差异的。认识到这一点，陈忠实的创作思想就从人的性格解析转为对人物心理结构的探寻。此后，陈忠实在小说表现技巧方面，特别是在《白鹿原》的创作中，就摒弃了传统现实主义小说那种注重对人物肖像的外在刻画，转而特别注重表现人物的文化心理和精神气质。

陈忠实把卡彭铁尔进入海地、"寻根文学"和"文化心理结构"理论三者融会贯通，发现它们有共通的文学和文化指向。

## 三

我和当代所有作家一样，也是想通过自己的笔画出这个民族的魂。

——陈忠实

如此一路走来，陈忠实就登上了历史上的白鹿原。为写这部他称为"死后垫棺作枕"的作品，他从1986年到1992年，两年准备，四年写作。

准备期间，陈忠实读了一些历史、哲学和心理学著作。如王大华写的《崛起与衰落——古代关中的历史变迁》，北宋哲学家张载及关学的有关著述及研究著作。《白鹿原》书中所写关于乡民自治的乡约，最早就是北宋由吕大钧执笔的吕氏兄弟制定，吕大钧和其兄吕大忠、其弟吕大临等吕氏兄弟，都是理学分支关学的重要人物。陈忠实重点是去蓝田县、长安县查阅县志，还读了咸宁县（历史上西安府所辖县，民国时期取消，并入长安县）志，查阅地方党史及有关文史资料。陈忠实认为，西安是十三朝古都，曾是中国政治、经济和文化的中心，而不同时代的文化首先辐射到的，必然是距离它最近的土地，那么这块土地上必然积淀着异常深厚的传统文化。咸宁、长安、蓝田三县紧围着西安，陈忠实就选择这三个县深入了解并研究这方地域的历史与文化。查访过程中，不经意间还获得了大量民间逸事和传闻。正是在这种读史、访谈和实地踏勘的过程中，一部新的长篇小说的胚胎渐渐在陈忠实心中生成，并渐渐发育丰满起来。一些极有意义的人物，也从史志里或传说中跳了出来，作为文学形象渐渐地在陈忠实的脑海中活跃起来。朱先生就是以蓝田县清末举人牛兆濂为原型而塑造出来的；白灵也有原型，原型是白鹿原上的人，是从党史回忆录里找出来的；田小娥则是从《蓝田县志》的节妇烈女卷阅读中萌发历史思考而创造出来的。地理上的白鹿原，这时也进入了他的艺术构思之中，并且成为未来作品中人物活动的中心。

史志里的一些材料让陈忠实震撼。1927年，农民运动席卷中国一些省份，毛泽东写了《湖南农民运动考察报告》。陈忠实从资料中看到，陕西关中的农民运动也很厉害，蓝田县竟有八百多个村子建立了农会组织。这个现象引起了陈忠实的思考。关中是我们这个民族和国家封建文明发展最早的地区，历史文化沉积最深也最重，经济形态又相对落后，新思想很难传播，人很守旧，这里怎么会爆发以革命为名义并且如此普遍的农民运动呢？

1988年7月，作协陕西分会在秦岭山中的太白县召开长篇小说讨论会，陈忠实向一直关心他创作的西北大学教师蒙万夫透露了他写《白鹿原》的情况。蒙万夫对他写《白鹿原》的构想只谈了一个意见：长篇小说要重视结构艺术。长篇小说如果没有好的结构，就像剔了骨头的肉一样，提起来是一串子，放下来是一摊子。陈忠实觉得蒙万夫所谈，正好切中了他当时正在困惑并思考着的长篇小说结构问题。为此，他有目的地阅读王蒙的长篇小说《活动变人形》和张炜的长篇小说《古船》，着重看这两部作品的结构方式，研究结构如何使多个人物的命运逐次展开。同时，他也阅读并研究了一些外国长篇小说的结构。最后得出的结论是，没有最好的结构，只有适宜自己独自体验的内容和人物展示的结构形式，是内容——已经体验到的人物和故事决定结构方式,《白鹿原》必须有自己的结构形式。

《白鹿原》创作期间,陈忠实一直住在乡间老屋,平常,像蒲松龄在村口摆个茶摊邀行人喝茶讲故事一样,陈忠实也想着法子与村子里祖父辈的老人拉话。他或者上门到别人家里,或者请人到自己家里,让老人们随便谈。白嘉轩这个形象,就是在同陈姓门中一个老人交谈中得以启示形成雏形的。陈忠实还调动自己的生活积累,构思、想象、丰富小说中的人物和故事。白孝文的一些故事特别是那个提起裤子就行脱下裤子不行的细节,就来自他当年在人民公社工作时一位青年干部的故事。在断断续续的两年时间里,在这种与老人的交谈和史志的阅读中,陈忠实感觉自己的思维和情感逐渐进入了近百年前的属于他的村子,他的白鹿原和他的关中。

写《白鹿原》,陈忠实思想上非常明确,现实主义创作方法需要坚持,同时也需要丰富和更新。现实主义创作需要生活,也需要艺术的勇气。写作过程中,他曾致信友人,说"这个作品我是倾其生活储备的全部以及艺术的全部能力而为之的"。同时,他也拿出了全部的艺术勇气。在给另一位友人的信中,陈忠实说,"我已经感觉到了许多东西,但仍想按原先的构想继续长篇的宗旨,不作任何改易","我已活到这年龄了,反来复去经历了许多过程,现在就有保全自己一点真实感受的固执了。我现在又记起了前几年在文艺生活出现纷繁现象时说的话:生活不仅可以提供作家创作的素材,生活也纠正作家的某些偏见"。

《白鹿原》是"文化心理"现实主义,它从民族的文化心理切入,写以儒家思想和文化为主体的乡土社会的秩序特别是"皇帝死了"之后这种秩序的崩溃和瓦解,写新文化进入中国后对社会生活以及各类人的影响,写白鹿原上新旧文化的冲突,受新旧文化教育和影响的新人和旧人不同的生存方式和不同的人生追求,画出这个民族的魂,进而探寻中华民族从哪里来、到哪里去这样的大问题。

《白鹿原》从家族关系入手,从人的文化心理结构切入,触及农村社会的生活方式、经济活动、教育理念与方法以及政治关系等关乎人的生存的各个方面，深刻透视传统中国宗法社会数千年沿袭下来的人的生存态度和生存之道，展现传统的以儒家文化为基础的宗法社会在时代暴风雨的击打中所发生的深刻嬗变。《白鹿原》中的主要人物大致分属父与子两代人，这种父子结构，从文化上看，一般表现为"旧人"和"新人"，父辈人物即旧人总体上沿袭着传统的人生观念和生活方式，子一辈即新人多为叛逆，他们在趋时和向新的时代风潮中和个人命运的转换中逐步完成了自己的人格形象。父一代是"守"或"守"中有"变"的农民，他们强调"活人"，重视"做人"。白嘉轩、鹿三等人是"守"，鹿子霖是"守"中有"变"。子一代多数是"变"，或叛逆，或革命。"叛逆"和"革命"的实质都是背叛传统文化。白孝文、黑娃是叛逆，叛逆族规礼教，白孝文从族长继承人堕落为败家子，黑娃从"革命者"变为土匪头子二拇指再变为县保安团营长，最后又变为朱先生的关门弟子，发誓"学为好人"，是"变"中又趋于"守"的农民。鹿兆鹏、鹿兆海、白灵都是"革命"，他们要做时代的"新人"。《白鹿原》中两代人的一"守"一"变"，旧人的"守"和新人的"变"对立着、冲突着，同时也随着时移世变而变化着，他们之中"守"中有"变"，"变"中又趋于"守"，生动而准确地反映了清末以至民国再至新中国成立这一历史时期的生活巨变和人心嬗变。

　　《白鹿原》中有三个被描写为是白鹿原上"最后"和"最好"的人物，一个是最后和最好的先生朱先生，一个是最后和最好的地主白嘉轩，再有一个是最后和最好的长工鹿三。传统社会是"耕读传家"，"耕"解决的是人的生存问题，说的是人与其赖以为生的土地的关系，有土地就有地主和耕作的雇工；"读"是读"圣贤书"，解决的是思想和精神的问题，是人之所以为人的问题，是子孙万代文化承续的问题，"读"就需要先生，朱先生是白鹿书院山长，也是教化育人的先生，是白鹿原人特别是白嘉轩们的精神导师。这三个人物是传统社会、乡土中国三种主体性和代表性人物，朱先生是师，白嘉轩是农民、地主和乡绅，鹿三是农民、雇工，说他们"最好"，是说他们各自体现了他们身份的文化要求和为人要求，也就是在"做人"上做各自的人做得好，师要学高而身正，地主是主子，要仁，长工是仆人，要义，朱先生、白嘉轩和鹿三都几乎完美地体现了他们身份的文化要求和为人要求。"最好"的人成为"最后"，是说这样的人此后不会再有，他们已经成为绝响。"最好"的成了"最后"，隐没在历史深处；接受新思想和新文化的新人，或者死在了路上，或者还在路上，从这个意义上说，《白鹿原》又是乡土中国的一曲挽歌。

原刊 2018 年 12 月 21 日《光明日报》

# "剥离"与"寻找"之后的收获

## ——陈忠实论

陈忠实是一个具有文学史意义的作家。纵观他的创作道路，可以清晰地看出时代的印迹，而他创作于不同历史时期的作品，也鲜明地折射出时代的色彩，甚至不乏里程碑式的标志。他上初中时即爱上文学，十六岁在报纸发表受"红旗歌谣"影响而写的诗歌处女作。高中毕业回乡当了民请教师，发愤自学，以文学寄托理想并企图以文学改变命运，不过数年，即在报纸上发表数篇散文和诗作，引起关注。此时正是"文革"前夕，他二十出头。"文革"后期，在文化环境稍有松动而文学环境出现暖象、政策扶持工农兵新作者的时代背景下，他重新拿起笔，第一个短篇小说就引起文坛强烈关注，并由他改编被拍成电影公映，此后的短篇小说创作几乎篇篇引起较大的反响，在那个荒凉的文学时代格外引人注目。他在这个时期写的作品特别是小说作品，虽然受到当时政治风潮的影响，带有一定的政治概念痕迹，但是生活气息浓郁，人物的思维方式和行为方式是当时特定生活环境中较为真实的，并鲜明地体现出那个时代的生活特点，是我们解读和研究那个时代的现实生活和精神文化特征的典型文本。新时期，他的小说创作紧密追踪时代变化的脚步，着力展现时代巨变中乡村社会的人际关系和人的心理，注重人的思想特别是道德观念的变化，同时融进了作者在时移世变时期对现实生活的忧虑和思考。随着社会生活的发展，陈忠实的文化视野更为开阔，艺术探索更为深入，他的文学笔触也更为丰富多姿，探索从地域文化与人的关系、文化觉醒与生命的关系以及文化观念对人的影响等方面描写人物的性格及其命运，许多作品引起较强烈的反响。陈忠实在五十岁以前即《白鹿原》出版以前，一直扎根于农村,从民请教师到基层干部,从业余作者到专业作家,都不脱离他艺术描写的对象,对乡村生活有着深刻的观察、研究和体验,这样的作家在当代中国并不多见。《白鹿原》面世以前,他已经发表短篇小说五十余篇,中篇小说九部,题材涉及当代中国农村的各个时期,人物也是方方面面,艺术上总体坚持现实主义创作方法,追求"史诗"品格,手法上很少讨巧,多是正面切入、正面描写,因此,他的小说给人的感觉,是乡村生活的生动画卷,是农村社会的真实写照,也是农民包括乡村干部的真实、准确而且可以见出时代特征并成系列的形象画谱。陈忠实的文学史意义,还在于他的创作道路、身份变化与共和国的文艺政策、文学体制密切相关,从他的人生履痕可以见出文坛变化的轨迹以至某些内在的脉动。

陈忠实的文学创作,虽然与时代的前行总体能保持同步挺进的姿态,但他某些时段的创作也有徘徊以至困惑。他起步于文学爱好,从业余写作入手,后来在时代形势、社会环境和个人的追求中,成为半专业和专业作家,时代所给的思想教育,环境所给的文化影响,个人所修的艺术准备,有这样那样的缺陷,但他始终看重生活积累、强调生命体验,极为重视文学的思想性包括政治关怀,因此,当他把文学当作终生事业追求的时候,他对自己的创作时有自觉的反思。早年,他经历了因文学而造成的人生挫折,之后面对不断变化的新时期的社会生活,他从理性的高度自觉地反思自己的思维方式、思想观念和文学观念,有计划地读书,开阔视野,吐故纳新,"剥离"非文学因素,"寻找属于自己的句子"。在这个自觉和不断的"剥离"与"寻找"过程中,陈忠实的创作有了大的跨越和超越。中篇小说《蓝袍先生》的写作是一个转折点。他写此作时是1985年。1985年前后的中国文学,是一个转折点。这之前,新时期以来中国文学的形势大体上是伤痕、反思、改革,一浪一浪向前推进,百舸争流,但都航行在一条文学的河道上。1985年出现了拐点和分流,有了不同的追求。其中重要的是两个方面,一个是"先锋",一个是"寻根"。前者向前求索,后者向后探寻。新时期初期,陈忠实创作上基本上是随波逐流,到了1985年这个节点,到了岔路口,大家分头而去,他在前瞻后顾的同时，一方面辨析去路，更重要的是他需要解析自己。面对蓝袍先生这个新的形象，他在揭示蓝袍先生人生轨迹并分析其精神历程的同时，也解析自己。蓝袍先生是陈忠实描写和分析的对象，也是一面镜子，是一个参照，陈忠实在与蓝袍先生的精神对话中，也透视自己的精神禁锢，寻找自己心灵感受的误区和盲点，从而"精神剥离"并"打开自己"。陈忠实的创作方向亦随之发生了重要变化。在《蓝袍先生》之前，他的小说创作基本上是紧密关注并且紧跟当下的现实生活，而蓝袍先生徐慎行的性格和命运从解放前延伸到解放后，在描写这个人物的性格和心理、展现这个人物的命运的时候，特别是发掘这个特意把门额上的"耕读传家"的"耕读"二字调换成"读耕"的人家的时候，这个门楼里幽深的宅院以及这个宅院所能折射出的一些民族文化心理的隐秘，那历史深处某些重要而神秘的春光乍泄，让陈忠实久久凝目并且沉思。理不清来路，就不知道去路。由此引发了他对民族命运这一个大命题的思考。

《白鹿原》就此诞生。《白鹿原》成功地塑造了白嘉轩、鹿子霖、鹿三、朱先生这些具有深刻历史文化内涵的农村地主、长工和乡村贤哲形象，成功地塑造出黑娃、白孝文、田小娥、鹿兆鹏、鹿兆海、白灵等年轻一代鲜明各异的性格，展示了他们追逐时代的步伐或被时代的车轮驱裹而形成的或凌乱或跌宕的人生履痕和复杂多变的命运，深刻地触及了中国近现代半个世纪历史进程中的深层矛盾和历史搏动，展示了一个民族从传统迈向现代的历史轨迹和心路历程，揭示了民族的传统观念和人格精神在现代文化背景中的深刻矛盾和裂变。这部作品突破了狭隘的政治斗争视域，超越了简单的阶级斗争模式，以宽阔的历史视野观照波澜壮阔的历史进程，以幽深的文化眼光打量历史进程中的各色人物，是一部史诗巨作。该作的主旨是探寻民族的文化心理并进而探求民族的命运和前途。《白鹿原》的核心人物是白嘉轩。白嘉轩的人生理想和目标，一是做人，二是治家，此亦儒家所谓"修身"与"齐家"。白嘉轩的身上承续了数千年中国传统农民的本质特征，他非常现实，特别务实，没有不切实际的空想，注重现实的世俗生活。他的生活环境和文化氛围主体是儒家的思想文化，生存于这样的环境，耳濡目染，加上不断受到朱先生儒家思想和伦理的教化，他终生服膺儒家的思想和精神，并以儒家思想正己治家。在白嘉轩之上，是整个白鹿原的灵魂人物朱先生。朱先生是白嘉轩的精神导师和生活的指路人，白嘉轩则是朱先生思想和精神的实践者。朱先生是白鹿原的精神文化象征，他的思想渊源是儒家，儒家思想具体到朱先生身上，则是儒家思想的变相理学，细分则是理学中的关学，关学强调"通经致用""躬行礼教"。这是一种实践理性，对于白嘉轩这样的农民和族长特别有现实的指导意义，非常契合白嘉轩们的生命实践和生活实践，因而也使他们乐于接受，并且易于深刻掌握。鹿子霖也是中国传统农民的一个典型人物。这个人物与白嘉轩性格相反但却能成为一个互补的形象。白嘉轩做人行事，遵循的是内心信念和意志；而鹿子霖行事做人，则是依照现实的形势，这是一个能够迅速判断时势也能够很快顺应时务的乡村俊杰。可以看到，千百年来的中国乡村社会，主要的核心人物就是由白嘉轩式和鹿子霖式的两类人格构成，一个坚守先贤的遗训和内心的原则，一个观风看云不断顺应时势的变化，一静一动，动与静既冲突又融合，从而构成了一部激荡而又稳定的中国历史。白嘉轩和鹿子霖都是白鹿原上仁义白鹿村的精明人和威权人物。他们在中国历史和文化中都具有原型的意义。这部小说对秦地文化和渭河平原风俗的精彩描写，对关中农民日常生活的精确描绘和农民语言的传神运用，构建了一部难得的中国北方大地乡村美学文本。

也许是创作《白鹿原》用力过猛，也许是该作后来巨大的成功反而成了生命中的不能承受之重，也许是陈忠实所期望的"枕头工程"已然完成，总之，《白鹿原》之后，陈忠实在创作上多少有些"懈气"，"原下的日子"常被繁杂的事务占据而稍显平淡。也许，对于一个作家来说，挑战或者对抗才能激发创作的巨大能量，失去了挑战和对抗，创作的激情也就消散了。当然，这完全可能是对一个作家的苛求。

原刊 2012 年 11 月 6 日《人民日报》

## 走进历史的陈忠实

2009年10月25日，上海文艺出版社副总编、《小说界》主编魏心宏来西安公干，陈忠实晚上在一家小饭馆请他吃饭交流，我也参加了。席间闲聊，魏心宏说，他到英国，看到马尔克斯的自传《活着为了讲述》，觉得很好，眼前一亮。想到老陈，觉得老陈可以写一部自传，将是不同凡响的。其他人写，不一定有价值；老陈写，有价值。他这样的作家，只此一个。时代不可能倒退回去再创造这样一个作家。我对魏心宏的说法深以为是，补充说：陈忠实只能是他所在的这个时代才能有，以前不会有，以后也不可能有。

陈忠实"这样的作家"，不仅"只此一个"，具有独特性，而且在共和国的作家中，也有相当的代表性，他是一个时代从农村走出来的作家的代表性人物。他的生活道路，他学习写作和创作的历程，都与共和国的时代特点和社会发展密切相关。20世纪世界历史一个重要的社会实践就是共产主义运动，共产主义的理想是打碎一个旧世界，创造一个人类历史上没有的全新的世界，这个全新的世界不仅有新制度，更有新思想、新文化和新道德，而要创造这样的新世界，关键是要靠具有共产主义理想的新人来创造，所以，无论是当时的苏联还是中国包括整个社会主义阵营，在进入社会主义阶段以后，培养"新人"都变成了一个重要而迫切的现实任务。1958年7月1日，《红旗》杂志第3期发表了一篇文章，题目叫《全新的社会，全新的人》，这是对当时社会和当时的人提出的一个理论概括和理想要求。在建设"全新的社会"、培养"全新的人"中，文学无疑起着重要的作用，而创作文学的作家更显得极其重要。作家的创作，不仅要求塑造社会主义"新人"形象，更要塑造"新英雄人物"。什么样的作家才能担当此任呢？旧文人不行，旧知识分子也不行，理想的作家当然是工农兵作家，即"自己的作家"。早在1942年，毛泽东《在延安文艺座谈会上的讲话》中就特别提出，文艺要为"工人""农民""武装起来了的工人农民即八路军、新四军和其他人民武装队伍"和"城市小资产阶级劳动群众和知识分子"服务，更为重要的是"必须站在无产阶级立场上"为"工农兵"服务。1942年10月3日延安的《解放日报》发表了康生写的"代社论"，题目是《提倡工农同志写文章》，号召培养工农通讯员，帮助工农同志写文章，还号召文艺家要做"理发员"，替工农同志修改文章，提高工农写作水平。《解放日报》为此特辟"大众写作"一栏，经常发表工农创作。在建立"全新的社会"过程中，毛泽东也常常感叹缺乏自己的"知识分子"。1966年10月1日晚上，毛泽东在天安门城楼上同澳大利亚共产党（马列）主席希尔谈话时说："你应该到大学去看看。""很多旧社会的知识分子，我们包下来了。他们看不起工农群众，看不起工农出身的人。我们还得用他们，不用他们，我们的报纸就出不了，广播也播不出去。文学界、艺术界，也是他们的人多。全部改变要用很长的时间。"[1] 1967年5月，毛泽东会见一个外国军事代表团，在介绍中国开展"文化大革命"情况时说："本来想在知识分子中培养一些接班人，现在看来很不理想。批判资产阶级反动路线是知识分子和广大青年学生先搞起来的，但一月风暴夺权彻底革命，就要靠时代的主人，广大的工农兵做主人去完成。知识分子从来是转变、察觉问题快，但受到本能的限制，缺乏彻底革命性，往往带有投机性。"[2] 1968年6月21日，毛泽东在会见坦桑尼亚总统尼雷尔时说："我们没有教授、教师，没有办报的，没有艺术家，也没有会讲外国话的，只好接收国民党的一些人或者比较好的一些人。有一些是国民党有计划地隐藏在我们的工厂、政府机关和军队里。当然不是所有教授、教师、技术人员一个也不好，不是这样，但有一部分很不

---

[1] 中共中央文献研究室编：《毛泽东年谱（1949—1976）》第六卷，中央文献出版社2013年，第1页。

[2] 中共中央文献研究室编：《毛泽东年谱（1949—1976）》第六卷，中央文献出版社2013年，第89页。

好。对他们进行清理，好的继续留下来做工作，坏的踢开。"① 在这样的历史背景下，党培养无产阶级自己的作家既是当务之急，也是历史任务。也正是在这样的历史背景下，"工农兵业余作者"和"工农兵作家"不仅应运而生，而且备受重视，受到党和政府以及作协这样的组织关心、培养、扶持自不待言。新中国成立后，在种种政策和措施的支持下，共和国的大地上雨后春笋般地成长起来一大批"工农兵业余作者"和"工农兵作家"。陈忠实就是其中一员。他在文学上的起步和发展，从一个文学爱好者成为一个业余作者，再从一个业余作者成为一个专业作家——1982年，创作成就主要是发表了三十余篇短篇小说的陈忠实调入中国作协西安分会（后来的陕西省作家协会）成为专业作家，都得益于党和政府相关政策、措施的支持和扶持。因此可以说，陈忠实的生活道路特别是文学道路，打着鲜明的时代烙印，具有丰富的历史内涵。

然而，"工农兵业余作者"和"工农兵作家"虽然在十七年和"文革"时期红火一时，但在改革开放后的新时期，他们中的绝大多数都淡出文坛，只有极少数甚至是极个别的作家能与历史共同前行。陈忠实从1958年十六岁时发表处女作《钢、粮颂》到1992年五十岁时发表长篇小说《白鹿原》（1992年12月《当代》杂志刊发《白鹿原》），其间，陈忠实并不是在同一水平线上进行文学创作，而是经历了几个阶段的摸索，包括失败、探求以及迷惘，用陕西另一个写农村题材的作家邹志安的话说，他和陈忠实等是"左冲右突的一代"，陈忠实是渐进也渐变地寻找到"属于自己的句子"。在这个漫长的寻找文学之门并确立"属于自己的句子"的过程中，陈忠实创作的每一个阶段，都与当代文学思潮和时代的文学风气紧密相关，他不同时期作品的艺术风貌，也鲜明地体现着当代文学不同历史阶段的特点。而陈忠实作为一个作家，可贵的一点是随着时代的进步和阅历的深入，特别是进入改革开放的新时期以来，他能清醒地认识到自己在文化水平、价值观念、思想境界

---

① 中共中央文献研究室编：《毛泽东年谱（1949—1976）》第六卷，中央文献出版社2013年，第169页。

和艺术能力等方面的局限性,自觉地调整自己观察生活、理解生活的思维方式,高度重视思想的力量和文学自身的规律,自觉地"剥离"非文学的种种束缚,自觉地寻找属于自己的艺术天地。陈忠实视文学为神圣的事业,对文学,他保持着一个圣徒般的敬重和殉道者的精神。四十四岁那年,他清晰地听到生命的警钟,认识到此前的写作都不足以告慰自己一颗热爱文学的心,要写一部能"垫棺作枕"的作品。创作《白鹿原》的陈忠实,显出了文学圣徒的气概,为了安心写作,他不仅坚决地辞谢了上级安排的正厅级文联书记的职务,而且在四年的写作过程中,敢于将最初的文学构想进行到底,完全不管结局如何。如果从文学精神的角度把《白鹿原》划定特定的年代,它无疑应该是20世纪80年代的作品。《白鹿原》虽然是1992年1月写完的,但它孕育或者说是起根发苗的时间则在80年代,陈忠实开始写作的时间也是80年代,《白鹿原》的人物、故事以及思想和艺术上的种种追求都在80年代已然形成,陈忠实本来计划在1989年就完成全书写作计划,只是因为80年代的最后时段中国社会发生了重大的事件,历史在这里拐了一个弯,耽搁了写作的进度。这里特别强调《白鹿原》是80年代的作品,是因为20世纪80年代的中国与90年代及以后的中国,很不一样,甚至可以说是完全不一样。概括地说,80年代是一个充满理想精神与创新激情的时代,这种理想精神与创新激情像火山喷发一样,其冲天的烈焰照亮了自1949年以来的历史天空,或者说是自1949年以来郁积已久的种种理想精神与创新激情的一次总喷发。而1989年是一个转折点,此后,这种理想精神与创新激情渐渐冷却,差不多就是《白鹿原》完成以后不久,中国社会开始进入实用主义时代。80年代与90年代之交,社会思潮是理想主义激情渐渐冷却,实用主义态度兴起并替而代之,这是一个剧烈而复杂的动荡期。陈忠实此刻正在完成他一生中最重要的"枕头工程",他的心态是复杂的,却也是坚定的。1990年10月24日,他在致何启治的信中谈到《白鹿原》的创作,说"这个作品我是倾其生活储备的全部以及艺术的全部能力而为之的"。这里谈到两个"全部",一是"全部"的"生活储备",二是"全部"的"艺术""能力"。其实,还应该再加一个,那就是"全部的艺术勇气"。没有"全部的艺术勇气",是不能把《白鹿原》最初的艺术理想坚持到底的。

　　从作家的类型来看,陈忠实不是那种才华超群、想象卓异的才子型作家,不是饱读诗书、满腹学问的学者型作家,不是慧眼独具、思想深刻的思想型作家,总体来看,他是一个拥有深厚的生活积累并对生活有独特把握、有深入思考的生活型作家。四十岁以前,他一直生活、学习、工作在家乡农村,四十岁以后成了专业作家,他依然住在乡村,直到五十岁写成《白鹿原》,才住到城里。他说他是乡下人,他说柳青在长安农村深入生活十四年,就被文坛津津乐道,他在农村生活五十年却没有人提。在农村,他有两个身份,一是农村基层干部,一是业余文学作者。特殊的身份使他养成了两个职业特点,基层干部身份使他对政治特别敏感,也非常关心,当然也有思考;农村业余文学作者身份一方面使他认识到自己在文学修养上有许多欠缺,另一方面也促使他对文坛动向特别是文艺思潮及其变化异常关注,注重文学创作、文学理论上的新动向、新观点和新方法。他的创作特别是《白鹿原》的创作,也有读历史包括中共党史、阅方志得来的历史文化启示和人物、情节素材方面的收获,但主要是来自他对生活的掌握和深刻的生活体验。他既有一个村子(家庭所在地)的生活体验,也有公社(现在的乡镇)干部和区(相当于县)干部的经历,所以,他对农村生活的观察和掌握,是县、乡、村三级整体结构的观察和掌握,是对一方土地的较为全面较多层面的观察和掌握。小说《白鹿原》主要写一个村子,但它有滋水县、白鹿仓乃至省府领导的政治架构,县、仓、村构成了一个较为完整的乡土社会,乡土社会应有的各方面的人物类型小说中都有了。这种对乡土社会全景式全结构的描写,与陈忠实较为完整的乡土生活经验是分不开的。生活体验和这种体验中的生命感受(陈忠实称为生命体验)是陈忠实极为重视的创作经验。

　　我和陈忠实在一个单位长期共事,对他的人和创作是比较熟悉的。他的晚年其实是寂寞的。我与晚年的他过从甚密,我在那个时候意识到了他在当代文学史上的价值和意义,提出给他写一本评传。开始他不同意。他认为带

"传"字的就是"传",他不同意所有人为他写"传"。其原因,一方面是他看到一些写活着的作家的"传",因为有炒作嫌疑引起公开特别是私下的非议,另一方面,他认为"传"要真实,而活着的人都不可能做到全部真实,他有避讳,作者也要有避讳,这样的"传"必然是片面的。后来同意我写了,又嘱我"大胆写,放开写"。在写评传的过程中,我侧重"传"的部分,我的想法是,先把一些事实搞清楚,评可以慢慢来。真人真事,要还原一些真相是有困难的,评论更有困难。后人写前人的传或评论,优势是避讳少或者没有什么避讳,缺点是缺乏切近的经验和感受,凭着死的资料写,难免多了一些想象,多了一些虚构。今人写今人特别是写身边的人,优势自然是有切身感受,甚至有共同的经历,真实性强,有大事件更有细节,不会走大样,缺点自然是要避讳一些东西。关于陈忠实,我先后写了三本书,2012年出版了《陈忠实画传》,图片配文字,图片有历史感,也有现场感;书中附录《陈忠实年谱》,比较简略。2015年出版了《陈忠实传》。今年(2017年)《陈忠实年谱》单独出书,增加了很多内容,原来的年谱只有几万字,现在则有20余万字。"传"侧重写的是传主一生的大关节,"年谱"则是流水账,是年复一年、月复一月、日复一日的雪泥鸿爪,两者互为补充,以期尽可能地接近真实的丰富的陈忠实,并从中能读出某些关于文学也关于历史的幽微而丰富的信息。

原刊 2017 年 4 月 25 日《光明日报》

## 《白鹿原》解读

　　陈忠实创作《白鹿原》，时在 1987 年至 1992 年。《白鹿原》从家族关系入手，从文化与人的关系切入，触及中国社会特别是中国农村社会的生产方式、经济活动、教育理念与方法以及政治关系等关乎人的生存与精神的各个方面，深刻透视传统中国宗法社会数千年传承下来的人的生活方式、生存态度和生存之道，展现传统的宗法社会和乡规民约在近现代以来时代的暴风雨冲击中所发生的深刻嬗变，并从这嬗变中，透示社会演变的轨迹和历史深层的文化脉动。

　　《白鹿原》是一部史诗般的巨作，展示的是中国两千多年皇权社会崩溃之后，新的社会秩序将建而未建，白鹿原这个乡土社会历经军阀混战、革命、灾荒、瘟疫、抗日、内战、新中国成立等历史巨变和各种天灾人祸，农村社会的历史图景和农民生活的变迁，重在展现农村两代人在时代巨变面前精神与人格的守与变。传统社会中的地主白嘉轩和鹿子霖，给人扛活的长工鹿三，在乡村进行教书育人的贤哲朱先生，他们以全新的形象出现于文学史画廊，这些人都有深刻的历史文化内涵。而追求新的社会理想并为之奋斗甚至献身的鹿兆鹏、鹿兆海和白灵，以及人生命运大起大落的黑娃和白孝文，还有命运不能自主、被侮辱与被损害的乡村女性田小娥，也都体现着极其鲜明的时代特征。

　　近现代以来，历史发生着进行深刻的转变，小说中这些从传统深处走来的老少人物，有的仍然恪守传统的人格理想和生活观念，有的受大时代的感召，或紧紧追逐时代的步伐，或被时代的车轮驱裹前行，他们复杂多变的命运和凌乱的人生履痕，形象地展示了一个民族从传统迈向现代的历史轨迹和心路历程，揭示了民族传统观念和人格精神在现代文化背景中的深刻矛盾和裂变。

《白鹿原》中的主要人物大致可以分为父与子两代人，父辈人物总体上是沿袭传统的生活和方式人生观念，而子一辈多为叛逆。

小说中的核心人物是白嘉轩。陈忠实曾说，白鹿原就是白嘉轩，白嘉轩就是白鹿原。这是一个真正意义上的中国农民，地主——土地的主人，也是中国最后的乡绅，在他之后，乡绅在中国农村绝灭。白嘉轩的身上继承了几千年来传统中国农民的本质特征。他是家长也是族长，他的整个人生理想和目标，一是做人——"仁义"之人，二是治家——白家一家和白、鹿两个大家族，实际上就是白鹿村整个村子，这也就是儒家所谓的"修身"和"齐家"。

在白嘉轩之上，是整个白鹿原的灵魂人物朱先生，白鹿书院的山长，一个传统的读书人，士，这是中国最好也是最后的先生。朱先生是白嘉轩的精神导师和生活的指路人，白嘉轩则是朱先生思想和精神的实践者。朱先生是白鹿原的精神文化象征，他是儒家思想的继承人和传播者，通经致用，躬行礼教。这样一种实践理性非常契合白嘉轩们的生活实践和生命实践，对于白嘉轩这样的农民和族长特别有现实的指导意义，被他们乐于和易于接受并且能深刻地掌握。

鹿三是白嘉轩这个地主东家的长工，小说写他是中国最后也是"最好的一个长工"。鹿三和白嘉轩，是主子与奴仆的关系，这也是中国传统社会中一对基本的也是重要的关系。作为农民和长工的鹿三，忠厚、善良，性格也非常执拗，拗在两个字："忠"与"义"。而传统封建社会要求奴才对主子的，正是"忠"和"义"，因此，鹿三的为人深刻地体现了传统社会关于奴才与主子这一对关系的基本伦理。

鹿子霖也是中国传统农民、地主的一个典型人物。这个人物与白嘉轩性格相反，却能成为一个互补的形象。白嘉轩做人行事，遵循的是内心已然形成的信念和意志，所谓"知行合一"；而鹿子霖行事做人，则是依照现实的客观形势，他能够迅速判断时势，也能够很快顺应时务，所谓"识时务者为俊杰"。

可以看到，千百年来，中国的乡村社会，主要的核心人物，即由白嘉轩和鹿子霖这两类人物构成，一个坚守先贤的遗训和内心的原则，一个观风看云不断顺应时势的变化，一静一动，动与静既冲突又结合，从而构成了一部激荡而又稳定的中国历史。白嘉轩和鹿子霖都是白鹿原上仁义白鹿村的精明人和威权人物。从传统文化看，白嘉轩与鹿子霖构成了一种反对的关系，白嘉轩是"我"，鹿子霖是"非我"；白嘉轩是人的正相，鹿子霖是人的反相。黑娃、白孝文则是人的变相。白嘉轩与鹿子霖在中国历史和文化中都具有原型的意义。

白孝文和黑娃是小说中两个性格最为鲜明的叛逆形象。白孝文是族长的长子，本是族长的传人，家境好，也聪明，但是他缺乏坚定的意志，经不起田小娥的诱惑，堕落后更是不知羞耻，人性突变，自暴自弃，破罐子破摔，再变而为残杀异己毫不手软的冷酷之徒。黑娃本是一个淳朴老实却也有些粗莽的农家子弟，后因他带回来的田小娥不见容于礼教严格的仁义白鹿村，在闹革命时成立农民协会，革命失败后没有出路当了"土匪"，可以说作恶多端，再由一个"土匪坯子"变为真心向学的儒家门徒，并发誓"学为好人"，打破了求学为仕途的目的，把求学本身作为目的，特别是在经历了人生沉浮之后，认识到学问的重要，被朱先生称为自己"最好的一个学生"。白孝文和黑娃性格的发展和变化，都包蕴着丰富而复杂的时代内涵和历史文化内涵。鹿兆鹏、鹿兆海和白灵等人，则是从旧时代向新时代过渡和演变中的有志新青年，他们接受了新文化新思想，不愿意按父辈预设的生活方式去生活，他们有新的理想和生活目标，是时代英才，有献身精神。而他们后来各自的命运，如鹿兆海的死于内战，白灵的被活埋，鹿兆鹏的失踪，既是深刻的个人悲剧，也深刻地触及了中国近现代半个世纪历史进程中社会的深层矛盾，具有深广的社会内涵。

田小娥不像其他的女性人物基本是单一的性格，她是《白鹿原》中分量最重的一个女性人物形象，她的性格因为出身和经历，丰富而复杂。白鹿原上的仁义白鹿村，是一个完整自足的乡土社会，乡土社会该有的应有尽有，一切皆备，文化更是自成体统，渊源有自。对于白鹿村来说，田小娥是一个不受欢迎的外来者，是一种异己的文化和力量，淫邪的代表。田小娥出身于一个穷秀才家庭，嫁一年迈的郭姓武举人做小妾，与黑娃私通，被人休弃，又被黑娃带到白鹿村，却不被礼法森严的宗族接受。她的命运如水就势，黑娃跑了之后，她先是屈从于鹿子霖，然后又听从鹿子霖的教唆，拉白孝文下水以报复白家，后被忠于白家的鹿三所杀。田小娥的悲剧，既是性格的、命运的，也是文化的和生活的。她既是一个孤苦无助的可怜人，也是一个想法"活人"的反叛者，她对正常人性和生活的追求具有合理性，她为复仇引诱白孝文堕落又为社会伦常所不容。她一心想像人一样活着，可怜她最无助，所以备受损害与侮辱，给白鹿原和整个世界留下了一个巨大的问号。从小说艺术上看，田小娥不仅是一个独立完满的艺术形象，还是一位具有结构作用的人物，是她给仁义白鹿村带来了一种异样的气味，是她把黑娃、鹿子霖、白孝文以及白嘉轩和鹿三几个男人串联起来并结构成为一种复杂的人物矛盾关系。

《白鹿原》中所展现的历史巨变，是传统亦即"旧（思想、文化、道德、习俗等）"的消亡史，是中国两千多年的封建宗法制度和礼教，包括传统文化、传统人格的魅力和美，以及腐朽，在最后的几十年里如何崩溃和瓦解。小说中老一辈的人物，如所谓最后最好的先生，最后最好的乡绅，最后最好的长工，都深刻地体现了这一点。这是一曲深沉哀婉的送别"旧"的挽歌。《白鹿原》以传统社会的老人和新时代的新人两代人生动的人物画卷，形象地展现了以"耕读传家"为命脉的传统农业文明社会在新时代暴风雨冲击中的深刻嬗变和崩塌过程，为读者提供了多向度的思考。

# 关中的世相和风骨

——读陈忠实小说集《关中风月》

陈忠实的小说集《关中风月》（东方出版中心2007年版），写的都是陕西关中的人和事，囊括了《白鹿原》之后迄今陈忠实所写的所有小说新作。从1992年3月写完《白鹿原》搁笔，到2001年8月《日子》刊发，有九年时间，陈忠实除了把黑娃舔碗这个情节重新展开写了一个短篇《舔碗》外，没有写过小说，只写一些散文和随笔。2001年5月4日，陈忠实与西安的文学青年座谈，回答在《白鹿原》之后为什么没有再写小说的提问时说："有人猜测我是怕跨不过自己的高度而不敢写。其实是，在《白鹿原》之后以至于今，我对小说没有感觉，没有产生创作的激情，就不能逼着自己硬写。目前我正努力恢复对小说的激情，争取今年写出几个短篇。"陈忠实在这里谈到了作家创作中一个很重要的东西，这就是艺术的"感觉"和"激情"。也许是两年准备而后又是长达四年的《白鹿原》创作把他关于小说的感觉掏空，激情燃烧净尽，所以他在随后的九年里都没有写过小说。经过九年的心理调整和艺术蕴蓄，陈忠实于2001年8月号的《人民文学》发表了短篇小说《日子》。陈忠实说："《日子》对我来说意义是巨大的。它使我找到了与《白鹿原》之前所写的短篇小说完全不同的一种感觉，最重要的是恢复了对中短篇小说的兴趣与感觉。"对小说恢复了兴趣和感觉，而且还"找到了与《白鹿原》之前所写的短篇小说完全不同的一种感觉"，他不断地强调"感觉"，说明"感觉"对他的创作意义重大。我理解陈忠实这里所说的"感觉"，至少可能包含两个意思：一是恢复了兴趣，产生了创作的激情；一是对小说特别是短篇小说这种形式有了新的艺术感悟。比较他自《日子》以后所写的一系列短篇小说，如收入本书中的《作家和他的弟弟》《腊月的故事》《猫与鼠，也缠绵》《关于沙娜》，三篇三秦人物摹写《娃的心，娃的胆》《一个人的生命体验》《李十三推磨》，再看一看他在《白鹿原》之前所写的短篇小说，可以明显地感到，他切入叙述对象的角度更为巧妙而且提纲挈领，语言更为老辣精到，刻画人物更为简洁有力且入木三分，叙述更为收放自如、张弛有度，有闲庭信步般的从容自若，有庖丁解牛似的游刃有余，体现出一个小说家的真本领和硬功夫。

找到写短篇小说的新"感觉"，与作家艺术体悟的深入有关，也与作家生命体验的深入大有关系。陈忠实对农村生活的体验，对农民生存命运的观察，其长久与深入，在中国当代作家中，可能没有几个。柳青是从陕北农村再到北京城市又到西安城市复到长安农村，属于由外至内的"下乡"，陈忠实则是土生土长的关中人，乡居五十年。五十岁以后入居城市，形成了陈忠实人生的两种生活样态，一个是"原上的生活"——乡居，一个是"原下的日子"——城居，城居已有十余年，其实居于西安城也是在关中大地，但对关中农村的观察和体验，两种生活样态却变作了两种不同的角度，一是入乎其内，一是出乎其外。入乎其内，故有生气，出乎其外，故有高致。《关中风月》是描写陕西关中风情、关中人物与故事的小说集。关中这块土地，既是中国北方典型的平原地貌的农村，又曾是拱护周秦汉唐等十余个封建王朝的京畿之地，宋时张载在关中创立的关学昌行，此后其精神在关中大地余脉不绝，关学崇儒学而重务实，这个特点典型地体现了中国几千年农业文化的特点，因而可以说关中是一个积淀着深厚的传统文化的土地。陈忠实在这块土地上入之出之达五六十年，是以小说为"关中风月"绘形写神的高手，既绘出了这块土地的世相，也写出了这块土地上人的风骨。

陈忠实的小说有一个特点，就是他往往是正面地描写农村生活，直接逼视农民的生存真相。《日子》是写当下时态农村生活的，写出了当下中国农民真实的生存状态，也写出了一个农民如何生存并且赖以生存的精神世界。《日子》的故事背景是关中的滋水，小说讲述一个高考落榜的男人和一个曾经有过好腰的女人在滋水河边的沙滩上捞挖石头的生活，这种单调而艰苦的劳作日复一日，年复一年，这就是他们的日子，真实、琐碎、具体。他们生活的希望是女儿能考上重点班而后再考上大学。夫妻俩一边劳作一边拌嘴，拌嘴是沉重而乏味的生活的调剂，拌嘴之中，也透出他们对周围世界的认识和对生活的理解。这个男人被他的女人称为"硬熊"，宁肯出苦力也不愿意被人当狗使，他对自己在城里难以找到合适工作的解释是"出力挣钱又不是吃舍饭"，"中国现在啥都不缺，就缺硬熊"。男人在劳作的间隙，也会瞅一瞅从桥上经过的女人的好腰，两口子也议论人，也会关注远离自己不属于自己的生活，如对县委书记的被"双规"，对其腐败，男人自然生出正义的愤恨，对其日后可悲的下场，他也流露出了某种同情。但他们非常清楚自己的生活，瞅人也罢，议人也罢，都是不相干的，"我早都清白，石头才是咱爷"，他们的日子就是捞石头，他们的希望也在捞石头。对他们而言，"日子"就是周而复始地在沙滩上捞挖石头。小说写道："男人重复着这种劳作工序。女人也重复着这种劳作工序。他们重复着的劳动已经有十六七年了。他们仍然劲头十足地重复着这种劳动。从来不说风霜雨雪什么的。"一方面是粗糙的甚至是残酷的生存环境，一方面是顽强的坚韧的生存意志，这就是当下农村最真切的生存状态和精神状态。即使是在经历了唯一的安慰和希望破灭之后——女儿考试失利，在经历了最沉重的打击之后的男人，仍然能在躺倒之后再爬起来，以一种超乎寻常的平静继续面对未来的日子，"挖一担算一担嘛"，"再不说了"，"大不了给女子在这沙滩上再撑一架罗网喀"！这确实是一个关中"硬熊"的性格，简直有一种"老人与海"的精神。但与其说这是关中人特有的言行，毋宁说是在整个传统文化的浸染下，中国农民具有的普遍文化心理。不这样，能怎样？因无助而无奈，因无奈而自强，自强不息，生生不已，这是中国农民的生存状态，是中国农民的精神状态，同时也映现出我们民族的某些精神底蕴。

关中是一片历史文化积淀极其深厚的土地，对这块土地上农民的传统文化心理进行剖析更是陈忠实小说的着眼点和着重点。《舔碗》塑造了一主一仆两个丰富而生动的人物形象。黑娃给黄掌柜家当长工,主家黄掌柜除了给足工钱而且管住管吃,黄掌柜吃啥他吃啥而且可以尽饱吃,但黄掌柜因自己的生活习惯也是祖上传下来的习惯,对黑娃只有一个要求,那就是吃完饭后要舔碗。舔碗就是在吃完饭后把残留在碗壁周围包括碗底的饭渣用舌头舔净,这至少是关中农村过去常见的生活习惯,显然是农业社会几千年来因为珍惜粮食也因为崇尚节俭的文化心理而形成的一种吃饭习惯。但黑娃却没有这个习惯也接受不了这个习惯,于是舔碗与反舔碗、要求舔碗与拒绝舔碗就构成了黄掌柜和黑娃的无法化解的矛盾。黄掌柜亮明他是好心,他不是嫌黑娃多吃了,他只是在告诉黑娃一个能过上滋润日子的诀窍,他给黑娃交心透底地说,他家偌大的家业就是从祖辈以来舔碗舔出来的。黑娃提出宁肯年底少要两斗工钱粮也不想舔碗。这篇小说有着丰富的农业文化内涵,从中可以看到几千年来农业文明中人与粮食的关系和感情,积淀很深的传统文化心理,诸如节俭观念对人的行为的影响以至于对人性的扭曲。黄掌柜对黑娃曾有一番劝导:"庄稼人过日月就凭俩字,一个是勤,一个是俭。勤开财源,俭聚少成多积小到大。一般人做到勤很容易,俭字上就分开了彼此。"黄掌柜秉持的是几千年来儒家居家过日子的观念,忠厚待人,勤俭持家。他对黑娃,可谓厚也,他要求黑娃的,只是俭也,如果仅仅从这个角度看,黄掌柜似乎没有什么错,而且还很有道理,但他把他的习惯也许是丑陋习惯推己及人,强人所难,令人无法接受。这篇小说在充分展示主家黄掌柜与长工黑娃的舔碗与反舔碗冲突中,也隐含着对传统文化心理中某些陋习的批判,揭示出传统中国几千年来许多奉为圭臬的东西,其实是丑陋不堪的,甚至是令人恶心的。

关注现实,从现实生活溯其源进而剖析人的传统文化心理,陈忠实的目光在现实与历史中往复逡巡。他以短篇的形式进行"三秦人物摹写"。《李十三推磨》中的李十三,是一个具有反清复明思想的秦腔剧作家。小说着重写李十三推磨前后的情景,写戏的痴迷,当下都没有吃的贫困处境,在磨道里又气又吓,吐血,出逃,最后绝命村外。李十三是一个身处贫苦而不忘写戏的人物,是一个宁死不屈的人物,作者对其灵魂高蹈的精神是赞颂的,对其悲惨的遭际是惋惜的。陈忠实已经摹写出的三秦人物，都是一些铮铮硬汉，身处逆境困境甚至绝境，但精神绝不屈服，甚至以死抗争，是写历史人物，也是在张扬作者自己的思想和感情。

原刊 2008 年第 1 期《南方文坛》

# 忠实与发挥

## ——谈《白鹿原》电视剧的改编

陈忠实的长篇小说《白鹿原》是当代文学一部具有经典意义的作品，它厚重的内容、丰富的意蕴以及某些可以引发不同解读进而引起争议的叙写，既是其他艺术形式改编、移植包括再创作的丰富资源，同时也给改编、移植和再创造设置了难度。从一般的改编来看，大体上有三种情况：一是完全忠于原著；二是基本或大体尊重原著的精神，保留原著基本的主要的内容，同时又有对原著的部分内容进行改动，或在原著的基础上局部再创作；三是有选择地撷取原著几个人物及其故事，根据不同艺术形式的特点，进行改编和再创作。电视剧《白鹿原》的改编，可归为第二种情况，基本尊重，略有改动和发挥。当然，作品中人物和情节某些地方的一增一减，它所体现的意义也会有所改变。电视剧改编大体尊重原著的史诗品格，基本上保留了原著的主要内容，同时在原著的基础上，根据时代的要求、观众的心理需求和电视剧艺术的特点，对原著的一些人物和情节进行了改写和创造，在内容的某些方面作了开掘、深化和充分展开。总体上看，电视剧《白鹿原》思想上具有相当的深度，艺术上有感人的甚至震撼的力量，具有史诗的气魄，它的改编是可以理解的，也是相当成功的。

史诗品格的追求，是《白鹿原》原著和电视剧的共同追求。陈忠实的小说试图写出"一个民族的秘史"。"秘史"就是心灵史，写这个民族原本稳定的生活方式和根深蒂固的"文化心理结构"在"皇帝死了"之后，新的社会秩序将建而未建，白鹿原这个乡土社会历经军阀混战、革命、灾荒、瘟疫、抗日、内战、新中国成立等历史巨变和各种天灾人祸，农村社会的历史图景和农民生活的变迁,重在展现农村两代人在时代巨变面前精神与人格的守与变。《白鹿原》电视剧显然也在刻意追求史诗品格,它将白鹿原乡民的生活与清亡以来社会的巨变紧密结合,清晰地展现了近现代半个世纪以来的历史进程在白鹿原这个乡土社会的刻痕。传统生活的冲击与守护,传统社会的崩溃和瓦解,不同性格的年轻人自觉和不自觉的理想追求和生活追求,他们的成长和变化,都与历史、与时代有着内在的联系。白鹿原——代表乡土社会及其近邻西安城——代表区域政治和文化中心半个世纪的大事变都有表现。如镇嵩军对西安惨烈的围困战,电视剧的展现更为充分。为追求史诗效果,全剧的画面精美讲究,很多大的景观和场面震撼人心,如白鹿原全景、山川风物、割麦场景、西安围城后掩埋死者的万人坑、祈雨场面等,给人的视觉冲击极其强烈。

与原著比较,电视剧《白鹿原》的改编,对所要表达的主题思想有更为集中也更为突出的表现,这一点可能更体现了电视剧的某些艺术特点。小说更多的是描写客体的世界,写的是"他在",所以,小说是"呈现"或"再现",而非"表现",作者宜"藏",作者的见解是愈隐蔽愈好。陈忠实对其笔下的人物及其行事,总体是从人物的角度叙写,作者的感情倾向、文化归属、价值判断较为隐蔽,因此,关于小说中的人物及其言行,不同观点的人有时会有不同的解读,争议也就产生了。电视剧的受众面可能更广,因此,它对所要表达的东西需要有更为鲜明的表现,以免出现误导。可以明显感到,电视剧《白鹿原》集中、突出地表现了以白嘉轩为代表的传统农民为人仁义、知行合一的精神。白嘉轩一号角色的身份在某种意义上也确立了作品的主题思想。他坚守儒家思想和乡约规条,是白鹿村族人的主心骨,也是白鹿原这个乡土社会砥柱中流的人物。他腰杆直——表示正气,讲人活着是"活人"呢——既要生存,更要守规矩和有尊严(有脸面)地活着。其他的几个重要人物,既是独立的艺术形象,也与白嘉轩构成一种意义互解的人物结构图,朱先生是白嘉轩的精神导师,鹿三是白嘉轩的影子——"义"仆,鹿子霖与白嘉轩之间,白嘉轩是鹿子霖的镜子——照妖镜,鹿子霖的自私、投机、滑头、无原则等性格特点恰成白嘉轩的反照。同时，与原著相比，与白嘉轩这样的老式农民相映成趣的是，电视剧《白鹿原》特别突出和强化了年轻一代尤其是鹿兆鹏和白灵的人物形象和戏剧内容，突出了以鹿兆鹏和白灵为代表的中国共产党人在风雨如磐的历史年代和民族危难的时刻，救国救民，舍生取义，强烈地表现出中国共产党人奋斗、苦斗和献身精神，从而使这部剧作有了另一个鲜明的主调和主题。

　　如果说，长篇小说主要的是叙事和人物刻画的艺术，那么，电视剧作为一种现代化的戏剧艺术形式，它可能更重视在特定的时空中表现人物之间的矛盾冲突。基于电视剧艺术的要求和改编者对全剧的艺术把握和意义表现，《白鹿原》电视剧的改编，基本忠于原著，但对原著的个别情节也施行了必要的减法和加法，对个别人物的性格特征也有适当调整。比如全剧一开篇就是白嘉轩以粮食换媳妇，遭遇他后来的第七任妻子仙草，仙草的出身也改变了——她本是白家老药房故人之女，改为贫寒山民之女，而原著开篇白嘉轩的六婚六丧经历也简化为白鹿原上的六座墓碑，内容精练了也集中了。白嘉轩种罂粟，原著是仙草的父亲吴长贵教的，这既反映了当时的历史事实，也表明在当时自然经济条件下白嘉轩简单的逐利行为，电视剧中种罂粟改为白嘉轩的狱友胡掌柜所教，而且只为药用。这个改动的用意，除了不再扯出白家故人吴长贵那一条线，也是为白嘉轩的行为给出一种"合理"的解释，以免损害白嘉轩的道德形象。电视剧改编最多并且充分展开的是鹿兆鹏、白灵以及鹿兆海这几个人物和他们的故事，剧中加了很多内容，使这几位走出白鹿原的优秀儿女的形象大放光彩，同时也通过他们深入地表现了那个时代。人物性格方面，似乎是为了与白嘉轩形成一正一邪的对手，与原著比较，鹿子霖的性格中多了一些耍赖和幽默。白孝文则更突出了他年轻时的软弱和动摇，这样就为他后来的被引诱和堕落做足了铺垫，显得顺理成章。《白鹿原》中女性少，田小娥无论在小说还是电视剧中，都是最重要的一位女性，她不仅是一个独立的艺术形象，还是一位具有结构作用的人物，是她给仁义白鹿村带来了一种异样的气味，是她把黑娃、鹿子霖、白孝文以及白嘉轩和鹿三几个本来各是各的男子串联起来并结构成为一种复杂的矛盾关系，电视剧更是把她与孝文的媳妇也设计成一种激烈冲突的关系。与其他性格较为单一的女性不同，田小娥命运复杂，性格也复杂了一些，电视剧更突出了她要"活人"的一面，其愿望是既像人一样活着，也要活得有尊严，可怜她最无助，所以备受损害与侮辱，给白鹿原和整个世界留下了一个巨大的问号。

优秀的作品无论写什么时代，都有很强的当代性。也就是说，作品的思想、精神和问题有当代指涉，有了当代性才有可能上升到超时代的普遍性。感动今人，才有可能感动后人。创作是这样，改编也是这样。陈忠实《白鹿原》的创作，有文学"寻根"之意，探寻民族之过往、之来路，以昔视今，有很强的当代性。电视剧《白鹿原》的改编更重视当代性，剧中的人物和生活，特别是思想、精神和问题的指涉，都能唤起我们很多的想象，激发我们很多的思考。比如白鹿村人种罂粟突然发财了以后的精神迷茫，怎样"活人"，知行分裂和知行合一，革命与反革命，乡约与乡村治理，民治与官治，乡土社会的昨天、今天与明天，等等，是曾经的问题，似乎也是今天的问题，甚至也是明天的问题。改编是对一部优秀作品精神和内涵的再次激活和最大可能的再发挥，电视剧《白鹿原》的改编就是这样的。

原刊 2017 年 6 月 9 日《文艺报》

# 今天与昨天的对话

## ——《白鹿原》电视剧散谈

历史学界有一个观点，说中国古史是"层累地造成的"。借用这个观点来看文学经典的改编，文学经典与经典的改编，似乎也有"层累地造成"即"层累构成"的现象，原著与其后不同时代、不同主题、不同形式的改编和移植共同构成一个壮观的经典演化图景，经典的接受和传播构成一条史链，色彩斑斓，意义丰富。《白鹿原》电视剧就是"层累构成"的一个样本，它是今天这个时代以电视剧的艺术形式对《白鹿原》进行的一次再造和演绎，它在对原著故事和意义的解读、阐释和发挥中，构成了今天——21世纪10年代与昨天——20世纪上半叶（《白鹿原》故事发生的年代）以及80年代（陈忠实创作《白鹿原》的年代）的对话，也构成了争论，这就使《白鹿原》的历史意义和文学意义更加丰富起来。

史诗品格的追求，是《白鹿原》原著和电视剧的共同追求。小说《白鹿原》想写"一个民族的秘史"，所谓"秘史"就是心灵史，各种人的"文化心理结构"，写"皇帝死了"之后，新的社会秩序重建过程中，中国北方农村社会的历史图景和农民生活的变迁，重在展现农村两代人在时代巨变面前精神与人格的守与变。《白鹿原》电视剧显然也在刻意追求史诗品格，它将白鹿原乡民的生活与清亡以来社会的巨变紧密结合，清晰地展现了近现代半个世纪以来的历史进程在白鹿原这个乡土社会的刻痕。传统生活的冲击与守护，传统社会的崩溃和瓦解，不同性格的年轻人自觉和不自觉的理想追求和生活追求，他们的成长和变化，都与历史、与时代有着内在的联系。白鹿原——代表乡土社会，西安城——代表区域政治和文化中心，两者半个世纪的大事变都有表现。

必须承认,《白鹿原》的改编有相当的难度。小说诞生于二十世纪九十年代初,从那时到现在,时代语境已经发生了很大的变化。原著的一个鲜明特色就是厚重,其中也包括它的丰富性和复杂性。好的作品就在于它有非常多的甚至是无限的可解性,所谓一千个观众就有一千个哈姆雷特。因此,改编中的一增一减,都意味着对原著意义的改变或者是意义指向的改变。原著作为小说艺术,它的作者是隐藏的,诚如恩格斯所说,"作者的见解愈隐蔽,对艺术作品来说就愈好",而电视剧作为一种被赋予更多的教化功能的大众艺术,它要求主题愈集中、愈鲜明愈是合适。可以明显感到,电视剧《白鹿原》集中、突出地表现了以白嘉轩为代表的传统农民为人仁义、知行合一的精神。他坚守儒家思想和乡约规条,是白鹿村族人的主心骨,也是白鹿原这个乡土社会砥柱中流的人物。他腰杆直——表示正气,讲人活着是"活人"呢——既要生存,更要守规矩和有尊严(有脸面)地活着。其他的几个重要人物,既是独立的艺术形象,也与白嘉轩构成一种意义互解的人物结构图,朱先生是白嘉轩的精神导师,鹿三是白嘉轩的影子——"义"仆,鹿子霖与白嘉轩之间,白嘉轩是鹿子霖的镜子——照妖镜,鹿子霖的自私、投机、滑头、无原则等性格特点恰成白嘉轩的反照。同时,与原著相比,与白嘉轩这样的老式农民相映成趣的是,电视剧《白鹿原》特别突出和强化了年轻一代尤其是鹿兆鹏和白灵的人物形象和戏剧内容,突出了以鹿兆鹏和白灵为代表的中国共产党人在风雨如磐的历史年代和民族危难的时刻,救国救民,舍生取义,强烈地表现出中国共产党人奋斗、苦斗和献身精神,从而使这部剧作有了另一个鲜明的主调和主题。

另外,为避免歧义和误导,该剧一方面最大可能地保留原著的所有人物和与人物有关的基本情节,但在一些重要的方面,比如人物命运的结局,以及整个剧作的结局,都作了一些改变。比如,白灵不是被自己人活埋而是死于敌人的炮火之下,白孝文这个革命的投机分子不是在新政权成立后杀了黑娃继续当他的县长而是被揭穿被抓走,鹿兆鹏不是奔走在途生死不明而是突然现身，全剧也不是以白嘉轩瞎了左眼、鹿子霖疯掉冻死结尾，而是以白嘉轩和鹿子霖携手去看鹿兆鹏和白灵的孩子即他们共同的孙女结尾，这是一个传统的大团圆结局。人物的结局，固然是人物性格的选择和命运的必然；作品的结局，固然是叙事作品情节艺术的合逻辑的表现，但在这里，显然也是作者所要表达的意义的最终的显现。人往何处去，安于何处，就是对意义的揭示。总之，这些改编，都突出了电视剧的主题鲜明特点和大众教化功能。

田小娥是《白鹿原》中分量最重的一个女性人物形象，她的性格具有丰富性和复杂性。她给仁义白鹿村带来了一种别样的气息，她把黑娃、鹿子霖、白孝文以及白嘉轩和鹿三几个本来各是各的男子串联起来并结构成为一种复杂的矛盾关系，电视剧把她与孝文的媳妇也设计成一种冲突关系。这样的人物，她的性格与其命运和境遇有密切联系，性格特点既有阶段性，也应该有不同的层次感，她既是一个孤苦无助的可怜人，也是一个想法"活人"的反叛者，她对正常人性和生活的追求具有合理性，她为复仇引诱白孝文堕落又为社会伦常所不容，也就是说，她既有善良和柔弱的一面，也有"狠"和"强"的一面，如此才能表现出这个人物的丰富性和复杂性。李沁版田小娥总体看，更突出了田小娥的孤弱无助，突出了她的善良和要"活人"的一面，而在这个人物应该具备的性格的丰富性和复杂性方面表现得略显不足。

总体上看，演员的表演都是尽心尽力的，尽心接近人物的性格，尽力还原历史情景。从表演艺术上看，最佳的是艺术家的表演，比较好的是演员的表演，欠些火候的是年轻演员学戏的表演。印象深刻的，一是戈治均演的鹿泰恒，这是一位艺术家的表演，他把鹿泰恒的性格和为人演得非常到位，老奸巨猾而又不显山露水。第二位是李洪涛演的鹿三的晚年，有些"痴呆"的鹿三，演得非常出色。当了保安团炮营营长的儿子黑娃带媳妇回来看他，跪倒在门外，他却视而不见，仍然一把一把地抓着麦草，他的表演把一个老农民、老长工的老实、卖力、孤独和茫然无措传神地表现了出来。姬他演的黑娃也不错，黑娃的性格和形象差不多就是他演的那个样子。

优秀的作品无论写什么时代，都有很强的当代性。也就是说，作品的思想、精神和问题有当代指涉，有了当代性才有可能上升到超时代的普遍性。感动今人，才有可能感动后人。创作是这样，改编也是这样。陈忠实《白鹿原》的创作，有文学"寻根"之意，探寻民族之过往，之来路，以昔视今，有很强的当代性。电视剧《白鹿原》的改编更重视当代性，剧中的人物和生活，特别是思想、精神和问题的指涉，都能唤起我们很多的想象，激发我们很多的思考。比如白鹿村人种罂粟突然发财了以后的精神迷茫，怎样"活人"，知行分裂和知行合一，革命与反革命，乡约与乡村治理，民治与官治，乡土社会的昨天、今天与明天，等等，是曾经的问题，似乎也是今天的问题，甚至也是明天的问题。改编是对一部优秀作品精神和内涵的一次再激活和最大可能的再发挥，电视剧《白鹿原》的改编就是这样的。

总体上看，《白鹿原》电视剧放在当下，放在这么多年的电视剧制作中看，无疑是一部优秀的电视剧，思想性、艺术性和观赏性都属上乘。它是一个时期电视剧作品的里程碑，很多年后，我们回头看，这部剧的一些重大突破以及某些遗憾，都会让我们深长思之。

原刊 2017 年 6 月 18 日《西安晚报》

# 现实主义：从柳青到路遥和陈忠实

——2018年6月19日在中国社会科学院文学研究所的讲演

柳青是当代现实主义文学的代表性作家，对当代文学特别是对陕西文学的影响巨大，路遥称之为"文学教父"，陈忠实称之为"老师"。他们都坚持现实主义创作方法进行小说创作，成就卓著，两代三人的创作具有现实主义的"内在的延续性"。他们是当代文学不同时期现实主义的代表作家，而在现实主义层面上，由于身处不同阶段，又形成"同中有异"的艺术格局，在现实主义的山系中，三人各自独立成峰。柳青的代表作《创业史》是十七年社会主义现实主义发展道路上新的标志。路遥的代表作《人生》《平凡的世界》是二十世纪八十年代前期现实主义走向广阔的标志，陈忠实的代表作《白鹿原》是八九十年代之交现实主义深化的标志。

柳青、路遥、陈忠实，他们的现实主义创作有一些共同的特点：

柳青、路遥、陈忠实，都有自己的现实关切，关心社会的变革和发展，关注时代的重大问题，用作品来表达作家对时代的认识、发现和思考。一个时代有一个时代的"时代问题"，这些问题可能是多方面的，但总是有一些重大的和基本的问题，而且，这些问题，有显在的，更多的是潜在的，是需要人包括作家去发现、认识和把握的。这就是说，时代有时代的问题，而一个作家又因了自身独特的人生经历、生命体验和文化视野，他又有他自己感受和发现的独特"问题"亦即"我的问题"。在文学创作中，"时代问题"往往是通过"我的问题"得以表现，并从"潜在"成为"显在"，进而成为全社会的"认识"和"发现"。在这里，"我的问题"是不是切中了重大和基本的

"时代问题","我的问题"与"时代的问题"又在多大程度上有重叠,这既取决于一个作家的精神境界、文化视野和历史意识,也取决于一个作家在自己的时代有多少"切肤之痛",他的"痛点"或者说"痛感神经"涉及社会、波及时代的哪些方面,他的"痛感"有多深刻。总体来看,柳青、路遥、陈忠实,都有属于他们各自的"问题"发现,这些"问题"也都切中了他们所处时代某些重大和基本的"问题"。柳青的"问题"是"新制度"的建立和中国农民如何改变思想、如何"发家""创业"的问题,这和新中国成立之初社会转型时期新政权要建立"全新的社会"、培养"全新的人"这一时代要求合拍。路遥的"问题"是"人生问题""农民进城问题",这个问题切中二十世纪五十年代以来至八十年代城乡差别、城乡二元对立结构的社会问题以及社会需要"改革开放"这样的重大问题。陈忠实的"问题"是"民族文化心理结构"即"民族秘史"问题以及这种"民族文化心理结构"如何被冲击进而发生多向度嬗变的问题,这与八十年代的"孔子"及以孔子为代表的儒家"塑造"了"中华民族性格和文化——心理结构"(李泽厚)说、五四以来"文化断裂"说以及"文化寻根"等思想和思潮高度合拍,探寻中国人、中华民族从何处来、向何处去这样的重大问题。由于他们的创作能紧扣时代的重大问题,所以,他们的作品也就具有了鲜明的时代性和历史性。

  柳青、路遥、陈忠实的创作,既有时代性,也有历史性。三个人的代表作,将写作的时间背景倒过来看,恰好是一部文学的近现代到当代的历史画卷。他们的共同特点在于写的都是历史转型期。从日常生活写人与历史的关系,人在历史洪流中的选择与表现,激烈的历史剧变。《白鹿原》写传统中国、宗法社会下的乡村。从清末到民国再到新中国成立之初,这是两千多年封建社会没落和崩溃的过程,一个从传统中国走向现代中国的历史转型期。《创业史》,从《白鹿原》终止的地方写起,写新中国成立,也是历史转型期,新制度的建立,新生活的开始。如按柳青原来的设想,《创业史》全部写完,其叙事的历史终点,应该也就是《平凡的世界》叙事的历史起点。《平凡的世界》写1975年至1985年,从"文革"后期写到改革开放初期,也是历史转型期。历史转型期，时移世变，人也在变，富有深厚的生活内涵和艺术意味。

柳青、路遥、陈忠实，他们都受到"史诗"这种文学观的影响。这个影响既有来自苏联文学的，也有来自中国传统文学的，如鲁迅称之为"史家之绝唱，无韵之《离骚》"的司马迁的《史记》。在他们的文学观念中，不写纯粹个人的、小格局的东西，要写就写"大作品"。路遥将柳青称为"严肃的现实主义作家"，认为柳青的创作启示我们"仅仅满足于自己所认识的那个生活小圈子，或者干脆躲进自己的内心世界去搞创作，是不会有什么出息的"。

柳青深入生活的创作经验，认为"生活在自己要表现的人物的环境中，对从事文学的人是最佳选择"，这种观念，路遥、陈忠实也深以为是，身体力行。

路遥和陈忠实，是柳青广义意义上的文学学生，他们在学习柳青的同时，更要走出柳青"影响的阴影"，认清自己，寻找自己，回到自己，完成自己。完成自己：以自己独创的作品在艺术和思想上完成自己。1984年，陈忠实参加中国作协在河北涿县（今涿州市）召开的"全国农村题材创作座谈会"，会上关于现实主义和现代派的讨论和争论对他极有启示，他认识到现实主义创作方法可以坚持，但现实主义必须丰富和更新，要找到包容量更大也更鲜活的现实主义。这之后，陈忠实开始自觉地反思自己的现实主义写作历程。他想到了柳青和王汶石，这两位陕西作家，既是他的文学前辈，也是当年写农村题材获得全国声誉而且影响甚大的两位作家，陈忠实视二人为自己创作上的老师。但是到了1984年，当他自觉地回顾包括检讨以往写作的时候，首先想到的就是必须摆脱柳青和王汶石的影响。同时他又接着说："但有一点我还舍弃不了，这就是柳青以'人物角度'去写作人物的方法。"[1]

---

[1] 陈忠实：《寻找属于自己的句子——〈白鹿原〉创作手记》，上海文艺出版社2009年，第44页。

在现实主义的道路上，从柳青到路遥和陈忠实，他们三位作家既有一脉相承的关注现实、把握时代重大问题的精神，也有各自独立的艺术发现，这就形成了他们三人现实主义"同中有异"的艺术格局，在现实主义的山系中，他们各自独立成峰。

柳青的创作是宏大叙事。在建设"全新的社会"、培养"全新的人"的政治和文化的时代要求中，他的《创业史》，力图按照党和毛泽东的指示，认识、把握社会和生活。柳青说，《创业史》的主题是"要歌颂这个制度下的新生活"，"就是写这个制度的诞生的"。《创业史》塑造社会主义新人和英雄人物的艺术经验，丰富和强化了革命美学的审美特征。而现实主义的创作方法，又使作家必须面对真实的生活和现实中的各色人物，柳青在按照"理想""塑造""新人"的同时，也在相当程度上反映了那个时代。

柳青写人时，考虑到当时党和国家的"路线、方针、政策"，他的焦点对准的是集体，在制度、集体与人物特别是个人的关系中，柳青的重心是在前者。到了路遥这里，在人物特别是个人与集体、社会的关系中，路遥的侧重点就转到了写集体中的个人，而且人与集体有了冲突，甚至是巨大的冲突。在柳青那里，每一个人似乎都是"国家"和"历史"进程中的一个重要环节，而在路遥这里，个人更多的只是个人，他的所作所为，更多的是"看不到国家在场的""个人的""道德的事件"。

路遥的《人生》《平凡的世界》，开掘、发展了《创业史》中的人生主题。路遥小说的主题是"人生问题"，农村有文化的青年，他们个人的"人生问题"如何解决，该走怎样的路，是继续守望农村还是走出农村，走出农村如何走，走向哪里，在走出的过程中如何面对和解决个人奋斗与道德以及社会习惯的冲突等问题。

路遥的小说，重在写个人的理想，个人在时代和生活中的受难与追寻。《创业史》中的徐改霞这个人物，成了路遥小说中的人物主角，变成了高加林和孙少平。《人生》，有时代的切肤之痛。城乡差别，城乡二元对立的结构，在新中国成立以后很多年，都是严肃的政治问题。创作上，写农民"进城"，按现在的说法，就可能有"导向"问题。陈忠实早年的许多小说，包括20世纪80年代初写的中篇《初夏》，都在批评或批判青年人想"进城"的"错误观念"。《人生》中高加林"走后门"进城，抛弃刘巧珍，受到强烈的道德谴责。路遥也想为"进城"的"人生"寻求一个合理又合乎道德的解决方案，他把高加林一分为二，变为《平凡的世界》的兄弟俩，老大孙少安守望家园，老二孙少平走出土地。《平凡的世界》是对《人生》的展开，它试图回答当时对《人生》亦即农民进城提出的许多社会和道德问题，给当时无法解决的问题一个解答。

路遥也许并没有清醒地认识到，他写的高加林、孙少平，他们高中毕业，有了一定的文化，他们的思想已经被有限度地启蒙，他们想进城，努力进城，既是自然人性的真实流露——对自由的渴望，也是对城市生活所代表的现代文明的向往和追求。路遥的创作，有时代的前瞻性和预见性。现在，城乡二元对立已经被打破，农民进城已经是正常的人生选择。

陈忠实的《白鹿原》是"文化心理"现实主义，是"寻根文学"的丰硕成果。"寻根文学"，是探寻"五四"新文化运动以来似乎"断裂"了的民族文化之根。新时期文学特别是八十年代文学，新潮一波接一波，伤痕、反思、改革、现代派等，在主题思想上，实际上是探讨中国何以如此，中华民族应该怎么办？《白鹿原》是从民族的文化心理切入，探寻中华民族从哪里来，到哪里去。

《白鹿原》的艺术聚焦，是从文化与人的角度切入，从家族关系入手，触及农村社会的教育理念与方法、经济活动、生产方式以及政治关系等关乎人的生存的各个方面，透视传统中国宗法社会几千年传承下来的人的生活方式、生存态度和生存之道，展现传统的宗法社会和乡规民约在时代暴风雨的击打中所发生的深刻嬗变——家族的嬗变，人性的嬗变，人心的嬗变。并从这嬗变中，透示社会演变的轨迹和历史深层的文化脉动。

《白鹿原》重在展现农村两代人——父与子结构（《创业史》中的主要人物梁三老汉与梁生宝也是父子结构）——在时代巨变面前精神与人格的守与变。小说中的主要人物大致分属父与子两代人，父辈人物总体上沿袭着传统的人生观念和生活方式，子一辈多为叛逆，他们或者追随时代新的风潮，或者背叛传统的做人理念，以不同的命运转换各自逐步完成了自己的人格形象。作品中，父亲一代人是"守"，或者是"守"中有"变"的农民，比如白嘉轩和鹿三等人就是"守"，而鹿子霖则是"守"中有"变"。他们不仅守在土地上，观念也守旧，鹿子霖的"变"也只是身份和行为方式有所变化，做人的观念则没有什么变化。而小说中的子女一代人，则主要是"变"，他们或者参加革命，如鹿兆鹏、鹿兆海、白灵，或者反叛传统生活方式，逃离土地，如黑娃和白孝文等。黑娃这个人物更复杂，他在大"变"之后又归于"守"，诚心诚意回归原上，先是跪倒在朱先生的脚下，说他"闯荡半生，混账半生，糊涂半生，现在想念书求知活得明白，做个好人"，接着又跪倒在他先前曾砸过"仁义白鹿村"石碑和乡约条文石刻的祠堂，悔过自新，人生走了一个圆圈，回到原点。在这里，人物的一"守"一"变"，"守"中有"变"和"变"中归"守"，都生动而准确地反映了清末至民国再至新中国成立这一历史时期的社会巨变和人心嬗变。

从思想文化上看，现代历史以来的四大思想：保守主义、马克思主义、三民主义和自由主义，《白鹿原》中的人物可分别对应于前三种之中。《白鹿原》缺乏自由主义思想的人物。自由主义的思想和文化，是陈忠实文化视野的盲区之一，也是陕西这块土地，近现代以来特别缺少的思想和文化。

人物命运特别是命运结局往往体现主题思想，《白鹿原》通过人物命运形象地写出了传统中国或乡土中国的解体。传统的中国社会讲究"耕读传家"，"耕"是人与赖以为生的土地的关系，它解决的是人的生存问题；"读"自然是读"圣贤书"，它解决的是人的思想和精神问题，是人之所以为人的问题，也是子孙万代精神赓续的问题。《白鹿原》以新与旧两代人生动丰富的人物画卷，艺术地展现了以"耕读传家"为命脉的农耕文明、农业社会在新时代急风暴雨冲击中的崩塌过程和深刻嬗变，为读者提供了多个向度思考的文本。

从柳青到路遥和陈忠实，他们的现实主义创作经验，在今天对我们的创作仍有深刻的启示意义。

原刊 2022 年第 2 期《文学自由谈》

## 陈忠实的"枕头工程"

# 陈忠实：踏过泥泞五十秋

在2009年度陕西"最具文化影响力人物"评选活动中，关于陈忠实的介绍是这样的："2009年，又是他的一个丰收年。历时两年写作的《寻找属于自己的句子——〈白鹿原〉创作手记》由上海文艺出版社出版。读者、专家反应热烈，《人民日报》《南方文坛》等发表了研究性书评。为全国各地作者撰写二十多篇著作序言，扶持青年，奖掖后进。参加'中国改革开放优秀报告文学奖'西安颁奖会；与多所高校学生座谈创作。继入选'改革开放30年影响中国人的30本书'后，《白鹿原》又被整部收入《中国新文学大系》，该书于2009年出版。《白鹿原》是'30年30本书'中唯一入选的中国当代长篇小说，也是《中国新文学大系》百年百卷中唯一整部入选的陕西作家的长篇小说。"从这个简单的介绍中，我们可以窥见陈忠实去年一年中创作、工作、生活之一斑。事实上，陈忠实一年中的文学创作、文学活动以及工作和生活远比这个介绍要丰富得多。我知道的他，是每天都忙着，从早到晚，几乎没有节假日。其中，为人写序，可能是最苦而又不能叫苦的差使。写序不像写自己的文章，可以自由挥洒，写序之前先得读他人书，喜欢不喜欢都得读，认真读，读后再斟酌下笔。老陈写序，一是为了奖掖后进，二是因为友情或责任。今年他为一个人写了一篇序，据他说，用了三个月，把好多事都压下了或者往后推了。这是一个已经离职多年的老领导的回忆录。老陈说："人家在台上时，我们只是工作上的认识；老领导德高品洁，现在不在台上了，这个序我就得认真写。"我常常慨叹，陈忠实的身上太多儒家的入世进取精神和道德自律人格，太多宋儒张载以来关学思想的务实人生态度，甚至太多从祖辈从骨子里带来的农民的刻苦勤劳，而太少甚至没有道家的逍遥思想和人格，一年到头忙着，为了某种社会责任，为了某个做人的义务，严于律己，不让自己消停。

陈忠实1942年出生于西安市灞桥区白鹿原南坡的西蒋村。蒋村是一个小村子。陈家是一个世代农耕之家。他的曾祖父陈嘉谟曾做过乡村的私塾先生。祖父陈步瀛，在陈忠实出生前已经去世。父亲陈广禄是一个地道的农民，但会打算盘，也能提起毛笔写字，这在当时的农村，就算是有些文化的人。父亲对陈忠实的要求很实际，陈忠实后来回忆说，"要我念点书，识几个字，算个数，不叫人哄了就行了。他劝我做个农民，回乡务庄稼。他觉得由我来继续以农为本的家业是最合适的。开始我听信他的话，后来就觉得可笑了：让我挖一辈子土粪而只求一碗饱饭，我一生的年华岂不虚度了？"

如果从文学题材上说，陈忠实基本上可以说是一个写农村题材的作家。五十岁以前，陈忠实一直生活、学习、工作于灞桥农村。陈忠实文学之路上遇到的第一个人是赵树理。读初二时，他在文学课本中读到赵树理的一篇小说《田寡妇看瓜》，这篇课文给陈忠实的生命注入了文学因子并产生了革命性影响。陈忠实学了这篇课文，十分惊奇：这些农村里日常的人和事，尤其是乡村人的语言，居然还能写进文章？他暗自思量，这样的人和事，这些人说的这些话，我知道的也不少，那么，我也能写这种小说。"我也能写这种小说"的念头由此在心里萌生。此后，他借阅了当时能看到的不少赵树理的作品。陈忠实文学之路上遇到的第二个人是刘绍棠。刘绍棠使陈忠实对文学的"天才"问题有所思考。陈忠实对文学发生兴趣时，"反右"正在进行。语文老师常在语文课上逸出课本内容，讲某位作家某位诗人被打成"右派"的事，讲到"神童"作家刘绍棠被定为"右派"，给陈忠实的印象最为深刻。少年陈忠实觉得"天才""神童"比"右派"帽子更为神秘，因此对刘绍棠很感兴趣，又借阅了刘绍棠的不少作品。陈忠实文学之路上遇到的第三个人是柳青。陈忠实后来说，他读了柳青的《创业史》之后，就把赵树理放下了。他对柳青长篇小说《创业史》的阅读，"几乎是大半生的沉迷"，他前后买了丢了、丢了又买了九本《创业史》，这对他来说，"是空前的也肯定是绝后的一个数字"。由此可以想见柳青对陈忠实的巨大而深刻的影响。陈忠实早年的文学阅读塑造了他的文学理想（想象），也塑造了他的文化心理和审美心理，文化心理和审美心理最终凝结为一点，那就是乡村，生活的乡村和文学的乡村。1982年7月，陈忠实结集出版的平生第一本书——也是第一部短篇小说集，就名为《乡村》。

1962年，陈忠实高中毕业，时遇国家经济严重困难，大学招生计划缩减，陈忠实大学梦破灭，回乡当了民办小学教师。此时的文学，对于陈忠实来说，既是安抚灵魂的良药，同时也成了改变命运的唯一出路。他一方面积极教学，努力当好小学教师，另一方面刻苦自学，读书，写作，观察生活，提升自己，努力成为一个作家。功夫不负有心人，1965年，他的散文处女作《夜过流沙沟》发表在《西安晚报》名叫《红雨》的文艺副刊上。此后又发表了几篇散文作品。陈忠实原来的人生设想是，发表第一篇作品，就算大学自学完成，接着再不断发表作品，朝着改变命运的作家道路上迅跑。但是很快，他的作家梦就破灭了。"文革"开始，他在西安街头，看到他日夜崇仰的作家柳青被反绑着手，戴着纸糊的高帽子押在卡车上沿街批斗。这是他第一次看见柳青。他心里想，柳青都被打倒了，自己还能弄啥，还想弄啥？回家之后，他把自己几年来记了几厚本的日记和为创作做准备的生活纪事，拿到后院的茅房里烧毁了，烧得连个纸屑都不敢剩。此后多年，陈忠实再也没有读过文学书。"文革"中期，陈忠实被借调到公社帮忙，遇见了一位在学校当图书管理员的老师。他说服老师，晚上进入被打砸劫掠过的图书馆，找到了几本世界名著。此后对这些名著的阅读，陈忠实认为是他文学生涯里"真正可以称作纯粹欣赏意义上的阅读"，这个期间的阅读，对他文学思想的提升和审美意识的提高大有帮助。

1973年7月，《陕西文艺》创刊号出版。老作家们虽被"解放"，仍然不被信任，且心有余悸，"工农兵"业余作者一下子吃香了。陈忠实此时写下了他的第一个短篇小说《接班以后》，发表于《陕西文艺》1973年第3期。此后，他每年写一个短篇，直到 1976 年文革结束。被陈忠实称为引起他"关键一步的转折"的阅读，是 1978 年初夏时节读到《人民文学》发表的刘心武的《班主任》。刘心武这个名字他从未听说过。他阅读这篇小说时，深为震惊，用他的话说，是"心惊肉跳"。"每一次心惊肉跳发生的时候，心里都涌出一句话，小说敢这样写了！"陈忠实那时还是一个居于乡村的业余作者，比较而言，还是远离文学圈的，但他早已深切地感知到文学的巨大风险。他是在麦草地铺上躺着阅读的，读罢却在麦草地铺上躺不住了。他敏锐地感觉到：文学创作可以当作事业来干的时候终于到来了！在陈忠实看来，《班主任》的发表具有文学"解冻"的意味，它是文学从极左文艺政策下解放出来的第一声雄鸡报晓。他意识到，一个时代开始了，他的人生之路也应该重新调整。1979 年春节过后，陈忠实的心理情绪和精神世界充实而丰沛，洋溢着强烈的创作欲望，连续写下十个短篇小说，这一年成为他业余创作历程中收获最丰的一年。1979 年 6 月 3 日，短篇小说《信任》在《陕西日报》发表，后获中国作协 1979 年全国优秀短篇小说奖。

1982 年 11 月，陈忠实调入陕西省作家协会从事专业创作。城里给他分了房，但他人没有进城，依然住在乡下，他要扎根农村生活之中从事自己的创作。1985 年，在创作中篇小说《蓝袍先生》时萌生了写作长篇小说《白鹿原》的念头。二十世纪八十年代中期，当陈忠实的创作酝酿着重大突破时，文学阅读给他带来了思想和艺术上的重大启迪。他这个时期的阅读主要分为两个方面，一个是当时广被介绍的拉美文学以及捷克作家米兰·昆德拉，一个是国内的"寻根"文学创作及有关的文艺思潮，特别是当时盛行一时的"人物文化心理结构"学说给他以"决定性的影响"。《白鹿原》这部近 50 万字的长篇小说，是陈忠实历时六年艰辛创作完成的。据陈忠实说，为了创作这部作品，他用了两年时间准备，用了四年时间写作。这就是说，陈忠实是在 44 岁时开始准备他的这部后来被称为死后"垫棺作枕"的作品，至 50 岁时才完成。该作篇末注明：1988 年 4 月至 1989 年 1 月草拟，1989 年 4 月至 1992 年 3 月成稿。据陈忠实说，他写这部作品，共写了两稿，第一稿拉出一个大架子，写出主要情节走向和人物设置，第二稿是细致地写，是完成稿，精心塑造人物和结构情节，语言上仔细推敲。《白鹿原》初刊于人民文学出版社主办的《当代》杂志，该刊1992年第6期和1993年第1期分两期刊载了这部作品。1993年6月，人民文学出版社出版了《白鹿原》单行本。《白鹿原》于1997年（1997年12月19日正式宣布，1998年颁奖）荣获第四届茅盾文学奖，更确立了这部作品的文学地位。问世十七年来，《白鹿原》一直处于畅销和常销作品之中。《白鹿原》被教育部列入"大学生必读"系列，被评为"百年百种优秀中国文学图书"（1900—1999），被中国出版集团列入"中国文库"系列，2008年11月入选深圳读书月组委会、深圳商报联合组织的改革开放"30年30本书"，已被改编成秦腔、话剧、舞剧、连环画、雕塑等多种艺术形式，目前正由西安电影制片厂拍为电影。

陈忠实有一篇题为《互相拥挤，志在天空》的文章，谈的是每个作家都心存高远，"志在天空"，但彼此之间却存在着一种良性的竞争，有时不免"互相拥挤"。在陕西作家群陈忠实那一代作家之中，路遥与陈忠实一样，也是坚持现实主义创作的作家，与陈忠实相较，路遥出道虽晚，但当时的创作成就却最为突出，对陈忠实造成的"压力"和"动力"也都最大。陈忠实后来说，路遥的创作特别是《人生》的创作，对他的文学观念和文学创作甚至具有"摧毁与新生"的作用。1982年，陈忠实一口气读完了路遥发表于《收获》上的十多万字的中篇小说《人生》，他毫不隐讳他读完这部在路遥创作道路上也在中国当代文学史上堪称里程碑的作品之后的感觉，他说他坐在椅子上，"是一种瘫软的感觉"，这种"瘫软的感觉"不是因为《人生》主人公高加林波折起伏的人生命运引起的，而是因为《人生》所创造的"完美的艺术境界"。这是一种艺术的打击。陈忠实很受震撼，他当时创作激情正高涨着，这时却是一种几近彻底的摧毁。此后连续几天，陈忠实一有空闲便走到灞河边上，或行或坐，却没有一丝欣赏的兴致，而是反思着他的创作。《人生》中的高加林，在陈忠实所阅读过的写中国农村题材的小说里，是一个全新的人物形象。高加林的生命历程和心理情感，是包括陈忠实在内的乡村青年最容易引发共鸣的。陈忠实明晰地感觉到了他和路遥这位比他还小七岁的同行之间的创作距离。陈忠实后来回忆说，读了路遥的《人生》，他"惶恐"过，"我的直接感受是，这个比我小六七岁的同院朋友，已经把我拉开了很长一段距离。我那时正热心农村实行生产责任制之后农民心理的演变，而路遥却触摸到乡村青年更为普遍的人生追求。我由此而发生了对自己的创作思路的甚为严峻的反省"。在乡间，陈忠实碰到一个青年，那个青年见了陈忠实说，"你也是作家，你咋没有弄个《人生》？"陈忠实说他重新思考怎样写人。思考的结果是：人的生存理想、人的生活欲望、人的种种情感情态，只有准确了才真实。而一个真实的人物形象，可以超越时空，不受生活地域文化背景以及职业的局限，可以和世界上一切种族的人交流。这一年的冬天，陈忠实凭着在反思中所获得的新的创作理念，写成了他的第一部篇幅不大的中篇小说《康家小院》，此作后来获得了《小说界》首届文学奖。1991 年，路遥的长篇小说《平凡的世界》获得茅盾文学奖后，评论家李星得到消息后一见到陈忠实就说，你今年再把长篇小说写不完，就从楼上跳下去！陈忠实后来回忆说，"那是1991年春节过后的早春三月，我第一次出门参加陕西人民出版社的一个有关出版计划的座谈会。我天不亮起来骑自行车赶到远郊汽车站，搭乘汽车到东城墙外的终点站，再换乘市内公交车赶到出版社的时候，会议已经进行到讨论的议程了。路遥正在发言。路遥的旁边有个空椅子，我便慌不择位赶紧坐下来，爬楼梯和赶路弄得我压抑着喘气。坐在路遥另一边的李星，从路遥背后侧过身来。我明白他要跟我说话，仍然喘着气侧过身子把右耳倾向他脸。他说，你大概还不知道，路遥获茅盾文学奖了。我说我真的还不知道。他说今天早上广播的新闻。未及我作出反应，他辞我而去坐直了身子。我也坐直了身子，等待路遥发言完毕即表示祝贺。我早上起来忙着赶路，没有打开半导体收听新闻，漏了这样重要的喜讯。我刚觉得喘息平定，李星又从路遥背后侧过身来，我再次把右耳凑给他。李星说，你今年再把长篇小说写不完，就从这楼上跳下去……"陈忠实分明感到了文学朋友在为他着急，但他心里想，人家都得了茅盾奖了，我还急什么，不急，一定要弄好再说。

这也促使他下决心把正在创作的《白鹿原》打磨得更精到些。

陈忠实从一个默默无闻的农村业余作者成为一个著名作家，其间经历了一个漫长的人生过程，而在文学思想和审美意识上，陈忠实更是经历了许多次的"蜕变"，他是不断"破茧而出"逐渐蜕变过来的。用陈忠实的话说，这个过程叫作"剥离"。陈忠实对他第一次"剥离"意识的发生有一个详细的叙述，显得意味深长。1982年刚过罢春节，陈忠实受其供职的西安市灞桥区派遣，与另一个跟他年龄相仿的水利干部一起，到渭河边的一个人民公社"协助并督促落实中共中央1982年一号文件"，这个文件的精神用一句话概括"就是分田到户"。他和这位水利干部被安排住在一个当年知识青年住过如今已经人去房空的院子里。俩人"从早到晚骑着自行车奔跑在公社所辖的三十多个大小村子里，或是召开社员大会宣讲中共中央一号文件，或是召开有社员代表参加的干部会，研究土地、耕畜和农具的分配方案和办法，再召开社员大会征求意见，补充完善之后再实施"。这个时候，他扮演的是一个称职的农村基层干部角色。有一天深夜，他一个人骑着自行车从一个村子往驻地赶，"早春夜晚的乡野寒气冷飕飕的，莲池里铺天盖地的蛙鸣却宣示着春天。我突然想起了我崇拜的柳青，还有记不清读过多少遍的《创业史》，惊诧得差点从自行车上翻跌下来，索性推着自行车在田间土路上行走"。生活和历史中发生的真正意义上的翻天覆地的变化，不能不令他惊诧，也不能不令他思索："一个太大的惊叹号横在我的心里，我现在在渭河边的乡村里早出晚归所做的事，正好和三十年前柳青在终南山下的长安乡村所做的事构成一个反动。"陈忠实虽然长期生活和工作在农村，但他对于农村的思想认识，特别是对农村社会发展的认识，却从少年时起就受到赵树理、柳青以及李准等文学作品中的思想的深刻影响。从合作化到人民公社化，这是农村走向繁荣富裕的康庄大道和必由之路，陈忠实的这种思想认识包括情感认知，既得之于当时的观念教育，更得之于赵树理、柳青和李准有关小说作品的教育。我们需要知道一个事实，陈忠实喜欢上文学，就是因为读了他们的作品受到了感动，才决心走上文学之路的。而且，他后来近二十年的农村基层工作，主要的就是为人民公社体制服务。现在，时代变迁，人民公社消亡了，这对他来说，确实是一件意想不到的大事变，而要思想特别是感情转过弯来，一时还不是那么容易。直到第二年，看到分给自家的地里打下来的麦子，竟有两千斤之多，算算全家全年尽吃白面就可以吃两年，比起过去不知好了多少倍，事实胜于雄辩，他心中一些困惑了很久的疙瘩才有所解开。这个"剥离"的过程生动而具体，也很说明问题，观念的转变不是说变就变的，它需要反思，也需要时间。关键是，由于对这个巨大事变事先既缺乏思想准备，事后思想和情感又一时未能转过弯，作为一个必须具有思想者素质的作家，陈忠实显然对自己思想的某些"迟钝"或者说是"滞后"有所警觉，从而认为自己从精神到心灵都很有必要经历一个自觉的"剥离"过程。

1993年6月，陕西省作家协会第四次会员代表大会上，陈忠实当选为陕西省作家协会主席。2001年12月中国作协第六次全国代表大会上，陈忠实当选为中国作协副主席。2006年11月，陈忠实在中国作家协会第七次全国代表大会上，再次当选中国作协副主席。

陈忠实是个足球迷，而且是个超级球迷。有一年7月，正是世界杯赛如火如荼的日子，西安有一家书法俱乐部想请陈忠实写字。俱乐部的负责人是我的朋友，我去请老陈，老陈说，写字行，但不能误了看球赛。朋友就安排在渭河边草滩镇的渭水园度假村，那里有农家小院式的住房，厅堂里有大彩电，也很安静。后半夜的时候，俱乐部的朋友去洗澡，剩下我和陈忠实，老陈乘着酒兴，给我讲起了他早年经历的一件事。他说，那时他还在灞桥乡村里教小学，小学分东西两片，他是东片的教研组长。有一天中午，公社派出所的人来把西片的教研组长抓走了，说是因为那人破坏军婚，实际上就是与一个军人的妻子有麻达。陈忠实说，那时犯这样一个错误，一个人一辈子就全完了。后来他去给那个西片的教研组长送铺盖，一路上感慨万千，思绪万千。他说，我那时还很年轻啊，在农村，也有不少的诱惑，如果也犯了西片教研组长同样的错误，那这一辈子就完了啊。他说，他那时已经搞起了业余文学创作，他想，如果这一生还要干点事，弄出点名堂，就决不能在这件事情上栽倒。陈忠实说，那件事对他的教育和影响实在是太大了，在后来的日子里，他一直严格地甚至是严酷地把握着自己，然后才有了今天。陈忠实说，这件事一直在他心里埋着，他一直想把它写出来但始终没有写。陈忠实在《白鹿原》之后，写了十数篇短篇小说，其中《日子》和《李十三推磨》反响强烈，收入多种选集，多次获奖，《日子》还入选上海文艺出版社出版的"30年30篇"的《改革开放30年短篇小说选》，但他写的更多的是散文和随笔。他的很多散文都是回忆往事的，从他上学路上鞋底磨破血流不止到因家贫辍学老师流出的惋惜而同情的眼泪，一直写到一棵小树，那些曾在他生命中留下深刻印迹的事情，差不多都被他写到了，但他就是没有写这件曾强烈地震撼过他的事。我想，他之所以还没有写，也许因为这件事有某些不好写之处吧。当然，从他这次推心置腹的谈话中，我对陈忠实及他们这一代人也有了更深一层的理解。

　　陈忠实是一个从中国社会最底层奋斗出来的作家，他常爱说的一句话是"踏过泥泞五十秋"，一个"踏过泥泞"概括了他五十年深刻的生活阅历和生命体验。在当今陕西乃至全国的作家中，像陈忠实这样真正经历过底层生活并经历过苦难的作家，恐怕不是很多。这样的经历给陈忠实的性格打下的烙印，自然是复杂的丰富的，而不会是单色的。陈忠实身上既有关中血性汉子那汹涌的不可遏止的激情，同时也有铁桶般的禁锢和巨石在顶的沉重压抑；既有多年做领导工作的谨慎与周密，同时也有文人的旷达和狂放；既有彬彬有礼的谦和，也有崚嶒的傲骨。早几年，陈忠实为作协办公楼事找省上领导，一位省领导约见他时，一句正事不谈，却大谈自己对某地区一个小戏的看法，从中午十一点半谈至下午一点，后来一看表，挥挥手说要吃饭休息。陈忠实出来后在省政府大院冷笑几声，又仰天狂笑几声，对同来的同志说，这领导是个二球，白痴，旧时代的官僚尚且知道尊重文人，这人则连为官做人起码的常识都不懂，而且还敢在我们面前卖弄他那点可怜的见解！

　　陈忠实是坚信文学的神圣性的。面对商潮冲击，不少人对文学应有的价值产生了怀疑，陈忠实提出：文学依然神圣！在陕西作协第七届文学奖颁奖会上，陈忠实又一次申明他的这一观点。他说，看一样事物的神圣与否，应该把它放在历史的长河中来考察，之所以说文学是神圣的，因为它是人类不可或缺的精神财富。认识到文学特有的价值，同时也要认识到从事文学创作这一工作的特殊性，不能简单地把文学创作与其他工作比如商业活动类比，更不能用挣钱多少来类比。上帝造人，造的是各式各样的人，有不同兴趣的人，各种人自有其自身不可被替代的价值。陈忠实强调，要搞文学，有时就得能耐住寂寞甚至贫穷，诗穷而后工，文学特有的价值和神圣性有时恰恰就在这里体现出来。

陈忠实自《白鹿原》之后，一直没有再写长篇小说。他还写不写，写什么，这是人们很关心的。甚至，还有人问，陈忠实还能写出高过《白鹿原》的作品吗？陈忠实迄今一直没有透露过他要写长篇小说的信息。有一年，从陕西去北京中国人民大学读文艺学博士学位的青年评论家李建军回西安，陈忠实请李建军在秦大饭店的白鹿原餐厅吃饭，我也去了。席间，我给陈忠实说，他最熟悉、体验最深的，其实是新中国成立以后这几十年间的中国农村生活，也就是《白鹿原》罢笔之后的这数十年，他应该接下来再写这半个世纪的中国农村，从而与《白鹿原》一起，构成关中农村也是中国农村真正的百年史，这将是一部波澜壮阔的史诗。人们要从文学中了解二十世纪中国农村的变迁史和农民的心史，有这两部书差不多就够了。李建军也赞同此说。陈忠实则沉吟不语。后来，我看到陈忠实买了一部《中国青年报》记者卢跃刚写的《大国寡民》，这是一部写陕西关中一个有名的村子在新中国成立后几十年变化的纪实性作品，这部书曾在几个朋友中间传阅，我也看了，我注意到陈忠实在读此书时写了不少眉批和札记。陈忠实还一再叮嘱，此书一定要还他，他要当资料保存。去年，2009年，有一晚我和他闲谈，他说他一直想写我们户县（今鄠邑区）的杨伟名事件，也就是有名的"一叶知秋"事件。1962年，陕西户县杨伟名等三人将一份旨在"报忧"的《当前形势怀感》（此文因有"一叶知秋，异地皆然"之语，后来又以"一叶知秋"名之）分别寄给了公社、县、地区、省、西北局各级党委和党中央。文章中说，当时

"濒于破产的农村经济面貌","已经是一望而知的事实"。杨伟名感觉到的困难形势"如汹涌狂涛,冲击心膛"。但是,这篇文章却引起了毛泽东的震怒。伟大领袖看问题自有其过人之处,高瞻远瞩,独具只眼,他把"一叶知秋"作了多意向的阐释。在1962年北戴河中共中央政治局扩大会议上,毛泽东说:《当前形势怀感》中"有一句话,'一叶知秋,异地皆然'。一叶知秋,也可以知冬,更重要的是知春、知夏……"这篇文章给杨伟名带来了灾难,在"文革"中他与妻子刘淑贞一起自杀身亡。陈忠实为写杨伟名事件,曾走访过许多人,包括与杨伟名事件有直接联系的一些人,积累了一些材料。他说原准备写一个十万字左右的中篇小说,但觉得写一个中篇可惜了这个题材。我说,十来万字或者再稍长一点,就是一个小长篇了。虽然不一定很长,但这个题材所包含的社会和人的内容却是非常丰富的。陈忠实沉吟不语。陈忠实有一个著名的关于创作的"蒸馍理论",就是说,创作就像蒸馍(蒸馒头)一样,面要好,酵头要老,工夫要到,气要饱。蒸馍过程中,千万不敢揭锅盖,一揭就跑气了。打住!

陈忠实这些年来也去了不少地方,包括意大利、美国、加拿大等国,还有中国台湾地区。走出白鹿原之后,陈忠实的视野无疑更开阔了,而有了这辽远视野的参照,再回眸他的白鹿原,回眸关中这块土地,他也许有更多更新的体悟。他的游历,也许正是拉开距离的一种寻找。近年来,他则更愿意沉静下来,居于城中一个比较偏僻的地方(他不是隐,他的思想中,没有隐的意识),读书,思考,写作。我们祝福他!

原刊2010年8月6日《河北日报》

# 陈忠实的"枕头工程"

1986年，陈忠实44岁。这一年，陈忠实很清晰地听到了生命的警钟。

这种生命的警钟并不仅仅是在这一年敲响。早在1981年，在他临近40岁的时候，他感觉生命已到中年，就已经有了一种强烈的紧迫感，就考虑着要在文学上寻求一种更大的突破，只有如此，才能不辜负自己。

44岁这一年，生命的警钟再次敲响，而且是那样的强烈。44岁，是生命的正午。生命已过不惑，迫近知天命之年。陈忠实遥望50岁这个年龄大关，内心忽然充满了恐惧。他想：自己从15岁上初中二年级起开始迷恋文学至今，虽然也出过几本书，获过几次奖，但倘若只是如以前那样，写写发发一些中短篇小说，看似红火，但没有一部硬气的能让自己满意也让文坛肯定的大作品，那么，到死的时候，肯定连一本可以垫棺材做"枕头"的书也没有！

## 写《白鹿原》，使的就是这个"豪狠"劲

也是在1986年，37岁的路遥在这一年的夏天，完成了他的第一部长篇小说《平凡的世界》第一部的创作。这一年的11月，《花城》杂志在第6期刊载了这部长篇小说，12月，中国文联出版公司出版了该书的单行本。

陈忠实与路遥同在作协大院工作，都是专业作家，路遥的创作情况如果说对陈忠实一点触动都没有，似乎不大可能。但已经44岁的陈忠实，对于文学创作，有自己的体会和见解。对他来说，也不能视文友们的辉煌成果而感觉压力在顶，心理要平衡，心态要放松。

1985年8月20日至30日，中国作协陕西分会于延安、榆林召开长篇小说创作促进座谈会。陈忠实和路遥、贾平凹、京夫、王宝成等三十多位作家和评论家与会。召开这个会议的起因，是连续两届"茅盾文学奖"评奖，陕西省都推荐不出一部可以参评的长篇小说，自新时期以来，陕西的新老作家尚无一部长篇小说出版，所以会议要促进一下。

　　会议讨论了国内长篇小说的发展状况，深入分析了陕西长篇小说创作落后的原因，制定出三五年内陕西长篇小说创作发展的规划。会上，有几位作家当场表态要写长篇小说。

　　会后，路遥就留在了延安开始写《平凡的世界》第一部。陈忠实在会上有一个几分钟的简短发言，一是明确表态，尚无写长篇小说的丝毫准备，什么时候写，也没有任何考虑；二是谈了阅读马尔克斯长篇小说《百年孤独》的感受，认为如果把《百年孤独》比作一幅意蕴深厚的油画，那么他迄今为止所有作品顶多只算是不大高明的连环画。

　　没有想到的是，当陈忠实回到西安写他构思已久的中篇小说《蓝袍先生》的过程中，一个若有若无的长篇小说的混沌景象却不断地撞击着他的心，就此萌发了创作一部长篇小说的念头。

　　1987年8月，陈忠实到长安县查阅《长安县志》和有关党史、文史资料。有一天晚上，他与笔名叫李下叔的《长安报》编辑记者李东济在旅馆，一边喝酒吃桃一边闲聊。两人说得投机，陈忠实第一次向外人透露了他创作《白鹿原》的信息。

　　说到后来，陈忠实谈起自己艰难而又屡屡受挫的创作历程，叹说自己已经是45岁的人了，说一声死还不是一死了之，最愧的是爱了一辈子文学写了十几年小说，死了还没有一块可以垫头的东西呢。关中民俗，亡者入殓，头下要有枕头，身旁还要装其他物什，这些东西，有时是由死者生前准备或安排妥当的。陈忠实说："东济，你知道啥叫老哥一直丢心不下？就是那垫头的东西！但愿——但愿哇但愿，但愿我能给自己弄成个垫得住头的砖头或枕头哟！"也就是说，弄不下个像样的能给自己交代的作品，陈忠实大有死不瞑目的恐惧。

李下叔用"豪狠"来概括陈忠实的气性,陈忠实觉得"豪狠"这个词很得劲,也很对他的心思。他写《白鹿原》,应该说,使的就是这个"豪狠"劲。

### "咋叫咱把事弄成了!"

1988年4月1日,农历戊辰年二月十五日,陈忠实在草稿本上写下了《白鹿原》的第一行字。漫长的《白鹿原》创作开始了。当他在《白鹿原》的草拟本写下第一行字时,他的"整个心理感觉已经进入我的父辈爷爷辈老爷爷辈生活过的这座古原的沉重的历史烟云之中了"。

历时四年,1991年深冬,在陈忠实即将跨上50岁这一年的冬天,小说中白鹿原上三代人的生的欢乐和死的悲凉都进入了最后的归宿。陈忠实在这四年里穿行过古原半个多世纪的历史烟云,终于迎来了1949年。白鹿原解放了,书写《白鹿原》故事的陈忠实也终于解放了。这一天是农历辛未年十二月二十五日,公元1992年1月29日。

写完以鹿子霖的死亡作最后结局的一段,画上表明意味深长的省略号,陈忠实把笔顺手放到书桌和茶几兼用的小圆桌上,顿时陷入一种无知觉状态。久久,他从小竹凳上欠起身,移坐到沙发上,似乎有热泪涌出。仿佛从一个漫长而又黑暗的隧道摸着爬着走出来,刚走到洞口看见光亮时,竟然有一种忍受不住光明刺激的晕眩。

陈忠实有一个习惯,个别重要的或有创意的作品写成后,会让周围熟悉的文学朋友看一看,把握一下"成色"。《白鹿原》写成后,他复印了一份,手稿交人民文学出版社的高贤均和洪清波拿走,复印稿他请陕西作协的评论家也是他的朋友李星看一看,给他把握一下"成色"。当时的复印机还很少,他托灞桥区文化馆和雁塔区文化馆两位朋友,一家复印了一半,才把厚厚一部《白鹿原》的稿子复印完。

复印稿交给李星之后十来天，估计李星应该看完了。有一天早上，他专程从乡下进城，想听听李星的意见。陕西省作协的家属楼在作协后院，是一座20世纪80年代初建的那种简易楼。陈忠实进入家属院，拐过楼角，正好看见李星在前边走着，手里提着一个装满蔬菜的塑料袋。陈忠实叫了一声："李星！"李星转过身，看到是陈忠实，却没有说话。陈忠实走到跟前，李星只说了句："到屋里说。"陈忠实看李星黑着脸，没有平时的笑模样，感觉大事不妙。

李星前头走着，陈忠实后边跟着，从一楼上到顶层五楼的李星家，李星居然一言不发，陈忠实一颗吊着的心此时沉到了底。进了家门，李星先把菜放到厨房，依旧头也不回地径直走到他的卧室兼书房，陈忠实又跟着进了门。这时，李星猛然拧过身来，瞪着一双眼睛，一只手狠劲儿地击打着另一只手的掌心，几乎是喊着对陈忠实说："咋叫咱把事弄成了！"

李星情绪很激动，也顾不上让陈忠实坐，自顾自在房子里转着圈子边走边发表自己的阅读感受和看法。陈忠实跟在李星屁股后头，爬上李星家五楼的时候，心先是吊着，后是沉着，等到听了这一句"咋叫咱把事弄成了"，一种巨大的惊喜如潮水般冲击而来，一时倒僵硬在那里，一动不动。李星后来说了些什么，他一句也没有听进去，脑子里只盘旋着那一句最结实的话："咋叫咱把事弄成了！"

有这一句就够了，足以说明所有问题了。

这一句话，充分显示了作为评论家的李星的眼力和语言风格。

李星当时还说了一些很重要的话。2010年9月28日，中央电视台《大家》栏目周文福等人为拍陈忠实专题电视片采访李星，李星对周文福等人说："《白鹿原》完稿后，陈忠实请我看，陈忠实后来咋只记住了'咋叫咱把事弄成了'这一句？我当时还说了三个预言。这三个预言后来都实现了。第一个是，你不用找评论家，评论家会来找你；第二个是，十年之内没有人能超过你；第三个是，《白鹿原》能得茅盾文学奖。"周文福第二天把这话说给陈忠实，陈忠实呵呵笑着，说，李星好像说过，但当时他只深刻地记住了"事情咋叫咱给弄成了"这一句。

当日，在五楼李星家，陈忠实听完李星激动的评说之后，问李星："稿子呢？"

李星稍微愣了一下，回过神来，说："稿子传出去了。单位的人、朋友们都在传看哩。现在在谁的手里，我也不知道。"

陈忠实也就没有再多问多说什么，只是心里踏实地离开李星家。

李星的话不仅使陈忠实重新恢复了自信，而且心情变得轻松和愉快起来。现在要等的是人民文学出版社的审稿意见。

接到高贤均对《白鹿原》高度评价的来信后，陈忠实想到了李星，觉得应该把高贤均来信肯定书稿的喜讯，也告诉他的这位朋友。

在李星家里没有找到人，他又到作协的办公院里找。作协当时的业务办公都在后边的院子，这个院子是20世纪30年代建的平房，高大而宽敞，但都已显得破旧。后院共有三重院落，中间那个院落有一棵玉兰树，树下是诗人晓雷的办公室，他听见里边人声喧哗，其中有李星的声音，就推门进去。里边是晓雷、路遥、李星和董得理，或坐或站，正在兴奋地议论着什么。

在晓雷办公室，陈忠实把高贤均来信的情况和信中大意告诉了李星这一屋子的朋友。李星既为《白鹿原》被出版社看好而高兴，也为自己最先的评判和预见而得意，高兴地说："看看，我说得怎么样？我早就这么说了么！"路遥说："忠实应该出一部好长篇了。"

## "可以不去养鸡了"

1992年早春，陈忠实给人民文学出版社的何启治写了信，告诉他《白鹿原》的写作已经完成，修改也将于近期完成，稿子是送到北京还是出版社派人来取，请何启治定夺。

20年前的1973年，身为人民文学出版社分管西北片的编辑何启治，在读了陈忠实的短篇小说《接班以后》，就约陈忠实将之改写为长篇小说，1984

年又在《当代》杂志第 4 期编发了陈忠实的第一个中篇小说《初夏》，两人二十年来互相惦记，联系不断。

在等待出版社回音的间隙里，他开始慢慢地修改《白鹿原》。

《白鹿原》的前途命运如何，这时的陈忠实心中并没有底，或者说，信心并不是很足。他在 3 月 7 日致好友李下叔的信中这样说："我还在乡下，长篇到最后的完善工作，尚需一些时日。当然，编辑看后的情况尚难预料，我不乐观，所以也不急迫。正是您说的'挖祖坟'的题旨，您想想能令人乐观起来吗？"

这个时候的何启治，担任人民文学出版社《当代》杂志的常务副主编，他收到陈忠实的信后，交给当时主持工作的人民文学出版社副总编辑朱盛昌等人传阅。人民文学出版社分管西北片的编辑是周昌义，但是周昌义 1986 年在西安拿到路遥《平凡的世界》第一部稿子，没有读完就自作主张退掉了《平凡的世界》，从而错失了一次茅盾文学奖作品，有此前车之鉴，周昌义也因故推脱。

大家商量后决定派人民文学出版社当代文学一编室（主管长篇小说书稿）的负责人高贤均和《当代》杂志的编辑洪清波一起去拿稿。并提醒他们不能轻易表态，不能轻易否定这部长篇小说。

高贤均和洪清波两人这次出差的主要任务，是去成都看邓贤的长篇纪实文学《中国知青梦》，顺便在西安把陈忠实的稿子拿回。

陈忠实还在乡下，何启治把高、洪二人所乘火车的车次告知作协陕西分会，作协办公室的人又把电话打到陈忠实所在的乡镇，由乡镇通讯员把电话记录送到陈忠实手里。陈忠实一看，高、洪二位所乘火车到西安的时间是西安天亮的时候。刚看完电话留言，村子里的赤脚医生扶着陈忠实的母亲走进了院门，说他母亲血压升高，到了危险之数。陈忠实扶着母亲躺到床上，医生给挂上了输液瓶。母亲贺小霞这一年 77 岁，就此瘫痪在床，陈忠实侍奉左右。

夜里，忽然下起了大雪，地上积雪足有一尺之厚。想着要接远方的客人，天不明陈忠实便起身，请来一位乡党照看母亲，他才出了门。积雪封路，他只能步行，走了七八里赶到远郊汽车站，搭乘头班车进城。高、洪二位走出车站时，陈忠实已经迎接在车站门口。把二位贵客带到建国路的作协陕西分会招待所住下，安排好食宿，陈忠实说稿子还有最后的三四章需要修改，请两位编辑安心休息两天。他又赶回乡下老屋，一边修改书稿，一边管护输液的母亲。

第三天早晨，这一天陈忠实说他记得很清楚，是"公历3月25日"，他提着《白鹿原》的手稿赶往城里，在客人所住的房间里，他把近五十万字的厚厚一摞手稿交给高贤均和洪清波，那一刻，突然有一句话涌到口边："我连生命都交给你俩了。"但他把这句话硬是咽了下去。他没有因情绪失控而任性。他意识到，这种情绪性的语言会给高、洪造成压力，甚至还不无胁迫的气味，他便打住。从事创作多年，他明白，出版社出书只看作品的质量，不问其他。

中午，他请二位编辑在作协后院的家里吃午饭。去饭馆吃饭，陈忠实这时还没有这个经济实力。夫人王翠英尽其所能，给客人做了一顿头茬韭菜做馅的饺子。两位编辑很随和，连口说饺子好吃。下午，送二位编辑去火车站。天黑时，他又赶回乡下老屋，先看卧床的母亲。母亲说，腿可以动了。陈忠实心里一块石头落了地。现在好了，《白鹿原》的手稿由高、洪带走了，母亲的病也大有转机。他点了一支烟，感觉到了一种前所未有的轻松。

3月底的一天早上，陈忠实按习惯收听中央人民广播电台的新闻广播，突然听到邓小平南方谈话的报道。邓小平在南方谈话中指出："不坚持社会主义，不改革开放，不发展经济，不改善人民生活，就没有出路。革命是解放生产力，改革也是解放生产力。改革开放的胆子要大一些，敢于试验，不能像小脚女人一样。看准了的，就大胆地试，大胆地闯。"听了邓小平南方谈话中关于要继续坚持改革开放的讲话，陈忠实感到很振奋，同时，他也敏感地意识到，中国思想文化的春天也将随着自然界的春天一起到来了，《白鹿原》的出版也有望了。

大约二十天之后，陈忠实再次回到城里的家。进门以后，陈忠实按往常的习惯随意问妻子，外边寄来的信件在哪儿放着。妻子随意地说在沙发上。他过去翻捡了一下，看到一个寄信地址是"人民文学出版社"的信封，不禁一愣。拆开信先看最后的署名，竟然是高贤均！陈忠实一瞬间感到头皮都绷紧了。

陈忠实回忆说："待我匆匆读完信，早已按捺不住，从沙发上跃了起来，噢唷大叫一声，又跌趴在沙发上。"这是一个人一生中很难遇到一回的激动时刻，他在另一处是这样回忆的："这是一封足以使我癫狂的信。他俩阅读的兴奋使我感到了期待的效果，他俩共同的评价使我战栗。我匆匆读完信后噢噢叫了三声就跌倒在沙发上，把在他面前交稿时没有流出的眼泪倾溅出来了。"叫了一声还是三声，陈忠实当时肯定并没有数，所以说法不同并不奇怪，他只是在那一刹那间把在心底憋了很多也很久的块垒一下子倾泻而出，流出眼泪自然也很正常。

听到这一声惊叫，王翠英吓得从厨房跑过来，急问出了什么事。陈忠实在沙发上缓了半晌，才算缓过气来，给妻子报了喜讯。稍稍平静，他又忍不住细读来信。高贤均说，他和洪清波从西安坐上火车便开始读稿，一读便放不下手，两人轮流读；成都的事忙完，两人也都读完了；回到北京，由他综合两人的意见给他写了这封信。

陈忠实后来回忆说，"让我震惊到跃起又吼喊的关键，是他对《白》的概括性评价。他的评价之好之高是我连想也不敢想的事。"笔者认为，高贤均这封信非常重要，这是对《白鹿原》的第一个评价。笔者曾向陈忠实说想看这封信。陈忠实说他找找，过了几天，说没有找到，可能还在乡下什么地方放着，有机会得慢慢找。笔者不好再催，只是觉得遗憾。有一天，忽然看到了《当代》编辑周昌义的一个长篇对话，其中引用了高贤均当年读了《白鹿原》手稿后的一个评价，话是这样说的：

老周：其实，《白鹿原》手稿复印件递到清波和小高手上的时候，好运就开始了。他们在火车上就开始翻，到了成都，在和邓贤谈《中国知青梦》的间隙，就把稿子看完了。还没回北京，感受就传回来了。

小王：怎么说的？

老周：开天辟地！

"开天辟地！"这是高贤均读了《白鹿原》手稿后传回北京人民文学出版社的评价，四个字，却有千钧之力。想来高贤均写给陈忠实的信，基本上也是这个调子，难怪陈忠实读信之后在沙发上又是跃又是伏的，又是吼又是叫的。陈忠实难得有这样的性情表现。这里，既有类似十年寒窗苦一朝登金榜一样的欣喜若狂，也有千里马遇到了伯乐、俞伯牙遇到了钟子期那样的欣慰。

陈忠实在平静下来之后，对妻子王翠英说："可以不去养鸡了。"在陈忠实创作《白鹿原》时，其妻曾问："要是发表不了咋办？"陈忠实说："我就去养鸡。"

随后，陈忠实又收到了何启治的来信，信中充满了一个职业编辑遇到百年等一回的好稿子之后的那种兴奋和喜悦。何启治强调，作品惊人的真实感、厚重的历史感、典型的人物形象塑造和雅俗共赏的艺术特色，使《白鹿原》在当代文学史中必然处在高峰的位置上。因此，出版社一致认为应该给这部作品以最高的待遇，即在《当代》杂志连载，并由人民文学出版社出版单行本。

1992年的4月到6月，《当代》杂志的洪清波、常振家和时为《当代》杂志常务副主编的何启治先后完成了对《白鹿原》的审稿，8月上旬，在删去其中两章后，《当代》另一位副主编朱盛昌签署了在《当代》1992年第6期和1993年第1期连载《白鹿原》的意见。同时，人文社当代文学编辑室也完成了对《白鹿原》的审读程序。

1993年6月，《白鹿原》单行本正式由人民文学出版社出版。第一次印数是14850册。这是一个有整有零的数字。这个数字在当时的文学市场已经是一个不小的数字，但是在事后看来，还是显得相当保守。

这充分反映了当时的文学市场情况。当时的文学市场总体上相当萧条，小说作为最贴近大众的一种文学体裁，市场景况也相当冷落。作家甚至是名作家的小说集征订数很少甚至没有征订数是很正常的情况，长篇小说相较于中短篇小说集，市场可能略微好一些，但总体上也是很不景气。

路遥的《平凡的世界》，由中国文联出版公司出版，第一部1986年12月出版，印数是19400册，到了1988年4月第二部出版时，平装本印数只有9100册，精装本印了895册，总共不到一万册。所以，《白鹿原》能印14850册，陈忠实已经很高兴了，而出版社则认为还多少冒了一些风险。据《当代》杂志编辑周昌义说，《白鹿原》在新华书店第一次征订的数量只有800册，尽管数量如此之少，出版社还是大胆地印了14850册。

## 持续20年的火与热

令陈忠实惊喜而令出版社意外的是，《白鹿原》的销售异常火爆。

《白鹿原》在《当代》刊出后，在文学界和广大读者中引起了轰动。据何启治回忆，音乐家瞿希贤的女儿在法国学美术，她在《当代》上看到《白鹿原》上半部之后，委托父亲找到了人文社前总编屠岸，寻找《白鹿原》的下半部。1994年秋天，画家范曾在法国巴黎读了《白鹿原》，"感极悲生，不能自已，夜半披衣吟成七律一首"，称《白鹿原》为"一代奇书也。方之欧西，虽巴尔扎克、斯坦达尔，未肯轻让"。

《白鹿原》第一次印刷的书还没有印出来，西安新华书店就从文学界的大量好评中嗅到了商机。书店找到了陈忠实，让他在西安北大街图书市场签名售书，书店自己开卡车到北京堵在印刷厂门口，等着拉书。签售当天是一个大热天，早上八点，签售开始。陈忠实到现场的时候，读者排出了一里多长的队伍。陈忠实第一回遇到这种场面，很兴奋，坐在那里没动，一直签到下午一点多，四五个小时连头都不抬，只写他的名字。

《白鹿原》于1993年7月在西安首次发行销售，十天后盗版书就摆在了书摊报亭里。人民文学出版社手忙脚乱地加印，6月第一次印刷，到了11月，已连印7次，半年内印了大约50万册。人民文学出版社的孙顺林当时在策划部，他记得，第一次印的14850册还没有全部印出来，全国各地追加的数量就开始大幅增加，印刷厂就连着印，"批发商在甜水园等着提货，每送去一批，很快就被抢购一空"。

《白鹿原》出版后，中央人民广播电台和西安人民广播电台差不多同时联播，在读者和文学界迅即引起巨大反响。

《白鹿原》以及其他几位陕西作家长篇小说在京城的相继出版，一时构成了媒体上称之为"陕军东征"的现象，而媒体上关于"陕军东征"的报道和宣传，也给包括《白鹿原》在内的几部陕西作家作品的热销起了推波助澜的作用。最早在媒体上公开使用"陕军东征"一语的是《光明日报》记者韩小蕙。韩小蕙经过阅读和采访，写了一篇约两千字的文章《"陕军东征"火爆京城》，于5月25日发表在《光明日报》第2版头条位置，介绍了陕西几部长篇小说引起轰动的经过和作家创作的一些内情。很快，《陕西日报》也转载了该文。

值得一提的是，1993年，《白鹿原》等作品的热销即所谓的"陕军东征"竟引发了长篇小说的出版和阅读热潮，这个热潮后来延续了相当长一段时间。周昌义后来有一段话，说到了这个热潮的余波对于后来文学市场的影响，也从另一个侧面说明了《白鹿原》当年火爆的巨大威力："出版社出书，第一看市场，第二才看好歹。《尘埃落定》遭遇退稿的时间，应该是1995、1996、1997那几年。还记得不？《废都》和《白鹿原》及陕军东征是在1993年。那以后，长篇小说有了赚钱的可能。但对于大多数作品来说，仅仅是理论上的可能，绝大多数作家还只能自费出书。还有，《废都》和《白鹿原》开拓的纯文学市场，只适用于《国画》和《沧浪之水》这一类紧贴现实的现实主义作品，不适用于现代主义先锋们。《白鹿原》对于火爆了近十年的现代主义先锋们其实是丧钟，那以后，一切不能以正常人的思维和正常人的口气讲故事的这主义那主义都被正常人视为'神经',开始了永无休止的盘跌。1997年前后,恰恰是他们最凄凉的时候,坚持跟他们一起'神经'的期刊都开始了跟他们一起凄凉的绝路……"

陈忠实后来说:"回首往事我唯一值得告慰的就是:在我人生精力最好、思维最敏捷、最活跃的阶段,完成了一部思考我们民族近代以来历史和命运的作品。"

原刊2016年5月5日《法治日报·法治周末》,2016年第14期《新华文摘》转载,收入中国作协创研部选编《2016年中国报告文学精选》,长江文艺出版社2017年版

# 陈忠实在八十年代

## 一

作为一个作家的陈忠实,他的"自我"的觉醒,当在 1978 年。这一年,他的工作面临一个难题。

1976 年 3 月,他在刚复刊不久的《人民文学》发表了一篇短篇小说《无畏》。这篇小说的发表,给 34 岁的陈忠实带来了短暂的荣耀,但是紧接着,中国的历史发生了巨变,"四人帮"覆灭,政治形势也发生了翻天覆地的变化,因为这篇小说,陈忠实受到追查。查他是不是与"四人帮"有牵连。有传言说,这篇小说是江青打电话让陈忠实到北京去写的,去北京的飞机票都是江青让人给陈忠实买的。当然,陈忠实确实是坐飞机去的北京,而且是头一回坐飞机,在北京写的准确说是完成的《无畏》,是一篇主题是与走资派作斗争的小说。尽管事后经多方查明,这篇小说的写作与"四人帮"毫无瓜葛,但因为事情在一段时间内炒得沸沸扬扬,陈忠实的"官位"和"仕途"都受到了严重影响。他先是被免掉了毛西公社党委副书记职务,接着,他的公社副主任的职务也摇摇欲坠。

辞职,还是被免,这是一个问题,也是一个选择题。

1978 年,陈忠实 36 岁,人生差不多过半。顾后瞻前,来路艰难,去路茫茫。他对自己的前途和未来进行了分析和谋划,再三地审视自己判断自己,决定还是离开基层行政部门,放弃仕途,转入文化单位,去读书,去反省,从而皈依文学,真正全身心地进入文学领域。6 月,他这个毛西公社灞河河堤水利会战工程的主管副总指挥，在基本搞完灞河八里长的河堤工程之后，他觉得给家乡留了一份纪念物，7月，他就申请调动，到西安市郊区文化馆工作。组织上经研究，安排他担任西安市郊区文化馆副馆长。

对陈忠实来说，这是一次划时代的抉择。从此，他告别仕途，转身成为作家，并且一步一步迈向他的文学远方。如果没有这个多少有些被逼无奈的选择，陈忠实多半仍然蹒跚于那条荆棘之途，那辽阔的《白鹿原》未必能进入他的视野。

算起来，到这一年，陈忠实已经在文学的道路上摸索前行二十余年。从1958年他16岁第一次在《西安日报》发表短诗《钢、粮颂》，到1965、1966年间在《西安晚报》发表快板词、散文和小故事，再到1973年至1976年间每年发表一个短篇小说，其间既有处女作面世的快乐与憧憬，也有忽然不能写作不敢写作的惊魂与疑问，还有短篇小说处女作《接班以后》被改编成电影、《无畏》登上国家大刊头条的春风得意与其后忽然面临的被审查，被撤职，陈忠实悲欣交集，文学、时代与个人命运之间的关系以及种种疑问也缠绕着陈忠实，历经少年、青年，如今迫近中年，他必须重新思考，也必须选择。

仕途与文学，何去何从？

陈忠实出身于贫寒的农家，此前一直在农村的泥土中摸爬滚打，农民是最讲究实际的，仕途也是最实际的，而文学，多少有些虚幻，作为业余爱好，作为生活的点缀，倒也不失风雅，但要以之安身立命，不能不说有些冒险。何况，最近的一次，陈忠实就是因为一篇小说《无畏》而栽了跟头。文学可以《无畏》，现实令人生畏。

1978年，是一个历史悄然转变的年头。乍暖还寒，阴晴不定，欲罢不能，欲说还休。

灞河落日，长夜寒星，陈忠实徘徊于灞河长堤，游走于白鹿原畔，南眺群山，西望长安，对自己的后半生重新丈量。

其实，1977年的冬末、1978年的早春，他就已经敏锐地感受到新时代即将到来或者说已经到来的气息。这一年冬天，陈忠实被任命为毛西公社灞河河堤水利会战工程的主管副总指挥，组织公社的人力在灞河修筑八里的河堤，住在距河水不过50米的河岸边的工房里。这个工房是河岸边土崖下的一座孤零零的瓦房，他和指挥部的同志就住在这里，生着大火炉，睡着麦秸做垫子的集体床铺。大会战紧张而繁忙，陈忠实一天到晚奔忙在工地上。冬去春来，1978年到来了。站在灞河河堤会战工地四望，川原积雪融化，河面寒冰解冻，春汛汹汹。紧张的施工之余，陈忠实在麦秸铺上读了《人民文学》杂志上的两篇短篇小说。第一篇是《窗口》，刊《人民文学》1978年1月号，作者莫伸，陕西业余作者，时为西安铁路局宝鸡东站装卸工人；第二篇是《班主任》，刊《人民文学》1977年11月号小说栏头条，作者刘心武，北京业余作者，时为北京一所中学的教师。莫伸比陈忠实年轻，刘心武与陈忠实同龄，两人都是崭露头角的文学新人。这两篇小说在当时影响都很大，陈忠实读了，有三重心理感受：一是小说都很优美；二是不由得联想到自己的写作，更深地陷入羞愧之中；三是感到很振奋。特别是读了《班主任》，他的感受更复杂，也想得更多。当他阅读这篇万把字的小说时，竟然产生心惊肉跳的感觉。"每一次心惊肉跳发生的时候，心里都涌出一句话，小说敢这样写了！"陈忠实作为一个业余作者，尽管远离文学圈，却早已深切地感知到文学的巨大风险。但他是真爱文学的，他对真正的文学也有感知力，真正的文学在表现生活和写人的过程中，那种对于现实和生活的思想穿透力量和强大的艺术感动力量，他也是有深切的体会的。他本来是在麦草地铺上躺着阅读的，读罢却再也躺不住了。他在初春的河堤上走来走去，他的心中如春潮翻腾。他敏锐地感觉到：文学创作可以当作事业来干的时候终于到来了！在陈忠实看来，《班主任》犹如春天的第一只燕子，衔来了文学从极左文艺政策下解放出来的春的消息，寒冰开始"解冻"了，预示着一个新的时代开始了。陈忠实望着灞河奔涌向前的春潮，明确地意识到，他的人生之路也应该重新调整了。

1978年10月，陈忠实开始到文化馆上班。这个时期的西安郊区是一个大郊区，含西安市城三区之外东南西北所有郊区，郊区党和政府所在地在西安南郊的小寨。郊区文化馆驻地也在小寨，其中一处办公地全是平房，在后来的陕西历史博物馆近旁，院子里长满荒草。陈忠实图清静，就选择了这里。他从图书馆借来刚刚解禁的各种中外小说，从书店也买了一些刚刚翻译出版的外国小说，其中有一些是诺贝尔奖获奖作品，在破屋里从早读到晚。读到后来，他的兴趣集中到莫泊桑和契诃夫身上。这次阅读历时三个月，是他一生中最专注最集中的一次阅读。这次阅读，陈忠实提前做了时间上的精心规划和安排，是他在认识到"创作可以当作一项事业来干"的时候，对自己进行的一次必要的艺术提高。陈忠实从《班主任》发表后得到的热烈反响中，清晰地感知到了文学创作复归艺术自身规律的趋势。"文革"的极左政治和极左文艺政策，对社会对人的精神破坏性极大，早已天怨人怒；而"文革"前十七年愈来愈左的文艺指导教条，也需要一番认真的清理。他在这个时期冷静地反思自己，清醒地认识到，从喜欢文学的少年时期到能发表习作的文学青年时期，他整个都浸泡在十七年文学的影响之中，而十七年的文学及其经验，现在急需认真反思了。尽管赵树理、刘绍棠、柳青等他喜欢的作家及其作品都有迷人之处，但文学要跟上时代特别是要走在时代的前沿甚至超越时代，他自己就得在思想上和艺术上剥一层皮甚至几层皮。他认为，自己关于文学关于创作的理解，也应该完成一个如政治思想界"拨乱反正"的过程。他觉得，这个反思和提高的过程，最为得力的措施莫过于阅读。阅读方向很明确，那就是读外国作家作品。与世界性的文学大师和名著直接见面，感受真正的艺术，这样才有可能排除意识里潜存的非文学因素，假李逵只能靠真李逵来逼其消遁。他后来把这个过程称之为"剥离"。自我反思，自我批判，自我深化，自我提升，是一个作家更新蝶变的最有效的途径。剥腐离旧，"剥离"而后"寻找"，"寻找属于自己的句子"。

## 二

自1976年4月写成《无畏》（5月20日《人民文学》第3期刊出），到1978年10月写出短篇小说《南北寨》，两年又半，陈忠实除过写了三篇应景之作，没有进入真正的写作状态，一直处在痛苦和深刻的反省之中。用陈忠实自己的话说，就是"剥离"。剥腐离旧，"剥离"而后"寻找"，"寻找属于自己的句子"。有没有"剥离"与"寻找"，是当年千千万万被扶持被培养起来的"工农兵业余作者"在新时代到来时，或生或死的一个重要选择和标志。与同时代几个从生活底层走出来的作家如路遥、邹志安等人一样，陈忠实尽管在当时还未踏入真正的文学之门，但他内心视文学为神圣事业，他对文学的追求，尽管左冲右突，因为时代的局限不得其门而入，但他却有圣徒的精神和意志。因此，当八十年代的精神曙光照亮古老的中国大地，当八十年代这个充满理想主义精神和创造激情的时代到来的时候，他看到了光明，也看到了希望，他就会奋力向前，追赶时代，一方面要跟上时代，另一方面还要超越时代，走在时代的前列。

不必讳言，陈忠实出身普通农家，只读了高中，早年又受那个时代文学观念的影响颇深，对于真正的文学创作来说，可以说他先天有所不足。陈忠实当年同时具有三个社会角色：农民，农村基层干部，作家——业余作者。陈忠实说他当年时常陷于三种角色的"纠缠"中。分田到户后，他有疑虑，直到亲眼看到自家地里打下了那么多意想不到的麦子，这一夜他睡在打麦场上，却睡不着了，听着乡亲们面对丰收喜悦的说笑声，"我已经忘记或者说不再纠缠自己是干部，是作家，还是一个农民的角色了"[①]。三种角色对生活的态度和看取生活的视角不同：农民，是生活者；农村基层干部，是政策的执行者；作家——业余作者，则要对生活进行冷静的观察和深入的思考，更要有思想的穿透性和前瞻性。坦率地说，八十年代以前的陈忠实，他的作家的思想者素质还相当薄弱。正因为如此，他后来才对作家的思想者素质极其看重。从陈忠实自述的在八十年代引起他产生"剥离"意识的生活现象，诸如对穿西服着喇叭裤等现象看不顺眼，陈忠实当年要"剥离"的，第一是狭隘的农民的精神视野，或者说，不能仅仅以一种传统的农业文明的意识看取生

---

[①] 陈忠实：《寻找属于自己的句子——〈白鹿原〉创作手记》，上海文艺出版社2009年，第99页。

活,一个现代作家同时还要具备一定的都市视角和现代文明意识。第二要"剥离"的是政策执行者角色,这个角色是被动的和被支配的,容不得有自己的个性,特别是有自己的思考。第三,要"剥离"非文学的和伪文学的"文学观念"。第四,还要"剥离"如同他已经意识到的比生活事象"更复杂也更严峻的课题",诸如"思想,文化,革命,传统与现代,社会主义和资本主义,等等"。在这些问题上,几十年来因袭下来的观念,可谓根深蒂固,"剥离"起来既复杂严峻,也不是说"剥离"就能"剥离"净尽的。无论如何,应该说陈忠实还是比较早地意识到了"剥离"这个问题,而且是"自觉"的,"自觉"到了它的必要性和重要性,这是非常重要的,也是非常了不起的。因为从某种意义上说,所谓"剥离"就是自己"否定"自己,"觉今是而昨非",这对很多人特别是作家来说是很难的。

一般的作家似乎只有"寻找"的过程,而没有也不需要经历这个"剥离"过程。陈忠实为什么要"剥离"?从背景和经历看,陈忠实之走上文学道路,先是因为课余、业余爱好,后是因为当时政治的需要,有关文艺机构扶持工农兵业余作者,陈忠实受当时文学实践和文学思潮的影响,早期的创作,大体上是沿着"讲话"的方向和"政策"的指导往前走的。这种创作,在当时的陈忠实自己看来,也是因为喜爱文学而过的一把"文字瘾"。他从模仿自己喜爱的作家到自觉与不自觉地成为政策的传声筒,要一变而为具有独立思想、独立艺术个性的作家,不经过"剥离"就不能脱胎换骨。"剥离"是精神和心理上的"洗心革面"和"脱胎换骨",具体说,是一种思想上的"脱胎换骨",也是某种程度上的情感上的"洗心革面"。陈忠实说:"我相信我对乡村生活的熟悉和储存的故事,起码不差柳青多少。我以为差别是在对乡村社会生活的理解和开掘的深度上,还有艺术表述的能力。"[①] "艺术表述的能力"与文学禀赋和艺术经验的积累有关,而"对乡村社会生活的理解和开掘的深度"则无疑与作家的思想素质和思想能力有关。而这思想素质和思想

---

[①] 陈忠实:《寻找属于自己的句子——〈白鹿原〉创作手记》,上海文艺出版社2009年,第9页。

能力的培育，对陈忠实个人来说，就非得经历"剥离"这个"脱胎换骨"的过程不可。陈忠实反思，他从1973年到1976年四年里写了四篇小说，这几篇小说都演绎阶级斗争，却也有较为浓厚和生动的乡村生活气息，当时颇得好评，第一个短篇小说处女作《接班以后》还被改编为电影，但是随着时间的推移，这几篇小说致命的问题就暴露出来了，不用别人评价，陈忠实自己都看得很清楚，问题在思想，那是别人的时代的思想，而不是自己的思想，自己只不过做了一回别人思想的传声筒。

站在历史的角度看，20世纪70年代末到80年代初，确实是一个历史发生大转折的时代。在这个代际转换的重要时刻，从过去时代一路走过来的作家，精神和心理上"剥离"与不"剥离"，对其后来创作格局与发展的作用，效果还真是不一样的。有的老作家，在50年代，写过一些引起广泛影响当时也颇获好评的歌颂合作化、人民公社化的文学作品，到了80年代，面对时移世变，思想认识和感情态度基本上还停留在当时的基点上，而且对新的东西一时还不习惯，接受不了，对现实失语，也就对历史和未来失语，就很难再进行新的创作，只好写一写谈艺术技巧之类的文章。这说明，不是任谁都能"剥离"的，也不是任谁都愿意"剥离"的，更不是任谁都有这个必须"剥离"的思想自觉的。当然，"剥离"不"剥离"，完全是作家个人的一种自觉和自愿选择，绝对不是一条所有作家都必须要走的必由之路。笔者和陈忠实闲谈得知，陈忠实对于有的作家在新时代面前不能适应和无法适应、思想和创作陷入进退两难看得很清楚，他以这些作家为镜，反思，自审，再一次确认自己的"剥离"很有必要。

"剥离"不是完全放弃，而是坚持中有所更新，类似于哲学上的一个概念"扬弃"。比如对待现实主义创作方法。1984年，陈忠实与路遥同时参加中国作家协会在河北召开的"全国农村题材创作座谈会"，会上发生了关于现实主义和现代派的讨论和争论，路遥也有发言，路遥坚持现实主义，这对陈忠实很有启示，同时他也明白了，现实主义创作方法可以坚持，但现实主义必须丰富和更新，而且要寻找到包容量更大也更鲜活的现实主义。这之后，陈忠实开始自觉地反思自己的现实主义写作历程。他联想到王汶石和柳青,他们当年写农村题材,影响甚大,陈忠实视他们为老师。到了1984年,当他从新的时代新的文学理念自觉检讨以往之时,他认为必须摆脱"老师"的影响。①

对陈忠实来说,"剥离"之后的"寻找",主要的就是重新寻求意义世界,重构自己的审美判断。旧的精神世界被逐渐"剥离"了,必然需要新的意义世界来"丰富"。"寻找属于自己的句子",既是寻找属于自己的艺术表现方式,更是寻找属于自己的意义世界和美学世界。小说,特别是长篇小说,最重要的还是写人。陈忠实在小说艺术上寻找的结果,最终问题的归结点,还是集中在人物描写上。新文学从1942年"讲话"以后,文学作品写人物,主要是把人物简单地按阶级划分,表现在小说作品中,人物主要就是两大类,一是剥削者、压迫者,一是被剥削者和被压迫者,然后就是按"剥削压迫,反抗斗争"的模式结构情节,设计人物冲突。陈忠实在"寻找"之后认识到,写人,要从多重角度探索人物真实而丰富的心灵历程,要避免重蹈单一的"剥削压迫,反抗斗争"的老路,要从过去的主要刻画人物性格变换为着重描写"人的文化心理",从写"典型性格"转变为写人物的"文化心理结构"。性格不是不要写了,典型性格也不是不要写了,还是要写的,但已不是自己创作的着眼点。过去的小说是以塑造性格为目的,他现在要以挖掘和表现人物的文化心理为鹄的,在挖掘和表现人物的文化心理的同时塑造人物性格,自己要写出的是人物的文化心理性格,这样才能写出真实、完整而且丰富的人。

从1978年10月到1988年2月,陈忠实动笔写《白鹿原》(1988年4月1日开笔)之前,一共写了49个短篇小说,9个中篇小说,还有一些散文和报告文学,这些都可以看作是陈忠实迤逦而行的艺术探索之履痕。仔细研读这些作品,可以看出,在八十年代前期,或前或后,或左或右,陈忠实前进的脚步并不整齐,但他是紧紧追随时代大潮的,也一直义无反顾地走在"剥离"

---

① 陈忠实:《寻找属于自己的句子——〈白鹿原〉创作手记》,上海文艺出版社2009年,第44页。

与"寻找"的道路上。而当时思想解放、改革开放的时代春风，也确实给陈忠实打开了一扇又一扇激动人心的精神之门，展示出一道又一道前所未见的艺术风景，从而激发出他无尽的创造活力和勇攀文学高峰的豪气。最后通过《白鹿原》的创作，陈忠实完成了自己的文学使命。蝴蝶一生发育要经过几个阶段的完全变态，才能由蛹变蝶。大人虎变，君子豹变，作为作家的陈忠实，在其精神进化的过程中，大约也经历了几个阶段的艰难蜕变。陈忠实具有自我反思精神，也具有不断求索精神，随着时代的发展、文学观念的更新和创作的不断拓展，他不断地开阔视野并寻找自己，并在不断蜕变中最终完成了作为一个作家的自我。

陈忠实后来作有一些诗词，抒发他在创作《白鹿原》过程中的怀抱，"拭目扪心史为鉴，破禁放足不做囚"（《和宁夏张其玮先生》），特别是《青玉案·滋水》这首词，借那条从南面的秦岭山中奔涌而出，再由白鹿原东面折向西来，流经他家门前再向西去，然后北折汇入渭河的灞河（古称滋水），抒发了他在创作的道路上，无所畏惧，另辟蹊径，坚持走自己道路的决心和豪迈：

涌出石门归无路，反向西，倒着流。杨柳列岸风香透。鹿原峙左，骊山踞右，夹得一线瘦。

倒着走便倒着走，独开水道也风流。自古青山遮不住。过了灞桥，昂然掉头，东去一拂袖。

## 三

对于作家来说，可以真诚交流的朋友圈子是必不可少的。朋友圈子是一个作家的文化生态环境，是信息源特别是重要的和秘密的信息源之一，是思想碰撞进而迸出思想火花的炼钢炉，是灵光闪现、灵感降临的一个重要场所，当然也是交流创作心得的最为合适的地方。

在灞桥乡间，陈忠实有几个文学朋友圈子。

早在1965年，西安市召开文艺创作大会，灞桥区选出十个代表参加，他们是：陈忠实，唐高，薄连贵，郭丁戊，陈鑫玉，王宏海，仲益春，张君祥，贺治坤，蒋三荣。由于共同的出身和爱好，几天下来，他们已经互相熟悉并且成了好友，此后多年，一有机会就聚在一起交流，当时号称灞桥文学艺术界"十兄弟"。"十兄弟"之一张君祥后来回忆："为了不断提高兄弟们的创作水平，经忠实提议，我们商定每年至少相聚一次，拿出自己的作品，在会上进行研讨。陈忠实的《高家兄弟》（小说）和我的《争女儿》（戏曲），都是在我家经大家讨论研究而成的。那时候人们的生活条件很差，记得有次在我家聚会，说是过年，还不如现在的平常生活，谁还想吃个白馍，那是镜里边的事情。乡下人过年，好了称上二斤肉，动个腥；不好的，常是萝卜白菜一锅熬。若要招待客人，一桌四个盘子算是高档的，一般都是大烩菜一碗。那次我招待弟兄，尽了最大努力，端出了四个盘子和一瓶七角的'小角楼'酒。我亲自下厨，做了一盘烧白菜，端上桌来，忠实先夹了一口，高兴道：'这味咋这么香？'大伙瞪圆双眼：'得是的？'三锤两梆子吃光了。盘子露了底，我也露了馅，大伙要求再来一盘，我尴尬道：'很抱歉，只剩下白菜根了。'那一天，我知道来人多，凳子少，早早让母亲把炕烧热，好让兄弟们坐在热炕上讨论作品。兄弟们来齐后，我让他们都坐在热炕上，中间放个小桌放烟茶。"[1] 然后在土炕上开起了研讨会。

1973年春，由西安市郊区革委会政工组安排，陈忠实、王韶之、罗春生、郑培才等人组成写作班子，编写以车丈沟、郭李村群众的血泪史和阶级斗争反抗史为内容的《灞河怒潮》一书，陈忠实写了其中的一部分并为该书统稿，该书1975年9月由陕西人民出版社出版。陈忠实与写作组的几个人自然也就成了交流文学及其他的朋友圈子。郑培才（笔名郑征，后有长篇小说《东望长安》等作品问世）后来回忆，改革开放初期，湖北襄樊（今襄阳）是改革

---

[1] 张君祥：《我和忠实五十年》，灞桥区政协编《乡党陈忠实》，《灞桥文史资料》第二十四辑，第13页。

试点市,为短期内改变这个历史文化古城的落后局面,上级指示到大城市、先进城市去挖人才,而唯一能调动人才胃口的是:家在农村的,可以解决农村家属子女转为城市户口,可以给他们安排工作,安置住房。这样一来,陕西就有几百名家在农村的科技、文化人才和技术工人到了襄樊。郑培才到了襄樊,负责对来自陕西科技人员和家属子女的安置。他想到故乡白鹿原北坡下西蒋村的陈忠实,陈忠实上有年迈的父母,下有三个嗷嗷待哺的儿女,只有妻子翠英,上侍双亲,下育儿女,一个人劳动于田间。陈忠实是民请教师,后借调到公社工作,依然是一位记工分的背粮工,后来转成了正式干部,但工资太少,生活依然捉襟见肘。郑培才就把陈忠实的情况介绍给当时的襄樊市委书记,他全面详细地介绍了陈忠实的德、才、能,书记说:"这样的人才,我们欢迎。"郑培才连夜给陈忠实写了一封信,信发出去了却不见回音。郑培才利用到西安出差的机会,找到陈忠实问他为什么不回信,陈忠实歉意地一笑道:"那样优惠的条件,老兄说那是个好地方,谁不心动!可我考虑再三,我已背上了文学这个十字架,生活再苦,我也不能离开故乡这块热土;离开了关中,离开了故土,也许我啥也写不出来了!"① 陈忠实在这里说的话非常重要。这说明他对他的生命价值和人生方向有极为明确的认识,对他的创作也有极为明确的认识,他就是写"乡土"的,乡土是他创作的源泉,离开了乡土,就像鱼儿离开了水,瓜儿离开了秧,"我已背上了文学这个十字架,生活再苦,我也不能离开故乡这块热土;离开了关中,离开了故土,也许我啥也写不出来了"!所以,陈忠实不仅不去条件优厚、令人心动的襄樊,而且即使后来全家都进了西安城,他当了陕西作协的专业作家,他还是要回到灞桥西蒋村,哪怕是一个人住在那里,始终不离开"故土",直到五十岁写出了《白鹿原》。

在西安市,八十年代初,也有一个文学圈子,而且是结社的,叫"群木文学社"(有的社员回忆叫"群木小说社")。据笔者考证,社员大约有九

---

① 郑征:《忠实的怀念》,灞桥区政协编《乡党陈忠实》,《灞桥文史资料》第二十四辑,第87页。

人，他们是：贾平凹，陈忠实，周矢，张敏，郭培杰，李佩芝，高洺，叶萍（可能是笔名，另一笔名田夫），黄河浪。贾平凹回忆："记得40年前，当时我是20多岁，在西安有一帮人都是一些业余作者，都非常狂热，当时组成了一个文学团社，我给这个文学团社取名'群木文学社'。"① 张敏回忆说："那一年的春天，古城西安一帮年轻文人，为日后能在中国文坛上亮出雌雄来，纷纷捋袖子绾裤腿，串联拉帮。搞文艺批评的，结成'笔耕社'；一群诗人结社为'破土'。贾平凹在西安小说界已小有名气，关键是他的产量又特别高。那时全国的文学杂志甚少，随便翻一本，几乎都能找见他的小说，于是一伙人便在我家商量也成立一个什么组织，不能让评论家和诗人小瞧了我们这一帮子未来的小说家。大家就让贾平凹当头儿，贾平凹为这件事很费了些脑子，他问我：'成立个小说社……'""贾平凹把小说社定名为'群木'。"②

"群木文学社"社长是贾平凹，陈忠实是副社长。叶萍回忆，"我们不定期的（地）聚会"，到会人数最多的一次聚会，"有社长平凹"，"陈忠实没来，他是副社长"③。张敏回忆，贾平凹"当了一回'群木小说社'社长"，贾平凹"大部分时间就住在我家。我家里住着一个社长"。贾平凹回忆，"现在陕西很多知名作家当时都是群木社的。那个时候我们条件特别差，但是热情特别高，也不梦想在各单位当什么科长、处长，那个时候很年轻也不急着谈恋爱，一心只是想着文学，一见面就是谈文学，要么就是写东西。那个时候写东西就像小母鸡下蛋一样，焦躁不安，叫声连天，生下来还是一个小蛋，而且蛋皮上还带着血。从那个时候一路走过来，走到今天，回想起来有喜悦有悲苦，写出来作品就像莲开放一样喜悦，遇到了挫败就特别悲苦，这种悲苦是说不出来的。"

关于社内的活动，张敏回忆："开始还新鲜，大家正襟危坐，贾平凹咳上

---

①《64岁的贾平凹，把一辈子文学创作秘密都公开了》，见2016年4月13日北京文艺网。下引此文不再注明出处。
②张敏：《贾平凹在1979》，张敏新浪博客。下引此文不再注明出处。
③叶萍：《民间"群木小说社"之命运》，2013年5月4日阿里巴巴网商博客。下引此文不再注明出处。

一声，讨论便开始了。无非是汇报一下，这个星期又有什么新作在什么地方发表，然后交上三毛钱的'荣誉费'。没有发表作品的，当场也要交三毛钱的'耻辱费'。钱由周矢来收，每人还要在'荣誉费'和'耻辱费'的栏目下签上自己的名字。"叶萍回忆："我问小说社都干些什么事情？平凹说：每月发一篇稿子交会费三毛叫'荣誉费'，不发一篇就罚三毛叫'耻辱费'……"

张敏还回忆："再一个严重的问题是小说社的生活问题。大家聚会，要喝茶，要抽烟。不吃肉不喝酒，饭总是要吃的。七八个人，又都年轻，坐一席，饭钱谁掏？粮票谁掏？虽说是轮流坐庄，可以抵消，但陈忠实家离城三十里，谁去？贾平凹没家，咋办？还有单身汉，没房子，心有余而力不足。于是又增加了周矢的工作量，要想办法给大家办伙食，买烟茶。小说社逐渐往家庭化上发展，后来就学会了打麻将。桌子一支起来，小说社便名存实亡了。"

张敏在这里所记，不可不信，也不可全信。一方面文人好学名士状，名士风度就是对什么正经事都视而不见，单拣好玩好笑的嬉笑怒骂一番，另一方面张敏是多年后忆往，事已经过自然云淡风轻，心态超然。试想七八个青年文学爱好者，处在八十年代初那个充满朝气和生气的时代（与九十年代及之后盛行的"痞气"和"疲化"不同），好不容易聚在一起，虽然不一定都是"指点江山，激扬文字"，但总免不了议论时事，臧否人物，品评文艺，不然这个"群木文学社"竟是一个混吃混喝社了。倒是前引贾平凹所记，可能更接近于"群木"的真实面貌。

关于"群木文学社"结束的原因，叶萍从社员高洺的《上帝无言》一书中转引了一段"高洺叙述"。高洺是这样回忆的：

那时，文联（叶萍注：《长安》杂志社所在地）常常举办活动，召集我们这些文学青年去开座谈会。于是，我认识了张敏、周矢、陈忠实、李佩芝、徐剑铭等，当然还有当时已初露锋芒的贾平凹。认识了，就常常在一起聚会，清谈文学。由此引发，就干脆成立了一个小说社——"群木"。我们推举贾平凹为小说社的社长，陈忠实为副社长,大家商定,凡谁拿到了稿费,就由谁来做东,大家坐在一起吃吃喝喝,边吃喝边谈文学,比真的在那儿"坐谈",要更引人入胜多了。

木秀于林,风必摧之。谁让贾平凹是我们中间的佼佼者呢。我的前任婆婆也跑到了文联大吵大闹,点名道姓地质问文联领导:

"我好端端的一个儿媳妇,硬是被贾平凹的一群木头带坏了!男男女女的整天在一起吃喝嫖赌,你们这些当领导的也不管管!难道你们就是这样教育年青(轻)人的吗?"

那个文联领导甚是难堪,把贾平凹叫到了办公室,语重心长地批评道:

"贾平凹啊贾平凹,你才刚刚有了点小名气,就去勾引人家良家妇女!"

贾平凹蒙受了这个不白之冤,气坏了,当即宣布:"弄啥哩弄啥哩!不弄咧!"

于是,"群木小说社"解散了。这是陕西省自解放以来,唯一的一个民间自发的文学结社的始末。

陈忠实参加"群木文学社"活动的资料,除了上述他人零星提到,笔者还未见到。他参加的次数可能不会太多,但肯定是参加过的。贾平凹对"群木"社名的含义后来有一段阐释,他说:"取这个名字的意思就是一棵树长起来特别不容易,因为容易长歪长不高,一群树木一起往上长的时候,虽然拥挤,但是在拥挤之中都会往上长,容易长得高长得大。"陈忠实于2001年9月15日写过一篇文章,他是有感于叶广芩、红柯获得中国作协第二届鲁迅文学奖而写的,题为《互相拥挤,志在天空》,其意就得自贾平凹的这个"社旨"。他说:"我想起新时期开初几年,我在西安郊区文化馆时,归西安市文联领导。市文联为促进西安地区刚刚冒出的十余个青年作者的发展,成立了一个完全是业余、完全是民间的文学社团,叫作'群木'文学社,由贾平凹任社长，我任副社长。记得由贾平凹起草的'社旨'里，有一句话至今犹未忘记：互相拥挤，志在天空。在我体味，互相拥挤就是互相促进互相竞争，不是互相倾轧互相吐唾沫。道理再明白、再简单不过，任何企望发粗长壮的树木，其出路都在天空。中国当代文学的天空多大呀，陕西和西安当代文学的天空也够广的了，能容得下所有有才气、有志向的青年作家，要把眼光放开到天空去。天空是既能容纳杨树柳树吸收阳光造成自己的风景，也能容纳槐树椿树吸收阳光造成另一番完全不同的景致。二十年过去，'群木'文学社早已解体，我却记着这条'社旨'。"①尽管无法确知陈忠实参加了多少"群木"的活动，但有一点可以肯定，他在这个群体里，是有收获的，因为他二十年后还记得"群木"所昭示的象征意义。

文友间更多更深的交流，可能还是陈忠实1982年调入中国作家协会西安分会（后来的陕西省作家协会）以后。毫无疑问，当年陕西最顶尖的作家、评论家都在作协西安分会或者是这里的常客。据笔者的考察和研究，2000年以前，陕西作协（前身叫中国作协西安分会、中国作协陕西分会）的读书和创作风气非常兴盛。笔者前几年看了作家魏钢焰的藏书，吃惊不小。魏钢焰的长子魏林刻回忆，二十世纪五十年代后期，作协后边的大院里，杜鹏程、王汶石、李若冰、胡采，包括魏钢焰等作家们，一排排地坐在那里读书，给他印象很深。那时很多作家都写出了代表作或成名作，但是为了更好地创作，读书蔚为风气。读书之后，大家也在院子里讨论、争论，也是一景。八十年代，那个高桂滋公馆的后院，那三个连排四合院的作协办公院里，也有几个文友经常聚会的房间。其中一个就是《延河》小说编辑王观胜宿办合一的房间。那是门朝北开的一个狭长的房间，一张床，一张桌子，几把椅子，常客有路遥、陈忠实、白描、董得理等。当然，西安和外地到《延河》或作协来办事的作家，也经常参加进来。

王观胜去世后，2011年11月，陈忠实写了一篇回忆王观胜和他那间小屋

---

①陈忠实：《互相拥挤，志在天空》，《陈忠实文集》第7卷，人民文学出版社2016年，第272、273页。

的文章，从中可见八十年代文友们聚谈的情景，细致而生动，摘录如下（在保持原意的前提下，个别句子有删改）：

  我那时住在白鹿原北坡下祖居的老屋，省作协开会，或是买面粉买蜂窝煤，我才进城。开完会办妥事后的午休时间，我便很自然地走进王观胜宿办合一的屋子，其实只有半间房，一张办公桌和一张床占据了房间的绝大空间，我多是坐在床沿上聊天。聊得兴起时，他便从立柜里取出一瓶雀巢咖啡，为我冲上一杯，我也不客气，品尝起这绝佳的洋货饮品。二十世纪八十年代中期正是世界文学多种流派一波接着一波潮涌中国文坛的最热闹的时期，自然成为闲聊的话题，相对封闭在乡野的我，常常从他这儿获得许多文学新潮流的信息。文学新潮还挟裹着一些洋气的生活习性，喝咖啡便是其中之一。

  在咖啡的余味里，我听着观胜说文学，尤其是苏联文学，许多新的作家和新的作品，有的我知道或者读过（我订有《苏联文学》《俄苏文学》），交流阅读感受的话题便会很投机。有的新翻译过来的某位作家的作品我尚未见过，他便介绍给我，我到书店寻找购买，又会成为下一回见面时闲聊的话题。他对当时的苏联文学兴趣极高，十分推崇，我们可谓趣味相投。新时期才被介绍进中国的艾特玛托夫的中篇小说和长篇小说，杰出的短篇小说作家舒克申，是我们尤为赞赏的两位大家。品着雀巢咖啡，交流苏联文学的阅读感受，目的在于提升自己的写作，我更多的时候是从他的说辞里获得启迪。

  观胜的半间房子里，我更多见到的情景是"人满为患"，几位资深的《延河》老编辑也到这里来闲聊，椅子和床上都坐满了人，占不上座位的人甘愿站着。闲聊很少涉及家长里短，多是中国文学的最新动向，议论某位作家某篇作品，有欣赏的也有不欣赏的。而刚刚出现的某些非文学因素，常常会引发甚为激烈的议论。在大家你一言我一语七嘴八舌议论着的时候，王观胜突然不愠不火地撂出一句："球不顶。"便引发一阵哄然大笑。一句"球不顶"，把热烈议论着的话题给予总结，既然那些非文学现象于文学创作本身球事也不顶，大家就顿然明白，议论这个没有必要。

路遥是观胜半间屋的常客。尽管我十天半月才进一回城，却几乎每回都能在观胜的屋子里见到路遥。路遥如果不外出，"早晨从中午开始"的第一站，往往是这半间屋子，其他时间或是写作或是编稿（路遥也是《延河》编辑）累了需要缓解片刻，他也轻足熟路窜进来。我在这间屋子遇见路遥，常见的姿势是他斜躺在观胜的单人床上，即使有空闲的椅子他也不坐，自我解释说看稿或写稿坐得腰疼，需要放松一下。路遥的文学见解和对见解的坚信令我感佩，他对世界某个地区发生的异变的独特判断也总是令我大开眼界，他对改革开放初期某些社会现象的观察和透视，其力度和角度，更是深过一般庸常说法。路遥也是苏联文学的热心人，常常由苏联文学对照中国文坛的某些非文学现象，然后用观胜爱说的"球不顶"调侃了之。"球不顶"由路遥以陕北话说出来，我忍不住笑，观胜也开心地笑起来。观胜的"语录"被路遥引用，观胜此时便会打开柜子，取出他自己平时也舍不得享用的雀巢咖啡来，为每人冲上一杯。记得路遥曾调笑说，观胜这间屋子是"闲话店"，也是"二流堂"（抗战时期重庆一些文化人聚集之所，调侃之称），此说不是贬义，而是说这里是人气最旺的一方所在，《延河》编辑部的领导和编辑，无论长幼，已经由喜欢变为惯性在此聚合，在这个小小空间交流信息、抒发见解，可以无所顾忌，自由且自在。这种交流氛围的诱惑，远非咖啡和茶的诱惑所能比拟。①

---

① 陈忠实：《依然品尝你的咖啡》，《陈忠实文集》第 10 卷，人民文学出版社 2016 年，第 111–114 页。

当然，陈忠实在八十年代还有一个很高级的交流空间，那就是一些全国性的文学会议。1984年3月，陈忠实参加中国作协在河北涿县（今涿州市）召开的"全国农村题材创作座谈会"期间，看到《十月》杂志副主编、作家郑万隆在开会期间校对《十月》"长篇小说专刊"拟刊发的《百年孤独》文稿，就想先睹这部1982年刚刚获得诺贝尔文学奖的拉美作家作品。此时《百年孤独》还未正式出书。会后，郑万隆把刊有《百年孤独》的《十月》专刊寄给了陈忠实。可以说，陈忠实是中国当代作家中最早读到《百年孤独》的作家之一，他当然也深受《百年孤独》的影响。"多年以后"的句式和倒叙手法，魔幻现实主义表现手法，此后一直深深地影响着陈忠实的创作，并且被他用于《白鹿原》的创作之中。

## 四

1986年，陈忠实发誓，要写出一部死了以后可以"垫棺作枕"的作品。1988年4月1日，他在草稿本上写下了《白鹿原》的第一行字。漫长的《白鹿原》创作开始了。陈忠实后来回忆，当他在《白鹿原》的草稿本上写下第一行字时，"整个心理感觉已经进入我的父辈爷爷辈老爷爷辈生活过的这座古原的沉重的历史烟云之中了"。

陈忠实关于《白鹿原》最初的创作计划是，第一年初稿，第二年修改完成，然后于1989年"修改完成"。1990年10月24日，他在致信时任人民文学出版社《当代》杂志副主编的何启治时说："此书稿87年酝酿，88年拉出初稿，89年计划修改完成"，"全书约四十五六万字"。

实际写作情况是，初稿在1988年4月初动笔，他写得很从容，坐在沙发上，把一个大笔记本放在膝盖上，很舒服地写，一点儿也不急。7月和8月，因故中断写作两个月；9月再动笔，到次年即1989年的1月完成，实际用了八个月时间。初稿约四十万字，陈忠实称为"一个草拟的框架式的草稿"。

陈忠实称第二稿为"复稿"或"修改完成"稿，1989年4月开始写，计划两年完成。他写得很认真，心里也很踏实，因为有草稿在。但陈忠实蛰伏在西蒋村乡下写他的《白鹿原》时，发生了一些大事，在当时的形势下，创作是必须搁下了。

时间耽搁，陈忠实开始还有些着急。后来心态从容了，同时觉得这样也好，对一些问题需要再审视，同时把已经体验和意识到的东西也能更充分地展现出来。接下来的写作，陈忠实用"死心塌地"来形容，真实，形象，生动。

《白鹿原》原计划用两年左右写完，实际用了四年。虽然此作第二稿是1992年1月写完的，但这部作品的起根发苗或称孕育是在八十年代，开始写作的时间也是八十年代，《白鹿原》的思想、人物、故事以及艺术上的种种追求都在八十年代已然形成。无论怎么看，《白鹿原》都是八十年代的作品。强调这点是因为八十年代的中国与九十年代及以后的中国，很不一样，甚至可以说是完全不一样。八十年代是这样一个时代，充满理想精神，充满创新激情，这种精神和激情多少年来郁积已久，到了八十年代，火山一样喷发，其冲天的烈焰照亮了自1949年以来的历史天空。而八九十年代之交是一个转折点，此后，这种理想精神与创新激情渐渐冷却，实用主义态度兴起并转而代之，这是一个剧烈而复杂的动荡期。此时四十多岁、正值盛年的陈忠实，正在完成他一生中最重要的"枕头工程"。他的心态是复杂的，却也是坚定的。

写作期间，他给几位信得过的好友写过很少的几封信，这些信主要是谈其他的事情，因为是好友，这些好友也关心他此时的写作，因此，陈忠实信中偶尔也透露出他写《白鹿原》的一些想法，以及对一些问题所持的态度。

1989年10月2日，陈忠实写信给峻里。这封信是谈他给峻里办的一件私事，由于峻里一直关心他的创作，他也谈及正在写作的小说。陈忠实说，他现在无法进入写作的"心境"。又说，"我已经感觉到了许多东西，但仍想按原先的构想继续长篇的宗旨，不作任何改易，弄出来再说，我已活到这年龄了，反来复去经历了许多过程，现在就有保全自己一点真实感受的固执了。我现在又记起了前几年在文艺生活出现纷繁现象时说的话：生活不仅可以提供作家创作的素材,生活也纠正作家的某些偏见。那时是有感而发,今天回味更觉是另一种感觉"。这段话内涵丰富。信末,他嘱收信人"读罢烧掉"!

这些话也足以证明,《白鹿原》不仅思想、人物和故事,而且全部的精神与气质,都是八十年代的。《白鹿原》是中国二十世纪八十年代文学精神和气质最后的闪耀和谢幕。

用笔写长篇小说,是一种既耗神又费力的劳动。陈忠实以听秦腔放松散心,以抽巴山雪茄、抿西凤酒、喝酽茶解乏提神。这差不多也是陈忠实业余所有的爱好了。

八十年代中期,陈忠实当了陕西作协的副主席以后,经济状况初得改善,便给乡下买了一个电视机,不想因为接收信号不好,收不到任何节目,有声无像。后来不甘心把电视机当收音机用,又破费买了放像机,买回一厚摞秦腔名家演出的录像带,自己欣赏,村子里的老少乡党来了,也让他们欣赏。电视机那时在农村还是个稀罕物,他常常要把电视机搬到院子里,才能满足越拥越多的乡党。后来,他又买了录音机和秦腔名角经典唱段的磁带,听起来不仅方便,而且经典唱段可以反复听。

写作《白鹿原》的四年间,累了,陈忠实便端着茶杯坐到小院里,打开录音机听上一段两段,他感觉"从头到脚、从外到内都是一种无以言说的舒悦"。隔墙有耳,久而久之,连他家东隔壁小卖部的掌柜老太婆都听上了戏瘾,有一天该放录音机的时候,他也许是一时写得兴起忘了时间,老太太就隔墙大呼小叫陈忠实的名字,问他:"今日咋还不放戏?"陈忠实便收住笔,赶紧打开录音机。老太太哈哈笑着说,她的耳朵每天到这个时候就痒痒了,非听戏不行了。

陈忠实四年间听着秦腔写《白鹿原》,秦腔某种潜移默化的影响似乎不可低估。《白鹿原》与秦腔,特别是与秦腔经典戏曲中人物语言的关系,是一个有趣的研究课题。

1990年10月24日,陈忠实在致何启治的信中谈到《白鹿原》的创作,说"这个作品我是倾其生活储备的全部以及艺术的全部能力而为之的"。这里谈到两个"全部",一是"全部"的"生活储备",二是"全部"的"艺术""能力"。其实,还应该再加一个,那就是"全部的艺术勇气"。没有"全部的艺术勇气",是不能把《白鹿原》最初的艺术理想坚持到底的。

《白鹿原》的写作进度后来有些慢,也是陈忠实有意为之。2012 年 3 月 28 日晚上,陕西师范大学出版社与一些陈忠实研究者签订图书出版合同,陈忠实在座,他讲,《白鹿原》在写作过程中,他已经感觉"自己写的这个东西是个啥东西",在当时的文化氛围里,他认为根本不可能出版,所以改写第二稿时,就是慢悠悠的。

1991 年,陕西省文联和陕西省作协换届的消息不断传来,作为陕西作协现任的党组成员和副主席,陈忠实何去何从并不由他自己,但他不得不面对并处置相关问题。1991 年 8 月 30 日,陈忠实在致信至交好友、陕西乡党、评论家白烨的信中提到,"陕西文联和作协的换届又推至十月末十一月初,人选在不断捋码中,一阵一种方案的传闻,变化甚大。无论如何,我还是以不变应多变,不求官位,相对地就显得心安了"。他"不求官位",后来还拒绝了到省文联当正厅级书记的上级安排,一心当一个作家,一心写作,"心安"一语正是他当时写作的心态和要追求的心境。提到正在写作中的《白鹿原》,陈忠实说,"长篇这段时间又搁下了,因孩子上学诸事,九月即可投入工作,只剩下不足十万字了,能出不能出暂且不管,按原构思弄完,了结一件心事,也可以干些别的"。这里所说的"能出不能出暂且不管,按原构思弄完,了结一件心事,也可以干些别的"这话,再一次证明陈忠实不仅仍然是"按原先的构想继续长篇的宗旨,不作任何改易",而且此时完全是一条道走到黑的心态,纯粹是沉入自己的艺术世界中了,不了结这一件"心事",心何以安?怎么可以再干别的?

历时四年,1991 年深冬,在陈忠实即将跨上五十岁这一年的冬天,小说中白鹿原上三代人的生的欢乐和死的悲凉都进入了最后的归宿。陈忠实在这四年里穿行过古原半个多世纪的历史烟云,终于迎来了 1949 年。白鹿原解放了,书写《白鹿原》故事的陈忠实也终于解放了。这一天是农历辛未年腊月二十五日，公元 1992 年 1 月 29 日。写完以鹿子霖的死亡作最后结局的一段，画上表明意味深长的省略号，陈忠实把笔顺手放到书桌和茶几兼用的小圆桌上，顿时陷入一种无知觉状态。过了很久，他从小竹凳上欠起身，移坐到沙发上，似乎有热泪涌出。仿佛从一个漫长而又黑暗的隧道摸着爬着走出来，刚走到洞口看见光亮时，竟然有一种忍受不住光明刺激的晕眩。

傍晚的时候，陈忠实到灞河滩上去散步，胡乱走着，一直走到了河堤尽头，然后坐在那儿抽烟。冬天的西北风很冷，腿脚冻得麻木，他也有了一点恐惧感才往回走。半路上，又坐在河堤上抽起烟。突然间，他用火柴把河堤内的枯草点着了，风顺着河堤从西往东吹过去，整个河堤内的干草哗啦啦烧过去，那一刻，他似乎感觉到了一种释放。回家以后，他又把所有房间所有的灯都打开，整个院子都是亮的。村子里的乡亲以为他家出了什么事，连着跑来几个人问。陈忠实说："没事。就是晚上图个亮。"

真正的文学创作往往具有某种向既定的艺术格局挑战的意味。陈忠实一方面坚持为民族画魂的艺术理想，要保全自己真实的艺术感受，另一方面他对《白鹿原》的出版前景看得并不清晰。《白鹿原》在接近写完的时候，他就已经考虑其结局了。《白鹿原》写成后，他只告诉了家人，同时"嘱咐她们暂且守口，不宜张扬"。他在一篇回忆文章中说，"我不想公开这个消息不是出于神秘感，仅仅只是一时还不能确定该不该把这部书稿拿出来投出去"。"如果不是作品的艺术缺陷而是触及的某些方面不能承受，我便决定把它封存起来，待社会对文学的承受力增强到可以接受这个作品时，再投出书稿也不迟；我甚至把这个时间设想得较长，在我之后由孩子去做这件事；如果仅仅只是因为艺术能力所造成的缺陷而不能出版，我毫不犹豫地对夫人说，我就去养鸡。道理很简单，都五十岁了，长篇小说写出来还不够出版资格，我宁愿舍弃专业作家这个名分而只作为一种业余文学爱好。无论会是哪一种结局，都不会影响我继续写完这部作品的情绪和进程，作为一部历时四年写作的长篇，必须画上最后一个标点符号才算了结，心情依旧是沉静如初的"。这种"豪狠"的精神，这种沉静，这种大有为未来写作的考量，是大丈夫的气度，也是大作家必备的素质。

## 五

1998 年，《白鹿原》获中国作家协会第四届茅盾文学奖。之后，《白鹿原》被教育部列入"大学生必读"系列，被评为"百年百种优秀中国文学图书"（1900—1999），被中国出版集团列入"中国文库"系列，2008 年入选深圳读书月组委会、深圳商报联合组织的"改革开放 30 年影响中国人的 30 本书"，2009 年全文收入《中国新文学大系（1976—2000）》，2018 年入选《新京报》"改革开放 40 年影响中国人的 40 本书"。《白鹿原》已被改编或移植为秦腔、话剧、舞剧、歌剧、电影、电视剧、连环画、雕塑等多种艺术形式，被翻译成法文、日文、韩文、越南文、蒙古文、维吾尔文、柯尔克孜文、锡伯文出版，在中国台湾和中国香港出版繁体字本。

陈忠实逝世后，海内外很多单位和个人发来了唁电，在悼念的同时高度评价陈忠实其人其文。中国社会科学院文学研究所研究员、中国当代文学研究会会长白烨唁电中的两段话，似可为"盖棺论定"："陈忠实是中国当代文学从新时期到新世纪的四十年历史进程中的贯穿性作家，领军性人物。"《白鹿原》"堪为中国当代文学的史诗性杰作，实为中国当代长篇小说的珠穆朗玛峰式的里程碑性精品"。陈忠实的为文与为人，都称得上"言为士则，行为世范"。他是以为自己立言的方式，为人民代言。他是我们这个时代最具生活元气和时代豪气的伟大作家。

与阮洁合作，原刊 2022 年第 2 期《当代》

# 《白鹿原》的创作过程

1986年至1987年，陈忠实去蓝田县、长安县查阅县志，还读了咸宁县志，查阅地方党史及有关文史资料。查访过程中，不经意间还获得了大量的民间逸事和传闻。史志里的一些材料也让陈忠实震撼。在此过程中，陈忠实未来的长篇小说进入构思并渐渐生成。

在陈忠实构想的未来的长篇小说中，最早冒出来的一个人物，就是后来小说中的朱先生，一个儒者甚至是大儒。这样的人物是"耕读传家"的乡土社会不可或缺的精神导师，但是限于生活经验，他对写这个人物只有一些抽象的概念化的想象，缺乏活生生的性格和细节性的生活把握。正是在史志的翻阅中，他心中的朱先生渐渐地立了起来，活了起来。朱先生的原型是主编《蓝田县志》的牛兆濂，清末举人，人称牛才子。现实中的牛家与陈家一北一南隔灞河相望，距离很近，陈忠实还没有上学的时候，晚上和父亲一起剥玉米，父亲就给他讲过很多牛先生的故事。牛才子是当时乡里出名的"神童"，关于他的传说很多。关于这个人物，陈忠实回忆说，在一个文盲充斥的乡村社会，对一个富有文化知识的人的理解，就是全部归为神秘的卜筮问卦方面的传说。他听父亲讲，谁家丢了牛，找牛才子一问，牛才子一掐算，然后按其所说去找，牛就找着了。陈忠实很想把牛才子这样的儒者写到作品中去，但感觉最没有把握。牛兆濂主编的县志客观纪事，不加评价，只有几处写了类似编者按的批注表达了观点。陈忠实就是从那几处批注中，感觉和把握到了老先生的某些心脉和气质，感觉写这个老先生有把握了。这是他查阅县志另外的一大收获。

读牛兆濂主编的二十多卷的《蓝田县志》，陈忠实发现有四五卷记载的是该县有文字记载以来贞妇烈女的事迹和名字。这些事迹没有女人的名字，只是以夫姓和自家的姓合起来称呼，如刘王氏。事迹也无非这样一类：刘王氏15岁出嫁，16岁生孩子，17岁丧夫，然后抚养孩子，伺候公婆，终老没有改嫁，死时乡人给挂了个贞节牌匾。有几卷没有记载任何事迹，只是把贞妇烈女们的名字一个一个编了进去。陈忠实心中既悲哀也震撼：这些鲜活的生命活得是多么委屈啊！由此萌生了要写田小娥这么一个人物的创作冲动。这个人物不是接受了现代思潮的影响，也不是受到了某种主义的启迪，只是作为一个人，作为一个女人，她要按人的生存需要、人的生命本质去追求她所应该获得的。陈忠实说，他小时候目睹过一件事，一个年轻女性，因对婚姻不满意逃婚，被抓回来后，捆在一棵树上，全村的男人都用刺刷抽打她。他写小娥被刺刷抽打的情节，就是由此来的。他还发现，因为这个逃婚的女人，村子里所有的矛盾暂时都化解了，人们团结一致惩罚这个女人。这种行为让人深思。在封建婚姻观念长期教育下，人们的是非认定居然空前一致，这种观念，这种态度，反映了我们民族文化心理结构中某些深层的东西。他写田小娥，主要写她生的痛苦、活的痛苦和死的痛苦。

族长白嘉轩这个形象的灵感触发，来自陈忠实曾祖父的某些影子。陈忠实听人说，他的做过私塾先生的曾祖父，个子很高，腰杆儿总是挺得又端又直，他从村子里走过去，那些在街巷里在门楼下袒胸露怀给孩子喂奶的女人，全都吓得跑回自家，或就近躲进邻家的院门里头去了。腰杆直，为人严肃，这些形和神的特点后来都在白嘉轩的身上得到了充分的展示。

田小娥与白嘉轩反映了人性的两极：感性与理性，人欲与天理。

白鹿原实有其地。它位于西安市东南。原之东南依终南山余脉箕山，原与山隔沟相望；西和南临浐河；东和北依灞河；三面环水，居高临下，西望长安。地质学认为，此原为亿万年形成的风成黄土台原。远古时期，这里就是人类居住繁衍生息之地。白鹿原因有白鹿出现而名。《关中胜迹图志》上关于白鹿原有这样一段记述："在咸宁县东，接蓝田县界。《长安志》：'自蓝田县界至浐水川尽,东西一十五里。南接终南,北至霸川尽,南北四十里。'《三秦记》:'周平王东迁,有白鹿游于此原,以是得名。'《雍录》:'南山之麓,霸水行于原上,至于霸陵,皆此原也,亦谓之霸上。' '霸'一作'灞'。"[①] 北宋年间,大将狄青曾在原上驻军,后世亦称之为"狄寨原"。陈忠实老家祖居就依白鹿原北坡而建,陈忠实自小就在原上拾柴割草,对这里的一草一木都非常熟悉。

1987年,陈忠实完成了长篇小说的构思和结构,计划三年完成。他考虑写两稿,第一稿草稿,拉出一个大架子,写出主要情节走向和人物设置;第二稿正式稿,细致写,精心塑造人物和结构情节,语言上仔细推敲,争取一次完成,此书稿几十万字,他不想写了再修改再誊抄第二遍。

1988年4月1日,农历戊辰年二月十五日,陈忠实在草稿本上写下了《白鹿原》的第一行字。漫长的《白鹿原》创作开始了。

草稿陈忠实写得很从容,坐在沙发上,把一个大笔记本放在膝盖上,很舒服地写,一点儿也不急。7月和8月,因故中断写作两个月。9月再动笔,到次年即1989年的1月,草稿完成,约四十万字,实际用了八个月时间。

1989年4月开始写第二稿即正式稿,这一稿打算用两年完成。他写得很认真,心里也很踏实,因为有草稿在。开始写得还算顺利,写完第十一章,陈忠实遇到了一个坎,不知为什么,第十二章写不下去了。陈忠实说,是"遇到了结构安排上的一个障碍"。此时,已经到了1989年的夏天,天气热了。

陈忠实蛰伏在西蒋村乡下写他的《白鹿原》的时候,中国大地上发生了一些大事。社会上主要是全国一些大城市里轰轰烈烈,而僻处白鹿原北坡下的西蒋村则一如既往,宁静如常。

不能说陈忠实对时事和政治不敏感、不关心,他是敏感的,也是关心的。但是这个时候的陈忠实,一心扑在他的"枕头工程"《白鹿原》上,心思不敢旁骛,加之他性格比较谨慎,所以,他对学潮也是关注的,但未见参与什

---

[①] 毕沅:《关中胜迹图志》,张沛校点,三秦出版社2004年,第36页。

么活动。

"学潮"过后,在"清查工作"中,陈忠实所在单位陕西省作家协会曾有人向党组织告陈忠实参加过游行活动,按陈忠实后来的说法,这个居心叵测的人居然把事情说得"有鼻子有眼"。由于有人告,组织上就要调查落实,这也给陈忠实增添了不少的烦恼。不过,有关方面经过调查,得出的结论是陈忠实没有参与过游行等活动。

1989年12月,在清查工作中,由四人具名写的关于陈忠实的考察材料中说:"当前正在日夜笔耕,赶写一部长篇小说;动乱中该同志住在农村,集中突击完成长篇小说,很少到作协机关来,因此没有什么问题。学潮初期,思想上曾一度对学生提出的'惩治腐败、打倒官倒'等口号有同情,但在言论和行动上,能和党中央保持一致。'双清'以来,认识明确,态度积极,能按时赶来机关参加会议和学习,自觉清理自己思想。作为'双清'小组成员,能积极参与清查工作。"考察材料最后,说陈忠实的"主要问题是:作为作协一个领导成员,长期住在农村,埋头创作,对机关工作主动关心不够,过问少"。由这里所说的"主要问题"也可以看出陈忠实当时的处世态度乃至某些性格特点。

中共陕西省委组织部在1992年1月对陈忠实的考察材料中也说:"在1989年的'两乱'斗争中他住在农村,正赶写一部长篇小说,没有参加游行等各种声援活动,在言论和行动上能同党中央保持一致。对'双清'工作认识明确,态度端正,能按时赶来机关参加学习和会议,自觉清理思想,积极参与清查工作。"

1989年8月,酷热难耐。陈忠实在西蒋村老屋闷头写作的时候,同乡的青年作家峻里(本名李君利)来看他,说自己老家的窑洞里夏天特别凉快,让他热得不行了就去那里写,而且那里地处偏僻,更为清静。陈忠实感觉此时暑热的程度还能忍受,起码前半天可以摊开稿纸,便说,眼下还能过去,实在热得熬不住了再看。他是担心换一个陌生环境,如果一时难以适应,进入不了写作状态反而不好。不料几天之后,持续的干旱造成的酷热已不分早晚，屋子里像个大烤炉。他往常发明的在桌子底下放一盆凉水，然后把脚泡在水里降温的办法，现在也不管用了，身上大汗淋漓，汗水顺着胳膊流到了稿纸上，把写好的字都洇湿得漫漶不清了。晚上睡在大门外的露天场地上，仍然汗流不止，难以入睡。《白鹿原》的写作，正在激情状态，难以中断，写到了第十二章，偏遇结构安排不顺，陈忠实心烦气躁，坐卧不宁。他想到峻里家的窑洞，即刻夹着提包渡过灞河，乘远郊公共汽车到一个路口下来，又开始爬坡，一路询问，找到峻里位于骊山南麓当地人称北岭上的村子，浑身衣服早已被汗水湿透。因为没有电话，事先也没有打招呼，他推开那扇土打围墙上的木门喊了一声"峻里"。峻里从窑里出来看见了他，大呼大叫着把他领进一孔窑洞。刹那间，一股清凉之气袭来，陈忠实当时的感觉是，"有一种天堂般的享受"。

峻里家的农家小院位于一道高高的黄土崖下，依崖凿成两孔大窑洞，峻里一家三口住在西边窑里，东边那孔窑洞长期空着，陈忠实就住在这孔窑里。窑洞里凉快果然凉快，但头天晚上，老鼠极多。陈忠实晚上睡下了，老鼠竟然跑到了脸上。第二天，峻里捉来了一只幼猫，居然吓得再没有了老鼠。与世隔绝的环境，凉爽如"天堂般"的土窑洞，陈忠实很快便进入了《白鹿原》的情境之中，大约一周时间，他便完成了《白鹿原》第十二章的创作。

陈忠实闲来也与峻里闲逛。有天晚上，听说有一场中国国家队参与的重要的足球比赛，他和峻里跑了很远的路，到峻里山中的一个亲戚家看球赛。山中电视信号不好，他们居然于朦朦胧胧中看完了一场比赛，心满意足，夜半歌啸而回。

还在峻里老家窑洞写作的时候，这一年政治风波的后续——清查工作开始了。无人知道陈忠实躲在这里创作，那时也没有电话，家里人只知道陈忠实在乡下写作，具体在哪里，也不清楚，单位急得到处乱问乱找。

陈忠实正沉浸在写作的快意里时，有一天收到了当地公社通讯员送来的一纸电话记录，是作家协会通知他到单位开会，特别强调不许请假。当晚，他回到原下溽热难熬的家中，第二天起大早赶远郊公共汽车到作协开会，会议内容是关于政治风波的清查工作。从这天起，同样内容的会一周至少有四次，一直持续到年终，他竟没有时间再上北岭从那孔窑洞拿回他的手稿，后来还是由峻里给他送了回来。

从 8 月下旬到 12 月底，陈忠实几乎天天骑自行车赶到远郊公交车站，换乘公交车进城开会，晚上又原路返回原下老屋，四个月里再没有揭开《白鹿原》草拟稿的那个笔记本。从酷暑三伏直到数九寒冬，白嘉轩、鹿子霖、朱先生、田小娥不知逃遁到哪里去了。

陈忠实必须投入眼前更急迫当然也是更重要的清查工作之中。他是陕西作协党组成员、副主席，自然进入单位的"双清"（清理和清查在动乱中有错误言行的党员）小组，既要参加单位的"双清"工作，他自己也必须就一些问题向组织"说清楚"。

《白鹿原》最初的创作计划是用一年写初稿，再用一年修改完成，到 1989 年修改完成。实际写作情况是，初稿或按陈忠实的说法叫"草稿"，是 1988 年 4 月初动笔，同年的 7 月和 8 月因故中断了两个月，9 月再动笔，到次年即 1989 年 1 月写完，实际用了八个月时间。这个初稿陈忠实称之为"一个草拟的框架式的草稿，约 40 万字"。二稿于 1989 年 4 月开始，同年 8 月把第十二章写完。现在，在当前严峻的形势下，创作是必须搁下了。

陈忠实后来回忆说："到了 1989 年下半年整个半年就拿不起笔来了，因为发生了'风波'，几乎天天开会，我记得到离过年剩下一月多的时间这场'风波'才结束。而这时我基本把前面写的都忘了，还得再看一遍，重新熟悉，让白嘉轩们再回来，我就把之前写成的十二章又温习了一遍。" 1990 年春节前后，他抓紧时间写了几章。"夏天的时候，整党开始了，后半年写作又中断了，到春节前结束。" 1991 年，又重新温习前面写的内容，然后重新接上写。"1991 年从年头到年尾除了高考期间为孩子上学耽误了一两个月，这一年干了一年实活，到春节前四五天画上最后一个标点符号。"①

---

① 陈忠实：《〈白鹿原〉的创作过程》，《陈忠实自述人生路》，华中科技大学出版社 2014 年，第 68 页。

陈忠实在与李星后来的对话中说：复稿"到 1992 年元月 29 日（农历腊月二十五）写完，后来又查阅了一遍，到 3 月下旬彻底结束"。《白鹿原》复稿"历时三个年头，期间因故中断过几次，最长的一次是 1989 年秋冬，长达四个月"[①]。

《白鹿原》原计划用两年左右时间写完，实际用了四年。时间耽搁，陈忠实开始还有些着急。后来想明白了，心态反而从容，然后"死心塌地"地进入了后边少半部的写作。

陈忠实是专业作家，但是专业作家也得服从现实生活，特别是政治生活的安排。

80 年代与 90 年代之交，激情的理想主义渐渐冷却，实用主义的生活态度兴起，这是一个剧烈而复杂的动荡期。陈忠实此刻的内心必定也是剧烈动荡而复杂的，他不能不面对当时剧烈变化而复杂难辨的社会现实。

1989 年 10 月 21 日，陈忠实写信给峻里。写此信时，正是陕西作协"双清"工作的严峻阶段。陈忠实说，他现在无法进入写作的"心境"。又说，"我已经感觉到了许多东西，但仍想按原先的构想继续长篇的宗旨，不作任何改易"，"反来复去经历了许多过程，现在就有保全自己一点真实感受的固执了"。"我现在又记起了前几年在文艺生活出现纷繁现象时说的话：生活不仅可以提供作家创作的素材，生活也纠正作家的某些偏见。那时是有感而发，今天回味更觉是另一种感觉"。仔细体味这段话，内涵丰富。这封信，陈忠实本来是谈私事，却谈了许多他关于《白鹿原》创作的心理活动，看来此时很有些"块垒"，不吐不快。

这些话，也足以证明《白鹿原》是 80 年代的作品。《白鹿原》不仅思想、人物和故事，而且全部的精神与气质，都是 80 年代的。

用笔写长篇小说，是一种既耗神又费力的劳动。"何以解忧，唯有杜康"，陈忠实是以喝西凤酒、抽巴山雪茄、喝酽茶、听秦腔消除疲劳，缓解情绪。

---

[①] 陈忠实与李星对话：《关于〈白鹿原〉的答问》，《陈忠实访谈录》，陕西人民出版社 2016 年，第 9 页。

陈忠实于 1990 年 10 月 24 日致信何启治，其中谈到《白鹿原》的创作，他说"这个作品我是倾其生活储备的全部以及艺术的全部能力而为之的"。信中说到两个"全部"："全部"的"生活储备"，"全部"的"艺术""能力"。其实，还应该再加一个，那就是"全部的艺术勇气"。

在这封致何启治的信中，陈忠实透露了《白鹿原》的创作进度及遇到的问题："原计划国庆完稿，未想到党员登记的事，整整开了两个多月的会，加之女儿大学毕业，分配工作干扰，弄得我心神不宁"，"我了过此番心事，坐下来就接着修改工作，争取农历春节前修改完毕最后一部分"，"全书约四十五六万字，现剩下不到三分之一，我争取今冬拼一下"。他特别强调，他需要宁静的心态，"也不要催，我承受不了催迫，需要平和的心绪做此事。盼常通信息，并予以指导，我毕竟是第一次搞长篇"。

陈忠实在这里给何启治说，"全书""现剩下不到三分之一"，他争取在这一年即 1990 年年底前后（农历春节前）完成第二稿即修改完成稿，实际上因诸事耽搁，这一年并没有完成计划。全书完成，已经到了 1992 年的年初，临近农历辛未年的春节了。

《白鹿原》"剩下不到三分之一"的内容是在 1991 年完成的。这一年，显然也是不平静的一年，陈忠实需要在种种烦扰中寻求安心和写作的宁静。陈忠实去世后，2016 年 5 月初，何启治先生在把陈忠实给他的这封信复印给笔者的时候，感慨再三，以问话对笔者说："看看忠实这封信，假如忠实当年没有学潮之后那么多事的干扰，没有当时的政治环境给他的影响，他的《白鹿原》会怎么写？会写成什么样？可能不像现在这个样子吧？"笔者无法回答。笔者只是想，干扰肯定是有干扰，影响肯定是有影响，但从前引陈忠实致峻里信中所言的"我已经感觉到了许多东西，但仍想按原先的构想继续长篇的宗旨，不作任何改易"和"现在就有保全自己一点真实感受的固执了"来看，陈忠实接下来所写的《白鹿原》应该如他所说，仍然是"按原先的构想继续长篇的宗旨，不作任何改易"。也许现实生活的风云激荡，使他更强化了对历史和生活的一些认识。正如前引他所言："生活不仅可以提供作家创作的素材，生活也纠正作家的某些偏见"。

《白鹿原》的写作进度后来有些慢，也是陈忠实有意为之。

1991年，陕西省文联和陕西省作协准备换届，消息不断传来，作为陕西作协现任的党组成员和副主席，陈忠实有多个去向的可能，但他的心态是"不求官位"，后来还拒绝了到省文联当正厅级书记的上级安排，一心当一个作家，一心写作。

1991年9月19日，陈忠实致信白烨，对白烨为他中篇小说集《夭折》写的序表示满意和感谢。信中说："您对我的创作的总体把握和感觉也切中实际，尤其是您所感到的新变。""鉴于此，我更坚定信心写长篇了，且不管结局如何；依您对《蓝袍》以及《地窖》的评说，我有一种预感，我正在吭哧的长篇可能会使您有话说的，因为在我看来，正在吭哧的长篇对生活的揭示对人的关注以及对生活历史的体察，远非《蓝袍》等作品所能比拟，可以说是我对历史、现实、人的一个总的理解，自以为比《蓝袍》要深刻也要冷峻一些了……"关于创作，不同的作家有不同的经验。陈忠实关于创作特别是关于长篇小说的创作，有一个著名的理论叫"蒸馍理论"，意思是说：创作像蒸馍一样，蒸馍是揉好面，做成蒸馍，放到锅里蒸，未蒸熟前不能揭锅盖，一揭锅盖就跑了气，馍就蒸不好或成夹生的了；创作也是这样，心中构思酝酿了一部作品，不要给人说，要憋住气写，这样写出的作品情绪饱满，中途一给人说就跑了气，三说两不说，气泄完，写起来不仅没劲，可能最后也不想再写了。1990年10月24日，陈忠实在致何启治的信中谈的一些话，可以作为"蒸馍理论"的注解："朱盛昌（笔者注：时任人民文学出版社《当代》杂志主编）同志曾两次来信约稿，我都回复了。他第二次信主要约长篇，大约是从陕西去北京的作家口中得知的消息，我已应诺，希望能在贵刊先与读者见面，然后再作修改，最后出书。关于长篇的内容，我只是说了几句概要的话。作品未成之前，我不想泄露太多，以免松劲。"创作与作者的感情、情绪大有关系，创作过程中需要饱满的感情和情绪，感情、情绪不断释放，写出来的作品气韵肯定不足，往往面目苍白。陈忠实写《白鹿原》，显然是鼓足劲憋足气要蒸一锅好馍，他总体上是把锅盖捂得严严的，但是锅盖总有那么一两点漏气的地方，锅里的气压太大，这个锅也不妨漏出一点气。他在这里给白烨说的这个"长篇对生活的揭示对人的关注以及对生活历史的体察"，"可以说是我对历史、现实、人的一个总的理解，自以为比《蓝袍》要深刻也要冷峻一些了"，算是漏出的一点点气，从中也可以见到他在创作这部小说时思想上是如何把握的。

1991年深冬，在陈忠实即将跨上五十岁的这一年，白鹿原解放了，书写《白鹿原》故事的陈忠实也终于解放了。搁下写了四年的笔，久久，陈忠实从小竹凳上欠起身，移坐到沙发上，似乎有热泪涌出。近五十万字的《白鹿原》是下午写完的。写完后，陈忠实却不敢确信真的写完了。

四年间，早上开始写作，下午停笔，按正常工作，就应该休息下来了，但他的脑子根本休息不下来。手不写了，那些人物依旧在他的脑子里活跃着。他过去的写作，从来没有这样。他必须把白嘉轩、田小娥们从脑子里赶出去，晚上才能睡好。作品中的主要人物结局都是悲剧性的，陈忠实与他们共同生活了四年甚至更长时间，亲密程度堪比亲人和邻居，因此，从情感上来说，陈忠实也很纠结。此前在写作后，要把这些人物从脑子里请出去，最初的办法是散步，时间稍长不灵了，然后学会了喝酒，喝酒以后，脑子似能放松，再睡一夜，次日才能继续写。这一天全书写完了，情绪却还在白鹿原上，久久缓不过劲来。

傍晚，陈忠实到灞河滩上去散步。半路上，又坐在河堤上抽起烟。然后用火柴把河堤内的枯草点着了，那一刻，他似乎感觉到了一种释放。回家以后，他又把所有房间所有的灯都打开，整个院子都是亮的。村子里的乡亲以为他家出了什么事，连着跑来几个人问。陈忠实说："没事。就是晚上图个亮。"

原刊2017年第4期《南方文坛》，2018年第9期《海外文摘》转载

# 《白鹿原》参评茅盾文学奖

20世纪80年代和90年代中国的文学奖，还是有一定的权威性和影响力的。

茅盾文学奖是由中国作家协会主办，根据茅盾先生遗愿，为鼓励优秀长篇小说创作、推动中国社会主义文学的繁荣而设立的，是中国具有最高荣誉的文学奖项之一。茅盾文学奖最初规定每三年评选一次，后来改为每四年评选一次，凡在评选年度内公开发表与出版，能体现长篇小说完整艺术构思与创作要求，字数13万以上的作品，均可参加评选。

《白鹿原》参评的是第四届茅盾文学奖。这一届参评作品的时间范围是1989年至1994年六年间在国内正式出版的长篇小说。

《白鹿原》参评茅盾文学奖及评奖过程，有些复杂，事后也有许多不同的说法。

2012年3月28日晚上，陕西师范大学出版社与一些陈忠实研究者签订图书出版合同，请了有关作者，也请了陈忠实，大家签了合同再吃个晚饭。此晚与会的，陕西师范大学出版社一方有冯晓立、傅功振等，作者有冯希哲（陈忠实著，冯希哲编《陈忠实解读陕西人》）、王向力（同时代表王仲生，与王合著《陈忠实的文学人生》）和笔者（《陈忠实画传》）。席间，陈忠实讲到《白鹿原》参评茅盾文学奖前后的一些事。

陈忠实讲，《白鹿原》出版后，据说上边有领导对《白鹿原》有批评，有指示。1995年10月，茅盾文学奖初评，在参评的一百多部长篇中，最后筛选出二十余部，进行投票选择。中国作协一位领导坐在办公室等消息，不是等评出，而是等着《白鹿原》落选。后来，《白鹿原》全票通过，评奖办公室主任陈建功向领导汇报，领导气得拍了桌子，又在办公室转着喊："《白鹿原》有什么好的，你们非要评上？"主任说，这是评委的意志。

到了下一年即1996年，本来终评就要开始，但因担心《白鹿原》被评上，该领导就压着不评。到了1997年，实在不能再压了，又听了一些人的建议，让多请一些老左派当评委，让《白鹿原》自然流产。没有想到，老马克思主义评论家陈涌第一个发言，全面肯定了《白鹿原》，一下子定了调子，扭转了形势。

陈涌的意见是：

一、政治上没有问题。关于共产党、国民党两党斗争的态度，是站在共产党立场上的，是反对国民党政权的。

二、艺术上好。结构、人物、语言都很出色。

三、关于性描写，都是与人物和情节有关的，个别一两句，可以从不同角度理解。

终评前一天晚上，人民文学出版社何启治打来电话，宽慰陈忠实说：《白鹿原》书很好，但鉴于形势，不要抱希望，心态要好。接着评委会主任（笔者注：应该是评奖办公室主任）来电话，也是宽慰。

评奖第三天，评委会主任（笔者注：似应该是评奖办公室主任陈建功。又据人民文学出版社副总编辑何启治说，是评委会副主任陈昌本）高兴地打来电话，说是与他商量：看来《白鹿原》评上是没有问题了，现在是，个别地方可不可以修改？但是不勉强。陈忠实说："你先说是什么地方？"主任说，就一两处，一是朱先生说的话，鹿兆鹏和白孝文在白鹿书院相遇，朱先生说："看来都不是君子。"二是关于翻鏊子的说法。他一听，说这可以。但这两句话后来都没有动，他只是把当时的氛围做了部分修改。

陈涌后来专门跑到东单书店买了他的两本书，准备读了写评论。他后来把自己的集子给陈涌寄了几本。陈涌后来写了两三万字的评论发在《文学评论》。

后来，他借到北京开会之机，与白烨一起去看陈涌。他买了一些水果提着，陈涌开门，说这个东西坚决不要，不让水果进门，就放在门外。然后进去喝茶。茶几上摆着他的小说集。再一次去北京看陈涌，陈涌刚做完手术，已经站在楼下等。看完陈涌，陈涌送下楼，说，订了饭，吃罢饭再走。他说，晚上中国作协还有主席团会，晚宴；这里的饭不能吃。又说，送水果都不收，怎么好吃他的饭。

后来有人说，他陈某为了得奖，妥协，修改。其实不是那么回事。

陈忠实还讲：上高中时，读的《子夜》，这个时期基本读完了茅盾的小说代表作和巴金的小说代表作。

陈忠实讲：他写《白鹿原》，写了国共两党人物，读者有误读。他其实是把人物当人写，当正常人写。过去的文学作品写共产党人，不是写成神就是写成英雄人物，写国民党人，特别是军人，不是泼皮无赖就是小丑，他要把这两种人都还原成人，当成正常人来写，优点缺点都写。

陈忠实是参评作家，他的《白鹿原》被称为这一届"绕不过去的一部作品"，他自然关心评奖经过，自然也得到了听到了方方面面的许多消息，他在这里的叙述虽然简单，却高度概括，把他感受最强烈的过程特别是一些细节讲出来了。

关于陈涌在茅奖评委会上的意见，第四届茅盾文学奖读书班（初评）成员白烨如是说，第四届茅盾文学奖评选，"《白鹿原》是这一时期绝对绕不过去的作品，但评委们的意见分歧较大，在评委会上一直争议不休，一时间相持不下，形成僵局。时任评委会主任的陈涌（笔者注：应为评委会委员），偏偏喜欢《白鹿原》，认为这部厚重的作品正是人们所一直期盼的，文坛求之不得的，于是抱病上会力陈己见，以两个'基本'的恳切看法（政治倾向基本正确，情性描写基本得当），终于说服大部分评委，并做出修订后获奖的重要决定"。白烨还回忆，"忠实来京领奖之后，叫上我一起去看望陈涌先生。那天去到位于万寿路的陈涌家，陈涌先生很是兴奋，一见面就对忠实说：'你的

《白鹿原》真是了不起,是我们多年来所期盼的作品,堪称是中国的《静静的顿河》。'并告诉我们,'我找的保姆是陕西人,你们午饭别走,就一起吃陕西面。'因为先生身体不好,不能太过打扰,我们聊了一会儿就找借口离开了"(白烨:《不懈的寻找 不朽的丰碑——陈忠实写作〈白鹿原〉的前前后后》,《当代》2016年第4期)。

第四届茅盾文学奖作品征集,各地作协、中直和国家系统文化部门、各地出版单位和大型刊物,前后共推荐了112部作品。评选委员会由23名成员组成,主任委员巴金,副主任委员刘白羽、陈昌本、朱寨、邓友梅,委员有丁宁、刘玉山、江晓天、陈涌、李希凡、陈建功、郑伯农、袁鹰、顾骧、唐达成、郭运德、谢永旺、韩瑞亭、曾镇南、雷达、雍文华、蔡葵、魏巍。评奖的具体工作由中国作协创研部负责,评奖办公室主任就由时任中国作协书记处书记兼创研部主任的陈建功担任。

由于茅盾文学奖参评作品数量大,该奖的评奖过程一般分为两个阶段,第一个阶段是由一个审读小组或称读书班在大量的参评作品中筛选推荐,第二个阶段是专家最后的评奖。这一届读书班的成员主要由中青年评论家组成,他们是:蔡葵、丁临一、李先锋、胡良桂、白烨、林建法、张未民、朱晖、陈美兰、朱向前、张德祥、王必胜、盛英、周介人、陈建功、雷达、胡平、林为进、潘学清、雍文华、吴秉杰、牛玉秋、杨扬。

据杨扬回忆,第四届茅盾文学奖评奖时,评委分为初评委和高评委。初评委是24位,由他们组成了茅盾文学奖读书班,因为集中时一名成员重病缺席,所以那一届的初评委实际是23名。杨扬在后来接受记者采访时说,第四届茅盾文学奖初评委当时大多是年龄在三十到四十岁的青年学者,而高评委则多由资历更深年龄更长的学者担任,"我记得,我作为初评委的第四届茅盾文学奖评奖中,莫言的《檀香刑》是当时唯一一部23名初评委全票通过的作品。但是,最终却名落孙山"[①]。

---

[①] 朱凌:《杨扬:从文学批评到奖项都应有坚守》,《新民晚报》2015年4月19日。

1995年10月15日至11月1日,读书班在北京社会主义学院完成了筛选工作,从100多部长篇小说中筛选出30部作品,又从30部作品中筛选出20部作品,将篇目提供评委会参考。

胡平当时是中国作协创作研究部的研究人员,是第四届茅盾文学奖评奖办公室的工作人员,也参加了这一届评奖最初的审读小组(读书班)的筛选工作。他回忆并评价说:"在1995年底,所有来自各地的评论家竟然无一沾染社会上的庸俗作风,不考虑任何人情因素,力求把集体认为最好的作品篇目贡献给评委,以保持文学的纯洁性和评论工作的尊严。""从最终评选的结果看来,读书班提供的基础性工作是可靠的。入选的四部作品全部包括在读书班产生的篇目上,其中《白鹿原》《战争和人》《白门柳》包括在20部作品目录中,《骚动之秋》包括在30部作品目录中。"①

1996年5月8日,评委会第一次会议在中宣部二楼会议室举行。中国作协党组副书记、评委会副主任陈昌本介绍了评奖工作的准备情况,主要是读书班的工作情况;中国作协党组书记翟泰丰就此届评奖工作发表了意见;评委们经过讨论,通过了《第四届茅盾文学奖评奖方案》。此后,在读书班提供的30部作品篇目的基础上,评委们正式进入阅读工作阶段。在30部篇目外,任何一名评委在有其他两名评委附议的前提下,有权提出其他作品供评委会阅读,以保证不遗漏值得关注的作品。

1997年6月11日,评委会第二次会议在中国作协三楼会议室举行。这次会议距第一次会议,隔了一年零一个月。胡平介绍,这次会议的主要成果是经过讨论协商,"进一步缩小了阅读范围,推出更为精简的重点篇目,当然,评委们仍然保留有提出新的候选作品的权利"。

1997年10月22日至25日,第三次评委会在中国作协举行。胡平说:"这是一次关键性的会议,将最终决定第四届茅盾文学奖的获奖作品。"

这个时候,远在上海的评委会主任巴金再次重申了自己对茅盾奖评奖的

---

① 胡平:《我所经历的第四届茅盾文学奖评奖》,《小说评论》1998年第1期。下引胡平文字均见此文,不再一一注明。

一贯主张："宁缺毋滥"，"不照顾"，"不凑合"。全体评委一致赞成巴老的意见。

显然，评委会主任巴金未直接参加最后的评奖。

关于第四届茅盾文学奖评奖经过，胡平认为，"第四届茅盾文学奖评奖无论如何是历届评奖中用时最长、波折最多、最富戏剧性的一次，也是较为成功的一次评奖。其成功的主要意义在于它比较准确地反映了1989至1994年间中国长篇小说创作取得的成就，保持了迄今为止中国当代文学最高奖项——茅盾文学奖的荣誉"。他谈到了本届评奖之难，"第四届茅盾文学奖困难的症结在于《白鹿原》"。

胡平认为："任何奖项都有自己的形象。我认为，作为体现当代中国长篇小说最高成就的茅盾奖，其形象的核心是'厚重'二字，每届评选，必须有一两部堪称厚重之作的作品担纲，才能承受起该奖项的荣誉，已成为惯例。毫无疑问，评委们身上责任重大，他们本身也是被评价的对象，如果他们不能评出令全国作家服气的作品，那么他们自己就会被全国作家所耻笑。"说完这段话，胡平说，"在1989至1994年间，被公认为最厚重也是最负盛名的作品首推《白鹿原》"，《白鹿原》"实际上在文学界的地位已有定论，是一部绕不过的作品"。

既然如此，《白鹿原》评奖"困难的症结"在什么地方呢？

胡平的分析是：《白鹿原》"从作品所描写的客观生活呈现出的历史发展趋势看，它不存在政治倾向性的问题，出现争议的地方在于，作品中儒家文化的体现者朱先生关于'翻鏊子'的一些见解，关于'国共之争无是非'的一些见解，虽然只是从一个人物之口说出，但采取客观角度表现之，可能引起读者误解。此外，一些与表现思想主题无大关系的性描写也可能引起批评"。胡平判断，"有了这两条，特别是第一条，在《白鹿原》通往茅盾奖的道路上荆棘丛生，吉凶难卜。谁也无法说清若评上会怎么样，若评不上又会怎么样。也许可以找到许多理由为它辩护，又可能会出现同样多的理由制造反诘。尽管说起来作品的得失要由历史和人民评价，但目下就评奖而言权力全在 23 名评委。评委会上可能出现两种情况：一种是大家都回避这一敏感问题，投票上见；一种是亮开观点争执不休，最后还是投票上见"。

据胡平记述，出乎所有人意料的是，两种情况都没有发生，发生的是第三种情况，即会场上出现了全体评委各抒己见，相互协商的局面。

这里面关键的地方在于作协领导和会议主持者事先没有在《白鹿原》的问题上定调子。主持者即使提出倾向性的意见也不代表一级组织，一切仍然依凭全体评委的判断为准。这样，会场上便始终保持着"双百"式的宽松、活跃的气氛，并无剑拔弩张之势。

胡平说，据他的理解，讨论中人们发现大家的观点其实颇有接近之处，起码表现在两个方面：第一，都承认《白鹿原》是近年来少有的厚重之作；第二，都同意《白鹿原》不存在政治倾向性的问题。胡平的回忆文章并没有提说陈涌在这次评委会上的发言和作用，他只是笼统地说："值得一提的是，一些享有威望的老评论家、老作家发表了很公允的意见，这为创造实事求是的学术氛围起到了重要作用。"

胡平是评奖办公室的工作人员，他说话自然得注意分寸感，不能过于突出什么。而陈忠实就不同了，他念念不忘陈涌的作用。还在评奖之前，大约是茅奖第三次评委会于 10 月召开之前不久，陈忠实说，"1997 年酷暑时节"，他在西安就"听到北京的朋友传话，陈涌认为《白鹿原》不存在'历史倾向问题'，对我无疑是一股最抒怀的清风。直到 10 月下旬茅盾文学奖正式开评，陈涌把这个至关重要的观点在会上正式坦陈出来"①。在陈忠实看来，为人正派而且享有极高威望的著名的马克思主义文艺理论家陈涌显然具有很大的影响力，他的观点对几年来关于《白鹿原》存在"历史倾向性问题"的质疑或怀疑无疑具有"匡正"的作用，也为评委们的讨论似乎定了调子。

胡平也说，这样，"问题便集中在如何避免这样一部重要作品因小的方面的争议而落选"。他的印象是，"后来多数评委以为对作品适当加以修订是一

---

① 陈忠实：《释疑者》，《陈忠实文集》第 6 卷，人民文学出版社 2016 年版，第 201 页。

个可以考虑的方案,前提是作者本人也持相同看法。若作者表示反对,评委会自然会尊重作者意见继续完成一般的程序"。

胡平这里的记述,与前引陈忠实的讲述大体一致:一是评委会与作者商量可不可以修改,二是并不勉强。但是,这里还是留下了一个问题,这就是胡平所说的,"若作者表示反对,评委会自然会尊重作者意见继续完成一般的程序"。什么叫"继续完成一般的程序"?这似乎是说,最后以投票说了算。问题是"多数评委以为对作品适当加以修订是一个可以考虑的方案",如果陈忠实拒绝"修改",这"多数评委"还会不会继续给《白鹿原》投赞成票?显然,"修改"在这里也在某种意义上成了一个前提条件。"修改","多数评委"投赞成票应该没有问题;拒绝,就难说了。正是在这里,陈忠实做出了他的回答或者说是选择:"这可以"(见前引)。其实,陈忠实在后来的多个场合对他的这个肯定性的答复,还有更为符合具体场景应对实际的细致表达。他说他当时说的是:书出了这么长时间,我也正想对一些发现的问题包括你们所说的问题改一改。《白鹿原》责任编辑之一、人民文学出版社副总编辑何启治答记者问说,当时陈忠实表示:"自己本来就准备对书稿进行修改,已经意识到这些地方需要修订。"①

"第四届茅盾文学奖困难的症结"就是这么解决的。皆大欢喜。

否则,难说。

2006年6月1日,《南方周末》记者张英在北京人民艺术剧院附近的一家酒店采访陈忠实,请他谈刚刚首演的《白鹿原》话剧时,拓展了话题。

张英问道:"为什么当时的茅盾文学奖是奖给《白鹿原》(修订本)的?后来你修改了哪些地方?"

陈忠实回答:"第四届茅盾文学奖评到最后,已经确定《白鹿原》获奖了。当时评委会负责人电话通知我的时候,随之问我:'忠实,你愿不愿意对小说中的两个细节做修改?'这两个细节很具体,就是书里朱先生的两句话。

---

① 何启治:《揭秘:〈白鹿原〉为何以修订本获茅盾文学奖》,《西安晚报》2012年9月11日。

一句是白鹿原上农民运动失败以后，国民党'还乡团'回来报复，惩罚农民运动的组织者和参与者，包括黑娃、小娥这些人，手段极其残酷。朱先生说了一句话：'白鹿原这下成了鏊子了。'另外一句话是朱先生在白鹿书院里说的。鹿兆鹏在他老师朱先生的书院里养伤，伤养好了，要走的时候，他有点调侃和试探他老师，因为当时的政局很复杂，他老师能把他保护下来养伤也是要冒风险的。鹿兆鹏在和朱先生闲聊时，问朱先生对国民党革命和共产党革命怎么看，朱先生就说了一句话：'我看国民党革命是"天下为公"，共产党革命是"天下为共"，这个公和共没有本质区别啊，合起来就是天下为公共嘛。（按，"天下为公"是孙中山的话，是国民革命的宗旨和核心）为什么国民党和共产党打得不可开交？'朱先生是一个儒家思想的人，他不介入党派斗争，也未必了解孙中山之后的国民党，他是站在旁观者的角度看的，说这样的话是切合他的性格的。那个细节我记得很清楚，就是朱先生说完之后，兆鹏没有说话，这个没有说话的潜台词就是不同意他老师的观点，但也不便于反驳，因为毕竟是他很尊敬的老师，但是也不是默许和认同的意思。后来我就接受意见修改这两个细节。"

记者："修订本还没有出版就拿了奖，当时媒介对此有很多指责，说这是文学腐败，还说你为拿奖而妥协。"

陈忠实："当时已经确定了获奖，投票已经结束了，当时这个负责人是商量的口吻，说你愿意修改就修改，我给你传达一下评委的意见，如果你不同意修改也就过去了。我当时就表示，我可以修改这两个小细节，只要不是大的修改，这两个细节我可以调整一下。后来调整的结果是这两句话都仍然保存，在朱先生关于国共的议论之后，原来的细节是兆鹏没有说话，后来我让兆鹏说了几句话，表明了自己的观点，也不是很激烈的话。"陈忠实强调说，"我之所以愿意修改，是因为我能够理解评委会的担心。哪怕我只改了一句话，他们对上面也好交代，其实上面最后也未必看了这个所谓的修订本"①。

---

① 陈忠实：《答〈南方周末〉记者张英问》，《陈忠实文集》第 8 卷，人民文学出版社 2016 年，第 438、439 页。

陈忠实这里的答记者问，是在记者当时采访记录整理后的稿子上又重新核定过的，核定完成的时间是7月13日，他已经回到了西安。这说明，陈忠实对这个采访内容是认可的。但是，这里的答问出现了两个问题，第一个问题是：陈忠实所说的评委会让他修改的朱先生的两句话，其中有一句与他2012年3月28日晚上给笔者等人当面说的不一样。这一句是：2012年3月28日晚，他说的是，"鹿兆鹏和白孝文在白鹿书院相遇，朱先生说：看来都不是君子"；2006年6月1日，答张英问，他说有两处，也就是两句话，一句是朱先生说的"白鹿原这下成了鳌子了"，另一句是"鹿兆鹏在和朱先生闲聊时，问朱先生对国民党革命和共产党革命怎么看，朱先生就说了一句话：'我看国民党革命是"天下为公"，共产党革命是"天下为共"，这个公和共没有本质区别啊，合起来就是天下为公共嘛。为什么国民党和共产党打得不可开交？'"关于这种说法不一，笔者的看法是，系陈忠实记忆有误。笔者细读过陈忠实的许多回忆性散文和访谈，发现陈忠实在一些细节问题上说法不一的情况多有发生，不奇怪。至于到底是朱先生的哪一句或哪两句话是评委会想让他修改的，依笔者所见，从问题严重的程度看，再从陈忠实回忆时间距事情发生时间的远近看，后两句似乎应该是评委会让他修改的。

再说第二个问题，这个问题很关键。陈忠实在这个答张英问中第一次说，"已经确定《白鹿原》获奖了。当时评委会负责人电话通知我的时候，随之问"云云；第二次说，"当时已经确定了获奖，投票已经结束了，当时这个负责人是商量的口吻，说你愿意修改就修改，我给你传达一下评委的意见，如果你不同意修改也就过去了"。是"已经确定《白鹿原》获奖"，"投票已经结束了"，评委会负责人才问他愿意不愿意修改吗？笔者对胡平的叙述分析后和对评奖程序的逻辑分析后认为，陈忠实在这里的说法不确。胡平的叙述是，在关于《白鹿原》是否可以获奖这个问题上，评委们有争议，胡平说，"在如何避免这样一部重要作品因小的方面的争议而落选"这个问题上，"多数评委以为对作品适当加以修订是一个可以考虑的方案，前提是作者本人也持相同看法"。这就是说，此时还没有进行最终的投票，没有投票就不能确定《白鹿原》是否获奖。修改与否掌握在作者陈忠实手里,评委会尊重作者的修改权是肯定的,当然也用的是商量的口吻,这里不会强迫作者修改,但是,显然,"对作品适当加以修订"只是一个"可以考虑的"解决问题的"方案",这个"方案"若行不通,则另当别论,《白鹿原》是否获奖、能否获奖仍然是一个悬而未决的问题。所以,胡平紧接着说,"若作者表示反对,评委会自然会尊重作者意见继续完成一般的程序"。所谓"继续完成一般的程序"就是在投票后见分晓。尽管如胡平所说,多数评委并不希望"这样一部重要作品因小的方面的争议而落选",但是评奖程序是铁定的,陈忠实同意或不同意修改,最后都要以投票决定《白鹿原》最后的命运。显然,陈忠实同意修改是一种投票结果,不同意,很可能是另一种投票结果。笔者参加过也主持过许多的文学评奖,评奖程序是非常严格的,一环都不能少,而且环环相扣,"修改"就是前一个环节和后一个环节之间的一个必要条件,前提条件不一样,结果也不会一样。而且,评委也都是有自己的个性的。陈忠实不在评奖现场,他对问题的判断,不够准确。

陈忠实对评委会负责人说,《白鹿原》出版四年来,他也意识到了一些问题,原本就准备修改。这样,《白鹿原》似乎就比较顺利地通过了 23 位实际应为 22 位(巴金不在评奖现场)评委的评审,最后以"修订本"得奖。也就是说,得奖的是还未问世即将问世的"修订本"《白鹿原》,而不是已经问世四年多(初版于 1993 年 6 月出版)和评委手里拿的那个版本的《白鹿原》。

这是需要郑重记一笔的。

这当然也是中国的特色,也非史无前例。

茅盾文学奖评选修订本,有先例。第二届茅盾文学奖获奖作品《沉重的翅膀》(张洁著),就是经过作者修订后入选的作品。

陈忠实随后在长安县找了一个安静的地方修改《白鹿原》。他是在《白鹿原》第一版书上修改的,不是在稿纸上修改的,增删改动处有两千余字,改完后将那本修改过的书寄给了人民文学出版社《白鹿原》的责任编辑之一何启治。陈忠实说，这个修订本书，他此后也没有要回，留在何启治那里，说是给何启治留作纪念。2006年6月，笔者在北京见到何启治先生，问及那本《白鹿原》修订本，何先生说那本书没有在他那里，应该在人民文学出版社保存。《唐都学刊》2004年第5期发表陈忠实灞桥同乡车宝仁《〈白鹿原〉修订版与原版删改比较研究》，该文详细地列出并比较了原版本与修订本在文字上的删改情况。

关于修改情况，人民文学出版社的何启治先生说得很详细："《白鹿原》的修订是否如有的人所顾虑的，是'伤筋动骨'而至于'面目全非'呢？作为《白鹿原》责任编辑和终审人之一，我可以负责任地说：非也。实际上，评委会的主要修订意见不过是：'作品中儒家文化的体现者朱先生这个人物关于政治斗争'翻鏊子'的评说，以及与此有关的若干描写可能引出误解，应当以适当的方式予以廓清。另外，一些与表现思想主题无关的较直露的性描写应加以删改。'（见《文艺报》1997年12月25日第152期'本报讯'）在评议过程中，评委会主持人即打电话给陈忠实，传达了上述修订意见。忠实表示，他本来就准备对《白鹿原》作适当修订，本来就已意识到这些需要修改的地方。于是，借作品再版的机会，忠实又一次躲到西安市郊一个安静的地方，平心静气地对书稿进行修订：一些与情节和人物性格刻画没多大关系的、较直露的性行为被删去了，政治上可能引起误读的几个地方或者删除，或者加上了倾向性较鲜明的文字……就是作者发现的错别字和标点问题，也都一一予以订正。修订稿于去年（1997年——引者）11月底寄到出版社，修订本于12月中出书。"①

1997年12月，人民文学出版社出版《白鹿原》修订本。也是在这个月，第四届茅盾文学奖揭晓，《白鹿原》（修订本）获奖。

中国作家协会最后公布的第四届茅盾文学奖得奖的作家和作品顺序是：

---

①何启治：《欣喜·理解·企盼》，《〈白鹿原〉评论集》，人民文学出版社2000年，第354页。

《战争和人》（一、二、三）　　王　火　　人民文学出版社
《白鹿原》（修订本）　　　　　陈忠实　　人民文学出版社
《白门柳》（一、二）　　　　　刘斯奋　　中国青年出版社
《骚动之秋》　　　　　　　　　刘玉民　　人民文学出版社

王火的《战争和人》排名第一。胡平在他的"经历"文中说："四部作品中，没有遇到什么争议便顺利获奖的是《战争和人》。"

有人包括一些年轻的评论家背后说，也对陈忠实当面说，你陈忠实不要茅盾文学奖，《白鹿原》依然光芒耀眼，名垂青史。但是陈忠实显然是需要这个奖的。对陈忠实来说，首先是生活在现实中，然后才有可能生活在历史中。在20世纪90年代，既有权威性也有影响力的茅盾文学奖，对陈忠实来说，既是一种崇高的荣誉，也是稳妥他的生活和工作环境的一个重要因素。《白鹿原》出版以后，陈忠实尽管获得了巨大的文学声誉，也于1993年6月当选为陕西省作家协会主席，但是，由于诸多无法证实也无法消除的关于《白鹿原》的传言，陈忠实的工作和生活或多或少有一些说不清道不明的压力。现在好了，茅盾文学奖是官方的一个权威大奖，获得这个奖，就是对作品的一个最有力的肯定，自然对陈忠实也是一个最有力的肯定。所以说，陈忠实至少在当时，是很需要这个奖的。

1997年12月30日晚，陕西作协、《西安日报》、《西安晚报》在西安南大街的大峡谷俱乐部举办《白鹿原》获奖庆贺会，有一百多位各界人士参加。贾平凹在会上有一个题为《上帝的微笑》的发言，他说："当我听到《白鹿原》获奖的消息，我为之长长吁了一口气。""上帝终于向忠实发出了微笑，我们全都有了如莲的喜悦。"陈忠实这时还兼着《延河》的主编，主办这个庆贺会的，主要是《延河》编辑部一干人马，主持这次庆贺会的是《延河》编辑部的张艳茜和诗人苑湖，一个女声一个男声，共同以诗一样的语言主持整个庆贺过程。这个庆贺会，男女声主持，各路嘉宾依次出场唱赞，配以大峡谷俱乐部的声光电舞台效果，声情并茂。

1998年2月24日，中共陕西省委宣传部、陕西作协、陕西文联在西安雍村饭店联合举办了《白鹿原》荣获第四届茅盾文学奖表彰大会。中共陕西省委常委、宣传部部长张保庆，陕西省副省长范肖梅等领导以及文艺界、新闻界、出版界、企业界知名人士数百人参加。大会还宣读了中共陕西省委关于颁给陈忠实一万元奖金的决定。

西安灞桥是陈忠实的家乡。3月16日，中共西安市灞桥区委、灞桥区政府召开"庆贺《白鹿原》荣获茅盾文学奖座谈会"。灞桥区领导及省市文学界、新闻界、企业界人士和当地文学爱好者百余人参加了座谈会。灞桥区区长邢宏利代表区政府向陈忠实表示了真诚的祝贺。他说，《白鹿原》扛鼎茅盾文学奖是陕西人民的骄傲，也是灞桥百姓的光荣。

4月20日，中国作家协会第四届茅盾文学奖颁奖大会在北京人民大会堂隆重举行，陈忠实亲往领奖。

5月，继中共陕西省委第八次代表大会，在中共陕西省委第九次代表大会上，陈忠实再次被选为省委候补委员。

原刊2018年第1期《鸭绿江》（上半月）

# 《白鹿原》电影的问世

## 一、西影要拍电影《白鹿原》

长篇小说《白鹿原》问世后,它厚重的内容和强大的影响力,吸引了国内许多电影电视剧制作机构,这些机构看好《白鹿原》的发行前景,很多人想把《白鹿原》改编成电影或电视剧。

令许多人没有想到的是,《白鹿原》改编成电影或电视剧的第一步——立项,就立不下来。漫漫立项路先阻退了许多对《白鹿原》的改编抱有梦想的人。

当时按照规定,电影电视剧制作机构制作一部电影或电视剧,需要将制作该部电影或电视剧的有关材料呈报所在省市(直辖市)广播电影电视剧行政单位的主管部门,并由该行政单位向国家广播电影电视总局呈报立项,立项之后才能投拍。拍摄完成后还需要审查,审查通过后才给颁发放映或发行许可证,然后才能正式放映或播出。

电影、电视剧的题材分为一般题材、重大题材和特殊题材。重大题材又分为重大革命题材和重大历史题材,涉及中国共产党的重要人物和重要事件的属于重大革命题材,涉及中国历史上的重要人物和重要历史事件的属于重大历史题材。剧中主要人物和情节涉及外交、民族、宗教、军事、公安、司法等方面的属于特殊题材。题材不同,立项和审查程序也有所不同。关于立项,立项是制作电影电视剧的第一步,没有立项,不能投拍。而立项无论是何种题材,都需要报国家广播电影电视总局,总局通过了才能投拍。关于审查,审查是在电影电视剧制作完成后进行的。电影电视剧的一般题材,按照属地管理原则,由所在省市(直辖市)广播电影电视剧行政主管部门审查;重大题材,所在省市(直辖市)广播电影电视剧行政主管部门审查通过后,还需要报送国家广播电影电视剧总局由"重大题材办公室"再行审查;特殊题材,由所在省市(直辖市)广播电影电视剧行政主管部门审查,但是需要邀请相关部门或行业的负责人、专家共同审查并提出意见。审查通过后发给放映或发行许可证,才能正式发行,与观众见面。

弄清以上名堂,我们才能明白电影电视剧的《白鹿原》在出世过程中何以曲折、复杂,长路漫漫。

先说电影《白鹿原》的出世。

电影《白鹿原》的出世,是一场旷日持久的拉锯战和消耗战。

1993年《白鹿原》甫一问世,远在美国的西安电影制片厂原导演吴天明就托他弟弟找陈忠实,提出拍成电影。吴天明是陕西三原人,陈忠实与他早就认识,吴天明拍过《老井》等电影,陈忠实认为他对农村和农民都很熟悉,相信他能导演好,就毫不犹豫地写了委托书,让他筹备。不久,上海一位著名导演也托人找陈忠实,想拍《白鹿原》,陈忠实解释说,他已经答应给了吴天明。

2002年,《白鹿原》电影开始筹备,西影股份有限公司(以下简称西影。即原西安电影制片厂。2000年6月,西安电影制片厂改组为西影股份有限公司;2009年5月,成立西部电影集团有限公司)与陈忠实签约,买下了《白鹿原》的电影改编权。有媒体事后这样说:"2002年,时任中共陕西省委书记的李建国发话要把陕西做成影视大省,并点名提到《白鹿原》《李自成》《司马迁》等项目。西影厂开始准备《白鹿原》,并聘请芦苇为编剧。"[1] 接着,西影即开始电影《白鹿原》的立项筹备工作。在立项工作进行的同时,2003年,《白鹿原》编剧芦苇及投资人等找陈忠实商讨具体的拍摄事宜。

西影与陈忠实所签的《白鹿原》电影改编权有效期为三年。到了2005年,三年过去了,《白鹿原》电影在国家广电总局还未能立项。

---

[1] 许荻晔、严彬:《专访〈白鹿原〉第一任编剧芦苇》,《东方早报》2012年9月19日。

有人说是有高层领导在《白鹿原》问世后曾说过一些话（陈忠实说是"有批评，有指示"）1993年12月13日《羊城晚报》第8版刊发赵云生摘自《金陵晚报》常朝晖写的文章《广电部副部长王枫说：〈废都〉〈白鹿原〉不能上银幕》，该文说："《废都》和《白鹿原》这两部长篇小说，最近被列为影视禁拍作品。这是记者日前采访广电部副部长王枫时获悉的。王枫说，这两部作品揭示的主题没有积极意义，更不宜拍成影视片，变成画面展示给观众。"所以《白鹿原》获茅盾文学奖就颇费周折。《白鹿原》获得了茅盾文学奖，有领导很恼怒，曾拍着桌子说过，他只要活着，《白鹿原》（有人说还包括《废都》）就不能拍电影。这个话有没有记录或载入文件？没有人见过，但是这个话传得很广，文艺圈子里很多人说得有鼻子有眼，煞有介事。有关部门没有人拿这个话来当理由，但是却把《白鹿原》电影列入"重点题材"来办理。国家电影局把《白鹿原》列入"重点题材"来办，类似特殊题材，不是重大题材，也不是一般题材；要求先看电影剧本，剧本送审，审查通过以后再立项。

三年未能立项，西影再找陈忠实续约的时候，陈忠实不续了。不续的原因，一是鉴于立项的艰难和复杂，二是找他谈《白鹿原》电影改编的人和机构也很多，有的就说他们能立下项。陈忠实认为，中国的事有中国的特点，你办不成的事别人有可能办成，签约一家，像西影这样，你办不成，别人也不能办。所以他对西影的人说："项立不下来，这事就没法弄。以后谁能立下项我跟谁签约。我可以口头承诺，也可以写个条子，说你们可以办；但是还是那句话，谁能立下项我跟谁签约。"

## 二、国家电影局召开《白鹿原》剧本讨论会

与此同时，电影《白鹿原》项目继续推进。编剧芦苇推荐王全安任《白鹿原》导演，王全安在芦苇写的剧本基础上写了一个导演台本。据西影有关负责人介绍，在项目推进过程中，编剧芦苇写的剧本很有特点，但考虑到尺

度比较大,可能通不过,而王全安的导演台本比较适合拍摄。2004年11月,由李爱民带队,芦苇、王全安参与,在北京召开了《白鹿原》电影剧本研讨会。研讨会所用的"剧本",就是王全安的导演台本。《东方早报》后来发表记者采访说:"国家电影局组织研讨《白鹿原》剧本时,芦苇发现送去的剧本不是自己的而是王全安的,但编剧名字仍署了芦苇。王全安解释,当时因为芦苇写了两稿剧本都没有通过,他迫不得已自己上阵,16天时间写了一稿剧本,送去审查一举通过。而芦苇则坚持,当时他确实写了两稿剧本,但都只是交给西影厂,根本没有送到北京。早报记者试图联系参加会议的一当事人,他表示不便回忆,'根据双方观点自行判断吧'。"①

笔者后来看到了这次研讨会的会议记录。这个纪录名为《电影剧本〈白鹿原〉讨论会纪要》(根据录音整理),很长,两万七千字。这次研讨会的具体时间是2004年11月19日下午2点。组织单位是国家广电总局电影局,地点在电影局小会议室,会议主持为时任国家广电总局电影局副局长张宏森。参加人员有:中国传媒大学影视艺术学院教授胡克,解放军艺术学院院长陆文虎,《人民文学》杂志副主编李敬泽,中央戏剧学院电影电视系主任路海波,国家电影局副局长江平,国家电影局艺术处处长陆亮及艺术处全体工作人员,西影艺术办公室主任李爱民,西影编剧芦苇,西影导演王全安。

从纪要看,讨论会涉及的问题相当广泛,也有深度,既有对《白鹿原》小说原著的理解,也有原著改编面临的取舍问题,电影改编与原著的关系问题;电影艺术和《白鹿原》电影剧本本身的问题,包括主题、人物、结构等问题;《白鹿原》这部小说的重要性、微妙性以及与历史与时代的关系等问题,电影改编中对涉及敏感性问题的度的把握等问题。专家的发言有不同的切入点,各人的观点不尽相同,但都有意义。这虽然是一个关于《白鹿原》电影剧本的讨论,但也可以看到《白鹿原》这部作品广泛的社会性、当代性以及其他。下面摘录或转述部分发言,以见《白鹿原》电影牵涉到的方方面面。

---

① 许荻晔、严彬:《专访〈白鹿原〉第一任编剧芦苇》,《东方早报》2012年9月19日。

**张宏森**：今天大家来讨论西部电影集团即将推出的电影作品《白鹿原》。《白鹿原》是一个大事，是中国文学创作上的一个大事件。十多年来，影视改编一直众说纷纭，起起伏伏，到今天也无结果，可见，《白鹿原》的改编也是一个大事件。现在电视剧与电影同时都在进行，电视剧剧本送到总局的电视剧管理司，管理司不置可否，传到了中宣部，中宣部到今天也无答复，悬起来了。我们电影《白鹿原》，还是尽可能地从简洁实效、有目的地推进这样一个角度来论证这个剧本，给一些把握。我们尽量在充分尊重主创人员的自主选择和专家学者的建设性意见的基础上，使剧作和将来的项目不断得以完善，能够顺利地推进。这是我们的主体想法。

这个剧本，西部电影集团已经抓了很长时间。论证时，考虑以下几个方面。

1. 从文学上说，《白鹿原》是茅盾文学奖作品，也是新时期历史上的重要作品，改编成电影作品是一件非常慎重的事。我们的剧本在拍摄中是否准确、是否相对准确或是相对全面地传达了文学原著的基本精神，传达了作家所要表达或是阐述的社会立场、文化立场和历史立场，这些是今天讨论的第一个命题，就是说我们改编成电影的这个作品，它和文学保持了什么样的关系。

2. 任何一个改编的过程都是一个再创造的过程，这里面融入了主创人员，既有芦苇的，也有导演的，可能还有厂方的，共同的一些自主性的选择，比如说在内容的筛选上，在篇幅比例的轻重取舍上，包括在人物形象的再创造和再把握上等等，融入了我们许多自主性选择，这种自主性选择也是构成电影改编的一个前提。我们的自主性选择在今天是一个新的阐释。对这些自主性选择，大家也可以进行探讨和论证。

3. 一个很重要的方面是，在当代背景下，包括思想文化背景下，我们推出《白鹿原》这部作品，从原来的文学原著到现在的剧本形态，需要在思想定位、文化定位和社会历史定位上有一些新的选择和新的策略。在当代背景下，改编会有一些新的策略，那么我们的剧本到底融入了多少新的策略，是否与当代的整体时代大背景和当代的思想文化背景相统一、相协调？这个问题希望各位专家予以把握。

4. 大家觉得剧本本身还存在哪些结构性的，或是主题性的，或是技术性的一些问题，我们也从完善、建设、推进这个角度，提出一些意见。

我到电影局来，也参加主持了许多电影剧本的项目论证，今天这个项目论证，我觉得是一次特别重大、特别严肃、又是一次特别艰难的论证。它确实需要我们大家综合各种复杂因素，比如原著因素，剧本现在的因素，我们时代背景的因素，以及这个剧本历经波折为什么没有推出等等综合的因素，内在的就是说从原著到剧本，外在的从十几年历史综合考虑，来对这个剧本作出一个宏观的把握，既需要严肃认真的态度，又需要扎实的认识功底和分析功底。邀请专家的时候，经过慎重的思考和选择，把很少参加一般论证的老师请了来。刘恒没来，但会在私下把意见与我们沟通。我刚才对今天的论证谈了一些简单的提示，下面在大家对剧本发表意见之前，我想请厂里或芦苇或全安，你们从各自角度，先给大家介绍一下你们的创作背景和一些创作思考。

**李爱民**：这个项目时间很长了，我们一直很慎重。原著有分量，有影响力，要拍《白鹿原》是一件大事。西影厂地处陕西，把《白鹿原》搬上银幕是电影人的心愿，特别是西影人的一个长久的心结。从集团来讲，对这个戏有几点认识。一是明年是中国电影百年，西影厂想在这个时机为中国电影添砖加瓦，拍摄一些大家认可的、有分量的作品。二是西影从电影厂改制到集团之后，从电影作品上说，这几年没有什么有分量的东西，想有所突破。三是西部电影集团的这届领导班子想做点事情。对这个项目，我们自己开研讨会时，集团内部的主创人员，也提了很多很好的意见，最后都凝聚在芦苇和王全安的肩上了。

王全安说，与他以前拍电影不一样，"《白鹿原》是一个很多人的事，西影厂很多人出谋划策"。认为这个电影，"既要在一定的限定之内，又要有独立感"。

**芦苇：**十年前吴天明就想抓这个题材，找陈忠实，找我。去年厂领导把此事安排到议事日程上，今年跟我签了合同，做剧本。我在农村插过队，从小在陕西长大，是白鹿原一方水土养大的人，有这个情结，特别愿意做这个事。

写时遇到的问题，一是篇幅太长。我跟厂里说，《白鹿原》是一个很好的电视剧题材，人物众多，线索繁多，事件众多，跨度大。电影需要篇幅精练。有相当大难度。后来讨论很多回，最后大致定了两个方案：一是拍一集，二是拍两集。目前大家看到的剧本是一个折中方案，就是说可做一集，也可做两集。但是到今天为止，没有确定。

小说写了五十年，我们再三斟酌压缩，第一个方案是从辛亥革命白嘉轩娶妻生子开始，一直到1937年抗战（全面）爆发，我们选择小说中的精华。大家看到的这一稿是从清朝光绪年间开始的，从三个孩子的出生开始，一直到1937年。第二个方案一开始就是三个年轻人结婚，这个方案较精练，结束还是1937年抗战（全面）爆发。电影故事越简单越好，情节越饱满越好，从时间跨度上有这么两个选择，但现在未定，想听听专家意见。

《白鹿原》打动人之处在于有历史沧桑感，看到整个世纪大变动，农村各式人的大变动，包括农村政权的变动，农民生活、精神世界、心灵的变动，习俗的变动。从清朝到1937年，这是中国历史上农村一个翻天覆地的时期，历史的沧桑感是好的，但会分散戏剧凝聚力。这是关于结构的想法。

《白鹿原》在叙述方法上，王全安说这可能是一个群像戏，我们很难暂定谁是男主角，《白鹿原》有点昆汀的意思，昆汀的《低俗小说》是群像，但人物个个鲜活，得了戛纳大奖。我们现在的群像戏还很少，《白鹿原》小说中的人物众多，在艺术特点上提供了这种可能性。后来我们决定把小说中的有些东西去掉，说不清楚的就不说了，像朱先生，像白灵。白嘉轩有三个儿子，我们只留了一个。鹿三也有两个儿子，我们只留了一个。朱先生，陈忠实说他是中国传统文化的精神代表，这个人物我们也不要，实在容纳不下。后来我们只留了七个无法删除的人物。

根据这个特点，原小说白、鹿的斗争是主线，我和全安商量，从情节上考虑，从电影来说，似乎年轻人的婚姻线比较重要。希望拿年轻人的婚姻线来作主线，把白、鹿的斗争线作为辅线，对观众的吸引力会有保证，大致上就按这个思路来。一开始我们看到的是年轻人小的时候。《白鹿原》一个很重要的，也是中国人的一个情结，中国农人的一个最大问题，就是血统问题，子嗣的继承问题，"不孝有三，无后为大"的问题。就抓住这个观念，把婚姻问题，把子嗣问题作为主线来展开。三易其稿，基本上把故事和大的范围确定下来了，大的框架也定下来了。

《白鹿原》这种电影，对我、对集团、对全安都是个挑战。因为过去我们没有这么大规模地、群像性地表现人物。现在为止，女主角我们可以确定是田小娥；男主角是谁，到现在说不清。把戏份看了看，大家都露了面，过去这样犯忌讳；但是昆汀《低俗小说》的成功，对我们也带来信心，如果群像拍精彩了，观众一样接受，并不见得非要有男主角、女主角之类的，那种方法不见得是永远不变的。

**胡克**：看本子，觉得好像与小说不一样，回来翻小说，还真是不一样。小说是比着马尔克斯《百年孤独》做的，那个东西弄不成电影，太宏大了，文学界评价过高。芦苇与我意见一致，真正好的有三分之一。佩服芦苇和王全安，他们把小说最精彩的部分换成电影了。把小说整个拍成电影，那本子不知怎么写，但他们把最精华的写了，构成了一个比较好的本子的要素，就是刚才芦苇概括的，一个女主角和三个男的，两代，白家的和鹿家的。男主角前半部分是黑娃，他与女主角的关系，他走了以后，后半部分是白孝文，也是与女主角的关系。这个黑与白的转折是由鹿家老爷子挑动的。这三大部分，构成电影的三大块。

刚才芦苇说两个方案，我更倾向于他后来的方案，就是以这段事，以一个女人与三个男人的关系，写下来，这是一个纯电影。但是会有质疑，把一个宏大的叙事、一个民族神话一样的东西缩小成一个通俗剧了，肯定会有这种质疑。

芦苇把矛盾主线变了。矛盾主线以前确定是白家和鹿家，而白家和鹿家作为主线并不怎么太好，小说是采取忠奸分明，忠的是白家，奸的是鹿家，这两家一个是民族文化正统，一个是民族文化的糟粕，这两边折腾，最后邪不压正，我们民族就发展了。这实在是一个很腐朽的想法，基本没超出《三国演义》刘备与曹操的冲突，也没超出《水浒传》宋江与高俅的冲突，基本上如此，只不过加了马尔克斯的许多新鲜的东西，又加上朱先生作后盾，更哲学一点，按现在的历史观，是非常陈旧的，应该舍弃。

我当时看小说，并不喜欢，小说与我们现在时代的观众是非常不相融的。在这种情况下，原小说变成了一个很沉重的包袱。当时评价高，是"茅盾奖"，就变成文学最高水平了。它产生的年代是90年代初，那时候刚从"六四"出来，还没有进入开放和"全球化"，它是一种半封闭、过渡文化的产物。

《白鹿原》小说的所谓魔幻现实主义，一是抄人家马尔克斯的，二是现在拿这些东西换成电影的时候完全没法换，正如鲁迅先生说的，《三国演义》不好的就是诸葛亮，因为诸葛亮近妖，动不动就弄鬼、奇门遁甲之类，这个东西根本不行，这些东西实际上就是近妖。

我不是反对魔幻现实主义，它所提供的题材应该更本土化些，更写实一些，更靠近鲁迅先生所描述的东西，虽然鲁迅写的是江南的一些东西，但鲁迅先生所把握的那个时代的东西正好跟它差不多，20世纪一二十年代，鲁迅先生反过来看农村，看农民，看民族文化，看我们的民族劣根性等等之类，我觉得是这些东西有价值。鲁迅一系列小说以《阿Q正传》为代表，风格不一样，但思路和思想是封建社会"吃人"。这些东西其实在剧本中也有，挺充分的，比方说辛亥革命剪辫子，比如最后白孝文疯了有点像孔乙己，比方说整个小说像《狂人日记》。封建社会"吃人"的主题，表现在陈忠实那里，陈忠实是退了一步，因为鲁迅已经批判像白嘉轩这样的人。整个封建社会代表的人物，就是"吃人"。

最定位不准的是白嘉轩。这个人物当成民族文化的代表，是最有问题的一个人。应该反省一下封建礼教的代言人，鲁迅先生认为他可能不像你说的某类人，直接出来杀人，出来害人，但他代表封建礼教，就像鲁迅《狂人日记》说的那样，打开这本书，只有两个字，就是"吃人"。他其实就是这样，田小娥最后怎么死的，就是他"吃人"。这种东西是陈忠实倒退的东西。在剧本里把这个框架舍了以后，倒退的东西就会舍了很多，就磨掉了很多。剧本对白嘉轩是很矛盾的心理，既赞赏，又有一定的批判，我是希望批判的东西更多一些。

剧本把题材缩小，表面上看，是把一个大题材缩小了，意义小了，少了，我觉得不是。它缩小，意义反而更积极了，更进步了。它把原作中那个我们看起来很腐朽、很不感兴趣甚至反感的东西，给隐去了，这是这个本子选材很好的地方，它不仅把故事集中，人物集中，而且主题也积极一些了。它没有露出当时那种心态，所谓"天狗吃太阳"那种心态，就是我以这个作品去拿诺贝尔那种心态。这种心态是没必要的。你不必背上这个包袱，你如果背上这个包袱，就意味着，同样拍一个片子，你想去打奥斯卡，你想去打戛纳，其实你要背上这个东西，你的本子没法做了。

**陆文虎**：感觉剧本与小说不一样。不一样到底好还是不好？对我们这些对文学有感情的人来说，觉得影视改编文学，还是不要走样。就是说对文学有更多亲切感受的，对于走样的、离着文学比较远的，经常就觉得不是那东西了。

从文学上看，解放以后"文革"以后的作品，那种比较厚重的，比较有历史感、沧桑感的东西还是比较少。陈忠实的《白鹿原》出来以后评价比较高，我个人阅读后，感觉这书还是有分量，印象非常好。这个剧本读着不一样，但回过头来想，电影有电影的规律，长篇无法用电影来表现，电视剧也不好表现。电视剧是让家庭妇女看的通俗文化，在西方是肥皂剧的载体。《白鹿原》的主题没有更多的娱乐东西，不一定能构成一个能抓住观众的长篇连续剧。

如果把小说只当素材的话，剧本有它成立的地方，电影还是成立的。电影的剧作家有这种自由和权利对长篇所展现的历史截取一块，用电影的特殊的手段来表现，我觉得随便截取哪一块都可以，都有道理，能自圆其说就行。

本子里最精彩的部分是小娥与三个男人的故事。就电影本身而言，不说小说，这一部分可以成为一部很好的电影。但是切下这么一小块，还是回到《白鹿原》原著，从这本书里切下这么一小块来表现，觉得又有些不够。

另外中国电影没有分级管理的制度，如果按现在本子读下来，变成了白鹿原性史。对陈忠实的小说当时有两个批评，一个是性描写过多，过露过于密集过于感兴趣，再一个是后面有很多国共两党的纠葛，历史观上有问题。剧本上已经没有这方面的问题，但前一个问题还存在。

**李敬泽**：我对芦苇表示敬意，把 50 万字的小说搞成两小时电影难度太大了。剧作者有这样的自由，故事、情节、阐释都可以有所取舍，但一些根本气质还是应该有所保留。假设这是一个女人和三个男人的故事，故事里把《白鹿原》的历史情怀和文化情怀完全拔掉，也可以不是《白鹿原》，可以把白嘉轩改成一名村支书，这故事也成立，我们做这件事本身的意义就成问题了。我觉得非常重要的一条，就是从大处，从大的气质，应该保留原来的历史情怀和文化情怀。中宣部多年来为什么对着《白鹿原》别扭？国共之争、民族秘史的写法引出的问题。现在的本子这部分已经去除得很干净了，只是有一个问题，如何继续保持历史情怀和文化情怀的问题。

  这一个片子里，我觉得最重要的两个人物是白嘉轩和田小娥。胡老师主张按照鲁迅的主张，把白嘉轩处理成一个"吃人"的代表，我觉得，《白鹿原》之所以在当时和现在依然能引起我们读书界、读者的关注，很大程度上在于它的文化情怀与鲁迅有所不同。这种不同也不完全是一个从鲁迅后退的问题，而是说从五四运动以来，经过了将近100年的现代化进程之后，我们对于传统和历史的看法可能也应该比鲁迅更复杂一些，鲁迅给我们提供了一个简单的办法，就是"吃人"。现在我们始终面临着一个时代问题，就是我们中华民族的文化自信、文化特性何在的问题。我们重大的危机是文化危机，我们的文化特性、文化本性何在？陈忠实在这一方面，确实是向后退了一下，他看到了中国的整个现代化进程，它的一个很重大的问题就是乡绅阶层的命运问题，或者我们过去叫作地主阶级的命运问题。这个乡绅阶级，他们曾经是中国传统文化的承载者、卫道者，同时他们也是我们传统文化中所有美感、魅力和道德正当性的一个代表，它有它极其复杂的文化品格。这个乡绅阶层的历史命运是特别有意思、也是特殊的一件事情。1840年以后，中国社会面临现代化转型的挑战，乡绅阶层在这个挑战中也作出了回应，无所谓对错。比如太平天国被镇压，是被一群地主镇压了。乡绅组织团练，是为了卫道。包括洋务运动,他们做出了反应。但总的来说,这个反应是非常不够,也是非常失败的。所以在历史上,很少有哪一个阶级像中国的地主阶级一样,命运如此悲惨。最后被一扫而光,连同他们的文化。这个阶级的灭亡并不是说我们中华民族没有为这个阶级的灭亡付出代价,我们也付了代价,曾经在这个阶级身上承载的一切,我们的传统,我们的基本伦理,我们对天道的信念,也跟着灭亡。在这个意义上,白嘉轩在这个小说中他所起的支柱性作用,他几乎是一切人的敌人,同时又是一切人的敬畏和楷模。他的作用在很大程度上很能寄托陈忠实的历史情怀和文化情怀,也能够考验我们这个电影的历史情怀和文化情怀。我认为白嘉轩这个人物在现有的本子里,前半部分是魅力不足,这里的魅力不是指他是正面人物或反面人物,而是某种程度上是乡绅阶级所代表的旧世界、传统文化中那些最精华的部分,那些有审美性的部分,那些最有道德正当性的那一部分,表现得不够。剧本前面写地主生活,写了许多跟长工一起干活。关中地主就是这样,而且中国传统的乡绅也就是这样。你到陕西,到江南,门额上的匾都是"耕读人家",他的自我身份认定,第一我是种地的,第二我还是读书的,朱先生拿掉了,白嘉轩的"读"的一部分就弱了,气质应该更复杂。白嘉轩这个人越有魅力,走到影片的后一部分,他越应该有一个内在的崩溃的过程,现在感觉他内在没动。如果能让白嘉轩这个人物立住,让他代表了我们传统文化、传统中国的魅力,当然有"杀人"的一面,他的魅力、他的残酷都能在他身上体现出来,同时,又写到了他内在的崩溃,这种崩溃是一个反面的"李尔王",等于最后既是族长又是父亲,不仅被时代、被他的儿孙们、被周围的世界所抛弃,而且这种抛弃也动摇了或瓦解了他内心中一些根本的东西,那么这是保存这部电影的历史情怀和文化情怀的一个路径。

至于田小娥,本子一开始不应该从"生不生"开始,过于缠绕在子嗣的问题上。应该从结婚开始,而且在截取历史事件的时候,应该把结婚和辛亥革命差不多放在一块。我希望这个片子不要拍成仅仅是一个女人与三个男人的故事,不管拍得好与不好。关于他们的欲望,其实这里面做文章的天地是非常小的。田小娥的问题在哪里呢?现在看来,田小娥这个人物是缺乏光彩,从被黑娃带回家以后,她完全是个被动型的了,完全被别人摆弄了,她本身的主动性基本没有了。一个被动型的人很难有光彩、有性格魅力。如果把田小娥仅仅当成欲望的对象,仅仅当成个妖女来写,都不容易把这个故事的档次弄得像个样子。如果与我刚才谈到的历史情怀和文化情怀联系起来看,从大处来看有历史和文化的情怀,落到小处,当然是这一个女人与三个男人的故事。但是他们之间是如何关联呢?田小娥应该是能与白嘉轩形成对抗,白嘉轩很强大,但他最终奈何不了田小娥,这个对抗如何构成?田小娥肯定也不是新中国的代表。白嘉轩是一个道理的代表,《白鹿原》小说中几乎每一个人都代表不同的道理,只有田小娥是不讲理的,任何一个道理碰到她就没办法了。她的生命力,她的自由,一定要让她有性格魅力,而不必强调她怎么的欲望化,怎么靠女性身体。田小娥身上所体现的,充满生命力的,像风一样、像精灵一样的自由,她的没道理,她可以让所有在各种各样的道理中为之挣扎的人都在她面前不行了,拿她没办法了。这应该是我们这个电影里非常好的、跳动的一盆火。田小娥的出现,多多少少也是对这种历史情怀和文化情怀的平衡。简单地杀掉田小娥,是仅仅把她当作"祸水"的一个处理办法。没有人下得了手去杀田小娥,而且杀田小娥也是白嘉轩崩溃的一个契机,转折点,从此白嘉轩也要走向崩溃了。

田小娥与白嘉轩是对立关系,处理好这个对立关系,在这个电影里会有一种真正的对抗和力量。剧本中几个人物之间的对抗是不太有力的。白嘉轩与黑娃、与白孝文的对抗,也是与田小娥的对抗,她的精灵般的自由，甚至有一点的邪恶，都是可以构成这个电影的非常好的一个主要线索。

我有一个疑虑，鹿兆鹏是最苍白的一个人，是一个共产党员。要么片子里就不要出现共产党员，既然出现了共产党员，共产党员就要像模像样，如果他苍白就会出现问题了。我觉得两个方案，一是拿掉鹿兆鹏，更单纯，也避免给自己找麻烦；要么就把鹿兆鹏浓墨重彩地写好，如果写好了，历史上就完整了，就是旧中国的灭亡和新中国的诞生。你这情怀就很完整。你如果不能写好，不如删去。就是白嘉轩所代表的那个古典中国的完蛋以及田小娥和她背后的这些男人们民族生命力的新生。

再就是结尾问题。结尾的鬼子来了没有意思，讲究的是历史情怀，历史感，不一定非要与这些历史事件一一对卯。现在的终结是一个硬终结，不是剧中人物内部逻辑的结束。比如白嘉轩的逻辑的结束也不是由田小娥带动的，黑娃，白孝文，不是他们的一个逻辑的结束。这个电影应该是结束在白嘉轩以及田小娥、黑娃、白孝文他们自身的对峙的逻辑的结束。这种结束本身已经开放出历史感，没必要参照具体的历史事件。

**路海波**：原小说思想比较驳杂，剧本和小说客观上给读者的印象，《白鹿原》都是批判的。即便对白嘉轩也是鞭挞的。

我感到迷惑的是这个片子到底要说什么，是说封建的东西不好？白鹿原这块土地也好，白鹿两家的争斗也好，表现封建宗法社会内部权力中心的窝里斗？都没有道理。中国现在有文化危机，信仰危机，问题不简单。文化的断裂不是用一次重生，一次重建，一次对传统的恢复就能解决的，绝不这么简单。

我又感觉到它的更鲜明的一面，革命必须发生。原小说中的人物田福贤有意思，现在剧本中的田福贤也有意思。这些人是混世魔王，他不过把一种权力机构作为他寄生的躯壳，他就像是寄生蟹一样。在旧社会里面，可能很多人都如此。

我觉得写得比较成功的是主声部，是封建儒家的道统，它自我崩溃的一个过程。在风雨飘摇的年代，不管如何，儒家道统肯定维持不住了，因为外面的风雨已经吹进来了，鹿子霖和白嘉轩还在内部斗。我觉得这个更强一些。而革命那块呢？相对弱一些。在这中间，穿插了一个女人与三个男人的故事。整体结构应该是这样，一个女人与三个男人黏合的东西，前面是封建道统，堡垒内部的自我崩溃过程，主要是通过白嘉轩和鹿子霖；后面新的一代起来以后，他们接受了新的东西，他们去拥抱革命，投身革命。但是他们的目的不一样。而在这中间，我没看到对革命的正宗解释。在剧本中除了田小娥和几个年轻人的婚姻困惑，没有看到农民的困苦和斗争。唯一的亮点是白嘉轩指使鹿三去抗捐。

**芦苇**：我们从影像考虑，几千年来，直到今天，农民就是播种，我们这个民族就是靠播种、农作来养活我们的。我插队的时候学会了犁地，也学会了播种，它有美感，农人播种的时候的那种自信，那种欢悦，蛮有表现力的，在结尾我又重复了。电影中美感大于含义，《西伯利亚叙事》极具美感，导演是太热爱西伯利亚这块土地了。在关中也有这种体会。小说中的人物关系是很硬的，但我的体会是关中的乡土有不可取代的一种味道，陈忠实写到了，你可以把它捕捉到，春夏秋冬农人对农事的热爱，我自己很迷恋，吆牲口的声音好听，清晨他们叱骂牲口的声音是那么生动的，感人的，希望片中能把这感觉拍出来。

**路海波**：白嘉轩的腐朽性，观众是又爱又恨，但恨大于爱。

鹿三为了维护白嘉轩清白的家风，他把田小娥看成十恶不赦的鬼，一个淫妇，很有力量。从小娥的悲剧引出这个封建道统它非崩溃不可。

对于改编，我感到遗憾的是两点，一是主题不够明确，二是历史感稍微欠缺一点。我希望这两点能解决，调整。原小说的气质、感觉、厚重的历史感应该有。

笔者不厌其详地摘录了这么多讨论会上的发言，是觉得这个讨论会不同于一般的研讨会或评论，由于这是一个关于电影《白鹿原》的讨论，专家不限于文学界，又是一个内部工作性质的讨论，各位专家都能坦率地发言，仅对《白鹿原》小说的理解和看法，就有较大的分歧和争论，其中一些观点，值得关注。比如有人认为小说《白鹿原》较之鲁迅也就是五四时代有所倒退，有人认为正因为经过了将近一百年的现代化进程之后，《白鹿原》对于传统和历史的看法可能也应该比鲁迅更复杂一些，它特别而且让人看重的地方正在于它有历史情怀和文化情怀。比如对白嘉轩这个人物，有人认为他就是"吃人"的礼教、秩序的代表和象征，有人认为他是曾经有过而在后来消失了的乡绅的代表，是传统文化中所有美感、魅力和道德正当性的一个代表，具有极其复杂的文化品格，等等。还有对历史包括对革命的看法，对国共两党人物的看法，陈忠实似乎都有明显的倾向性。

上边的讨论都很有价值。笔者在这里想插入另外一些资料，以丰富这些讨论。笔者以为，陈忠实写《白鹿原》，他对笔下人物所持的态度，应该是类似历史主义的态度，价值是中立的，并没有过于分明的褒贬。从文学如何塑造人物来讲，陈忠实曾经说过："他写《白鹿原》，写了国共两党人物，读者有误读。他其实是把人物当人写，当正常人写。过去的文学作品写共产党人，不是写成神就是写成英雄人物，写国民党人，特别是军人，不是泼皮无赖就是小丑，他要把这两种人都还原成人，当成正常人来写，优点缺点都写。"[①]不仅仅是对"国共两党人物"，而且是对所有人物，都要"把人物当人写，当正常人写"，这其实是文学写人的一般要求。有意思的是，许多人读《白鹿原》，都认为陈忠实是站在儒家思想和文化立场上的，他对白嘉轩等为代表的

---

① 邢小利、邢之美：《陈忠实年谱》，陕西人民出版社 2017 年，第 177 页。

儒家人物是肯定的、赞赏的，甚至认为陈忠实的文化人格就是典型的儒家文化人格。以笔者的观察，陈忠实做人、行事，甚至情感态度上，确实有传统儒家的特点，但这个似乎也是中国人基本的人格特点，因为中华民族的人格，在历史上，主要的就是在儒家思想和文化的教育和影响下形成的。李泽厚有一个著名的观点，孔子在塑造中华民族的性格和文化、心理结构上起到了至关重要的作用。但是在理性的层面上，陈忠实对以白嘉轩为代表的儒家文化人物，似乎又是否定的。2003年6月19—20日，陈忠实在常宁宫参加光中影视公司举行的电视剧本《白鹿原》（张光荣编剧）讨论会。他在大家发言后讲了一段话，其中说："朱先生是关中大儒，清朝最后一届举人，如果清朝还延续，那朱先生可能就是王杰［笔者注：王杰（1725—1805），陕西韩城人。乾隆二十六年（1761）辛巳恩科状元。曾任东阁大学士，太子太傅］一类人物，是朝廷重臣，宰相。他是白鹿原上的精神领袖。白嘉轩每临大事都要问朱先生。白嘉轩是朱先生思想同时也是传统文化、道德观念和价值观的实践者，坚守者；鹿三则是盲目的随从。这种传统文化其实是一种腐朽的东西（笔者注：原话如此）。黑娃经历了很多的人生选择，读书，闹红，投共，当匪，招安，最后想学为好人，他是真心的，他最后的归宗认祖，是向强大的同时也是腐朽的传统力量的投降。白孝文有一句有名的话：谁走不出白鹿原谁就弄不成事。白孝文是以恶的形式来实现他的追求的（笔者注：这是陈忠实第一次以公开的方式对以朱先生为代表的传统文化、以白嘉轩为代表的宗法文化表态。他说传统文化是强大的，也是腐朽的。"腐朽"这个词是第一次说）。"[1] 所以说，陈忠实对传统文化包括儒家思想和文化到底是什么认识，持什么态度，并不十分明晰。陈忠实受现代特别是当代思想和文化包括红色文化的教育和影响多年，让他全面肯定传统文化，可能他本人思想上也很难接受。有人说，陈忠实对传统文化的态度是矛盾的。以笔者的观察，陈忠实对历史和传统文化的认识可能是含混的，因此在各种场合的表态可能也不完

---

[1] 邢小利、邢之美：《陈忠实年谱》，陕西人民出版社2017年，第92、93页。

全一致。放下这些不谈，笔者认为最重要的一点是，陈忠实在《白鹿原》的创作中，他秉持的态度是，把所有人都当成人写，"把人物当人写，当正常人写"，无论是白嘉轩还是田小娥，无论是共产党人鹿兆鹏还是国民党人鹿兆海，这是文学的态度，也是正确的方法，当然也是我们把握小说人物的一个重要参考。

这次《白鹿原》剧本讨论会过后半年或更长一点时间，国家广电总局发文对《白鹿原》电影剧本"原则通过"，但"还带了一个尾巴"，要求电影拍摄前再将最后的摄制剧本报送国家电影局备案。李爱民说，这就算是立项了。

但是，因为资金的问题，2005年以后，《白鹿原》电影又搁下来了。导演王全安退出该片。芦苇先后邀请陈凯歌、张艺谋加盟，未果。

## 三、《白鹿原》电影拍成

《白鹿原》拍电影，与陈忠实签版权，上项目，是延艺云任西影集团负责人时的事。2008年底，延艺云离任。2009年1月，王占良上任，任西部电影集团有限公司党委书记、董事长、总经理，同年张宏任总经理。年复一年，《白鹿原》拍电影的事一直因各种原因未成，但省上领导每年都要提这个事，西影领导感到了压力，在工作中也每年都提说这件事。

2009年，王全安团队重新筹备《白鹿原》。

据该片执行制片人王乐说，当时西影厂的授权已过期，有多家单位想获得改编权。"陈忠实先生当时提出一个条件，谁获得电影局许可，就把改编权给谁。因为西影厂曾经获得过立项，所以西影和我的西安影视制片公司、王全安的光影先锋公司合作，签了三家协议，沿袭了西影的许可，获得了陈先生的授权。"[①]

2009年11月3日早上，陈忠实打电话给笔者，他说，北京的评论家雷达

---

① 许荻晔、严彬：《专访〈白鹿原〉第一任编剧芦苇》，《东方早报》2012年9月19日。

最近给他多次打电话，说北京有一家公司要把《白鹿原》拍成电影和电视剧，请张艺谋做导演，张艺谋已答应。他对此事犹豫不决，想听笔者的意见。笔者说，此事可以考虑。

2010年3月13日，陈忠实早上打电话给笔者，讲电影导演王全安的一个公司昨天找他，说电影《白鹿原》的拍摄许可（拍摄许可权在西安电影制片厂，由于各种原因，未能拍成）已获国家广电总局同意延期至明年。陈忠实说他是第一个知道此事，笔者是第二个知道此事，让笔者对王全安的剧本把一下关（笔者为陕西省广电局影视剧专家审查组成员），原来的剧本粗话太多。此前，笔者于本月10号在省广电局参加全省影视工作会议，任贤良等局领导说，《白鹿原》影视剧题材不能流失，要求省内有关公司抓紧筹拍。笔者会后打电话给陈忠实，询问《白鹿原》电影拍摄情况。陈忠实回答说北京评论家雷达介绍的公司想拍《白鹿原》电影，找他，没有弄成，因为陕西省委宣传部不同意外地公司做。

6月，《白鹿原》电影项目重启。

9月，剧组赴内蒙古开机。

10月，拍摄受阻，千亩麦田遭雪袭击。

11月6日，陈忠实邀笔者一起到陕西泾阳县安吴堡与电影《白鹿原》剧组人员见面。在安吴堡，导演王全安全程陪同。陈忠实与饰演白嘉轩的张丰毅、饰演鹿子霖的吴刚等以及群众演员见面。

12月，《白鹿原》剧组转战山西拍摄，动用万名群众演员。

2011年1月6日，陈忠实邀笔者一起去陕西合阳县看望电影《白鹿原》剧组。这一天，合阳农村特别冷。陈忠实与陪同人员看了电影场景"白鹿村"和"白嘉轩家"，两者不在一处。电影正在拍摄，陈忠实在不同地点与正在工作中的王全安、张丰毅、张雨绮、段奕宏等以及扮演"白灵"的演员李梦见面。

1月30日，《白鹿原》剧组合阳关机。

4月，初剪5小时版本出炉。

8月初，初剪3小时48分钟版本出炉。

8月4日，应制片方邀请，陈忠实观看了电影《白鹿原》样片。3号上午，陈忠实电话邀笔者一起观看电影《白鹿原》样片，笔者远赴新疆旅游，未能参加。

看后，在制片方组织的座谈会上，陈忠实发表看法：

首先向全安表示祝贺！电影拍得很好，应该是这些年长篇小说改编电影最成功的一部。

这是一部不同于我过去看到的任何一部描写这段历史的电影，由于具备个性，这部电影独立存在的价值就有了。

白嘉轩、鹿子霖、鹿三、小娥、黑娃、孝文，这几个主要人物的性格和精神内涵，以及精神负载的东西都出来了。能拍到这程度，把人物展现到这程度，这个电影应该说完成了它的使命。比较秦腔和话剧的改编，电影是最好的。

影片最后几十分钟，对原著改变比较大，尤其是白孝文这个人物。这样处理也可以。这里涉及一个人物，就是枪毙黑娃，我原来担心黑娃被枪毙的戏不敢表现，现在这样处理更简洁一些，凸现的是孝文昧着良心枪毙黑娃。这里有意思的是孝文和他爸，他爸去县政府找他，叫他给黑娃留条命不要杀他，这个情节改得好，凸现白嘉轩的传统品质，应该让老汉多说两句留下黑娃的话。这是凸现白嘉轩精神内涵的一个很重要的情节，对白嘉轩这个人物很重要。

要说不足，一是郭举人家的戏太多了一点，再就是黑娃和囚犯在大牢里吃孝文送的冰糖不太合理。还有最后表现鹿子霖疯了后的胡说乱骂，那些话我听了都害怕。还有方言台词里的一些脏话和表现情欲部分，可再做些修剪。毕竟中国电影还没有分级制度，要考虑让这部电影能够适合大人小娃同时观看才好。

影片整体都很好，很震撼，超出了我对这部电影的期待和想象。把我的意见、大家的意见，给全安转达一下。当然还是以导演的意见为主。

9月8日下午,由制片方安排,中国作家协会主席铁凝等在北京观看电影《白鹿原》样片。

在后来由制片方组织的座谈会上,铁凝发言说:

我很感动,真是一个大作品。小说本身就是一个大作品,读它的时候就有很多的期待,觉得它很值得拍电影。因为它是个大作品,又觉得它很难拍电影,也很难拍得有趣。看完王全安编剧导演的这个电影,我的第一个感受就是,小说是个大作品,这部电影也是个大作品。

影片整体的气象不凡,白鹿原的神秘、宽厚、复杂,让你的视觉不累,三个多小时下来,不仅仅是故事本身,还有综合性的作为电影的那种美,确实能够打动观众。影片具有沉郁、浑厚的气象和博大的情怀。

这是近些年来我看的电影中最成功的一部。对于原著的改编是成功的,原著用文学的语言叙述出来的景象和气象,在电影的语言中也表达得很饱满。我觉得非常不容易。

影片拍得很结实,很讲究,这个讲究是多方面的,每一个画面每一个表演的讲究,都有匠心在里面。整个故事和表达的想法都能看得很清楚。

我也有不满足的地方,比如说田小娥尿鹿子霖脸上的戏,田小娥演得很给力,但是我觉得还不够劲儿。反过来鹿子霖应该一下子火了,甚至毒打她一顿,他的力也不够。这样,田小娥的处境就更能出来,更震撼人。

电影里没有胡乱编造的东西,这种结结实实的东西,这种老实的笨功夫,这样的匠心,值得赞美,全片风格非常统一。

这部电影展现的中国人的形象，跟有些电影自我糟蹋的样子，有鲜明的区别。我想白鹿原上的这些庄稼人，他们有他们的蒙昧和茫然，比如黑娃，人生命运的走向他也不知道走到哪里去，他也不知道跟着谁，所以砸祠堂当土匪；但是那些麦客那些笑得前仰后合的老腔，也有他们劳动的快乐，也有那种尊严，也有那种乐天的坦荡。这一点表现得让我感动。我们现在很多作品包括电影里面，我们的形象都越来越单薄做作，在《白鹿原》里看到的这种中国人的形象，真的让人眼睛一亮，心中坦荡，豪气顿生。

我应该再次祝贺王全安导演，对于中国电影，他挺难得的。

**作曲家赵季平发言说：**

这个电影，我有一种当年跟陈凯歌和张艺谋搞《霸王别姬》和《活着》时候的感觉，甚至比那个时候的感觉还叫我振奋。因为第五代导演的作品还要借助一股冲劲儿，还达不到像《白鹿原》这份冷静、客观和深度的层次，这真就是像土地和河流那样，静静地流淌，沉默地爆发，这是我们货真价实的史诗。

我觉得这是一部无论如何都会留下去的作品。面对这样的作品，就应该放弃一切杂念去做，无论是什么戛纳、柏林、威尼斯呀，还是几亿票房呀，都没啥意思。我是说，要意识到这是个什么东西，拿出全部的力量去做，一直到筋疲力尽完全满意为止，要当成一生的一个东西去做。我做了这么多年的电影，我觉得，这是一部可以留给历史的电影。

笔者看到的这个《白鹿原》电影观后座谈发言，保存在西部电影集团的档案里。发言的人很多，几乎都是文化艺术界非常有名的人物，如社会学家李银河，北京大学教授戴锦华，文学评论家何西来、雷达，作家周明，电影评论家张卫、张守君、黄勇、魏君子，不少人的发言都很长，基本上都是肯定的意见，甚至是高度评价的意见，有些发言很有深度，限于篇幅，这里不一一摘引。

## 四、电影《白鹿原》：山重水复的审查

《白鹿原》电影拍成，下来面临的就是审查。对照下文将提到的具体送审时间，可以看到，上述座谈都安排在相关审查之前（陕西省广电局初审意见作出于 2011 年 8 月 16 日，国家广电总局电影审查委员会第一次终审修改意见作出于同年 12 月 30 日）。制片方请专家座谈的用意，第一自然是听取各方意见，以对片子进行进一步的修改完善；第二有宣传的意味；第三，多少也有为下来的审查做一点铺垫的意思。毕竟，这里引用时任国家广电总局电影局副局长张宏森的话来说，"西影厂要拍《白鹿原》。西影厂的电影决策的确是触及了中国电影一个非常敏感的神经，引起高度重视是必然的"（引自张宏森在《电影剧本〈白鹿原〉讨论会纪要》总结中的发言）。

电影《白鹿原》出品单位一共是四家：西部电影集团有限公司、陕西白鹿原影业有限责任公司、光影先锋（北京）文化传媒有限责任公司、西安影视制片公司。四家单位分工协作，其中西安影视制片公司是执行制片方，负责影片的送审程序。据该公司 2012 年第 5 号文件《关于电影故事片〈白鹿原〉报批审查的进展情况报告和检讨》（以下简称《报告和检讨》）所载，电影故事片《白鹿原》于 2011 年 6 月制作完成，共投资人民币一亿二千六百万元。同月，该公司将初剪版《白鹿原》送国家电影局审看，电影局领导作出口头修改意见，并建议请有关专家、评论家试看。8 月，该公司将修改版（片长 3 小时 48 分钟）呈陕西省广电局电影审查委员会初审，16 日省广电局"带意见通过"审查。18 日，该公司按程序将二次修改版《白鹿原》（片长 3 小时 35 分钟）呈报国家电影局终审。

数月过去，未见国家电影局终审意见。有人出谋划策，让制片方找陈忠

实,请陈忠实给时任国家广播电影电视总局局长蔡赴朝写一封信,讲说情况,促进终审。2009年,赵安曾建议陈忠实给中央领导李长春写信,请求能给电视剧《白鹿原》立项,陈忠实考虑再三,觉得不妥,未写。现在,让给蔡赴朝写信,陈忠实觉得似乎可以。因为,正是在蔡赴朝担任中共北京市委常委、宣传部部长时,2006年5月,话剧《白鹿原》由北京人民艺术剧院搬上了舞台,2007年6月,舞剧《白鹿原》又由首都师范大学搬上了舞台。

2011年12月13日,陈忠实在西安致信本年2月刚上任的中共中央宣传部副部长、国家广播电影电视总局党组书记、局长蔡赴朝:

尊敬的蔡赴朝局长:

您好。您身负重任,想必很忙,谨致问候。

我是陕西作家陈忠实,仅就由拙作《白鹿原》改编电影一事,向您作简要汇报,请拨冗一阅。

电影《白鹿原》于今年初拍摄完毕,经过大半年认真剪辑,已基本确定成型样片,已报贵局审查。我被邀和几位陕西作家看过样片,大家观后颇为震动,认为成就了一部大片。作为小说作者,自然会与别人更多不同感受,但是受时空限制,尽管有三个小时的播映时间,仍然有两个我用心塑造的人物难以纳入,我只有缺憾了,却也理解电影这种艺术形式的时空制约。但就现已成型的样片而言,电影《白鹿原》把小说的文字具象为立体直观的艺术形象,几个主要人物体现出各自的个性化形象,演绎出上世纪前50年中国乡村乡民经历的精神和心理的裂变,反映出那个时代里,各个阶层的代表人物在面对革命思潮冲击过程中的文化心理的更新的历程。总体说来,电影的改编和表演是成功的。其中很难得的一点,对共产党领导的乡村革命的表现,不是见多见惯的一般化表现,而是较有深度的从生活到艺术的真实体现。

《白鹿原》电影样片后又在范围不大的几次征求意见的展映中,

得到文化圈里的专业人士的基本肯定，评价不俗，包括中国作协主席铁凝和评论家雷达都给予了甚高的评价。我不一一述说。

另，这部电影的改编，已被文化圈内和圈外的普通读者所关注。仅以我个人感知而言，走到处都被问及电影上映的时间，包括不少党政领导干部，都说到电影公映的事，我前不久参加八届作代会，各省来的新朋老友作家，都要问询电影改编拍摄如何，何时可以看到演出。作为小说作者，我深为感沛（佩），各界人士如此关注由拙作改编的电影，不胜荣幸，自然也期望能早日公演。时有各家报纸、电视等媒体相约采访，我均谢辞，在于未得公映之前，不宜宣传，更不要炒作，其中一个重要因素，是对贵局审查意见的至诚尊重。

蔡局长，我诚恳期待您的审查，请您在适当时间过目，如有修改意见，可以直接告诉导演，相信他会认真修改，以臻完美，这无疑是您和剧组完全相通的关键所在，即：有好的电影面世。

您身负重任，在于中国电影创造辉煌，走向世界。我向您表示敬重，也诚表问候。

12月30日，国家广电总局电影审查委员会作出"对新版《白鹿原》的意见"，提出11条修改意见。制片方按审查意见逐条进行了修改，2012年1月10日，国家广电总局电影审查委员会对影片《白鹿原》（片长3小时28分钟）终审，审委会"带意见通过"了审查。

什么叫"带意见通过"？实际上是审查还没有真正通过，要求"修改后再审"。

## 五、电影《白鹿原》：铤而走险参评柏林电影节

西安影视制片公司《报告和检讨》中说，在《白鹿原》审查期间，"影片投资方贷款逾期利率提高2个百分点，每天计息3.12万元；而投资方'以

电影发行许可证作抵押'向银行贷款的承诺因逾期未兑现,贷款银行也被'风险投资评估部门'追责"。也就是说,因影片迟迟未获通过,不能发行放映,无法收回投资,投资方面临被追债、有关负责人面临被问责的巨大压力。

这个时候,制片方一方面按照国家广电总局电影审查委员会的意见对影片进行修改并于2012年1月29日报审修改版(第四版),"企盼国家电影局尽早核发'影片发行许可证'",另一方面,1月30日,第62届柏林电影节主席迪特致信王全安,"正式邀请《白鹿原》参加柏林电影节的竞赛单元",导演王全安、执行制片人王乐等制片团队也想借助参赛柏林电影节包括获奖促进或称"倒逼"审查尽快完成。他们显得有些等不及了,仓促参赛。

问题是,按我国电影管理有关法规,"未经电影审查机构审查通过的影片,不得发行、放映、进口、出口","提供电影片参加境外电影展、电影节等,应该报广播电影电视行政部门批准"。《白鹿原》参赛柏林电影节,显然是违规了。

更为热闹的是,海内外一些媒体不仅发表了内容热烈的关于《白鹿原》参赛柏林电影节的消息或报道,还引用"执行制片人王乐说,《白鹿原》已经过审,该片在春节(笔者注:1月23日是春节)前最后一天获得国家广电总局审查委员会的终审通过决定,节后收假完成最后手续"。2月2日,陕西省广电局接到国家广电总局通知,通知指出电影《白鹿原》未通过审查,违规参赛第62届柏林电影节。陕西省广电局立即责成有关部门对这一情况调查核实,提出处理意见。之后,陕西省广电局对当事人进行了严肃批评,并要求做出深刻检讨;2月6日,呈文国家广电总局,汇报有关调查情况并上报五条处理意见。意见第三条"明确要求电影《白鹿原》片方,不经广电总局批准,不能参加第62届柏林电影节"。

我们必须知道,虽然是在国外参加电影节,但内容和长度并不由电影制作方定,必须是国家广电总局审查通过的内容和长度,发给公映许可证后才能公开放映。不仅如此,影片到国外参展参赛,也必须经过国家广电总局的批准。否则导演和制片人将在五年内被禁止拍摄电影。《电影管理条例》第七章"罚则"第六十四条规定:"个人……擅自提供电影片参加境外电影展、电影节的,5年内不得从事相关电影业务。"除此之外,还有严厉的罚款措施。2006年5月,娄烨携影片《颐和园》参加第59届戛纳国际电影节,但当时该片还没有通过广电总局的审查,也没有拿到电影公映许可证。同年9月,广电总局根据现行《电影管理条例》对娄烨和这部影片的制片人耐安做出处罚:两人5年内均不得拍摄电影。这是娄烨继《苏州河》之后第二次因为违规参赛而受到电影局的处罚。此前,由于类似原因受到处罚的还有王小帅的《十七岁的单车》、姜文的《鬼子来了》、张元的《过年回家》以及张艺谋的《活着》。这里,既有体制的问题,也有意识形态的问题。

问题很快得以解决,应该是在临近电影节开幕的时刻,影片《白鹿原》通过了审查。

王全安他们铤而走险拿来参赛的《白鹿原》,起初应该是"接近比较完满的""三个半小时"的版本,但最后被要求用"两个小时四十分钟"的版本。这后一个版本,应该就是2012年1月29日报审的那个第四次修改版。报审之后,应该有一个审查,审查时间应该在《白鹿原》播映于柏林电影节之前,审查通过,时间规定为"两个小时四十分钟"。

电影《白鹿原》参赛柏林电影节,笔者一直很关注。2012年2月2日傍晚,身在法国的长篇小说《白鹿原》法文本译者邵宝庆先生(法籍华人)与笔者通电话,要陈忠实的一些文字资料和照片,同时说到法新社报道的电影《白鹿原》参赛柏林电影节情况,说报道中称该片约长三个半小时。笔者请邵宝庆先生将法新社报道翻译后用电子邮件发过来。约一个小时后,笔者收到邵先生的译文:

法新社2012年2月1日报道:柏林电影节主办方宣布,中国导演王全安的史诗性电影《白鹿原》最终加入参赛名单。至此,包括18部电影的名单已经准备就绪。

《白鹿原》这部史诗叙述的是中国几代农民在共产主义中国成立

前半个世纪中所经历的动荡。导演王全安于2007年已经凭其《图雅的婚事》夺得金熊奖。

《白鹿原》这部电影改编自陈忠实的同名畅销书。电影节组委会主席迪埃特·考斯里克（Dieter Kosslick）在向媒体介绍电影节情况时说，这部书是"中国现代文学史上最受争议的小说之一"。电影节的举办时间是2月9日至19日。

考斯里克诙谐地说："鉴于中国历史之恢宏，这部电影还是比较短的。"然后说影片约长三个半小时。

王全安2007年获奖的《图雅的婚事》，讲述的是在中国当代农民大批离开农村的背景下，一个牧羊女和其两个丈夫的非同一般的爱情故事。

最后参赛柏林电影节的《白鹿原》时长并不像法新社最初报道的是"三个半小时"。关于时长，导演王全安在接受凤凰网娱乐记者独家采访时说："当电影剪到三个半小时的时候，我认为已经接近比较完满的版本。但是现在这个版本是两个小时四十分钟，有很大的损失。"王全安很无奈，"作为导演来说，我愿意接受这个妥协，但是还有很大的损伤"。"电影在这么仓促的情况下能够去参赛，我愿意接受付出的代价"，"我愿意从积极的方面去考虑，我们已经在这儿，面对的是一个竞赛了。手头上并不像我预计的带来那么（多的）'弹药'，可以自信地参赛，但我依然相信，目前保留的这个部分，还是能够反映电影的大部分品质"。[①] 从王全安的这番话中，我们可以猜想到，从准备参赛柏林电影节到参赛柏林电影节这个期间，电影《白鹿原》正处于一个待审查通过的境地，它最终将以什么面目出现，王全安也是不能确定的。最终当然是国内审查通过的版本。

这个版本的电影《白鹿原》，艺术结构上明显受损。凤凰网娱乐记者向王

---

[①] 窦黎黎、吕若滿：《独家专访王全安：为〈白鹿原〉上映做了最大妥协》，2012年2月18日，凤凰网娱乐。

全安提问说:"从观众反馈来看,这个版本最后人物结局的删除,对于观众理解电影是有阻碍的,你会不会有所不平?"王全安说:"单纯地从作品上讲,这是一种悲哀,这种悲哀(对我来说)肯定较别人来得深刻。""这个版本最大的变化就是结尾,它的影响确实是最大的。因为它把影片整个构架的铺垫和铺排(打散了),显得随意,剧作最讲究铺排,这样显得没有归结。就像是发出了一个问题你没有回答一样。"① 这样一来,电影《白鹿原》的艺术品质显然也受到了很大的损害。有的媒体说电影《白鹿原》在理解上存在"跨文化障碍",其实,被腰斩的《白鹿原》不要说有的国外的观众看不懂,估计国内的观众有的看起来也会很吃力。

王全安说《白鹿原》是他多少年来最想拍的一部电影,可是他最终为什么还要按审查要求删减?他是这样回答的:《白鹿原》投资了一亿多,从制片人角度讲,它必须是一个商业行为。钱都是从银行贷的,每天的利息都在三万元人民币左右。拍成送审之后,审查方面长达七个多月不给一个明确的不通过的原因;假如有一个具体的原因,说这个不合适,那个不可以,也好办,但是也没有这种说法。就一直这么耗着,制片人面临着巨大的经济压力,他深感内疚。他必须妥协。王全安说:"如果仅仅是我个人的话,可能柏林我就不来了,因为这个作品已经不是我认为能够达到最自信的参赛标准的作品。为什么我最后能够接受,从个人来讲很大程度是对于制片人的内疚。"王全安认为,无论如何,不能让一个制片人或者一个朋友陷入这样的境地,"从这点上讲,我作为导演在作品上的那种痛,不足以来抵消对朋友的内疚。所以《白鹿原》在这种(被腰斩)情况下,我还能跟着一起来柏林,这可能是最主要的原因"②。

新浪娱乐记者王玉年采访王全安,王全安说,电影《白鹿原》审查之后,已经报送参赛柏林电影节,又被审了一次,有专家提了意见,要求删减 1938

---

① 窦黎黎、吕若滴:《独家专访王全安:为〈白鹿原〉上映做了最大妥协》,2012 年 2 月 18 日,凤凰网娱乐。
② 窦黎黎、吕若滴:《独家专访王全安:为〈白鹿原〉上映做了最大妥协》,2012 年 2 月 18 日,凤凰网娱乐。

年之后白孝文的故事。这样就"腰斩"了电影《白鹿原》。王玉年在新浪娱乐版报道说：

《白鹿原》在电影节官网和宣传册上最初显示的片长分别为 188 分钟和 185 分钟，而实际上映的版本片长只有 160 多分钟。在国内之前举行的一次非公开试映活动中，《白鹿原》片长为 220 分钟，而那次放映得到了文化圈名人的一致好评。

据知情人士透露，《白鹿原》最初交送电影节审片的版本比现在放映的多了 20 分钟，主要的删减集中于 1938 年之后的故事。其中成泰燊饰演的白孝文戏份删减最大，与这个人物有关的所有线索都出现了一个问题。而《白鹿原》主演张丰毅看完电影几乎彻夜未眠，他与刘威在电影放映之后，取消了全部的媒体采访。

这就是说，腰斩的是 1938 年之后的故事，主要与白孝文这个人物有关。那么，电影《白鹿原》中被腰斩的白孝文的故事是哪一些呢？它们到底有什么问题无法通过审查呢？王玉年在采访中写道：

**新浪娱乐**：柏林电影节官网上的剧照，就是成泰燊饰演的白孝文穿军装坐着，但这个镜头电影里就没有……

**王全安**：柏林放映的版本后面缺了二十多分钟的内容，这个内容主要是关于白孝文的。这个人物被国民党抓了壮丁以后，起义参加共产党，然后跟着打日本人。回来以后，他就当了滋水县长。当了县长以后，父亲白嘉轩就来问他能不能免黑娃一死，黑娃是土匪，身上有命案，但白孝文说得很清楚，杀人必须偿命。还有就是父亲请求白孝文，能够在有空的时候回家娶个妻子，因为他以前那个妻子饿死了，白家希望能够传宗接代。

**新浪娱乐**：这还是中国传统文化的东西……

**王全安**：白嘉轩只求儿子一件事儿，就是传后，要不然他死了以后，该怎么向祖宗交代。白孝文就说，你该怎么交代就怎么交代……后来白孝文就给黑娃买了一包冰糖，送到那个监狱里头去了，黑娃一看到冰糖以后，就知道吃了冰糖，就该上路了……

**新浪娱乐**：跟之前小时候的情节有一个呼应。

**王全安**：原来在剧作里，最重要的就是伏笔。没有这个的话，前面的伏笔整个就瓦解了，就成了一个随意的情节。其实它是很有力度的。

**新浪娱乐**：你说的这些，似乎没什么问题啊。

**王全安**：这就跟情欲戏是一个道理，可能这个里面的情欲戏，连电视剧里都不如，我也不认为会有任何意义上的问题。白孝文作为一个已经建功立业、身经百战的共产党官员，他做的所有的这些行为，都是出于人的感情。黑娃这种土匪杀人越货，被枪毙是很正常的。原来还有一个立意，白孝文已经承袭了白嘉轩的品质，历史又诡异地延续下去了，并没有被中断了，还是被继承了。就跟当年嘉轩守着祠堂，要维持某种道义一样。我有一个更大的东西在后头，这么一说你就明白了，这个电影的结尾，整体上是这样。

**新浪娱乐**：哪方面对结尾这一块有比较大的意见？

**王全安**：这个我真不了解。

**新浪娱乐**：你也不了解？[①]

2012年2月19日2点47分，凤凰网娱乐发布消息：《白鹿原》剩下"四成功力"仍擒银熊。报道说：

柏林时间2月18日晚，第62届柏林国际电影节迎来闭幕式。中

---

[①] 王玉年：《新浪人物志王全安：〈白鹿原〉不得不说的事》，2012年2月18日，新浪娱乐。

国唯一参赛片《白鹿原》获得最佳摄影银熊奖,为中国电影取得新的荣誉。《白鹿原》在柏林首映前最后一刻被删减成160多分钟的版本,结局基本完全拿掉,导演王全安在发布会上说"《白鹿原》即使只有40%的力道,仍然具有杀伤力"。现在从结果看,确实如此。《白鹿原》自柏林首映后,引发两极口碑。一方面国内外媒体对于电影的史诗气魄大为震撼,对于张丰毅、张雨绮等主演的表演极为赞赏。另一方面,也有很多人对于删减后剧情不连贯、主题不清晰而感到困扰。很多外媒看完片后表示,很多地方看不懂。闭幕式上《白鹿原》制片人张小可替远在阿拉伯的摄影师卢茨领取了最佳摄影银熊奖,而导演王全安表示,和卢茨合作了十年,获得最佳摄影银熊实至名归。

## 六、电影《白鹿原》:公映前的一些细节

第62届柏林国际电影节闭幕式的柏林时间是2月18日晚,而北京时间则是2月19日凌晨。北京时间2月18日晚上9点刚过,陈忠实给笔者打来电话,开口第一句话就是:"电影《白鹿原》完了。"他讲:"制片人刚才给我发来了短信,估计是从参赛地柏林发来的,说,最后审查通过的电影《白鹿原》片长两小时四十分,故事时间终止于1938年抗日战争开始,这样一来,所有的人物都没有了结局,故事情节也不完整了。"陈忠实对笔者强调说,"故事时间终止于1938年,那怎么看?后边还有那么多内容"。小说《白鹿原》时间止于1949年。陈忠实说制片人讲,"审查了很长时间,今天找这拨人看,明天让那拨人看,提了意见都得改。七改八删,影片已经不能反映导演的艺术构想,现在变成了人物'群像表现','群像表现'是媒体评论的话语,因为没有了主要人物,也没有了突出的人物,故事也没有了结尾。男一号是演白嘉轩的张丰毅,张丰毅看了气得拒绝接受记者采访"。陈忠实最后说:"电影《白鹿原》砸锅了!"笔者说:"凤凰网有一些关于电影《白鹿原》

参赛的采访和报道，我下载了，你看看。"陈忠实勉强笑笑说："不看了不看了，现在还有啥看的。"说完挂了电话，看来陈忠实很丧气。

国家广播电影电视总局电影管理局给电影《白鹿原》发的"电影片公映许可证"具体时间是 2012 年 3 月 31 日。这个"电审故字〔2012〕第 139 号"的许可证上载明的《白鹿原》片长是 156 分钟。156 分钟，也就是 2 小时 36 分钟，是最后的规定的片长时间。观众以后看到的《白鹿原》电影片长就是这个 156 分钟的版本。

关于单集（不是上下部）电影故事片的长度，中国电影界有一个内部的说法，最长不能超过 173 分钟（2 小时 53 分钟）。西影集团艺术管理总监李爱民对笔者讲，2004 年 11 月，他在北京国家电影局参加《白鹿原》剧本讨论会，电影局副局长江平在会上说到一个典故："文革"时期，电影《创业》拍成，剧组按审查提出的要求反复删减压缩，考虑到艺术结构的相对完整性，最后实在压缩不下去了，请周恩来总理审看，周恩来看完后说："好，那就这样。"周恩来审看并定下的这一版《创业》时长为 173 分钟。由此也定下一个不成文的规矩，就是单集电影故事片最长时长不能超过这个时长。电影《创业》是"文革"时期出品的一部反映我国石油工业战线艰苦奋斗创业的故事片，长春电影制片厂 1974 年摄制，导演于彦夫，编剧大庆、长影《创业》创作组集体创作，张天民执笔。影片拍出后，由于反映了"文革"前石油工业所取得的成就，遭到"文革旗手"江青的责难。江青为影片罗织了 10 条罪状，上映后又停映。作者张天民感到冤屈，便上书毛泽东主席，毛泽东于 1975 年 7 月 25 日为张天民来信批示道："此片无大错，建议通过发行。不要求全责备。而且罪名有 10 条之多，太过分了，不利调整党的文艺政策。"由此该片得以解禁。

《白鹿原》"电影片公映许可证"上规定的《白鹿原》片长比柏林电影节参赛的时长还少了 4 分钟。这说明最后审查时，有一些内容还是被要求删去了。另外，从许可证颁发的时间看，《白鹿原》参赛柏林电影节包括获奖这一段时间，并没有拿到"电影片公映许可证"。坊间有传说是相关部门默许参加的。这个说法无法证实。从可以查到的档案看，相关管理部门对制片方违规参赛的行为，是有处理的，这个处理就是前文已经提到的，陕西省广电局对当事人进行了严肃批评，并要求做出深刻检讨；"明确要求电影《白鹿原》片方，不经广电总局批准，不能参加第62届柏林电影节"；"要求电影《白鹿原》片方积极配合影片审查，按照总局电影审查委员会的审查意见进行认真细致的修改，尽快通过终审"。

《白鹿原》最后是怎么通过审查的，或者说最后阶段是怎么审查的，笔者未见到文字资料。据有关当事人说：《白鹿原》电影最后送审，有18位评审委员，其中15位通过，两位带意见通过（意见为修改后通过），但有一位关键人物没有通过。关键人物没有通过，其他人的意见都不顶用。

张丕民是陕西调京的领导，时任国家广电总局副局长，他力促《白鹿原》通过。

审查时，时任国家广电总局局长蔡赴朝每次都说："你们定时间，到时间我没有会议一定来。"但每次到了时间，他都有会议。蔡赴朝说请"三老"审，"三老"是李准、仲呈祥、丁振海。

"三老"审了多次，上边就是通不过。

最后仲呈祥也看出来了，他提出，一劈两半，把白孝文后边的戏砍掉。

9月14日，陈忠实在北京参加《白鹿原》出版20周年庆典活动，陕西《华商报》记者采访了他。15日，《华商报》刊出采访：

**华商报**：陈老师，久经波折后，电影《白鹿原》确认15日全国公映，现在这部电影已经被称作史上最难拍也是最难放的电影，所有主创人员都经受了许多煎熬，您有这样的感受吗？

**陈忠实**：我已经多少都有点麻木了。对于这一波三折，我不是没有思想准备，从这个小说出版（笔者注：应该是得茅盾文学奖）两三个月后，《白鹿原》就遭遇冷处理，不许改编（笔者注：电影、电视剧）。从那会儿开始我就比较理性，很平静地来看待。后面我一直很庆幸,虽说冷处理,但这部小说一经出版发行,就被改编成其他多种艺术形式。这部小说6月份(笔者注:1993年)出版,半年内就印刷了八次,这已经是给我的惊喜。我写作的基本理想就是,希望读者愿意买书读书,至于改编成其他艺术形式,我觉得是附带的。

小说出版已经20年(笔者注:1992年在《当代》杂志发表),这一次在北京,遇到一些朋友,大家都很感慨,说小说畅销20年,一年还有10万左右的印刷量,应该对作者是最大的心理安慰。这部小说先是改编成秦腔、话剧、舞剧、连环画,直到电影,说明我们的文艺政策也在逐步健全起来。我这一代人能理解,包括小说出版时开始的误读。我这个年龄,有这种心理铺垫。电影迟放早放,甚至能不能放,对我都没有心理煎熬。

2012年9月15日,电影《白鹿原》全国公映。

最后,值得一提的是,2011年12月19日,曾于2004年2月至2006年1月在陕西省西安市挂职任西安市委副书记的时任中共中央党校常务副校长李书磊,就电影《白鹿原》致信中共西安市委宣传部部长王军、西安电影制片厂厂长张丕民,这可以看作是当时对电影《白鹿原》的一个重要评价。

原信如下(引自陈忠实文学馆馆藏):

王军并丕民同志:

近好!

我离开陕西一晃六年了,常记起在西安共事的情景。那时与王军一起抓西安的宣传文化,曾议论过《白鹿原》拍电影的事,感慨难有人能把握这样的史诗。不想今年王全安把电影拍成了,即去看了样片,确实是先睹为快,觉拍得相当成功。你们一位是此片的策划人,一位是电影界的领导,也向你们表示祝贺。《白鹿原》的小说、电影都出自陕人,中间酝酿了二十余年而成呼应,也算是陕西文化的一段佳话。

比起小说，电影可以说是一部新的《白鹿原》。王全安不动声色地转移了立意，白嘉轩及其所代表的传统文化的命运成了影片的主线，原作中的一些政治情节被删减、淡化了。作为文化秩序维护者的白嘉轩与作为破坏者的田小娥成了两个鲜明的敌对角色，其艺术形象各生光彩。影片也没有堕入简单化、概念化的窠臼，既没有把白嘉轩拍成美德的化身或凶恶的封建族长，也没有把田小娥拍成个性解放的楷模或道德败坏的坏女人，而是让这两个形象都善恶难道，以他们活生生的本来状态出现。白嘉轩有在乱世苦撑乡村局面的坚忍，有与贪官乱兵斗争的顽强，但他自然没有尊重自由爱情的现代观念；田小娥的反抗有其正当性，但她后来也身有邪气。影片还原了生活本来的复杂性，展现了人物冲突本来的悲剧性。影片中各个人物的形象也都按生活与性格诡奇的逻辑展开，许多细节丝丝入扣，使二十世纪上半叶中国农村的文化图景跃上银幕，丰富而生动。看到这样严肃的艺术片我觉得难能可贵。

建议把秧歌队列的镜头移到最后，使影片有一个有力的结束。秧歌是传统的，是民间的，也是革命的，热烈的秧歌意味深长。秧歌队行进的形象有强烈的动作性，也有强烈的象征性，象征着中国文化的生生不息。只有这样刚劲而有象征性的结尾才能压住全篇、收住如此宏大的叙事，其他写实性的镜头很难收住。供参考。

匆此
握手

李书磊
2011.12.19

# 山重水复十七年

## ——电视剧《白鹿原》的问世

2001年7月23日下午,西安光中影视有限公司董事长赵安、总经理赵军开着一辆白色的普桑来到西蒋村。兄弟俩此行的目的是与陈忠实签订《白鹿原》电视剧的改编合同。

走进陈忠实家的时候,是农村吃晌午饭的时间,大约下午两三点。陈忠实一个人正准备吃晌午饭,赵安看得清楚,陈忠实的午餐是两个馒头,一碗白菜熬豆腐,几块肥肉。天热,几个人坐在陈家院子后边背靠白鹿原的窑洞里说话。赵安兄弟在城里吃过饭了,陈忠实匆匆吃罢饭,抽着黑杠子(巴山雪茄),一边与赵安兄弟聊正在热播的光中影视拍的20集悬疑警匪电视剧《12·1枪杀大案》,这个剧有现实生活原型,一边拿出一幅他刚刚收集到的照片,《白鹿原》中朱先生的原型牛兆濂先生的遗像让赵安兄弟看。赵安看着这位目光炯炯、不怒自威的民国先贤,说跟陈老师有点像,陈忠实哈哈笑了。傍晚时分,赵安兄弟与陈忠实告别,陈忠实对赵安说:"做这个不容易,要有一定的心理准备。"年轻的赵安兄弟满怀信心,怀揣《白鹿原》电视剧改编版权转让有效期为三年的合同,快活地返回西安。

三年过去,光中影视还没有拿下电视剧的立项。

2004年6月,西安一个酷暑的晚上,赵安与陈忠实在陕西省作协一个空荡荡的办公室里谈判。赵安感觉,跟三年前在乡下与陈忠实签合同时的欢快气氛不同,这次气氛有些凝重。陈忠实想给赵安倒杯水,热水壶是空的。其实,这个办公室,陈忠实也好久不来了。

赵安滔滔不绝地诉说三年的辛劳,企图继续续约。陈忠实淡然地听完,说:"我听明白了,你说得舞马长枪的,还是拿不下这事。你不用给我解释,现在做啥事都难。你只要拿来国家批准的红头文件,哪怕是一张二指宽的条条,咱就继续。"赵安不甘心,又说一个多小时,最后,和陈忠实达成一份口头协议:赵安可以继续做,陈忠实也不能在一棵树上吊死,谁能批下来陈忠实就签给谁,这对大家都公平。

赵安后来回忆,那天陈忠实把他送下楼,天黑了,他沮丧地走着,想起陕西省作协这个院子,原来是军阀高桂滋的公馆,大神云集,西安事变时曾羁押过蒋介石,想起这些,加上深深的挫败感,他的脊背一个劲冒凉气。

赵安变得害怕见陈忠实。一见面陈忠实就会问立项的情况,赵安学会了诉苦,说自己如何如何努力,只是最后没有任何结果。

到了第五年,赵安依旧没有立项成功。赵安害怕陈忠实问他,又害怕他不问。陈忠实不问的时候,赵安想着陈忠实是不是把版权签给别人了。发展到后来,一看见陈忠实那张饱经风霜的脸,赵安心里就发怵;一听见人说哪家影视公司又找陈忠实了,就心如刀绞。有一次,赵安参加省上的一个会议,满共二十余人,一进会场,赵安看见陈忠实坐在那里抽着他的黑杠子,他竟然借上厕所悄悄地溜了。

《白鹿原》电视剧立项为何如此艰难?王长元作为当事人之一这样回忆。他说:"2000年至2011年,我在陕西省广播电影电视局先后任艺术处处长、总编室主任、宣传处处长和电视剧处处长,主要是管理协调全省的电影电视剧制作。"[①] 王长元喜欢小说《白鹿原》,评价很高,"我一直把它放在枕边,一有空就拿出来读,读一遍有一遍的滋味,读一遍有一遍的感悟"。他认为《白鹿原》改编成电视剧,一定会掀起收视狂潮。"想不到几年之后这件事竟鬼使神差地转到我的手上。冥冥之中我感到这不仅是职责所在,简直是上帝老人家的用心安排。"王长元说:"一部电视剧的立项实在算不上什么,全国每年要拍500多部约15000集电视剧,哪一部不需要立项?但电视剧《白鹿

---

[①] 王长元:《我与电视剧〈白鹿原〉》,《动了心动了情》,陕西师范大学出版总社2016年,第57页。下引此文不再一一注明。

原》实在太微妙、太复杂、太困难,用了整整10年时间,往返北京不下10次,经历了三任中宣部文艺局长,中间的扯皮、拉锯、踢球不算,把其中的酸辣苦甜咸都倒出来,开一个饭馆,调料是不成问题的。"

王长元回忆,该剧立项,"一开始山重水复疑无路,很快就钻进死胡同,说不清道不明,斩不断理还乱,感觉好像有一双无形的手在扼住咽喉,让你吐不出来又咽不下去"。王长元认为,"问题的症结是胎里带来的"。他分析,第四届茅盾文学奖评奖时,中国作家协会从艺术角度力推《白鹿原》获奖,"而中宣部过多地考量意识形态和宣传导向,对获奖一直点着刹车。双方僵持不下,妥协的结果是可以同意获奖,但必须修改"。"要命的是一位领导还不解气,随口留下一个大尾巴:《白鹿原》不能改编为影视作品。领导的话就是政策,等于划了禁区套上紧箍咒通上了高压电。""电视剧立项分为重大革命历史题材和一般题材,前者由中宣部和广电总局审查调控,后者由各省审核备案。《白鹿原》算不上重大革命历史题材,但年年报年年通不过,一放就是好几年。都说是好事,但就是没有人敢批准办这个好事,根子还是领导的那句话。"

王长元回忆,2006年,在中央党校学习的陕西省广播电影电视局任贤良局长跟王长元说,他和中宣部分管文艺的领导就在一个班,这位领导对小说评价颇高,认为可以改编为一部大戏。任贤良局长让王长元和光中影视公司的老总赵安拿上剧本,立即赶到北京。王长元、赵安当天飞到北京,到中央党校向领导当面汇报,留下剧本,告诉领导不日就报广电总局,只等中宣部绿灯放行。王长元是一个性情爽快的人,他说,为了巩固公关成果,吃完晚饭后来到歌厅,他特意为领导献唱了一曲《在那桃花盛开的地方》。这首歌是他的拿手好戏和保留节目,每次唱都好评如潮,这次演唱更是出神入化,一曲终了,领导不停地鼓掌,服务员还以为是原唱者蒋大为来了。一切都顺理成章、完美无缺,王长元和赵安心想,这回见了真佛,该差不多了,两人借着兴致,"当天跑到承德避暑山庄美美逛了一趟,还不过瘾又拐到天津浪荡"。

可是,转眼到了年底,立项的事泥牛入海,一点动静也没有。王长元忍不住，直接给那位领导打电话，在反复陈述了一河滩的理由后，"央求他发个文件，让我们把《白鹿原》拍了吧"。结果是，领导反问了王长元一句："我们什么时候发过文不让拍？"王长元说："真是绝妙的回答，一拳打在空气上，差点闪了胳膊。"

王长元说，以他多年在政府机关工作的经验，认为这件事十有八九是办不下来了。他"就抱着与其得不到不如毁了的态度，给广电总局电视剧司宋鲁曼副司长讲，电视剧《白鹿原》不拍不说，要拍必须由陕西公司来拍，假如外省公司立项拍摄，我就一根绳子吊死在广电总局的大门上！因为我无颜见三秦父老"。

王长元讲："到了2009年，中国进一步融入世界，在人性和普世价值方面与外国文化沟通更多更趋一致，引发了意识形态方面细微的变化，管理也科学宽松富有人性了。首先是电影《白鹿原》有了突破，国家广电总局批准拍摄。电影和电视剧是孪生姐妹，不能叫姐姐嫁人，妹妹守寡。还有一件事，我听说陕西有一位作家给中央领导写了信，把封杀多年的小说解禁出版。看来公对公立项行不通，那么能不能尝试一下私对私，陈忠实老师会不会给这个面子？我与赵安把陈忠实约到长安一号商量，希望从他那里有所突破。席间谈了给中央领导写信的想法，陈忠实听得很认真，虽表现出一定的兴趣，但也流露出些许的忧虑。在沉思许久后他说了自己的想法，大概意思是别人能说的话他不能说，他过去不能说的话现在也不能说。"王长元还说："后来他给别人讲，如果写了信领导给面子倒好，领导不同意那就永远拍不成了。"

2009年11月3日早上，陈忠实打电话给笔者，讲北京的评论家雷达最近多次给他打电话，有时一天打几个，说北京有一家公司，要把《白鹿原》拍成电影和电视剧，请张艺谋做导演，张艺谋已答应。陈忠实说："《白鹿原》拍电影，西安电影制片厂弄了个半截子，据说芦苇把剧本都写好了，但这个事又撂到那里了；拍电视剧，赵安的公司（笔者注：西安光中影视有限公司）一直要拍，以前把剧本都写好了，还讨论过，但几年下来，项目上边还没有批。后来我干脆给再提这事的人说，我可以给人家写一个认可书，谁把准拍证拿下了谁拍,前后给几个人都这样说了。赵安前一阵子还找我,想继续弄这事,还让我给李长春写信。我说,我写信不好,李长春同意了万事皆好,万一不同意了,反而把路都堵死了,以后谁都弄不成了。现在雷达催得很紧,昨天晚上还急电,要我今天表态。"陈忠实接着说:"张艺谋中早期的电影作品还好,后来形式主义的东西太多,特别是《满城尽带黄金甲》,没有内容。听雷达说,张艺谋已给这家公司答应做导演,以前由于为奥运会工作,没有时间,最近刚拍完一个电影(笔者注:张艺谋导演电影《三枪拍案惊奇》),有空档。我犹豫不决,想听听你的意见。"

陈忠实又说:"我觉得赵安为这事前后费了好多力气,现在给别人,觉得亏欠赵安。还有省财政厅一个小伙子,说有一家公司能弄成准拍证,我也写了认可书,但这都没有约束力。现在那个小伙子也是一点儿音信都没有,想给小伙子打电话问问情况,我没有存他的电话,也没有办法。"

此前几天,西北大学广播电影电视系主任张阿利打电话给笔者,说北京一家公司要拍电影《白鹿原》,问相关情况。笔者当时打电话给陈忠实,问电影《白鹿原》目前的筹拍情况。陈忠实说:"国庆前,芦苇急着要见我,说厂里(笔者注:西安电影制片厂)决心再弄这事,我说我当时有事,芦苇当时也只有当天时间,就和芦苇说好国庆节后再说,但现在过去了这么久,也没有音信。"

此时,笔者一边接听电话一边思考,最后说:"我觉得这是一个比较好的机会。张艺谋能导演,最好不过,对《白鹿原》的推广极为有利。因为,张目前还是中国最有影响力的导演,世界级的大导演。而且,张艺谋经过艺术追求和票房追求两个阶段以后,特别是后一时期所拍电影,有不少争议,张艺谋应该有所反思。何况,张还是一个有追求的导演,他应该知道《白鹿原》的价值和分量,也许在创作思路上有所调整。退一步说,一个经典作品,还可以由不同的导演进行不同的阐释,以后也还有机会再拍。再说,雷达是朋友,是评论家,对作品又有精到的把握,由他做文学顾问,应该不会有太大的问题。所以,我觉得这是一个很好的时机,可以做这事。雷达提出要签合同，这是一般规律，没有合同，公司不好运作。"

陈忠实想了想，说："那我就同意把《白鹿原》电影拍摄权给雷达说的公司。电视剧再说。"

2010年，事情有了转机。王长元在《我与电视剧〈白鹿原〉》中回忆，一天，宋鲁曼副司长打电话给他，说上海一家公司正在活动《白鹿原》电视剧立项，问他知道不。王长元说他听后吃了一惊，紧张得前言不搭后语，镇静了好大一会儿才说："我还是那句老话，要不做都不做，要做只能由陕西做。"宋鲁曼副司长见他还那么坚决，答应先把上海公司稳住，让他立即报资料。王长元分析说，这"有点像打麻将，他死盯着上海公司出牌，专门给我放和"。

王长元讲了一个细节，他说，他们上报的资料中，剧情简介那一百多个字，是抄的小说上的内容说明，很精练，宋鲁曼也看过。但他的下属是个政策控，看了之后不停地摇头，说："你看这里面巧取豪夺，美女淫荡，土匪猖狂，公公杀媳，色情血腥暴力齐合了。"看来凶多吉少，宋鲁曼"喔"了一声，说："是这样吗？"当场拿起电话，把王长元骂了个狗血淋头密不透风，让王长元在下班前必须改好，否则死刑枪毙而且是终审。王长元当时说他除了委屈就是一头雾水，丈二的和尚摸不着头脑，觉得一向温和善良的上级今天怎么这般火爆，翻脸不认人。他想，官大一级压死人，况且咱是为了立项呀，打碎牙连血往肚子咽，只要不当众唾在脸上。

王长元说，后来的进展十分顺利，他专门到北京表示感谢。推开宋鲁曼副司长的门，宋鲁曼立即关上门，一把将他抱住并拍着后背说："兄弟呀，哥错怪你了，我当时也没办法，当着下属面骂你，我是在演双簧戏给他看呢。你不知道，《白鹿原》要上会专题讨论，必须确保万无一失，兄弟你就多理解吧。"王长元说："那一刻我心里万顷波澜，泪水一下子涌了出来，把十年来的辛酸冲刷得一干二净。"临出门时，宋鲁曼诡秘地叫住王长元，要翻他的提包，王长元说："为什么？"宋鲁曼说："想看里面有没有绳子。"王长元笑了笑说："我还要看电视剧《白鹿原》呢。"王长元说，"公允地讲，电视剧

《白鹿原》的立项宋鲁曼功不可没",可惜他 2012 年底英年早逝,只有 58 岁。

2010 年 9 月,《白鹿原》电视剧的立项批下来了。赵安第一时间给陈忠实打电话。陈忠实不相信,说:"你甭哄我老汉,把红头文件拿来。"赵安说:"现在没有红头文件了,广电总局只在网上公示。"陈忠实仍然不信。赵安说:"陈老师,你不信我,没问题,你找个你信任的人,上网查查,如何?"

9 月 3 日下午,陈忠实给笔者打电话,说:"告诉你一个好消息,《白鹿原》电视剧被批准可以拍了,是赵安的公司(西安光中影视有限公司)办的。"

晚上,陈忠实给赵安打电话,说在一起坐坐。两人在西安长安路与南二环相交的东北角长安一号餐厅见面,找了个小包间,要了一瓶红酒,点了几个小菜。陈忠实很高兴,端起酒杯说:"十年了,你终于胜利了,过程能写一部长篇小说了。"赵安碰了杯,心里惦记自家的事,直奔主题,问:"版权咋办?"陈忠实笑了:"说话算话,版权至今我谁也没签,你批下来,以后我就只认你了。"赵安接着问他对改编有什么意见,应该注意些什么,对人选有什么建议。陈忠实说:"小说写完,我的事就完了。发表到社会上,那就陈忠实是陈忠实,《白鹿原》是《白鹿原》了。咋改,找谁改,那是你的事了。"

赵安找的编剧是申捷。申捷,1975 年出生于北京,1998 年毕业于中央戏剧学院编导班本科,代表作品有《孔雀树》《重案六组》《女人不哭》等。赵安说,申捷读了上百本书,又在白鹿原上转了半个月,做好了准备,想和陈忠实谈谈。赵安与陈忠实又约到了长安一号。见了面,陈忠实与申捷坐在一张三人沙发上,一人靠一头,赵安坐在旁边。赵安事后描述:"申捷圆头圆脑,像打足了气的皮球,说到创意就眉飞色舞;陈老师稳稳地坐在那里,像半截老榆木根雕,不紧不慢,让人想起《哈利波特》里面的老树精。"陈忠实谈了对人物的看法以及人物的原型,特别谈了他没有展开写朱先生只身退清兵的遗憾,谈了黑娃的命运和这个人物原型的命运等。申捷和陈忠实似乎聊得很不错。临走,赵安背过申捷,问陈忠实:"感觉咋样?"陈忠实淡然一笑:"这是你的事,甭问我。"临了又补了一句,"我没想到他这么年轻"。

申捷写剧本，用了两年半。算算，已经到了2013年。赵安给陈忠实打电话说："剧本做完了，送审前，你要不要看看。"陈忠实说："你送吧，我不看了。"过后，赵安找了一批陕西的专家开研讨会。评论家李星说："我终于看见了一位能和陈忠实进行灵魂对话的编剧。"研讨会过后几天，赵安突然接到陈忠实的电话。陈忠实说："哎，赵安，你把剧本做完也不送我一套看看？"赵安有点蒙。赵安说："陈老师，三个月前我就问你看不看，你说不看了，你可不敢冤枉我。"陈忠实笑了："我忘了，赶快给我送一套。"

　　半个月后，陈忠实打电话问赵安能不能约申捷一块儿坐坐。赵安一约，申捷欣然前往。在酒桌上，陈忠实专门端起一杯茅台酒，走到申捷面前敬酒，说："辛苦了。以后剧本修改，有啥事，都可以找我。"申捷说："陈老师，老赵说你看剧本，我紧张坏了，我就怕你骂我。"陈忠实笑了，说："剧本你是专家，我还能骂你。"大家都笑了。

　　2014年5月20日，《白鹿原》电视剧正式开机。刘进担任导演，张嘉译饰演主角白嘉轩，同时出任艺术总监。开机前一晚，赵安特意去理了个发，洗了个澡。总制片人李小飚则专门到水陆庵烧了香，请人算好了吉日吉时。开机前夕，赵安跑到陈忠实的书房，动员陈忠实出席开机仪式。陈忠实这时精神还好，就是说话吐词有些不太清楚，说几句，就要吐一口口水。赵安让陈忠实看了演员的单人海报，陈忠实看得很仔细，每一张都看半天，仿佛和自己心中的人物在对照。但他没有作品评。赵安说："陈老师，十几年了，终于开拍了，轮到咱自己过事了，你这尊大神不就位，撑不起台面。哪怕去转一转，露个脸。"陈忠实拒绝了。为表示祝贺，陈忠实为《白鹿原》电视剧写了四尺整纸："激荡百年国史，再铸白鹿精魂。祝贺《白鹿原》电视连续剧开拍。"

　　开拍后，赵安和张嘉译几次在一起喝酒，张嘉译都说："咱还是去看看陈老师，总觉得咱不去不对劲。"赵安和陈忠实联系了两次，陈忠实都拒绝了，他说："让大家好好拍戏，心领了，不麻烦了。我好点去看大家。"电视剧前期拍完后，赵安专程去给陈忠实汇报，这时陈忠实病情有些好转。听说电视剧投资了两个多亿，陈忠实有些吃惊，关心地问："能卖回来不?"赵安说："这回赚了。"陈忠实笑了，说："你拍90集，还弄得大。赚了就好，再让你赔了，我还睡不安生了。"

后来剧组为《白鹿原》剪辑了一些片花，大家还是想让陈忠实看看。赵安又给陈忠实打电话，陈忠实答应得很痛快，说："好。但这周不行，安排不过来，下周吧。"到了下周，赵安再打电话，陈忠实关机了。赵安便问平时跟着陈忠实的办公室主任杨毅。杨毅说，陈老师要集中打半个月针，等打完针后再约吧。2016年4月29日，陈忠实因病去世。

陈忠实最终未能看到电视剧版《白鹿原》。

2016年10月，《白鹿原》电视剧拍完送审。当月下旬，中共陕西省委宣传部首先组织专家审查。稍后两天，陕西省新闻出版广电局也组织专家审查。陕西方面的专家对该剧在基本肯定的基础上，也提出了一些修改和完善的意见。这之后，又送国家广电总局审查。按照要求，电视剧制作方要根据专家审查提出的修改意见，逐条进行修改，然后再将修改过的样片送审。《白鹿原》电视剧报送国家广电总局审查，前后共三次。2017年4月初，中宣部组织专家审查了一次。同时，陕西省新闻出版广电局组织专家对根据国家广电总局审查意见修改的样片又进行了最后一次审查，审查通过后发了播出证书。

应该说，《白鹿原》电视剧的审查是严格的。电视剧分为一般题材和重大题材，一般题材由所属省市（直辖市）自治区广电局审查备案，重大题材由国家广电总局重大题材办公室审查调控。值得注意的是，《白鹿原》电视剧虽然属于一般题材，但其审查的严格程度远远超过了一般题材，甚至超过了部分重大题材。有人说，这是按特殊题材处理的。另外，宣传部一般也不审查电视剧，它可以派人参加审查，但不组织审查。这次，中共陕西省委宣传部和中宣部都组织专家对该剧进行了审查。由此可见各方对该剧的重视程度。

笔者应邀参加了2016年10月中共陕西省委宣传部组织的专家审查。审查完后，笔者写的审查意见是：

86集电视剧《白鹿原》，一是尊重小说原著的精神，二是在该小说的基础上，根据电视剧艺术的特点，在内容方面——人物形象和故事情节进行了充分的展开，某些内容方面则进行了合情合理的改编和创造，该剧思想上具有相当的深度，艺术上也有令人震动甚至震撼的力量，具有史诗气魄。总体上看，该剧是我省乃至全国近些年来出现的一部电视剧力作。

电视剧《白鹿原》展示的是中国两千多年皇权社会崩溃之后，新的社会秩序将建而未建以及军阀混战、革命、灾荒、瘟疫、抗日、内战等历史大背景下，农村社会的历史图景和农民生活的变迁，重在展现农村各种人物在时代巨变面前精神和人格的变与不变，老一代人极力恪守几千年来传统的文化观念和价值观念，极力维护传统的生活方式，而新一代人在时代巨变和生活灾变面前，则各寻出路。与原著相比，该剧突出和强化了鹿兆鹏和白灵的人物形象和戏剧内容，突出了以鹿兆鹏和白灵为代表的中国共产党人在风雨如磐的历史年代和民族危难的时刻，救国救民，舍生求义，强烈地表现出中国共产党人奋斗、苦斗和献身精神，从而使这部具有史诗意味的大剧有了鲜明的主调和主题。

电视剧《白鹿原》中所展现的历史巨变有两个方面。一个方面，是传统亦即"旧（思想、文化、道德、习俗等）"的消亡史。这是一曲深沉哀婉的送别"旧"的挽歌。该剧是一部正剧、大剧，具有史诗品格。主题健康积极。总体上看，没有政治性问题。

该剧艺术上也很成功。主要人物形象饱满丰富，一些次要人物也个性鲜明；故事情节跌宕起伏，扣人心弦，流畅生动；演员表演到位，演出了各自人物的性格。

全剧制作精良，电视画面精美讲究，很多大的景观和场面震撼人心，如白鹿原全景、山川风物、割麦场景、西安围城后的万人坑、祈雨场面等；服、化、道有鲜明、准确的历史特色。

建议完善和修改之处：

一、全剧音乐能精心创作（注：审查时全剧音乐还没有做完，审查剧音乐用的是替代音乐），以与此剧总体风格、具体场景和故事氛围协调相配。音乐既要有鲜明的"白鹿原"（特定地域空间）特色，也能够体现出特定历史和时代（特定历史时间）的特点。

二、第47集14分，白嘉轩关于"翻鏊子"的议论，系转述朱先生的话，显得生硬。此处请再斟酌之。

三、剧中关于鹿兆海死于与陕北八路军冲突一场戏，一是全面抗战以后，国共在延安有无大的军事冲突，请再对史实考察之；二是此一段戏实写（原著虚写，几句话带过），且场面很大，时间很长，日敌当前，国共两军如此内斗，思想效果不佳。建议再斟酌之。

四、全剧字幕错别字甚多（审剧时发现的部分错误已提请公司工作人员记录），要下大力气校对改正。

如：田小娥见黑娃时称黑娃为"鹿乡"，不通，应为"鹿相"，"相"是"相公"的简称，旧时称男子、学徒等为"相公"。

剧中多处将田小娥的"娥"错为"蛾"。

五、第73集28分，剧中布景中的泡馍馆匾名为"同盛祥"，演员说的却是"老孙家"，请统一之。

2017年1月3日，国家广电总局电视剧审查委员会对《白鹿原》电视剧提出的审查意见是：

该剧存在的主要问题：

一、长时间表现共产党组织的农协揪斗地主乡绅，戴高帽游乡，随意用铡刀杀人的情节，不妥。主要表现在第42集到第44集，黑娃受鹿兆鹏派遣去农讲所学习，然后高调回乡，铡死乡绅、砸了祠堂、批斗乡绅，当然，其中揭发田福堂、鹿子霖贪污、分给乡民土地,还是可以保留的,但总体上达到的效果比较负面,请做相应删减。

二、白灵、兆海、黑娃等人之死存在值得商榷的倾向性问题,让今人费解,容易造成不必要的负面影响,需做大幅删改。

白灵之死。此事件的设置牵涉大敌当前,共产党的红军内部肃反运动扩大化,残杀内部无辜的同志等问题。如第78集、第79集毕政委审查、枪杀、活埋从白区来的出生入死的英雄,也要活埋白灵,廖军长说毕政委:"你跟那姓姜的叛徒是一路货"。当然,小说中的白灵就是在共产党根据地的清党肃反中被活埋,该剧在这个问题上已经有了自己独立的思考,对白灵不是"被活埋",而是"欲活埋",这种选择显然是进了一步,但既然已感到这个问题不容易被今人理解,请在对原著的取舍中,不去表现肃反这一段,也不必表现她在自己的队伍中受尽折磨,最后被捆绑着,堵住嘴,推到了坑边上,如果不是敌人打过来,就让自己的同志毫无人性地"填了井"。应当只表现白灵在战斗中牺牲,这样,更符合典型化的历史真实,也让作为如此干净、美丽,又为革命拼尽热血的白鹿精魂——白灵形象有一个光亮的归宿,不至于让人感到窝囊和不可理解。

兆海之死。剧中对兆海的正面性做了很多铺垫。例如在军阀围困西安城的八个月中,兆海与白灵拼尽青春热血救助灾民和伤兵,展示了两个年轻人灵魂的高贵。日寇侵华,更展示了他报效祖国的决心。特别在白灵的问题上,观众对兆鹏的感觉可能会与兆海一致,兆海骂兆鹏,第77集"横刀夺爱",说,"这种连卑鄙小人都干不出来的事,我亲生哥哥干得这么利落畅快"!兆鹏:"别把哥想得太脏好吗?"兆海:"你在我心里已经脏了"。相形之下,兆海十分阳光、可爱、单纯,但剧中却让他死在共产党哥哥战友的刀下。从第80集34分10秒至第81集12分,近半个小时的内容详细表现共产党如何打国民党埋伏,导致双方杀红了眼,兆海被不明真相的八路用刀从背后刺中，最终死在兆鹏的怀里，客观上容易对国共两党的评价产生负面效果，整段戏删除。

黑娃之死。在剧中黑娃是共产党忠实的朋友，虽然他身上有流氓无产者的习气，开始曾带领农协揪斗地主乡绅、当过国民党保安团的营长、当过土匪，但他曾多次舍命救助兆鹏，帮助兆鹏等共产党人渡过一个个难关；灾荒年他帮助白嘉轩斡旋土匪借给乡亲们粮食；他主动成为朱先生的关门弟子，一心向好向善，保安团起义是在他的指挥下完成。而最后黑娃却死在已经解放了的共产党的枪下。当然，黑娃之死的直接原因是白孝文，而这个跟着岳维山死心塌地反共的白孝文，岳维山临死前还说让他当国民党的县长。后来，虽然他以起义的名义混进了革命队伍，但他是怎样突然当了共产党的县长，掌握了该县的生杀大权？原作虽然也是这样写的，但在该剧中就显得比较突兀——1949年的共产党，居然能够那么快让一个刚刚起义的人员、原国民党保安营长、劣迹斑斑的人当县长，而且是孝文这个共产党的县长代表人民政府，杀害了对共产党立过大功的黑娃，在这里让人感到共产党很黑暗，不仅看不清孝文，而且任其陷害黑娃，并且残酷地杀害了在旧中国经历那么多坎坷都没死的黑娃。虽然结尾很好，兆鹏带人抓走了孝文，但黑娃毕竟死了，让人不免对共产党有失望之感。所以，在这里，黑娃之死应淡化，白孝文的身份应斟酌。

三、涉性的激情戏和性虐待表现较多较过。如，白孝文与其妻子的床上戏，多次表现郭举人用鞭子抽田小娥，嘴里说着"享受吧"，当然，更多的是黑娃与田小娥、白孝文与田小娥，特别是鹿子霖与田小娥的床上戏，显得十分恶俗。比起原作，该剧的情色描写已淡化了许多，但即使是优秀文学作品走上荧屏这样的大众传播媒介平台，也要有必需的转化和规避，看得出作品已经做了很大的努力，但还需进一步努力，把上述这些涉性的内容进行删减修改。

四、封建迷信的展示应避免。屡次表现在祠堂中拷打人，应减少一些。如第66集、67集、69集跳大神的场面等，应删减。

五、存在一些不妥的情节与对白。例如，第1集15分40秒，白家奶奶说，"女人就是糊窗户纸，破了，旧了，咱就把它撕了。"第44集8分2秒至8分32秒，鹿兆鹏与岳维山关于农协的争论，岳说："你们农协的头头都是各个村子的死皮赖娃……革命啊，不是乱铡，乱斗。"兆鹏说："那清政府还说中山先生也是死皮赖娃啊。"岳说："你不能乱作类比，你这不是污损国父吗？"在这里倒是岳维山比兆鹏正面，应修改。

该剧存在的具体问题（以上举例说明的也需要修改）：

（引者略）

国家广电总局二审意见主要是："两次修改意见已明确提出了删改问题，而制作方并没有修改到位，需按两审意见认真删改。"三审意见是："制作方根据复审意见对全剧进行了修改，修改基本到位。"接着又指出三处小的问题，要求"仍需调整"。

2017年4月16日，江苏卫视和安徽卫视同时播出预告为85集的《白鹿原》电视剧。仅仅播出一天，第二天就停播了。一时间，网上出现了各种议论和猜想。代表性的猜想是：因为内容问题被停播。4月18日，《新京报》刊发消息："《白鹿原》剧组、安徽卫视和江苏卫视发声回应：为了取得更好的播出效果，《白鹿原》将择机播出，感谢大家关注。"4月19日早上7点，人民网娱乐频道以"《白鹿原》停播 官方回应：感谢关注 择机再播"为题转发了《新京报》的消息。

停播期间，坊间有不少传闻。最令人吃惊的说法是，《白鹿原》电视剧停播经历了生死考验！一位业内前领导对笔者说，有一位负责人说，他为《白鹿原》电视剧，已经做好了"玉碎"的准备。

柳暗花明。5月10日晚，《白鹿原》电视剧在江苏卫视、安徽卫视复播。

复播都是从第一集开始。细心的人会发现，复播的第一集片头曲变了，原来秦腔风格的曲子唱词是"吃饱了，喝胀了，跟皇帝他大一样了"，后来的童谣风格的曲子唱词是"原上的白鹿哟，我爷爷我爸爸的白鹿哟，哟吼嘿……"这说明，复播的电视剧内容有所变动。果然，该剧复播于6月21日收官，全剧只有77集。

播出过程中，5月27日，是一个星期六，光中影视老总赵安给笔者打来电话，可以听出很高兴，他说，上边的上边指示：《白鹿原》电视剧播出后，反响很好，要组织高层论坛研讨。为高层论坛准备，组织一批评论，从改编、电视剧本身和收视等方面写文章。赵安说："你的身份比较特殊，想请你从改编角度写一篇文章，2000字，节后就要，给《文艺报》。"笔者对《白鹿原》电视剧本来就有话说，端午节回到乡下，两天未出门，写了一篇《忠实与发挥——谈〈白鹿原〉电视剧的改编》，3000字，节后第一天就给了赵安。6月9日，《文艺报》发了一个整版的关于《白鹿原》电视剧的评论，角度各不相同，笔者的文章刊在头条。在此前后，国内一些重要媒体也刊发了一批肯定和高度评价《白鹿原》电视剧的文章。5月31日的《人民日报》（海外版）以《电视剧〈白鹿原〉再现文学经典》为题刊发文章说：

> 白鹿原上，苍穹之下，雪花洋洋洒洒飘落在广袤的大地上，牌楼庄严肃立……这部改编自陈忠实同名小说的大剧，观众期待已久，在江苏卫视播出后引发了持续关注和热议。
>
> 陈忠实生前曾说："《白鹿原》的改编寄希望于电视剧。"尽管小说曾被改编成话剧、舞剧、秦腔、电影等多种艺术形式，但由于体量、表达方式等的限制，这部五十多万字的小说，被认为是最适合搬上电视荧屏的。
>
> 该剧目前豆瓣评分9.1，高口碑是对这部文学经典荧屏表现的最好肯定。该剧以白、鹿两家祖孙三代人的命运为线索，展现了渭河平原从清朝末年到20世纪中期长达半个多世纪的变迁史，体现了相

当的厚重感和传奇魅力。

6月22日，西安的《华商报》娱乐版刊登了该报记者罗媛媛采写的访谈，可以看作对该剧的一个总结。

对制片方代表赵安的采访：

**华商报**：《白鹿原》收视与你之前期待的相符合吗？

**赵安**：不太符合。其实身边很多人是预估到的，是我有点不太愿意承认。这部剧的故事、结构、表演、内涵都不错，我认为它应该很受欢迎。出来以后我就有点看不明白，评价这么好，收视怎么会是这样的？但是看了一些评论我慢慢也就想通了，《白鹿原》这种题材有点像是艺术片，和商业片不可能比。它能得到大家这样的口碑和评价，和很多炒收视率的剧走的是两条不同的路。

**华商报**：评价的声音中，有没有哪种声音是最让你觉得欣慰的？

**赵安**：良心之作，国剧门脸，这些评价就是对我们最大的心理安慰。我们拍的时候，导演、编剧、演员有一个共识：咱一次把它做到位，让十年以后二十年以后，这个剧还能看。我觉得这一点应该是做到了。

**华商报**：假设陈老还在世，你会如何跟他汇报剧版《白鹿原》的成绩。

**赵安**：我尽心了。遗憾就是做得晚了点，做了这么多年，陈老师没有看到，如果他能看到就最好了。

对编剧申捷的采访：

**华商报**：《白鹿原》收视率一开始并不高，是随着剧情的进展慢慢升高的，你觉得可以将节奏改得再快一点吗？

**申捷：**不能因为前面的收视低，就指责这部戏的节奏有问题。我们不能被商业洗脑。做这样一个大戏，要对得起良心，对得起岁月的考验。我们不能急功近利，什么惹人眼球就做什么。如果那样，我一开场就该详细描写白嘉轩六个老婆怎么死的，那多有意思，肯定比仙草倒在雪地里出场强。如果只追求节奏，我们会把围困西安城简化处理，省了很多大场面很多历史写实，可以不拍万人坑，可以不描写全城饥饿的场面，那样既省钱又提节奏，但我们对不起祖宗，更对不起电视机前的观众。时间会告诉我们，守住初心是对的。

**华商报：**很多观众看戏喜欢看对自己有投射的剧，《白鹿原》的时代特色比较浓，与观众尤其是年轻观众距离较远，你怎么理解这个问题？

**申捷：**《白鹿原》离我们现在远吗？每个人物的命运起伏与我们当代人不相关吗？非得是穿上时尚的衣服，开着香车宝马才符合当代人吗？非得是飞来飞去或者修仙扮鬼的人才能引发受众的共鸣？我怎么倒觉得白鹿原上这群人比那些人都更有现实意义呢。什么是经典，经典不是为迎合而生，恰恰是让我们离开有限的自己，去拥抱更广袤的世界，过去现在未来，达到前所未有过的境界。

原刊 2017 年第 10 期《延河》

# 归去原下

2001年到2002年，陈忠实回到乡间——老家蒋村住了两年。复归两年，隐居两年，生活、思考、写作了两年。

2001年春节刚过，陈忠实在城里买了二十多袋无烟煤和吃食，回到蒋村祖居的老屋。准备了这么多的东西，显然是打算在这里长住。妻子女儿一起送他复归原下乡村的老屋，他留下，妻女回城。他站在门口又送妻子和女儿。当他挥手告别妻女，看着汽车转过沟口，转过那座檐塌壁倾颓败不堪的关帝庙，折回身走进大门，进入刚刚清扫过隔年落叶的小院，心里竟然有点酸酸的感觉。这一年他五十九岁。已经是摸上六十岁的人了，何苦又回到这个空寂了近十年的老窝里来？

如果说陈忠实的心中有隐逸的思想，很难令人信服。一般地看，观察陈忠实的为人，分析他的作品，似乎都看不出他有隐逸的思想。陈忠实是关中汉子，硬汉一个，出于贫贱，勇于进取，性格中无关乎"隐"，甚至丝毫无关。他说过很多次，文坛就是一个名利场，他不讳言要在这个名利场中争取自己的东西。

但是，如果仔细读他复归原下这一阶段的散文，你会发现，他居然就是步上了千百年来中国传统文人走过的路子，归去来兮，隐于乡村。

2003年12月11日，陈忠实在城里二府庄写了《原下的日子》，这是他回城以后写的回忆那两年乡间生活的散文，这篇散文是他那两年心绪的集中而典型的表达。

他的散文中也出现了以前不曾出现过的两个词，"腻"和"龌龊"。

在散文《原下的日子》中，他引了白居易的一首诗《城东闲游》："宠辱忧欢不到情，任他朝市自营营。独寻秋景城东去，白鹿原头信马行。"他对此诗进行了阐释，且略作发挥，"一目了然可知白诗人在长安官场被蝇营狗苟的龌龊惹烦了，闹得腻了，倒胃口了，想呕吐了，却终于说不出口呕不出喉，或许是不屑于说或吐，干脆骑马到白鹿原头逛去"。《南史·隐逸传上·陶潜》："著《五柳先生传》，盖以自况，时人谓之实录。"此亦为陈忠实之自况，实录。"还有什么龌龊能淹没能污脏这个以白鹿命名的原呢？断定不会有。"白鹿原是干净的，因此，他才回到了白鹿原，回到属于自己的原下。

他写道："我站在院子里，抽我的雪茄。""我一个人站在院子里。原坡上漫下来寒冷的风。从未有过的空旷。从未有过的空落。从未有过的空洞。"一连三个排比句，三个"空"字，而且是三个斩钉截铁的句号，极力表达并强调着作者内心的空茫和宁静。

他写道："我不会问自己也不会向谁解释为了什么又为了什么重新回来，因为这已经是行为之前的决计了。丰富的汉语言文字里有一个词儿叫'龌龊'。我在一段时日里充分地体味到这个词儿的不尽的内蕴。"其实，在这里，陈忠实反复斟酌拈出的"龌龊"一词，已经透露了他复归原下的原因，何况还是"一段时日里充分地体味到这个词儿的不尽的内蕴"。具体是什么"龌龊"，似乎倒没有必要追问。"我听见架在火炉上的水壶发出噗噗噗的响声。……耳际似乎缭绕着见过面乃至根本未见过面的老祖宗们的声音：嗨！你早该回来了！"

"嗨！你早该回来了！"这是陈忠实的表达语言。陶渊明以及千古以来文人的表达句式是："归去来兮，田园将芜胡不归！"意思是一样的。陶渊明也是回归了家乡。所不同的是，陶渊明辞了官，陈忠实没有辞。其实，陈忠实辞不辞都一样，反正都是闲职，有和无一样，用乡间的话说，是"样子货"。

第二天微明，他在鸟叫声中醒来，"竟然泪眼模糊"。闻鸟声居然泪眼模糊，陈忠实此时的内心太过敏感，感情太过脆弱。显然是积郁已久，终于找到突破口了。在乡间，闻鸟鸣。傍晚，他走上灞河长堤，看到一个男人在河滩里挖沙筛石。他久久地站在那里观看,直至入夜,浮想联翩。在这一年的5月12日,他写了短篇小说《日子》,写的就是一个挖沙男人的生存状态和人生样态,其最初的生活触发点,可能就是来自这一天傍晚他的所见、所感与所思。

春来,杏花、泡桐花、洋槐花等各种花儿次第开放,香气溢满原上和川道。夏至,"令人沉迷的绿野变成满眼金黄,如同一只魔掌在翻手之瞬间创造出来神奇"。秋临,弱柳变为金黄。冬到,小雪接着大雪,踏雪原野,听雪声脆响。这是陈忠实在乡间一年四季之所见,更是他的生命感受。他"由衷地咏叹,我原下的乡村"。在这里,陈忠实又变得极为抒情。

夏夜无眠,他在夜色中思接千载,怀古思今,更为确信"在原下进入写作,便进入我生命运动的最佳气场"。

与《原下的日子》异曲同工而又各臻其妙的散文作品是《三九的雨》。而且,《三九的雨》就写于他隐居乡间的时候。2002年1月17日,陈忠实在乡间写成散文《三九的雨》。1月17日是农历辛巳年的腊月初五,一年将尽之时,陈忠实此时写这篇作品,除了三九的雨给人带来了特别的触动之外,也有岁尽时的顾后瞻前之意。这一场陈忠实有生以来仅见的三九的雨是从腊月初二下起的,一直下到初四天明,初五他已然写就这篇关于三九的雨的散文,时间上算起来没有间隔。《三九的雨》写得非常从容,情绪却回环往复,宛如一首慢板的乐曲。这是他当时的心境,也是他当时的生活状态。优游从容,淡定自然。

三九本该是严寒的天气,三九三,冻破砖,滴水成冰,却没有落雪,而是下了一场雨。雨从前天下起,小雨,连绵至今天天明。四野宁静,天籁自鸣,陈忠实觉得宁静到可以听到大地的声音。陈忠实的目光从脚下的路延展开去,陷入往事的回想。脚下的沙石路当年只有一步之宽,为了求学,他走了十二年。当时最大的宏愿无非是当个工人,不想却爱上了文学,"这不仅大大出乎父母的意料,连我自己也感到奇怪"。"背着馍口袋出村挟着空口袋回村,在这条小路上走了十二年",所获的是高中毕业。曾经路上遇狼,但有父亲壮胆。陈忠实在那一刻意识到，他的一生，都与脚下的这条沙石路命运攸关。农村基层工作二十年，往返于这条路；即使他后来在城里当了专业作家，还是毅然从城里回来，沿着这条路回到自家的老屋。然后是从1982年冬天到1992年春天，他在原下祖居老屋里读书、写作。他总结道，这十年，是他最沉静最自在的十年。

在回顾了过往的大半生的人生之路后，他强调"我现在又回到原下祖居的老屋了"。"老屋是一种心理蕴藏"。"心理蕴藏"，是否可以理解为给心理以力量的蕴蓄？这个祖居老屋，曾经是父亲、叔父以及祖父们共居的地方，如今他们已经长眠于白鹿原北坡，但他们的某些生命气息依然回荡在老屋。他在和祖先默视、和大地对话的过程中，获取心理的力量蕴蓄。

文中体现出的，完全是宠辱不惊的气度，宁静致远的心态。

熟悉陶渊明或王维回归田园、隐居乡间诗作的人，一定可以看出，陈忠实这里所写的，一方面是对"腻"和"龌龊"的厌弃或逃避，另一方面是对自然的由衷喜爱和歌咏，对农人、农事的发自本心的亲近和关切。是其所是，非其所非，是非之间，凸显出作者当时的人生处境、心境和价值取向。

陶渊明《饮酒》诗："结庐在人境，而无车马喧。问君何能尔，心远地自偏。采菊东篱下，悠然见南山。山气日夕佳，飞鸟相与还。此中有真意，欲辨已忘言。"王维《济州过赵叟家宴》诗："虽与人境接，闭门成隐居。道言庄叟事，儒行鲁人余。深巷斜晖静，闲门高柳疏。荷锄修药圃，散帙曝农书……"以这些描写隐居乡间的诗作，比照陈忠实的这些散文作品，我们可以看到，古往今来，某些内在的精神意绪，实在是一脉相通。

陈忠实隐居乡下的时候，在2002年7月9日，写成了一篇散文，特别的意味深长。这篇散文叫《遇合燕子，还有麻雀》，写的是一个燕子筑的巢被麻雀霸占的事，此事为陈忠实亲见亲历。这篇写鸟的散文很长，约有五千字，估计不是一天写完的。记得陈忠实写这篇散文的时候，因为什么事和笔者通过电话，随口说到了他正在写的这篇散文，他在电话那头呵呵笑着，给笔者讲这个燕巢雀占的故事。笔者当时心里一震，觉得这里边别有意味。后来笔者再读这篇散文,觉得这确实是一篇意在言内又意在言外的作品,信息非常之多。陈忠实后期的散文,除了写自己某一段或某一种人生经历,写游历观感,还有两个特别醒目的题材,一是喜欢写树,一是喜欢写鸟。陈忠实说过,人之喜爱文学,没有别的,是因为此人有一根对文字、对文学敏感的神经。以此逻辑观照陈忠实自己,他之喜欢写树和写鸟,也是对树和鸟有一根敏感的神经。陈忠实也写过花,但很少,如《种菊小记》,最喜欢的还是写树,原因有三:一是当年他求学,全赖父亲种树卖树,令他刻骨铭心;二是他自小就生活在乡村,后来又长期在农村工作,几乎是触目皆树,院内院外树木常年伴他,让他感到亲切、悦目;第三,曾有算命先生算过他是"木"命,也许冥冥之中他和树木还真有更深一层的神秘关系,虽然说不清,权为一说。动物里,陈忠实写过蜘蛛和狼,都不是专题专意写它们,而是写树或其他事时顺带写的,但他有多篇散文是专题专意写鸟的。他写过鹭鸶、白鸽、朱鹮、斑鸠,这一次是专意写燕子和麻雀。而这次写燕子和麻雀又与以往写鸟不同,以往写鸟就是写鸟,这次除了写鸟本身之外还写一种生命现象,或者说,重要的是写一种生命现象,这种生命现象又有着普遍的意义,可以说也是一种生活现象、社会现象甚至历史现象,而且富于哲理。

《遇合燕子,还有麻雀》先是写了两种燕子——瑚燕和草燕,瑚燕属于精致一类,且极爱干净,草燕粗糙肮脏。家里曾有草燕筑巢孵蛋,如今来了已经极为罕见的瑚燕,所筑之巢精美绝伦,令人叹为观止。后来,作者出门数日归来,发现瑚燕已杳无踪迹,而让人吃惊又好笑的是,麻雀占了燕巢。作者百思不得其解,有鸠占鹊巢一说,鸠凭的是力量和凶猛,而麻雀与瑚燕属于一个量级,显然说不上力量也谈不上凶猛,凭什么就占了燕巢呢?作者将此奇事说与村人,村人哈哈大笑说:"麻雀根本不会和燕子动武。麻雀根本用不着和燕子动武。麻雀只要往燕子窝里钻一回,燕子就自动给麻雀把窝腾出来了。为啥?麻雀身上的臊气儿把燕子给熏跑了。燕子太讲究卫生了,闻不得麻雀的臊气。"作者大为惊异:"哦!这又是我料想不到的学问,一个令我惊心的学问。"作者由此浮想联翩,以此燕巢雀占之理推及自然界,又推及人类社会生活,想到林黛玉如果遇到鸨婆,谦谦君子如果遇到泼皮无赖,"不必交手结局就分明了"。明白了这一层,虽然令人惊心,却也令人开心。"我站在台阶上抽烟,或坐在庭院里喝茶,抬头就能看见出出进进燕窝的麻雀的得意和滑稽,总忍不住想笑。起初,麻雀发现我站着或坐在院里,还在屋檐上或墙头上窥视,尚不敢放心大胆地进入燕窝,一旦我转身进屋,'哧溜'一声就钻进去了,还有点不好意思的心虚,显现出贼头贼脑的样子。时间一久,大约断定我其实并不介入它占燕巢的劣行,就变得无所顾忌的大胆了,无论我在屋里或檐下,它都自由出入于燕窝。我也就对麻雀吟诵:放心地在燕窝里孵蛋,再哺育小麻雀吧!毕竟也还是一种鸟!"这里,既显出了作者的仁厚、宽容与大度,也显出了作者在精神姿态上的居高临下。

至此,我们不禁要探究,陈忠实为何在摸上六十的时候,当着省作协的主席,又是党组成员,妻子儿女此时也都居于城里,他却放下方便和自在,独自一人,归于原下,一住便是两年,是一时心血来潮,还是别有缘由?读了这些隐居的散文,特别是这篇写鸟的散文,我们会恍然明白若干谜底。瑚燕之去,岂不也与"龌龊"大有关系?

这一时期,陈忠实不仅以散文的形式借景抒情、借物抒怀,也以评论、序文的形式表达他这个时期某种强烈的生活感受,表达他对一些人及社会问题的看法和思考。2002年10月中旬,他给笔者的一本散文随笔集《种豆南山》写了一篇序文,其中的许多文字,意蕴深广,有着他强烈的生活感怀和对现实的批判。在评说笔者的散文《做一个简单的人》时,他引用了笔者的一段话:"我说的简单的人意思是:为人处世,特别是与人交往,尽量化繁为简,而不要把事情复杂化,更不要耍心眼,与人钩心斗角。"他认为这是笔者的"立身宣言",然后展开分析说,"时下的社会生活形态,似乎恰恰是复杂化。即把很简单的事和处理这些事的最直接最规范的途径废置,寻求某种曲里拐弯草蛇灰线暗箱操作的幽径,取得一个意料不及面目全非又是出奇制胜的结局,名曰生存智慧。生存智慧酿造生存技巧。官场擢升、商场暴利乃至文坛出名,更显灵的就是此道了。敢于挑战这样的生活世相宣言做一个简单的人，必定是见多了也洞透了所谓生活智慧和生存技巧所演示的龌龊，而独守一分清静，继而发出做一个简单的人的宣言，独立成一种人生姿态"。接着他又进一步展开论述："小利引用一个曾经有过显赫声名的红卫兵头目的话：'在政治上只有头脑而没有良心。'小利断定：'简单的人肯定做不到这一点。简单的人是讲良心的。'这里就画开了一个最基本也是最严峻的人生界线，即良心。良心的界线毁弃了，黑可以说成白，丑可以说成美，指鹿为马也不觉得荒谬了。良心毁弃的唯一因素就是某种生存目的的实现。譬如说在某种非正常的环境下，譬如说在自身能力和条件尚不具备的情势中，而要达到权欲的名利的生存目的，就得玩弄生存智慧生存技巧了，就不能简单地把黑说成黑、把白说成白、把丑说成丑、把美说成美、把鹿说成鹿、把皇帝说成什么衣服也没穿的光屁股。指鹿为马的中国历史典故，正好为安徒生的童话《皇帝的新衣》提供了生活的依据或注释，前者为生活真实，后者为艺术真实，相得益彰，鉴示中外古今。为什么会把这样简单的事象完全弄到面目全非复杂混账呢？任谁都不会怀疑洋的和土的两帮重臣文化高低造成了失误，都是为了生活得更好的目的而讲究了生存智慧生存技巧的必然结局，良心显然没有了。这样我就意识到关于简单的人的真实内涵并不简单，而要做到一个简单的人，更不简单。其中丰厚而又严峻的意蕴是，守护良心，守护心灵家园的纯净，坚守作为一个人的尊严。"[①] 陈忠实在这里对生活中一些现象的指斥，显然有他在生活中的感受和发现。

  2001年到2002年，是陈忠实自1992年年初写完《白鹿原》以后到西安城里居住、生活工作之后复归乡村的两年。他为什么会在摸上六十岁的时候，复归老屋旧居，一个人再住上两年，仔细分析，除了逃避或者说躲开他屡次有意无意地透出的"龌龊"之外，还有更重要的一点，那就是，在重新打量世事人事的同时，他也要重新打量自己，调整自己的心理。归于宁静，再次获得宁静，应该是他这两年最大的收获。

---

[①]《陈忠实文集》第7卷，人民文学出版社2015年版，第352、353页。

这两年，用他的自己的话说，也是他自 1992 年进城以后写作字数最多的两年。

笔者查看并统计了一下，这两年，或散文，或言论，或小说，他每月都有一篇或数篇作品写成。2001 年，他写成散文、言论计 21 篇，短篇小说 3 篇，出版散文集 1 部；2002 年，写成散文、言论计 35 篇，短篇小说 2 篇，出版散文集、小说散文合集 4 部。

虽然归于原下，但陈忠实不是要做一个"隐者"，只过那种"采菊东篱下，悠然见南山"的闲适生活。回归自己的田园，也许更有利于他对农村社会的观察，对农民命运的思考。而农村，一直是陈忠实关注的焦点。2002 年 5 月 9 日中午，笔者陪一位企业人去西蒋村，同陈忠实商讨一件与作协文学活动有关的事。聊天时，陈忠实说《中国作家》第 5 期发了他的一篇短篇小说《腊月的故事》，这篇小说是写农民的，是他对农村生活、农民问题观察和思考的一个反映。陈忠实说，他对官方现在提的"弱势群体"这个说法很有不同看法，农民占全国总人口的四分之三，这么多的人口不能简单说是一个"弱势群体"。

后来我们一起回城。路上，笔者和陈忠实闲聊，说："晚明文人很讲究生活的艺术化，有个叫屠隆的，说他最理想的生活是：'楼窥睥睨，窗中隐隐江帆，家在半村半郭；山依精庐，松下时时清梵，人称非俗非僧。'这个人理想的环境是'半村半郭'，清静，又不清冷；理想的身份是'非俗非僧'，闲适，又不空寂。这种生活方式，可进可退，非常灵活。陈老师现在的处境就多少有一点这样的意思。住在乡村，又离城很近，是城边，可以说是清静但又不偏僻；生活方式呢，读书写作兼会客，清闲中又很充实。"陈忠实呵呵笑着说："我居住的地方是'半城半乡'，人是'半官半民'，其实更多的是一个'民'啊。"

# 陈忠实逝世后海内外唁电中对他的评价

古人有"盖棺论定"一说。陈忠实去世后，海内外很多组织、单位和个人发来了唁电，他们或以组织的名义或以个人的名义，在对陈忠实逝世表达沉痛哀悼的同时，也有或多或少的评价性话语。

下面从发来的唁电中只摘出评价性的话语，从中可见陈忠实在人们心目中的地位和形象，亦可见此一时代不同地方不同的人对一位作家的认识和评价。

## 中国作协和全国各省市作家协会唁电中的评价性话语

2016年4月29日，中国作家协会在唁电中说：

陈忠实同志是我国当代文学大家，创作了《白鹿原》等一批享誉中外的优秀作品。他的创作高扬现实主义文学旗帜，饱含对国家对人民的深情大爱，深刻描绘了中华民族百年变迁的雄奇史诗和壮丽画卷。他忠诚于党的文学事业，坚守艺术理想，品格高洁，淡泊名利，谦逊质朴，真诚善良，热心扶掖青年作家成长。他的作品深受广大读者喜爱，他的风范广为文学界称颂。陈忠实同志历任中国作家协会第六、七、八届副主席，为中国文学事业和中国作协建设发展做出了杰出贡献。他的逝世，是中国文学事业的巨大损失。

上海市作家协会在唁电中说：

陈忠实同志是我国杰出的小说家，为当代中国文学做出重要贡献。

重庆市作家协会在唁电中说：

"陈忠实先生是我国当代著名作家"，"斯人斯文，必将永垂青史"。

黑龙江省作家协会在唁电中说：

"一代文学巨匠陈忠实"，"代表作《白鹿原》蜚声文坛"，"多部作品，是中国文学的丰碑"。"陈忠实老先生在人们心中如一盏长明灯，照亮文坛，给人精神慰藉。"

辽宁省作家协会在唁电中说：

陈忠实同志是我国当代著名作家，许多作品具有广泛影响力，对辽宁的小说创作产生过较大的影响，其代表作《白鹿原》成为一个时代象征。

河北省作家协会在唁电中说：

陈忠实先生是一位杰出的、拥有民族精神的现实主义作家，其人品学问皆为当世之楷则。

先生的代表作《白鹿原》在中国当代文坛上，毫无疑问是小说丛林中的一棵葳蕤光辉的大树，是一座撼人心魄的高峰。在整个20世纪中国文学的大格局中，其思想容量和审美境界，都具有独特的、无可取代的地位。

内蒙古自治区作家协会在唁电中说：

陈忠实先生一生文学成就斐然，享誉中外，无愧一代文学大师。斯人已逝，风范永存，其人其作将会彪炳中国文学史。相信先生的道德文章将永垂不朽，恩泽后人，历久弥新。

江苏省作家协会在唁电中说：

陈先生一生献身于文学事业，以文学为生命，为中国文学做出了重大的贡献。

浙江省作家协会，浙江省作家协会主席麦家，浙江省作家协会党组书记、副主席臧军在唁电中说：

陈忠实先生是我国著名作家，从事文学创作50多年，勤劳耕耘，著作颇丰，代表作《白鹿原》在国内外读者中反响强烈，享誉文坛；他一生致力于文学事业，为人谦和温暖，乐于提携后进。
陈忠实先生其人其文将永远嘉惠文坛。

江西省作家协会在唁电中说：

陈忠实先生是我国当代文学的标识性人物。他的作品，饱含了强烈的忧国忧民的情怀，表达了他对当代中国的深刻和独特思考，具有丰富的文学、社会学、民俗文化学等多方面的思想艺术价值。他的《白鹿原》,是新中国成立以来当代长篇小说创作的重要收获之一,已经成为数代人阅读史上的经典。

**福建省作家协会在唁电中说:**

陈忠实先生是一位优秀的中国共产党党员,是我国当代深具民族精神的著名作家,他成功塑造了一系列富有深刻历史文化内涵的人物形象,描绘了一幅幅斑斓多彩、撼人心魄的长幅画卷,他的代表作《白鹿原》更是中国当代文坛一座风光无限的高峰,对我国当代文学的发展起到了重要的推动作用。

**河南省作家协会,李佩甫、邵丽、何弘、乔叶在唁电中说:**

陈忠实先生是当代著名作家,他一生笔耕不辍,创作了大量紧跟时代、贴近生活、服务人民的优秀文学作品,为我国文学事业的繁荣做出了重要贡献。

**湖北省作家协会在唁电中说:**

陈忠实先生用他毕生精力和辉煌的文字成就为中国文坛树立了榜样。为文为人,堪称典范。

**湖南省作家协会在唁电中说:**

陈忠实先生是我国当代著名作家,长篇小说《白鹿原》是当代中国文学的不朽丰碑,其史诗品格和中国气派令人敬服。他用作品表达了一个作家对祖国、对人民最忠诚的爱。陈忠实先生是我们作家人格的楷模，创作的榜样。

广东省作家协会在唁电中说：

陈忠实同志是一位拥有民族精神的杰出的现实主义作家，是"文坛陕军"的领军人物，他与文学结缘 50 余年，创作了许多脍炙人口、影响深远的文学作品，代表作《白鹿原》，在国内外读者中反响强烈，在文学界评价很高，被誉为中国的"百年孤独"。

海南省作家协会在唁电中说：

陈忠实先生一生笔耕不辍，对文学投入了全部的感情与心血，其创作的长篇小说《白鹿原》，已成为中国文学的一座高峰。陈忠实先生平易近人，对年轻作家大力提携，为中国的文学事业奋斗不息，其精神永远值得我们缅怀。

甘肃省作家协会在唁电中说：

陈忠实先生是我国当代中国文学的标识性人物，是中国最杰出的作家之一，他的作品史诗般地再现中国苦难与辉煌，他为中国当代文学事业的发展做出了不可磨灭的贡献，必将载入中国文学史册。

青海省作家协会在唁电中说：

陈忠实先生道德文章，让人高山仰止，以《白鹿原》为代表的一系列文学作品，讲述中国故事，弘扬中国精神，彰显中国气派，矗立为中国当代文学之高峰。

宁夏回族自治区作家协会、《朔方》编辑部在唁电中说：

陈忠实先生是我国当代著名作家，为中国文学做出了重要的贡献。他的代表作《白鹿原》1997年获茅盾文学奖，被教育部列入"大学生必读"系列，改编成秦腔、话剧、舞剧、电影等多种艺术形式，深深影响了整整一代人。

新疆维吾尔自治区作家协会在唁电中说：

陈忠实先生是中国文坛一颗巨星，为新时期文学做出了重要的贡献。

四川省作家协会在唁电中说：

忠实同志品德高尚，热爱人民，热爱生活，著作等身，是全国广大作家的学习楷模，是万千读者崇敬的文学大家。忠实同志是一位德高望重的文学工作领导者和组织者，为党和人民的文学事业奋斗一生，鞠躬尽瘁。忠实同志为人、为文、为官，有口皆碑，世人景仰。

西藏自治区作家协会在唁电中说：

陈忠实先生一生平易近人，笔耕不辍，对文学倾注了全部心血，并大力提携新人，为中国文学事业奋斗不息，对西藏文学事业始终给予了高度关注。先生以身示范，堪称后人楷模，更是中国文学的一面永不褪色的光辉旗帜。

5月3日，贵州省作家协会在唁电中说：

陈忠实先生是我国著名作家，也是我们最为尊敬的当代作家。他一生秉承文人风范，为人谦和，他的代表作《白鹿原》获得了巨大的社会影响，为我国的文学事业做出了不可磨灭的贡献！

## 艺术家协会、中国作协所属单位唁电中的评价性话语

4月29日，中国电影家协会、中国影协主席李雪健，中国影协分党组书记、副主席张宏在唁电中说：

陈忠实同志长期扎根于关中，以直面现实的艺术勇气，把自己创作根须深深伸向民族文化的土壤，励志不移、不畏艰难地向文学创作高峰奋勇迈进，他的文学观及其文学作品，是当代文学的一笔宝贵的精神财富。

鲁迅文学院在唁电中说：

先生治文学，业绩彪炳青史，令同道高山仰止；先生掖后进，师名享誉九州，让后学敬恭明祀。先生此去，文学大厦倒一巨柱，万千后学痛失贤师。

5月3日，中华文学基金会在唁电中说：

陈忠实先生是一位杰出的拥有民族精神的现实主义作家，品格高远，著述卓然，他为祖国的文学事业做出了重要贡献，是名副其

实的人民作家。

## 全国一些地方党政机关、文学艺术机构、文化单位唁电中的评价性话语

4月29日，陕西省图书馆在唁电中说：

陈忠实先生是中国当代最杰出的著名作家之一，他所创作的长篇小说《白鹿原》，是一部渭河平原50年变迁的雄奇史诗，一轴中国农村斑斓多彩、触目惊心的长幅画卷，不仅受到了国内外文学界的高度评价，荣获了茅盾文学奖等殊荣，也一直受到广大读者的交口称誉，20多年来始终位居我馆文学图书借阅排名前列。

北京人民艺术剧院在唁电中说：

陈忠实先生作为当代著名作家，几十年来笔耕不辍，创作了大量深受人民群众喜爱的文学作品，为我国文学事业做出了杰出贡献，他的逝世是我国文学艺术界的重大损失。

陈先生虽已离我们而去，但他的文学作品将影响一代又一代学人，他的崇高风范和人格力量将长范文坛，永载史册。

中共新疆新和县委宣传部、新和《渭干河文艺》编辑部在唁电中说：

先生的道德、文章，崇贯学界，万人景仰，先生的精神、先生的伟业，永垂于世，嘉惠后人！

浙江文学院在唁电中说：

　　陈忠实先生的一生，为陕西和中国文学发展繁荣做出了重大贡献，他是一位杰出的作家，他创作的经典作品影响了当代作家。

4月30日，甘肃省当代文学研究会在唁电中说：

　　陈忠实先生是我国当代最重要的作家，《白鹿原》是中国当代文学的最大收获之一，它杰出的艺术成就，丰厚的思想内容，撼动了许多读者的心。问世以来，不断引起反响，被改编为多种艺术形式，产生了广泛的影响。这是当代文学作品中比较罕见的。小说塑造的白嘉轩、鹿子霖、朱夫子、黑娃、田小娥、白孝文、白灵等一批人物形象，都已经活在了读者的心里。陈忠实先生在半个世纪的创作生涯中，继承了柳青等陕西作家的现实主义传统，广泛吸取了中外文学的优秀成分，扎根西部，放眼世界，创作了一批优秀的文学作品，提升了中国当代小说的艺术品格。
　　陈忠实先生为人朴实，人格高尚，奖掖新人，不遗余力，对甘肃文学，包括甘肃作家倾心关爱，大力扶持。
　　云山苍苍，江水泱泱，先生之风，山高水长。

## 国内一些出版社唁电中的评价性话语

4月29日，河南文艺出版社在唁电中说：

　　陈忠实先生是当代文学重镇，他以一系列史诗性作品，深深影响了几代读者，为当代文学史增添了灿烂的篇章。

广东花城出版社有限公司在唁电中说：

没《白鹿原》，茅奖有愧茅奖

有陈忠实，陕军才叫陕军

## 国内一些杂志社、报社唁电中的评价性话语

4月29日，《当代》杂志社在唁电中说：

先生已逝，《白鹿原》已经站在了当代文学的群山之巅。

《十月》杂志社在唁电中说：

先生的代表作品《白鹿原》不愧为新时期中国文学的扛鼎之作，自问世以来，赢得了无数读者的喜爱，产生了广泛的社会影响。

《文艺报》社在唁电中说：

陈忠实先生是我国当代重要作家，其代表作《白鹿原》荣获茅盾文学奖，是新时期以来中国文学的重要收获，作品以深刻的思想和精湛的艺术产生了广泛而深远的影响。陈忠实先生在半个多世纪的创作生涯中，继承发扬了现实主义文学传统，深入生活，热爱人民，立足本土，博采众长，精益求精，勇攀文学高峰，其丰富厚重的创作极大提升了当代中国小说的艺术品格，他以呕心沥血的经典之作开创了当代文学的新境界。陈忠实先生人格高尚，德艺双馨，甘于寂寞，潜心创作，谦虚谨慎，奖掖新人，堪为文坛楷模。他为当代文学发展做出的重要贡献将永远为人们所铭记，他的逝世是中

国文艺界的重大损失。

4月30日，《诗刊》社在唁电中说：

  陈忠实先生的创作忠于人民，忠于生活，作品丰富多样，尤其是获得茅盾文学奖的长篇小说《白鹿原》，把握民族脉搏，书写民族精神，成为中国近现代农村变革的雄奇史诗！陈忠实先生风格高尚，在社会各界深受敬重。

## 国内一些大学唁电中的评价性话语

4月29日，中共西安电子科技大学委员会在唁电中说：

  陈忠实先生一生热爱祖国和人民，对党无限忠诚，辛勤开拓、奋斗不息、笔耕不辍，创作出《白鹿原》等深受海内外广大读者喜爱的伟大作品，为中国乃至世界文学和文化的发展做出了突出贡献，其学养、胸怀和人格魅力堪称后世楷模。他的逝世，是我国文化界的重大损失。

宝鸡文理学院在唁电中说：

  陈忠实先生是中国文坛杰出的领军人物之一，是陕西文学的旗帜和骄傲！先生坚守的"寻找属于自己的句子""十年磨一剑"等文学创作理念，已经成为我们和中国教育界珍贵的文学资源。先生不辍笔耕，大著不断，在国内外有着广泛而深远的影响力。尤其是先生的《白鹿原》小说孤篇横绝，已经成为一代代大学生人人必读的文学教科书！先生德艺双馨，人品和文品一流，在文学界和学术界有着良好的口碑。

浙江师范大学人文学院在唁电中说：

陈老师是我国当代深受广大读者喜爱的著名小说家，是一位拥有民族情怀的伟大的现实主义作家。陈老师为人朴实，文字真诚，创作成就显赫，作品享誉海内外，为当世作家之楷模。

4月30日，西安交通大学在唁电中说：

长篇小说《白鹿原》获得第四届茅盾文学奖，在读者和全社会中具有广泛影响。陈忠实同志忠诚于党的文学事业，坚守艺术理想，他的创作高扬现实主义文学旗帜，饱含对祖国和人民的深情大爱，深刻描绘了现代中国百年变迁的雄奇史诗和壮丽画卷，为中国文学事业的繁荣发展做出了突出贡献。

## 国外文学艺术机构唁电中的评价性话语

5月3日，新西兰华文作家协会在唁电中说：

陈忠实先生一生拼力创作，以其扛鼎之作《白鹿原》等一大批优秀作品奉献人类，堪称世界华文界楷模。

## 作家艺术家个人唁电中的评价性话语

4月29日，王蒙、单三娅在唁电中说：

沉痛哀悼陈忠实文友。他的朴实、奋斗与成果，永志不忘。

**白烨在唁电中说：**

陈忠实是中国当代文学从新时期到新世纪的四十年历史进程中的贯穿性作家，领军性人物。从早年的《接班之后》《信任》，到后来的《康家小院》《蓝袍先生》，再到长篇小说《白鹿原》，他以敏锐的感觉，灵动的文笔，感应着时代的脉搏，把握着生活的律动，塑造了一系列栩栩如生的个性鲜明又富有精神内涵的人物形象，深入探析了人性与人生的丰盈蕴藏，民间与民族的厚重秘史；尤其是坚实而丰厚的《白鹿原》，由乡土与乡镇、乡民与乡俗入手，步步深入地展开中国近代以来的社会变迁与历史演变，描绘出一幅熔乡情、民情与社情、国情为一炉的雄浑壮阔的艺术画卷，堪为中国当代文学的史诗性杰作，实为中国当代长篇小说的珠穆朗玛峰式的里程碑性精品。

陈忠实的为文与为人，都称得上"言为士则，行为世范"。他对文学，志存高远，倾心竭力；对朋友，赤诚交心，讲情讲义；生活上简从俭朴，得过且过，文学上攀登不懈，永不满足，他把自己的一切都毫无保留地投入给文学，奉献给社会，交付于人民。他是以为自己立言的方式，为人民代言。他是我们这个时代最具生活元气和时代豪气的伟大作家。

陈忠实不仅在文学创作上，硕果累累，成就卓著；而且在以文交友，以文育人，以及文学的组织活动等方面，兢兢业业，贡献巨大。他的不幸逝世，是陕西文学界不可弥补的重要损失，也是中国当代文学界的难以估量的重大损失。

白烨虽然在北京中国社会科学院工作，但他是陕西人，对陕西文坛相当熟悉，而且他长期关注并研究陈忠实的创作，一是对陈忠实的创作相当熟悉，二是能站在全国当代文学研究的高度并从比较中观察陈忠实的创作。他的《白鹿原》"堪为中国当代文学的史诗性杰作，实为中国当代长篇小说的珠穆朗玛峰式的里程碑性精品"，这个"盖棺论定"的评价很重，很高，前无古人。他关于"陈忠实的为文与为人，都称得上'言为士则，行为世范'"，也字字千钧，被陕西省作家协会专家组撰写的陈忠实悼词所引用。

白描在唁电中说：

> 陈忠实始终对文学怀有崇高信念和滚烫的热情，在新时期崛起的文学陕军中，他是一位重要的领军人物，在陕西当时正在成长的一批青年作家当中，他最早获得成功，最早引人关注，在当时，他是大家的榜样，激发起大家的雄心和自信。他的厚重坚实的现实主义书写，他介入生活的热情和自觉意识，他为文学梦想忘我献身的精神，感染和影响了很多中青年作家，新时期文学陕军的精神面貌和风格基调，很大程度上是在他影响下确立起来的。他的系列中短篇小说，早已昭示他走向一位文学大家的可能性，而其代表作《白鹿原》，为他做了确证。陈忠实不朽，《白鹿原》不朽。

白描是从陕西作协大院走出去调到北京工作的作家，他比陈忠实小十岁，曾在陕西作协的《延河》杂志工作多年，对陕西文坛和陈忠实这一代作家相当熟悉。他的唁电在评价陈忠实文学成就的同时，重在评述陈忠实对陕西作家和陕西文学的重要影响。其中，"在新时期崛起的文学陕军中，他是一位重要的领军人物，在陕西当时正在成长的一批青年作家当中，他最早获得成功，最早引人关注，在当时，他是大家的榜样，激发起大家的雄心和自信"，这只有历史过来人才能有此认识；"新时期文学陕军的精神面貌和风格基调，很大程度上是在他影响下确立起来的"，可谓过来人深中肯綮同时也是分量很重的评语。

蒋子龙在唁电中说：

　　吾弟忠实，为人汇西北淳朴民风之大成，文风集秦汉古韵之精髓，文风人品俱佳！

蒋子龙长陈忠实一岁，算陈忠实同代作家，当年"工农兵作者"受重视，蒋为工人作者之代表，陈为农民作者之代表，都是共和国文学的代表性作家。蒋子龙唁电感情真挚饱满，其评价"吾弟忠实，为人汇西北淳朴民风之大成，文风集秦汉古韵之精髓，文风人品俱佳"，是津门作家领军人物对陈忠实的遥望识见。

冯骥才在唁电中说：

　　忠实的成就代表着当代文学的高峰，为人纯正令人尊敬。

4月30日，铁凝在唁电中说：

　　陈忠实先生视写作为生命。他以不朽的作品捍卫了文学的神圣；以端严正大、忠厚率真之品格，和其笔下的经典群像共同成为一个民族、一块不屈不挠的土地上耀眼的文化标识。

刘成章在唁电中说：

　　74个春秋，凝作7.4秒的闪电，照亮了中国文学史一个时段沉寂的天空。无疑，《白鹿原》每个章节都有着璀璨灼人的真正的艺术力量。忠实，我的可以掏心掏肺的朋友，你曾真诚地说，可以用《白鹿原》作长眠的枕头了，但现在，我们不但捧着你的巨著《白鹿原》，还捧着长有柿树、杏树和庄稼的自然界的整个的白鹿原，让你去枕，你完全有资格与曹雪芹、巴金、柳青们相伴而眠。百年换尽满城人，但换不走的，是如伟岸的陈忠实这样的杰出灵魂。忠实将永与古城西安同在。

旅居美国的刘成章曾与陈忠实在陕西作协长期共事，刘是散文家，他用散文的语言表达他对陈忠实的理解和认识，"照亮了中国文学史一个时段沉寂的天空"，"《白鹿原》每个章节都有着璀璨灼人的真正的艺术力量"，"你完全有资格与曹雪芹、巴金、柳青们相伴而眠"。这样的评价，已经是文学史的评价了。

范曾在唁电中说：

当我读《白鹿原》时，与陈忠实先生素未谋面，而内心引为知己。这就是自古以来文人所重视的神交。感佩之余，夜阑披衣，吟七律一首：

　　白鹿灵辞渭水陂，荒原陌上瞻宗祠。
　　旌旗五色凫成隼，史倒千秋智变痴。
　　仰首青天人去后，镇身危塔蛾飞时。
　　奇书一卷非春梦，浩叹翻为酒漏卮。

讵料此诗辗转送到陈忠实先生之手，先生感动，乃嘱发表。

越数年，陈忠实先生来京，始会面于碧水庄园家中，观其容貌，文质彬彬；其气质，大雅朴实。言虽不多，皆切肯綮，心中之感佩，有不可尽言者。

兹后音书又杳，一日来电嘱我为陈忠实文学馆题字，我立刻欣然命笔，其中深情，两心自知。

在四川讲学，惊悉陈忠实先生仙逝，恍如天塌，为之语哽。

陈忠实固一世纪来，中国文坛少有之天才，临楮为文，曷胜喟叹，谨表数语，以志深悼。

## 注目南原觅白鹿

# 先生之风，山高水长

陈忠实先生离开我们已经三年了。但是，先生的人格风范、文学风范，还长留人间，山高水长。

陈忠实先生，无论是他这个人还是他的文，都经历了时代烈火和冰水的淬炼。1958年他十六岁，发表了处女作《钢、粮颂》，这首小诗虽然是当年大跃进诗歌的模仿，但也显示了他写作的一个理念，这就是"家国情怀"。这种情怀一直贯穿到1992年他五十岁写成《白鹿原》。陈忠实其人其文有一个鲜明的特点，这就是与时代同呼吸，与历史共进步。淬炼过的陈忠实，澄明，坚定，理性，博大；淬炼过的文，以《白鹿原》为代表，深厚，博大，丰富，意味深长。先生及其作品，深具文学史的意义，人和文都堪称典范。

陈忠实是一个什么样的人？熟悉他的人很多都认为，陈忠实就是《白鹿原》中的朱先生加白嘉轩。朱先生是传统文化人格的典型，白嘉轩是朱先生思想也是传统文化、道德和价值观的实践者和坚守者。当然，陈忠实并不是一个旧式人物，他有很多的新思想，但他在做人方面，愈到后来，中华民族优秀的传统人格和精神，在他的身上体现得愈为鲜明。中国古人对人的要求是：正心、诚意、修身、齐家、治国、平天下。这里主要的是两点，一是个人要修身，二是个人之外要关心国事，心怀天下。陈先生修身，做人，他有自己坚守的原则，更有底线；对他人、做事，仁、义、礼、智、信。作为一个人特别是一个作家，他心系民族的命运，关心时代的发展，思考社会文明和进步过程中的种种问题。

陈忠实做人讲良心，认为读书首先是为修身。有网友曾经问陈忠实，写作是否影响了他的人生观，他说："是人生观影响写作。"网友问："您到底忠实于什么？灵魂，生活，或者钱？"他答："我主要忠实于我的良心。"讲良心，这是传统中国人做人的基本态度。《白鹿原》中朱先生对黑娃说过这样一段话："读书原为修身，正己才能正人正世；不修身不正己而去正人正世者，无一不是欺名盗世；你把念过的书能用上十之一二，就是很了不得的人了。"朱先生在这里说的话，也可以看作是陈忠实的一个认识。作为一个作家，陈忠实特别强调作家的人格对创作极为重要的影响作用。早年，有一家出版社要出我的一本散文集，为有销路，出版社让我请一位名人作序，我第一次也是迄今唯一一次请人作序，就请陈忠实给我写一个序。先生写好序后，于2002年10月20日又用毛笔写信给我，说："我在这篇序文中，用较多文字探索了作家的人格操守话题，主要是您的随笔散文文本突显出这个在我看来也许是最致命的问题，较长时日里被轻视，甚至被冷漠了。由此涉及作家的人生姿态、人格、情怀、境界以及思想这些因素的关系，更重要的是对作家创作的发展的至关重要的意义。这些观点，算一家之言，自是我近年间想得较多的一个问题。"他是借题发挥，谈的问题是作家的人格与创作的关系。我觉得这是他五十岁之后特别是晚年深有感触也思考得特别多的一个问题，很能体现他的人生态度和他对创作的认识。他在题为《解读一种人生姿态》的序文中说："在作家总体的人生姿态里，境界、情怀、人格三者是怎样一种相辅相成又互相制动的关系，是一个很值得研究的话题。是情怀、境界奠基着作家的人格，还是人格决定着情怀和境界，恐怕很难条分缕析纲目排列。""人格对于作家是至关重大的。人格肯定限定着境界和情怀。""人格对作家的特殊意义，还在于关涉作家思想的形成和发展。""作家必是思想家，这是不需辩证的常理。"他在论述思想和人格的关系时说，作家需要以思想的力量穿透生活的迷雾，穿透历史的烟云，而这种思想力量的形成，需要学识，需要生活体验，也需要对特定资料的掌握，但其"首要的因素"是人格。"强大的人格是作家独立思想形成的最具影响力的杠杆。这几乎也是不需辩证的一个常规性的话题。"陈先生在这里论说的人格与创作的关系，极为透辟。

创作特别是现实主义创作固然是对生活的一种反映，但它是通过特定的创作主体来反映的，这样，创作主体的人格素质和精神境界就对特定的作品起着至关重要的作用。对于文学和艺术来说，人有多高，作品就有多高。陈忠实先生特别强调人格对于作品的重要性，他认为一个人的人格是创作的基础，认为人格影响甚至决定着一个人思想的能力、思想的水平和思想的方向。因此可以说，陈忠实的人格精神对其创作起到了重要的作用，既影响着他创作的主题，也影响着作品的格局和气象。他的作品，特别是以《白鹿原》为代表的作品，充满家国情怀，他着重写的，是我们民族的秘史——心灵史和人格精神的演变史。他写作，不游戏笔墨，也不向世俗所重垂眉低首。在当年一片轻贱文学的喧嚣声中，他高声呐喊"文学依然神圣"，这种对文学的理解和态度，与中国文论中认为文学乃"经国之大业，不朽之盛事"的精神，一脉相承。陈忠实谈到他的文学信念和理想，说他文学信念的形成有一个比较漫长的过程，是从不自觉到自觉的。最初就是一种兴趣和爱好。发表了一些作品后，也有了点名利之心。再后来，当他真正意识到他是一个作家而社会也承认他是作家时，他认为对自己应该提出更高的要求。他认为，"作家应该留下你所描写的民族精神风貌给后人"，"通过自己的笔画出这个民族的魂"。

陈忠实一生，特别是在创作《白鹿原》的过程中，充满一个文学圣徒的精神。写作期间，他也遇到了一些艰难的问题，他在致友人的信中说，"我已经感觉到了许多东西，但仍想按原先的构想继续长篇的宗旨，不作任何改易"，又说，"现在就有保全自己一点真实感受的固执了"，非常明确地表明他将坚持他的创作初衷。在致另一位友人的信中，陈忠实说，"这个作品我是倾其生活储备的全部以及艺术的全部能力而为之的"，其实这里还应该再加一个"全部"，那就是"全部的艺术勇气"。

真正的文学创作往往具有某种向既定的艺术格局挑战的意味。《白鹿原》接近写完的时候，他对这部作品当时能否出版并没有把握，他一方面考虑作品的结局，另一方面也开始考虑自己的出路。小说完成后，他没有公开消息，同时嘱咐家人要守口如瓶,"不宜张扬"。他的计划是,如果这部作品不是因为艺术的原因而因为触及某些方面的敏感而无法出版,他就将作品封存起来,以待将来。他甚至把时间想得更为长远,认为这部作品的面世也许需要孩子们在后世去完成。他也想到,如果这部作品是因为艺术缺陷而不能出版,他就去"养鸡"。他认为,作为一个专业作家,都五十岁了,写了一部长篇小说,却不能达到出版的要求,那还有什么脸面继续当专业作家,不如干脆去养鸡以活口,把文学只当一个业余的爱好。在这里,可以看出,陈忠实确实表现出了其性格上的"豪狠",也体现出一种沉静的气度,颇有大丈夫气,当然,这里的种种思虑也表现一个大作家必备的精神与素质。

纪念先生,要学习先生。先生人的风范,文的风范,仰之弥高;而这种人的风范和文的风范,作为一种经验之源和精神之流,值得我们不断汲取其有益的营养,同时,它对今天和以后的我们,也有深远的启示意义。

原刊 2019 年 5 月 1 日《光明日报》

# 陈忠实：高风亮节　行为世范

陈忠实先生去世后，我受组织委托，起草一个关于陈忠实的概括性评价。根据我多年来同陈忠实先生的接触和我对他的了解，我几乎不用太多地思索，就写下了这样的话："陈忠实一生热爱祖国，挚爱脚下这片大地；忠于党，忠于人民，忠于他所热爱的文学事业；拥护并大力赞同党的改革开放政策。"这也是我对陈忠实的一个基本认识。

陈忠实是一位作家，也是一位中国共产党党员，他为人做事，有坚定的党性立场和原则。在送别陈忠实的仪式上，时任中共陕西省委常委、宣传部部长梁桂同志在《陈忠实生平简介》中说："陈忠实同志是一位优秀的共产党员，具有长期自觉的党性砺练，拥有坚定的政治立场，始终与党中央保持一致，旗帜鲜明地拥护党的方针政策，对社会主义事业、共产主义理想无限忠诚。陈忠实同志忠于党的文艺事业，一贯坚持党的宣传、文艺工作方针，坚持正确的创作导向，讲政治、讲原则、讲正气，他的创作紧扣民族历史命运和奋斗前进的方向，呼应改革开放、科学发展道路，展示了人民群众追求幸福生活的美好理想，在实现中华民族伟大复兴的征途中始终发挥正能量。陈忠实同志是献身于党的文学事业的忠诚战士。"检视陈忠实一生的行状和文学创作道路，我觉得这个评价是比较准确的。

1966年2月12日，陈忠实加入中国共产党。陈忠实对中国共产党的认识是神圣而纯洁的。1987年10月25日，陈忠实以中国共产党党员代表身份参加在北京举行的中国共产党第十三次全国代表大会，当他坐在开阔的人民大会堂里，瞅着大会主席台上十面红旗簇拥着的金色的由铁锤镰刀构成的党徽，心中既安详而又思潮澎湃,他回想起两件与入党有关的往事。一次是他听战斗英雄讲人生的目标和对共产党员的认识,他说他深受感动同时也受到了深刻影响。他回忆说,20世纪60年代初,他忍受着瓜菜代粮的饥饿,坐在学校操场浓密的柳荫下,听一位人民解放战争的英雄慷慨激昂地演讲。这位英雄讲:"我一生无他求,高官嘛,没意思;金钱嘛,太乏味!我唯一的人生目标,就是做一个真正的共产党员。"陈忠实说:"这段话,一字一句浮雕般地铭刻我心头。"另一件事是回忆被批准入党时的情景。1966年2月,农历丙午年春节刚过,在毛西公社一个简陋狭小的房间里,不满二十四岁的他羞怯不安地坐在一个角落里,听那些比他年长的共产党员们对他的评价,听介绍人向支部汇报对他的考察结果,他的心情激动难捺。最后,他被接收了。他走出那个狭小的房间,看见了冬天里灿烂的太阳,几乎流下泪来。此时,他再一次想到了在学校听那个战斗英雄演讲的情景,想起了那段话。战斗英雄的话,正是此时此刻陈忠实的心声。

陈忠实是一位有着五十年党龄的共产党员,半个世纪以来,风起云涌,潮起潮落,他对党的赤子之心始终不改,永远忠诚。他在乡村工作了二十年,他的心与农民是连在一起的。1977年的冬天,陈忠实担任毛西公社灞河河堤水利会战工程的主管副总指挥,组织人力在灞河修筑河堤,河堤全长八华里,他住在距离河水不到五十米的河岸边的工房里。这个工房是河岸边土崖下的一座孤零零的瓦房,他和指挥部的同志就住这里,睡着麦秸作垫的集体床铺,一干就是几个月,赶在洪水来临前建好了堤坝。三十多年过去了,这座河堤依旧坚固如初,再未发生过灞河涨水冲毁农田的灾害,福泽着当地乡亲。他说,总算是给家乡人民做了点实事。为了创作《白鹿原》这部反映新中国成立前五十年中国农村波澜壮阔历史的史诗巨作,他蛰居乡间十年,誓要"写一本为自己死后垫棺作枕的书"。他独居原下,走访乡民,查阅史料,从民众中汲取丰富的养料与素材,深深植根乡土,体现出一位人民作家的创作情怀。2001年,陈忠实当选中国作家协会副主席。有记者采访他,让他谈感受,他说自己首先想到的是责任和义务。

2014年10月11日，在白鹿书院和陈忠实文学馆，中央纪委监察部网站曾经对陈忠实做过一次专访。在专访中，陈忠实谈正风反腐，谈乡村建设，谈家风家教，更直抒胸臆道出了他心中的中国梦。陈忠实就新形势下坚持全面从严治党谈了自己的理解。他说："习近平总书记抓从严治党，我觉得抓到了根上，抓住了最主要的问题。因为我们是社会主义国家，中国共产党作为执政党，要建设中国特色社会主义，这个在世界上现在是空前的。要实现这样一个伟大的目标，必须有坚强、坚定、高瞻远瞩的共产党的领导。所以共产党员本身，尤其是领导干部的素质，决定着这个政权的色彩。……政治上的高瞻远瞩，工作作风上的实事求是和科学精神，都是各级领导干部最重要的素质。……共产党是执政党，这个党本身就应该建设好。我们的各级干部，不管是政府的、人大的、政协的、法院的乃至乡镇的，在人民的眼中，他们都是代表共产党在执政。他们的形象就是共产党的形象。最基本、最起码的一点，就是不能腐败。共产党员本身就应该是廉洁的。"对中国共产党带领中国人民正在走的社会主义道路，他坚信不疑。他说，"现在，我的中国梦更大了，一个更为繁荣富强的社会主义中国必将屹立于世界的东方，不仅为十三亿各族民众带来福祉"，"社会主义中国的雄起和成功，将是对马克思主义的成功实践，其意义是无可估量的"。陈忠实寄语广大党员领导干部同时也是勉励自己："要将入党时庄严宣誓的誓词永记心间。"

陈忠实坚定的党性不仅表现在公开的和公众的场合，也表现在私下的场合，这表明他的党性原则是自觉的，发自内心的。有时，一些天南海北的文学朋友相聚，个别有"自由主义"倾向的作家会以西方的文化、思想和制度形式来衡量和批评中国的社会现实，陈忠实会真诚地谈他的看法，有时还会与客人争吵起来。他坚持认为，中国当今的社会无疑是进步了，发展了，而西方的那些东西特别是制度形式不一定适合当今中国的社会和国情，用西方的文化、思想特别是制度形式来批评中国的现实是不对的。

陈忠实出身于世代农家，受中国传统文化教育和影响很深，同时又受到党的多年教育和培养，注重做人，他认为一个人的人格境界极其重要，人格境界甚至决定着一个人事业的成败和大小。陈忠实生活朴素，廉洁奉公，实事求是，严于律己，真诚待人，无私奉献，坚守中华民族优秀的文化人格，追求人生的大气度和高境界。

陈忠实早年贫穷，差不多在五十岁以前，经济都比较拮据，生活负担也比较重，他的文学道路也充满了曲折和艰难，他珍惜和看重他在生活道路上和文学创作上各种具有大树人格的人给予他的庇护和帮助。他在文学上成功后特别是《白鹿原》获得巨大的成功以后，他把他生活中相当大的一部分精力用于帮人和助人，特别是帮助作家和帮助文学界的年轻人。他为文学同行呐喊奔走，解决了很多人生活和工作中的实际困难和问题。我细数了一下人民文学出版社 2016 年 4 月为他出版的十卷本《陈忠实文集》，从 1990 年以来，他为全省乃至全国的作家和艺术家写的书评、序言、作品点评、通信达 168 篇之多，短则千字，长则上万。这些带有评论和研究性质的文字，写起来非常耗时耗力，它需要知人论世，更需要认真阅读作品，细心体会，精心研究。陈忠实所写的对象和文学艺术品类相当广泛，文学中有小说，有散文，有诗歌，还有文学评论以及民间文学；艺术中有书法、国画、连环画、雕塑，有戏剧、戏曲，还有电影和摄影。陈忠实主要的是一位作家，他要评论这么广泛的文学艺术品类，涉及那么多的行当，应该说，有的他很熟悉，有的比较熟悉，有的则还有点隔行，这就需要预先做很多功课，要进行必要的知识储备和艺术准备，所以耗时费力自不待言。据我所知，陈忠实有时为写一篇序言，从准备到写出，其他什么都不干，有时需要三四个月才能完成。偶尔谈到这种事，我说写这些东西太费时，太劳神。陈忠实常常说："咱能给人帮啥忙吗？就是动动笔嘛。"他明白许多人特别是一些年轻人是想借重他的声望宣传自己及其作品，他说："多宣传年轻人和年轻人的作品，对我们的文学艺术事业也是一种促进。要多帮年轻人！"他特别重视老同志特别是一些退休了的老同志的写作，重视一些边远地区的业余作者的写作，他给这些同志和作者写序言、写评论，都特别重视和认真。西北大学教师刘炜评的母亲董淑珍是一位普普通通的教育工作者，在商洛山区工作了几十年。退休以后，她创作完成了一部十多万字的回忆录《槲叶山路七十年》。书稿杀青后，刘炜评的西北大学同学周燕芬女士为该书作了序。刘炜评又呈送稿子于陈忠实，请他也赐一短序，二三百字即可，算是给母亲尽一点孝心。没想到书稿得到了陈忠实充分的肯定，陈忠实认真地写了八千多字序文。陈忠实病逝后，董淑珍老师难抑感激和痛惜之情，特写下一篇《我以心泪祭老陈》追念陈忠实。这也算是陈忠实乐于"为他人作嫁衣裳"的佳话之一。

作家、编辑家孔明回忆陈忠实说："我与陈老师交往并不密集，但几乎每一次往来都给我留下了美好的记忆。""我没有刻意走近他，但还是走近了，完全是受了他道德文章、人品友善的吸引。如果他能记住我是因为记忆力好，那么我愿意亲近他却纯粹是因为心灵不由自主地认同他。蓝田县政府委托我向他求字，当他听说是用于公益，便拒绝礼金。陕西人民出版社礼请他出席《最美女孩熊宁》首发式，我送他礼金，他的拒绝掷地有声，至今犹在我耳畔回荡：'你是孔明么，咋还不了解我？人家娃把钱往雪山藏区送呢，命都搭上了，我要钱我还是人吗？'他的决绝显示了他的真诚就像他的名字一样。人民教育出版社成立60周年，陕西人民出版社拟送陈忠实题字作为贺礼，委托我周旋，8000元润笔已放在他的案头上，他仍坚拒不受，毫无通融之意。有人说人品与钱无关。当人们普遍崇拜金钱的时候，金钱恰可证明一个人的德行品性。"这就是陈忠实，如何做人，怎样做事，他很清楚，他有他的操守。

陈忠实是人民的作家。他来自人民，属于人民，忠于人民，忠于生活。陈忠实在他数十年的创作实践中，无论是业余作者还是专业作家，都坚持深入生活，扎根人民，强调要从生活体验深入生命体验。他在农村生活五十年，接通地脉，他的文学创作能准确把握时代脉搏，深入展现中国农民生活、农村社会和乡村文化。他坚持现实主义创作方法和精神，同时艺术上也不断吸收新的营养。他的文学创作，既生动、准确地表现了自然的乡村，表现了北方大地的乡村民俗风物之美，也真实、深刻地展现了社会的乡村，深刻剖析了那种关系复杂的家族、宗法、政治、经济糅在一起的社会的乡村，而他的《白鹿原》，意在展现"一个民族的秘史"，作品在展现社会和自然的乡村的同时，也表现了文化的乡村，作品触及农村社会的生产方式、经济活动、教育理念与方法以及政治关系等关乎人的生存的各个方面，深刻透视传统中国宗法社会数千年传承下来的人的生活方式、生存态度和生存之道，展现传统的宗法社会和乡规民约在时代暴风雨的击打中所发生的深刻嬗变，尤其是家族的嬗变、人性的嬗变、人心的嬗变，并从这些嬗变中，透视社会演变的轨迹和历史深层的文化脉动。

陈忠实是一位有文化担当、有历史责任感的作家。文学作品是作者的道德修养和人格境界的诗性表现。中华民族自古以来就将道德和文章相提并论，强调文章须有益于世道人心。司马迁说："修身者，智之符也。"修身也是作家的重要功课。陈忠实就是道德文章高度契合、堪为典范的优秀作家。他为人正直、诚实、宽厚、热情，有强烈的社会责任感和自觉的文化使命感，总是试图通过自己的写作，对读者的人格成长和道德情感产生积极的影响。从1979年的短篇小说《信任》开始，到业已成为经典的《白鹿原》，他通过对一系列人物形象的成功塑造，表现和弘扬了诚实、正直、仁爱和急公好义的美德，赞扬了百折不挠的进取精神，培养了人们之间的信任感、同情心和包容心。他的作品彰显了我们民族的优秀品德，是最能代表中国气质和中国格调的文学经典。"其人虽已殁，千载有余情。"先生之风，山高水长，陈忠实先生的高风亮节，他的作品所表现的伦理精神，都将是我们时代和民族的永远值得珍惜的宝贵财富。

原刊 2016 年第 8 期《当代陕西》

# 陈忠实与《白鹿原》

在陈忠实逝世三周年纪念会上的简短发言：

陈忠实："学为好人"，忠实于良心。"剥离"蝶变，为民族画魂。

《白鹿原》：写旧时代的消亡，新时代的诞生，旧时代带着温情缓缓离场，新时代带着血泪大步走来，挽歌与赞歌合奏。挽歌中藏着深沉的感情，赞歌中含着深深的疑虑。画出民族的旧魂和新魂，不是为了歌颂，而是为了真实显现，述其历史，现其灵魂，现出各种各色的灵魂，让人睁了眼看，让今人去品评，让后世去思考。新时代和旧时代，旧灵魂和新灵魂，既有些许的肯定，也有讽刺和揶揄，更有深刻的批判。

2019 年 4 月 29 日

# 陈忠实的寂寞

## 一

晚年的陈忠实是寂寞的。

不是宁静。宁静没有内心的波澜。

寂寞的晚年，时间应该从 2001 年算起，直到他 2016 年去世。2001 年，陈忠实五十九岁，摸六十的人了。

陈忠实的寂寞，是我后来发现或者说是感觉到的。他去世后，近一年来，我常常打量他的一生，也时时回想我和他的交往，寂寞，是我对他晚年最为深刻的一种感觉。

寂寞，指的是内心。他的晚年，当然也不缺少外在的繁华，但是那些繁华难掩他内心深重的孤寂和落寞。

细细回视陈忠实的一生，他 50 岁以前，《白鹿原》出世以前，在文学事业上，在文坛，在人生的道路上，他也辉煌过，也落寞过，但是总体上看，他是不断咬着牙奋进的，为了他心爱的他视为神圣的文学事业，"吭哧""吭哧"（陈忠实用语，象声词，意在形容特别使劲而且吃力地干一件事。陈忠实 1991 年 9 月 19 日致白烨信中两次说到"我正在吭哧的长篇"）不断努力，是一个埋着头苦干实干的形象，甚至不无某些拼命的意味，刚硬、坚毅，"豪狠"（陈忠实的朋友李下叔于 1987 年曾用"豪狠"一词来概括陈忠实的气性，陈忠实觉得"豪狠"这个词很得劲，也很对他的心思）。由一个高考落榜青年，到以文学改变命运而成为一个工农兵业余作者，从一个农民到农村基层

· 232 ·

的国家干部,从业余作者到专业作家再到一个省的作家协会副主席,不"吭哧""吭哧",没有"豪狠",是断然不能的。何况,他到了四十四岁以后,还发誓要给自己弄一个死了以后可以"垫棺作枕"的作品,不然觉得对不住自己,对不住自己几十年爱好文学的这份苦心和痴心,如此,除了"豪狠",他还能有别的选择,还敢有别的心态?

五十岁以后,也就是《白鹿原》问世以后,陈忠实的人生有两大"意外"。一个"意外",是他当了陕西省作家协会的主席。为什么是"意外"?因为原来定的是路遥当陕西省作家协会主席,路遥不幸于换届前病逝。另一个"意外",是《白鹿原》问世后不仅很火,而且还得了茅盾文学奖。尽管陈忠实后来多次说过,他写《白鹿原》时"我知道我写的是个啥东西",但他第一,对于能否出版心存疑虑;第二,出版后文学界是何反应他也没有把握;第三,能否得奖,更是不好判断的事。人在事中迷,对自己用"全部"的"生活储备"和"全部"的"艺术能力"还要加上全部的艺术勇气(1990年10月24日,陈忠实在致何启治的信中谈到《白鹿原》的创作,说"这个作品我是倾其生活储备的全部以及艺术的全部能力而为之的")所创作出来的作品,陈忠实对其"成色"(陈忠实语)并无太多的把握,对其问世后的"前景"也不敢多想。他当时的全部期望,就是能出版就算事成了。所以,《白鹿原》写成后,他把稿子拿给同事李星看,李星没有表态前他一直心悬着;李星说了一句"咋叫咱把事弄成了",他又惊又喜,一时身僵意迷,李星再说什么他居然一句也没有听进去。所以,他在看到人民文学出版社编辑高贤均读了《白鹿原》给他的来信后,欣喜若狂,在自家的沙发上又跃又伏,又吼又叫。不仅这些出乎他的意料,而且《白鹿原》的热销和大获好评以及过程虽然曲折但是结果甚是佳妙的茅奖摘取也都出乎他的意料。事出"意外"的好事,自然让人既惊且喜,陈忠实心态大好当然是自然而然。

因此,陈忠实从五十岁到五十九岁这八九年间,人生到了开花结果的时期,也真如古人所说的,是"得意"时期,时时风和日丽,处处掌声鲜花。人都有得意的时候。李白说:人生得意须尽欢,莫使金樽空对月。孟郊则说:

昔日龌龊不足夸，今朝放荡思无涯。春风得意马蹄疾，一日看尽长安花。"得意"时期的陈忠实是一个什么状态，我基本上没有印象。我那时不仅对陈忠实，而且对整个作协（陕西省作家协会，以下简称"作协"，我所供职的单位）的人与事都不关心，所以印象是一片模糊。倒是很多年后，有一次几个朋友与陈忠实在一起聚餐，餐罢陈忠实回去了，几位留着未走的人闲聊，此时已经从作协调走到了省社科院的张艳茜，说起当年的陈忠实，说："噢哟，陈忠实当了主席后的那几年，那个盛气，那个霸气哟……后来到农村住了两年，回来以后，忽然变了一个人似的，那个谦和，让人吃惊得很！"张艳茜随口说的这个话，给我印象极深。记得是《白鹿原》获得茅盾文学奖之后，1997年12月30日晚上，陕西省作家协会、西安日报、西安晚报在西安城南大街的大峡谷俱乐部举办《白鹿原》获奖庆贺会，有一百多位各界人士参加。贾平凹在会上有一个发言，题为《上帝的微笑》，他说："当我听到《白鹿原》获奖的消息，我为之长长吁了一口气。""上帝终于向忠实发出了微笑，我们全都有了如莲的喜悦。"

而主持这次庆贺会的，就是当时在《延河》编辑部的张艳茜，还有同在《延河》的诗人苑湖，他们俩，一个女声，一个男声，共同以诗一样的语言主持整个庆贺过程。陈忠实那时还兼着《延河》的主编，主办这个庆贺会的，主要是《延河》编辑部一干人马。我那时不知在哪一个角落坐着，留下印象的，一是贾平凹的讲话，一是张艳茜和苑湖的主持，我那时还很惊奇，一个庆贺会，居然还能搞得跟一台演出似的，男女声主持，各路嘉宾依次出场唱赞，配以大峡谷俱乐部的声光电舞台效果，真是声情并茂。还有一次，1998年8月中旬，作协在眉县要召开一个陕西中青年作家的专题研讨会，临出发前，作协参会工作人员一二十人集中在陈忠实的办公室，张艳茜因为有事想请假，陈忠实发了火，而且当众批评了张艳茜。作协是一个文化人的单位，我总体上的印象是，这里人人至少表面上都是一团和气的，我第一次见陈忠实发火批评人，不留情面，也是第一次甚至是唯一一次见作协领导当众批评人——作协是知识分子单位，知识分子讲究的是温文尔雅，所以我很吃惊。

显然，那个时期的张艳茜比我更了解陈忠实，所以她说陈忠实当年"那个盛气，那个霸气"，我是相信的。

当然，此一阶段的陈忠实，也有"豪气"，豪气干云。多半生埋头创作，年过半百以后多少有些"意外"地荣任被誉为"文学大省"的"文学重镇"的陕西省作家协会的主席，陈忠实还是很想大干一番的。陕西作协有过辉煌的历史，但积弊也久。从1954年到1993年，近四十年间，陕西作协（最早称中国作家协会西安分会，是西北五省的作家协会）有三届领导，主席皆为从延安过来的文艺老战士，如马健翎、柯仲平、胡采。现在，终于轮到陈忠实他们新的一代上来了，又乘着当时文坛盛刮的所谓"陕军东征"的东风及其余威，1993年在陕西省作家协会第四次会员代表大会上当选为第四任主席后，陈忠实在他所作的闭幕词中，激昂而豪迈地讲："我们倡导这个群体的每一个成员，有勇气有锐气有志气有才气有风气。我们相信在这个群体里会形成大胸怀大气魄大视野，出现大作品大作家。""陕西作家应该而且能够对中国当代文学作出无愧贡献！"这里所讲的"五有"和"五大"，也是本次大会的主题词，曾书写为巨大的横幅悬挂在会场周围，非常醒目。可以看出，在老一代作家渐次谢幕而由青壮年作家登台的这一届代表大会，包括陈忠实在内的主席团不仅显得朝气蓬勃，显出要大有一番作为的态势，而且目标宏伟，对于未来的期待值很高。

在闭幕词中，陈忠实在分析了陕西作家群的现状之后，还讲了未来工作的中心："未来十年对于无论哪一个年龄档次的陕西作家都是至关重要的，而最重要的一点是任何一个人都耗费不起有限的生命。本届代表大会产生的主席团，将清醒地认识并理解这一基本的现实，将坚定不移地围绕保证作家进行艺术创造尽最大可能释放各自的艺术能量这个中心而开展工作。""我们将把改善作家创作条件和生活条件作为最现实最迫切的一件工作提上议程"，"我们将努力倡导另外一种有利于作家进行创造的环境和氛围，即和谐"。

当了陕西作协主席以后，陈忠实着实忙了几年，差不多有六七年的样子。所忙的事中，有一件就是给作协建办公楼。陕西作协所在的院落始建于20世纪 30 年代，原来是国军第 84 师师长高桂滋的公馆。1936 年双十二事变后，蒋介石就被软禁在前院的西式建筑里。这个院落分为前院、中院和后院。前院主体是一座带有地下室的西式建筑，坐北朝南，院子中间有一个喷水池。中院是花园。后院是室内层高约三米的平房，实木地板，室外青砖碧瓦，围成古色古香的三个小院。作协的两个公开刊物《延河》《小说评论》和一个内部刊物《陕西文学界》的编辑部、创联部，还有部分作协内外员工都住在后院这三个小院里。中院的花园已在 20 世纪 80 年代废弃，建了一个三层楼的招待所。作协的主要业务部门都在后院办公，陈忠实自己的一间办公室当年也在这里。但房屋年久失修，虽然院子里的蜡梅、玉兰还有高可参天的梧桐以及高大的平房都在显示着这个院落的出身不凡，但毕竟在风雨中挺立了六十余年，四处可见墙倾屋圮，每逢下雨，有些房间的顶棚就会掉下来，伤人毁物。所以，给作协建一个办公楼就成了新一届作协领导班子诸项工作中的当务之急。

　　建楼是一项大工程，报、批、要钱、施工，诸种事项既复杂且困难。陈忠实放下创作，忙于那事，也忙这事。有一次，为办公楼的事，事先约好了，他和副主席兼秘书长晓雷去找省长，早早去了，等着接见。好不容易等到与省长在办公室见面，省长一句正事不谈，却大谈自己对某地区一个小戏的看法。陈忠实只好恭听，心里巴望着省长快快谝完闲传，言归正传说说盖楼的事。不想省长兴头很足，从中午十一点半谈到了一点，后来一看表，挥挥手说要吃饭休息。陈忠实出来后，仰天大笑两声，冷笑两声，然后对同来的晓雷说："旧时代的官僚尚且知道尊重文人，这人则连为官做人起码的常识都不懂！"能骂省长，也算豪气。

　　由此看来，处在主席之位，虽然想做些事情，但有时候也确实做不了多少事情。陈忠实做了省作协主席后，由于后院盖楼，他的办公室也搬到了前院，就是当年软禁蒋公介石的屋子。作家方英文见了，曾打趣地说，现在陈主席自己把自己软禁了起来。

## 二

　　五十岁以前的陈忠实，我接触得也不多。我是1988年4月底调到省作协的，而这个月的月初，4月1日，陈忠实在他的乡下老家、在草稿本上写下《白鹿原》的第一行字，开始了长达四年的《白鹿原》创作。我在作协机关工作，陈忠实在乡下写作，也见面，但是不多，交往更少。印象深的有两次。一次是，陈忠实还住在乡下写他的《白鹿原》，隔段时间回城里办一些事。有一次，陈忠实有急事，骑了一辆旧自行车过西安东大街，东大街那时白天不准自行车通行，他被那些从乡下招来的纠察人员拦住，硬要罚款，他怎么解释都不行，最终还是被罚了两块钱。陈忠实气恼且有点沮丧地把这事讲给我听时，我一边笑，一边给他说，你说你是作家陈忠实，他们也许就不罚了。陈忠实说，人家看咱更像个稼娃（关中方言，农村人的意思）。确实，那时的陈忠实走在街上，更像一个乡下人。有一次，我在街上碰见他，打了招呼后，回头还注视了一下他散没在街上熙熙攘攘的人群中的背影，觉得他确实更像个地道的关中农民。还有一次，陈忠实搬家，是作协家属院的家，记得是从一个小二居室搬到现在的小三居室，找到我和我们《小说评论》编辑部的小孟帮忙，东西不多，他、我、小孟，三人一早上就搬完了。中午他请我们吃饭，东大街一个叫"太阳神"的小饭馆，点菜时他问我爱吃什么，我说我最爱吃土豆丝，他说："你这个人好打发！"

　　同陈忠实来往多了，是他晚年的事。

　　2001年6月的一天，我在长安兴教寺下边的老家闲居，接到陈忠实打给我的一个电话。他问我在哪里，我说我在乡下老家，他听了居然大笑起来，然后说："我也在乡下老家。"又随口感叹道："君在城之南，我在城之东。隔了一道原，都是乡下人。"我才知道他也在乡下。听说我在乡下，他竟如此高兴，我有些不解甚至诧异，因为我经常回乡下而且在乡下住，有时一住就是几个月。我到作协没有几年，就借老宅迁移的机会在乡下老家盖了几间平房，带一个院子，起名"南山居"，时时自己住或同一帮朋友吃、住、玩。后来我才知道，陈忠实是在 2001 年春节过后回到乡下住的，这一住，就是整整两年。他回乡下住和我回乡下住，心境是不一样的。我这人比较闲散，想在乡下盖房闲居，是三十多岁就有的念头，盖了房后，又不断地在院子折腾，一会儿种树养花，一会儿又挖出一个鱼池，寻找江南的感觉。我的老师王仲生先生和散文家匡燮听说了，专门来看，一进门匡燮就批评我："人家都扑着扑着往前争哩，你年纪轻轻的，咋一天到晚躲到这里寻清静呢！"而陈忠实回到乡下住，后来我才知道，则是为了躲他认为的"腻"和"龌龊"。2003 年 12 月 11 日，陈忠实在城里二府庄写了《原下的日子》散文，回顾他回乡的日子，曾引白居易的《城东闲游》抒怀："宠辱忧欢不到情，任他朝市自营营。独寻秋景城东去，白鹿原头信马行。"陈忠实对这首诗，还进行了阐释并略作发挥，"一目了然可知白诗人在长安官场被蝇营狗苟的龌龊惹烦了，闹得腻了，倒胃口了，想呕吐了，却终于说不出口呕不出喉，或许是不屑于说或吐，干脆骑马到白鹿原头逛去"。他认为白鹿原是干净的，"还有什么龌龊能淹没能污脏这个以白鹿命名的原呢？断定不会有"。于是他回到了乡下。后来知道了陈忠实是这样的心境，我才理解了他为什么听说我也在乡下他会那么高兴。他打电话是问我一些关于汉中诗人李汉荣的情况，他此时正在为李汉荣的诗文写一篇品评性的文章。

　　陈忠实并不是一个传统意义上的文人，他的身上没有丝毫的隐逸气。甚至，他从来就没有想到过要归隐到什么地方去。在不同场合，包括在文章中，陈忠实曾经多次说过，文坛就是一个名利场，他并不讳言要在这个名利场中争取自己的东西。2002 年 1 月 22 日，我和他去泾阳参加一个活动，晚上无事，我去他房间聊了很久。他非常肯定地说，他从来不言淡泊，就是有功利心。可是，回想 2001 年春节过后，他却独自一人回到了乡下的"祖居老屋"，居然就是步上了千百年来中国传统文人走过的路子，归去来兮，隐于乡村。散文《原下的日子》充分地写出了他当时的心情。他写道，尽管回归了朝思暮想的老屋，但心情一时还是难以转换，感觉到的，反而是春寒的冷寂。"这个给我留下拥挤也留下热闹印象的祖居的小院,只有我一个人站在院子里。"
"原坡上漫下来寒冷的风。从未有过的空旷。从未有过的空落。从未有过的空洞。"一连三个排比句,三个"空"字,还有三个斩钉截铁的句号,极力表达着作者内心的空茫、孤寂和落寞。他写道:"我听见架在火炉上的水壶发出噗噗噗的响声。……耳际似乎缭绕着见过面乃至根本未见过面的老祖宗们的声音:嗨!你早该回来了!"

"嗨!你早该回来了!"这是陈忠实的表达语言。陶渊明的句式是:"归去来兮,田园将芜胡不归!"意思是一样的。陶渊明也是回归了家乡。所不同的是,陶渊明辞了官,陈忠实没有辞。陈忠实写,第二天微明,他在鸟叫声中醒来,"竟然泪眼模糊"。闻鸟声居然泪眼模糊,似乎不大符合"硬熊"陈忠实的性格,显而易见,是陈忠实此时的内心太过敏感,感情太过脆弱。傍晚,他走上灞河长堤,看到一个男人在河滩里挖沙筛石。他久久地站在那里观看,直至入夜,浮想联翩。在这一年的5月12日,陈忠实写了短篇小说《日子》,写的就是一个"硬熊",一个挖沙男人的生存状态和赖以生存的精神世界,其最初的生活触动点,显然就是来自这一天傍晚他的所见、所感与所思。

《原下的日子》,是陈忠实一篇散文的题目,后来陈忠实把这个题目用于多处,包括书名。显然,这个"原下的日子"极有象征意义,也耐人寻味,它可以从象征的意义上概括晚年的陈忠实。作为散文的《原下的日子》,充分表达了陈忠实的内心:寂寞,但不宁静,充满了波澜。

为何回乡?陈忠实写道:"我不会问自己也不会向谁解释为了什么又为了什么重新回来,因为这已经是行为之前的决计了。丰富的汉语言文字里有一个词儿叫龌龊。我在一段时日里充分地体味到这个词儿的不尽的内蕴。"陈忠实在此反复拈出"龌龊"一词,实际上已经透露了他复归原下的原因。

很久以后,甚至在陈忠实去世后,我反复打量他的晚年,才清晰地发现,其实,从2001年以后,他就走出了作协——陕西作协,再也没有回去过。在他50岁以后到58岁这七八年间,"豪气干云"的陈忠实主席是一直住在作协的,后院是家,前院是办公室,他喜欢待在他的办公室,晚上也常常待在那

· 239 ·

里。他的办公室大，占高桂滋公馆东侧，就是当年拘押蒋介石的那个房子，里外两间，里间办公，外间会客。作协一帮人，晚上有事无事，都好到他的办公室串门、闲坐。回想起来，我在他那个办公室外间看过世界杯足球赛，因为那里有一个大彩电；还和作家王晓新、评论家李国平以及新华社记者李勇（李勇是李若冰的二公子，属于作协子弟）在他办公室外间打过红桃四（一种扑克玩法）。记得我们四人在外间打着红桃四，旁若无人地乱争乱吵，陈忠实在里间办公，也出来坐，他从不玩牌，只是坐在旁边抽他的雪茄，有时还拿起桌上的西凤酒干喝上两口，既不观战（他会下象棋，不懂红桃四），也不觉得干扰。2001年以后，他走出了这个办公室，也走出了陕西作协，先是在乡下住了两年，后来回到了城里，移到二府庄的西安石油大学，那里给了他一套房，可以使用，没有产权，他白天在那里写作，晚上回家。回城后的最初一段时间，他在星期日还去办公室，毕竟他的家就在作协办公院后头的家属院，几分钟就能走到办公室，来去方便。但是很快，星期日也不来了。陈忠实主席的办公室虽然几经搬、换，但一直是有的，但是他基本不来。身走了，心在哪里呢？

很久以后，我听到有人说我和陈忠实"走得近"，我冷静地打量我走过的路：你是"走得近"吗？我的感觉是：我一直就站在那里，不远也不近。当陈忠实住在乡下弄他的"枕头工程"时，我刚调到作协，我们只是偶尔相遇，只是打打招呼，最近的也就是给他帮忙搬搬家这样的交往；当他"豪气干云"的时候，应该是我不知道陈忠实一天在干什么，陈忠实更不知道我在干什么，至少，在作协，我即使不是离陈忠实最远的一个，至少也在"圈子"的外围，因为陈忠实那个时候被包围着，我这样的"陶渊明"很难看见；只是，当陈忠实突然遭遇"阶级斗争"的时候，围在他身边的人"呼啦"一下都撤了，都退得远远的，我，还站在那里，就显得离陈忠实近了，甚至是最近的一个，这才给人一个"走得近"的感觉。

我一直站在那里。

我说的，是我和你的距离。

不远，也不近。

当人们涌向你时，我显得有些远。

当人们躲开你时，我又显得有些近。

因时与势，人们争先，或恐后，

而我，并没有移动半步。

我一直就站在那里。

陈忠实在世时，我就是这样的感觉，他去世后，我也是这样的认识，有一天，我写了上面一段话记在日记里。这段话比较准确地表达了我和他的距离，或者说是关系。

## 三

同陈忠实第一次很"近"的活动，是他当选中国作家协会副主席后，由我张罗给他办了一个少数朋友间私下的庆贺会。2001年12月26日，陈忠实在中国作家协会第六次全国代表大会六届一次全委会上，当选为中国作协副主席。得知消息后，我给还在北京的陈忠实打了电话，表示祝贺。说实话，打这个电话之前，我还没有对任何人的升迁晋职之类的所谓喜事表示过任何形式的祝贺。我从心底认为这样做庸俗。还在陈忠实未正式当选副主席之前，北京有一朋友就给我打电话，说陈忠实要当中国作协副主席。我听了也高兴，但听了也就听了。当选消息正式发布这一天，我当时居无定所，还住在岳母家，早上，先是接到我的老师王仲生先生的一个电话，王先生和陈忠实是老朋友，他在电话中很高兴地给我说了这个消息，接着以商量的口气对我说："忠实回来了，是不是咱们给他庆贺一下？"放下电话，我看了岳母家订的西安一家报纸当天的新闻，上边载有陈忠实当选中国作协副主席的消息，很醒目。陕西乃至整个西北五省，当中国作协副主席的，以前只有一位，柯仲平，柯虽不是陕西人，但他是老延安，也曾任陕西作协的前身中国作协西安分会的主席。那么，陈忠实就是时隔多年以后第二位荣任中国作协副主席的陕西作家，这是陕西文学的光荣，我觉得我应该给他打一个电话祝贺。电话一拨就通。先说了祝贺，想了想我又说："王仲生老师给我打电话，说你回来，想同你聚一聚，庆贺一下。"陈忠实听了略一思考，说："朋友们聚一下热闹一下也好。"从他的声音中，可以明显地感觉到，他的心情是轻松的，也是高兴的。

2002年1月3日下午，陈忠实从北京回到西安。前一天晚上，我在电话中和陈忠实沟通庆贺会拟邀请的人员。他提了一些人，其他的让我斟酌着办。他提的人，都是作协以外的。我问他要不要邀请作协的人，他说："一个都不请。"然后，他略微迟疑了一下说："司机咋办？"我知道，他从北京回来，由于是公事，是作协的司机到机场接他。我说："这个你定。司机来，就来；不来，我安排车接你。"他想了一下说："坐你的车吧。"

3日下午，陈忠实由西安咸阳机场回到西安建国路的家，放下行李，就出门换乘由我安排的一辆挂军牌的小车，直接来到长安韦曲的绿园度假村。那些年，我在作协工作，但我不在作协玩，我在外边玩，朋友基本上都是西安高校的一些搞文学研究或批评的教师，多是清谈之士，也有交游广、组织能力强的，军车就是一位高校的朋友帮忙借的。所以，那一晚的朋友间的庆贺会，陈忠实提名请的，多是和他年龄相仿的教授文学的高校教师；我请的，也多是和我年龄相近的高校教师。绿园度假村老板马宏伟和我是乡党，我们很熟悉，他不仅是《白鹿原》迷，也是陈忠实的崇拜者，他热情接待，安排了庆贺会场和接风晚宴。庆贺会由我主持，二十余位文学界的朋友汇聚一堂，纷纷讲话表示祝贺，谈陈忠实的创作，现场还有文学青年向陈忠实献花。朋友们讲完话后，陈忠实发言，他说："就两句话：一，感谢大家；二，该干啥还干啥。"

同陈忠实第二次很"近"的活动，是与陈忠实的一次聊天。2002年1月22日下午，应泾阳吉元集团总裁陈元杰之邀，陈忠实去泾阳参观那里的吉元工业区，我也应邀同去。晚上住吉元大酒店，洗完澡，我到陈忠实房间，和他说闲话。陈忠实说他晚上一般到凌晨1点睡觉。此时10点刚过，时间还早，我们就海阔天空地聊了起来。

说了一会闲话，我忽然想起前一天晚上，作家朱鸿到我家，邀我和他一起去肖云儒家，见了萧云儒，萧闲聊中说，陈忠实当了中国作协副主席后，一个非常明显的变化，是字值钱了，最少翻一番。我就问陈忠实："你现在的字一幅多少钱？"陈忠实说，他还没有从北京回来，就有人打电话向他要字，回来后，有一个经营字画的人找到他，说要垄断销售他的字，给他的价格是一千元一幅（此前是五百元一幅），但是要求他不能再给别人写。陈忠实说，他的心理是薄利多销，一千元一幅，恐怕要的人不会多，就让那个人先试着搞，不行了再说。又说，四尺整张、不写要字人姓名的，给买字者是一幅一千元；但由于常有朋友索要，就不能要钱，他给卖字者说，有朋友要，他得给，但都写上索字者的姓名。我给他建议，再过上三两年，出一本字配照片再配一些简短文字的书，图文并茂，喜欢的人可能不少，同时也能提高他的字价。同时建议，他应该多写一些自己创作的诗词和感悟性话语，因为你首先是一个作家，写唐诗宋词这一类前人的或者别人的诗词名句，只有书法欣赏的价值，而写自己的话语，既有书法价值，也有一个作家研究的资料价值，附加值更高。我说："你现在不仅仅是你个人了，你要重视给自己留下一些可资后人研究的资料。"说到这里，陈忠实看着我，却没有说话。我继续说，胡适很年轻的时候，大约二十六岁回国到北京大学当教授的时候，就已经意识到他将会是一个历史人物，就很注意自己的形象，注意给后人留一些历史资料，重视日记、手稿的保存，包括往来书信，他都很注意保存。听到这里，陈忠实问我，胡适是不是给别人写信还留底。我说，有些信，比如一些重要的信件会留底，另外收信人也很珍视这些信件。我还建议说："你可以根据不同的文字内容，即不同的思想感情，用不同的笔墨表达；书法最主要的东西是表现个性，表现特定的思想内容，它不仅仅是一种形式美。"陈忠实深以为然，说，他看鲁迅的字、茅盾的字、老舍的字，确实各有各的个性，作家的字最能显现自己的性情。

陈忠实和我在同一单位，我们都回避谈单位的人和事。我当时刚分了新房，也成了新家。陈忠实对我说："你这个人心性淡泊，现在房子和家庭问题都解决了，安顿下来以后，要多写东西，搞评论，应该关注并参与全国性的文学话题讨论，研究一些全国性的文学问题，普遍性的文学问题，发出自己的声音，这样才能造成更大的影响。"我说，我对当官和弄钱都没有什么兴趣，是准备好好静下心来写东西的。陈忠实说："四十岁后，日子过得很快。你现在的年龄（笔者注：我当时44岁），是我八六年（1986年）的年龄，现在感觉就像是昨天的事。回想五六十年代，是感觉有些遥远，但四十岁时的事，确实就像昨天。人到了五十岁以后，时间更显得快。"他说："我小时候，看那五十岁的人，就是个老汉。"我插话，杜牧有诗说"四十已云老"。陈忠实继续说，"那时在乡下，就有这样一个老汉对我说，人老了，就像日头下山一样快啊。那时不理解这话，现在理解、体会得很深。早上八九点钟的太阳，你甚至不觉得它的移动，日头在头顶的时候，你也不觉得它的变化，到了下午五六点的时候，你就会觉得太阳下得很快，很快就落下去了，特别是太阳压山的时候。"陈忠实睁大眼睛看着我，边说边在茶几上比画，"太阳压到山上的时候，你先看还是一轮，很快就变成了半个，紧接着，几乎是一眨眼的工夫，就下去了。这时候，你会感觉到黑夜突然降临了"。接下来，他强调说，"人生要抓紧"。他说："那个时候，我在四十多岁时，突然感到了强烈的生命压力，而这时正好有了一个好的题材，那时对历史的认识也有了一个新的认识和高度，我不敢懈怠，就写了那部作品（笔者注：指《白鹿原》）。"

说到官，陈忠实显然颇有感触。他提到了一位刚下台不久的某地领导，说，这个人现在很难受啊，我跟他年龄差不多大，我现在很庆幸我选择了写作这条路。此人在台上的时候，前呼后拥，现在忽然冷清下来了，你想他心理上会是个什么感受？先不说弄了多少钱，钱可能不缺了，光是手上那些事，那些他亲自干的事，这个建设那个建设，现在忽然让他撒手不管了，心理上那个窝囊呀，确实难受得很。听说此人有一次在大雁塔旁边的唐华宾馆吃饭，一时激动难耐，当众说了好些不该说的话。停了一下，陈忠实继续说："我是省委候补委员，几年来见的事，也让我感慨不已。光是开会主席台上的你上我下,就让人很有看的。先是这个人当书记,在主席台上慷慨激昂地大讲'开发''振兴',忽然间,那个人来了,坐在台子上讲话,唾沫星子乱溅,这个人苦着脸坐在台下听,忍受着那个老汉那陕西腔夹杂着醋熘普通话的折磨。接下来,那个老汉还没坐满一届,第三个人又来了,老汉又坐在了台下,老老实实瞪大着眼睛,听一个比他年轻得多的人坐在台上又讲话,那个失落,那个难受,比啥都难受。"

我说,这就是《红楼梦》中说的,"乱哄哄你方唱罢我登场",最后还不是"落一片白茫茫大地真干净"。

这一晚,我们聊了很久才休息。

我回到房间,躺在床上半天睡不着。我想起前一天晚上,肖云儒讲的一些话。肖云儒向来谨慎,但由于是朋友间私下闲聊,也就说了一些看起来有些大胆的话。虽然都是大实话,但一说出来,还是令人吃惊,引人深思,让人明白一些道理。肖说:"年轻人不理解作协、文联的性质。文联、作协是什么?就是党和群众之间的桥梁,而不是群众向党提要求的组织。由于不理解,动不动就问文联、作协,你为什么不干这个,为什么不干那个?为什么不这样干,而要那样干?这是不知道文联和作协是干什么的。像对另类作家的评论,你小利可以随便说,我作为一个领导,就不能按自己的心意说。不然的话,纪检组就会问我:你为什么要对另类作家那样说呀?""另外还有一个人情问题。像我们这一代就不能批评胡采他们,为什么?他们是老师辈呀。中国人还是讲究师生情谊的。要到你们这一代,才可以批评胡采这一辈。邓小平说,历史问题留到孙子一辈去评说,孙子辈因为隔代,可以按自己的看法去讲。因此,历史的评价往往要留给后人。"我自己虽然也在作协工作了多年,但是听了这些话,还是有拨云见日的感觉。

我又想起陈忠实的人生态度。这一晚,陈忠实聊了很多。他说他从来不言淡泊,就是有功利心。看来是实话实说。但对有些事我还是感到不解。心想他到了今天这个地位上,不说功成身退,激流勇退,归隐田园山林,此乃张良一类崇尚"从赤松子游耳"的人心向往之并可以做到的,陈忠实不是这一类人，他一是崇尚建功立业，二来意识深处没有隐逸思想，平时也不好佛道，没有受过"出世""无为"思想的熏染，但是，似乎也可以深居简出，放下好多既无聊又无意义的事不管，落个清闲自在，可是他为什么还要抛头露面，弄得身疲心累，好像显得不甘寂寞呢？这几日偶然想到这个问题，此刻忽然一下子明白了。陈忠实和他们那一辈人，那一代作家，包括贾平凹、路遥、邹志安、京夫等，出身贫寒的农家，从小受苦受难，一直在人生之路上奋斗挣扎，在文学之路上走得也不容易，用邹志安的话说是一直在"左冲右突"，期盼着的，就是有朝一日能浮出水面，放出光彩，今天好不容易有了这个机会，有了今天的地位，怎么会轻言淡泊，又怎么会自我引退且甘于寂寞呢？一直没有的人怎么会轻言放弃呢？对这些问题，如果仔细检视一下他们的出身、经历以及文化背景，是不难找到答案的。

到了第二天，陈元杰请了天人书画院的一批文人书画家来，给县上领导写字。书画家们在一个大厅里写，请陈忠实在一个房间写。陈忠实只写半张纸，即将四尺整纸裁开，或条幅，或斗方，只写四五字。陪同的陆德让给吉友宾馆题字，陈忠实踌躇着说，写什么呢，写个"宾至如归"没有新意，有一句话"睡觉睡到自然醒"，又觉得不那么合适。陆德是个机灵的姑娘，连说这个内容好。陈忠实就写了，说，这个怕不能挂在宾馆大厅，适合挂在房间里。按主人的要求写完后，陈忠实见我在旁边看热闹，说给你也写一幅。关于内容琢磨了好一会儿，却没有下笔，看来他很认真，不知写什么好，问我，我说那就写"坐看云起"四字吧。此四字乃我第一本书的书名，也是我非常向往的境界。陈忠实把这四个字写在一张四尺对开纸上，写毕，自己评价说，"起"字最好，"看"字第二，"云"字第三，"坐"字笔墨未到位。陈忠实的人生态度是积极入世，对我这种"坐看云起"的心态似乎不想鼓励，写完后又特意加了"小利雅兴"四个小字，表明此语不是他的意思，而是我的意思。

## 四

同陈忠实第三次很"近"的活动，是给陈忠实帮着办60岁生日庆贺活动。事情的起因是这样的：作家朱鸿，同我是乡党也是文友，有关方面开了他的一个散文研讨会，陈忠实人在外地不能赴会但是发了贺信，为感谢陈忠实，2002年4月2日，朱鸿约我同他一起去看望陈忠实。陈忠实住在西蒋村乡下老家，我和朱鸿约在作协的门口会面，在作协门口，又碰上作协已退休的原创联部主任李秀娥，她和几个人也因事要找陈忠实，我们几路人马就一同去了西蒋村。同去的有我、朱鸿、李秀娥，还有杨立英、宗鸣安、杨毅和李君利，当时谁跟谁是一路记不大清了，大约朱、杨、宗是一路，李、杨、李是一路。到了西蒋村陈忠实老家，陈忠实见呼啦啦来了这么多人，显得很高兴，说是"看乡里人来了"。晚上，朱鸿做东，感谢陈忠实为他散文研讨会的发言，请陈到离西蒋村不远的半坡湖度假村吃饭，大家都去了。席间，李秀娥说起今年是陈忠实的六十大寿，应该庆贺一下。陈忠实高兴地说："可以聚一聚，热闹热闹。"众人就议定今年给陈忠实过六十大寿。

散席后，大家作鸟兽散，如何过这个六十大寿，好像没有人再提起，事情就落在了我的头上。我拉了朱鸿和杨立英，杨立英又拉了西安饮食集团的负责人王一蒙，几经碰头与协商，包括几次到乡下与陈忠实讨论，商定如下方案：

一、规模：邀请100人，按150人接待准备。

二、性质：非官方。朋友间，民间式。

三、庆贺会主办单位：西安饮食集团。地点：常宁宫。

四、主题：陈忠实先生60华诞暨文学生涯45周年庆贺会。

五、形式：笔会，宴会。

六、要求：不张扬，不宣传。但可以请媒体的有交情的朋友记者参加。

七、安排：群贤毕至，少长咸集，不论官大官小，不管有钱没钱，都是朋友，不分主次，见座就座。

请谁参加，当然是陈忠实自己定。

关于请谁不请谁，陈忠实说了一句话，我印象深刻。他说："近则不逊，远则怨，不请谁，都得罪人，谁都得罪不起。"对省上的几个领导朋友，他犹豫了很久，最后还是决定不请，他担心引起其他误会。但是，关于陕西作协的人，他态度明确而坚定："一个都不请！"

庆贺会的日期定在公历的7月31日，这一天是农历的六月二十二日。陈忠实出生于1942年农历的六月二十二日，公历这一天是8月3日。日月轮回，农历、公历的日子常常不在一天，陈忠实过生日，多按农历过。

事情议定后，虽然这个活动由西安饮食集团主办，但他们对活动主人陈忠实这一方不熟悉，请人、迎送、会议安排、笔会安排、宴会客人的招呼、节目安排等，都需要陈忠实一方安排或配合。我就自然而然成了陈忠实一方的总协调和总指挥。陈忠实拟定邀请的社会贤达、新闻界、出版界、文艺界、教育界、企业界和球迷朋友最后总计约150人，我们按200人准备接待。结果，来宾超过300人。有西安的，也有市外的，还有外省市的。筹办过程中，有一天，我到王仲生先生家与他商量一些事，王先生接了一个电话对我说：作协某某想来参加忠实的生日，某某说他是忠实的老朋友，咋办？我说：这是陈先生的事，得问他。王先生当即打电话给陈忠实，陈忠实说："甭让来！小心耽搁了人家的前程！"王先生后来是怎么回复某某的我不知道，总之，某某后来没有来。

"小心耽搁了人家的前程！"这是陈忠实当时对作协的人"一个都不请"的一个慎重考虑。但是，我邢小利就是作协的人，他是怎么考虑的，我从不问，也没有想过，他也不说。倒是生日过后很久，有次聊闲天，说到什么话忘记了，陈忠实轻描淡写地说："办生日的时候，你嫂子（指陈夫人王翠英）问我：'作协的人你都不请，小利给你帮忙……'我说：'小利是个不图名不图利的人。'"我听了，什么话也没有说。类似"小利是个不图名不图利的人"这样的话，记得评论家李建军也给我说过，他说陈先生在北京与他聊到我时也说过这话。这样的话，我无法接。我对自己其实很清楚，我并没有那么高的境界，"名"与"利"，都是好东西，怎么会一点都不"图"呢？只是在我，不愿意也不会"争"与"求"罢了。

作协的人尽管一个都未请，但还是来了几位比较年轻的人。当然，基本上都是和陈忠实有交情有感情的。但是，不能否认，也有人是带着任务来的。某人回去后，就汇报并散布开了一些与活动事实完全不符的话。没有不透风的墙，作协尽管很多人不便来参加活动，但支持、理解包括同情陈忠实的还是大有人在。有人把在作协流布的一些话透露给了陈忠实，陈忠实听了自然生气。后来，因种种原因，陈忠实再也没有这样大张旗鼓地办过生日活动。

我后来想，陈忠实这次之所以愿意这样大张旗鼓地办一次生日活动，深层的心理原因，还是在乡下一年多，太寂寞了，太想念一些朋友了。所以，李秀娥一提议说过一下生日，他立刻接话，"可以聚一聚，热闹热闹"。当然，生日那天，李秀娥也没有来，因为没有请她。陈忠实连作协离退休的人也基本未请。离退休人员中，陈忠实请了一位，这就是作协原来的老领导李若冰。这次"陈忠实先生60华诞暨文学生涯45周年庆贺会"，不是以某个单位的名义，而是以个人的名义邀请各界朋友参加这次活动的。这些"个人"，按年龄大小排序，分别是：李若冰，畅广元，王仲生，刘路，邢小利，朱鸿，杨立英。

陈忠实的生日活动刚过，有一天我去作协，在前院碰到作家王晓新。王晓新见了我说："小利，你办的这个生日活动弄瞎了。前途，就因为给人过这个生日，完了。"又说，"你原来还是被看好的么……弄瞎了，弄瞎了！"王晓新是个正直刚硬的好人，听他连连为我叹息和惋惜，我笑了几声，无言以对。

王晓新是一个有独立思想、有鲜明个性的作家。路遥生前曾对我说，陕西作家中，他最佩服的就是王晓新，那时陈忠实的《白鹿原》还没有写出。王晓新对政治极其敏感也非常关心，他关心的政治，主要是大政治。很多年后，他退休了，住在三原县城，我去看他，他老远见了就大声说："我现在只关心世界局势，关心卡扎菲啥时候被收拾；国内嘛，政治局常委以下，我都不关心。"但其实王晓新也关心小政治，极小环境里的所谓"政治"。他有政治头脑，也有政治智慧，敢说敢干，可惜是一个终身的和永远的反对派，和当权者永远处在对立甚至对抗的立场，所以，除了陈忠实当权时，他的境况能稍好一些，其他的时候，境况都不妙。他和陈忠实是同代人，"文革"后因创作成绩突出，被调到省作协，20世纪80年代中期，和一些当权者闹翻，工资不要了，住房也不要了，用他的话说是"浪迹天涯"，很多年隐没于民间，不知所终。陈忠实当了作协主席后，才把他请了回来。陈忠实敬重他，多方打听，亲自把他请回作协，安排了工作，还给他评了"一级作家"（笔者注：王晓新评一级作家当之无愧），但他该咋样还咋样，看陈忠实不顺眼的照样反对，和陈忠实吵、骂，甚至抡起椅子砸陈忠实，还把作协挂在大门口的牌子也砸了，理由是"这个省作家协会哪里像省作家协会？分明像一个乡政府"。当然，王晓新这个人头脑还是清楚的，做人也是有原则的，闹归闹，反归反，并不影响他从心底对陈忠实其人其文的敬重，哥俩惺惺相惜，后来仍然互相坚持个性又相互尊重。王晓新是一位隐藏的或者说是被埋没了的作家，由于他坚持个性，他写了很多极有个性的作品，也正因为他坚持个性，这些有个性的作品也发表不了。这是他令人敬重的地方，也是令人惋惜的地方。关于此人，需另文专题介绍和探讨，这里略过不提。且说见了我连说我"弄瞎了、弄瞎了"时的王晓新，正是他关心小环境里的小政治的时候。此时，也是一度对新格局抱有侥幸心理的王晓新，与新环境有某些互动，故了解某些内情，他说的话，并非玩笑。

## 五

2002年12月6日，傍晚的时候，古城下了今年的第一场雪。陈忠实从美国访问归来，约我吃饭。我安排在长安路上的西安国力仁和，请了两个朋友参加，一个是评论家仵埂，一个是作家朱鸿；陈忠实带作协办公室副主任、给他开车的司机杨毅参加。饭后,我们去附近的小花茶秀喝茶聊天。窗外是漫天的大雪,寒气从窗缝透进来,有些逼人。最近一段时间,陈忠实行走远方(我印象中陈是因公出国,但时隔久远,没有查到可靠的资料证实,故说行走远方),关于陈忠实有一些流言,来向明确,去向如风,众女嫉蛾眉,谣诼甚嚣嚣,对陈忠实不利。我虽非方外之人,却远离某种环境,余亦闻之,流言必广。我觉得我应该提醒一下陈忠实,否则对不住朋友。此前,我们从来只谈文学,谈国事天下事,就是不谈小环境,刻意不谈。一谈,必涉及利害,一谈,必涉及是非。利害,是非,那是小人所谈的。所以,我和陈忠实之间,似乎有一种默契,语不涉小环境,话不及我和他的利与害,也不论他人的是与非。这一晚,雪大,风寒,我和他也算有交情,再什么都不说,明知而不言,似乎也有些矫情了。在座的仵、朱、杨,想必对流言早有耳闻,只是大家坚持不说,陈也就蒙在鼓里。所以,我觉得我应该告诉陈忠实一些什么,提醒他一些什么。仵埂、朱鸿我是了解的,杨毅我当时还不太了解,我示意陈忠实,杨毅可否回避。陈忠实严肃起来,他也许意识到了我要说什么,说:不用,杨毅因为给我开车已经被带累了(后来我才知道,杨毅因为是办公室副主任,主管派车,时当"在作家协会,只能有一个声音"的形势下,派司机接送一下主席陈忠实非常困难,杨毅就开车接送陈忠实。一来二去,陈忠实也习惯了只叫杨毅开车,陈忠实本无专职司机,这样一来,杨毅似乎就成了专职司机。杨毅从副处级的办公室副主任一直开到当了处级干部,又升为副厅级领导,都为陈开车,一直到陈忠实去世,亦属罕见)。我对陈忠实说:"关于你,有一些流言,有人有意渲染,谣诼甚嚣嚣,你得注意。"我说得很简单,但陈忠实肯定听明白了。他神情严峻,半天不说话。仵埂、朱鸿坐在一旁不说话。杨毅也不说话。大家只喝茶,气氛凝重。见陈忠实心情沉重,我又说了一句:"也就是流言,不必放在心上。"陈忠实却说:"不放在心上是不可能的!"

又过了很长时间,陈忠实问我:"你认为,我该怎么办?"

想不到他会问我。我想了想,说:"一、你要出来,要参加活动。不能总是待在乡下。久居乡下，不参加活动，会渐渐失去你的影响力。二、你现在还是《延河》的主编，《延河》曾经是一份很有影响的杂志，你现在做不了其他的什么，但是《延河》，你还是可以做一些事情的。三、你的问题，只能是上边解决。你曾说过，有一次你从北京回来，坐的是软卧，省上主要负责人知道你在软卧车厢，主动去看你。你有机会，也应该去看看省上主要负责人。"

我给陈忠实的三点建议，后面两点，似乎未见陈忠实后来有什么动静，但是第一点，陈忠实肯定是听进去了。第三天，也就是12月8日，陈忠实上午就参加了嘉汇汉唐书城的开业仪式。这个活动，是汉唐书城的总经理唐代伟让我请的陈忠实，以往此类活动，陈忠实都不参加，这次一说，他就愉快地答应了。那天中午，在东方大酒店，他与同来参加书城活动的作家张抗抗、周国平等见面、午餐。下午，在东方大酒店休息时，西北大学的刘建军、陕西师范大学的畅广元、西安文理学院的王仲生等先生在座，我谈到可以把他《白鹿原》中的白鹿书院搬到现实中来，谈到长安是中国书院的发源地，书院在中国当代社会的价值和意义，几位先生都是我的老师，也都发表意见，表示赞同，陈忠实听了，也认为可行。白鹿书院也就是在这次偶然的闲聊中开始了筹建工作。几天后，12月16日，陈忠实一早就给我打电话，说他在灞桥参加一个研讨会，遇到区上领导，一位人大常委会副主任说想搞一个白鹿书院，他说有作家也想搞，可以结合到一起；有一位企业家也在座，说要搞，他可以出力，盖一座楼。做事比说事难，几经周折，2005年，我们与西安思源学院合作，白鹿书院终于成立起来了。陈忠实被推举为终身院长，白鹿书院在他的领导下，也逐渐成为当代中国有一定影响力的书院。

2003年春天，他由乡下的祖居老屋移住到了城里。他被西安石油大学聘为教授，回城后，他白天到石油大学的工作室写作，晚上回家住。2005年白鹿书院成立后，远道而来的客人特别是文坛的朋友，他喜欢在白鹿原上的白鹿书院小院里接待。很多的时日里，他都一个人待在工作室里；偶尔参加一个活动，一结束他就匆匆回到工作室里。哪怕离回家只剩下一个小时，他也要回到工作室。他已经习惯并喜欢一个人待着,思考,或写作。2007年,他65岁生日刚过,陕西作协换届,他从主席的位子上退了下来。

  晚年的陈忠实,人是寂寞的,内心也是寂寞的。但他的内心也翻滚着波澜。这种波澜,化成了他后来写成的近百万文字。晚年的文字,透着深重的寂寞,也翻腾着滚滚的波澜。

原刊 2017 年第 3、4 期《文学自由谈》<br>收入人民文学出版社 2017 年 9 月版《陈忠实纪念集》

## 陈忠实的得意

陈忠实是一个拿得住的人，谦逊，低调。但是，也有得意的时候。

得意的时候，他一边大口大口地抽着他的黑杠子卷烟，一边说着令他得意的事。说到更得意时，也会突然放声大笑几声。这个时候，他显得很快乐，也很自信。

我记得很清楚的，印象也很深的，有三次。这三次都与有人评价他的作品、肯定他的文学观点有关。

陈忠实并不是一个爱炫耀的人，但他遇到高兴的事，还是愿意与熟悉的朋友分享的。那时，我和他都在陕西作协办公楼二楼办公，他的办公室与我的办公室相邻，有时他叫我，有时我到他办公室串门。我们坐在沙发上闲聊，聊到高兴处，他就说起令他得意的事，大口抽着他的黑杠子卷烟，坐着坐着，忽然就站了起来，把烟灰随便弹到地上，走到窗边向外俯视，呵呵笑起来，甚至大笑起来。

一次是京城有人评价他的"折腾到何日为止"思想，说他这个思想与党中央当时提出的"不折腾"思想不谋而合，夸赞他借朱先生的话以古讽今，思想前瞻，有高度，而且这句话对中国历史颇有概括性也颇有思考的深度。

京城评家说这个话的背景是，2008年12月18日，北京举行纪念十一届三中全会召开30周年大会，党中央领导在讲话中提到："我们的伟大目标是，到我们党成立100年时建成惠及十几亿人口的更高水平的小康社会，到新中国成立100年时基本实现现代化，建成富强民主文明和谐的社会主义现代化国家。只要我们不动摇、不懈怠、不折腾，坚定不移地推进改革开放，坚定不移地走中国特色社会主义道路,就一定能够胜利实现这一宏伟蓝图和奋斗目标。""不折腾"一语一时被人盛传。

"折腾到何日为止",则是《白鹿原》中白鹿书院的山长朱先生留给后世的遗训。此语当然也可以视为陈忠实的一个思想,作家借小说中人物之语传达他的现实关怀。

此语出处见《白鹿原》小说。小说写朱先生下葬,白嘉轩目睹了姐夫下葬的过程,"姐夫朱先生终于躺在土炕上了,头下枕垫着生前著写的一捆书",朱先生用著作垫棺作枕(陈忠实四十岁时曾发誓写出一部死后可以"垫棺作枕"的作品,他逝世后有关人员就在他的头下以一函三册线装本的《白鹿原》给他作枕),白嘉轩这时忍不住对众人又一次大声慨叹:"世上肯定再也出不了这样的先生罗!"接下来,陈忠实庄重的笔调变得既写实又不无黑色幽默,"几十年以后,一群臂缠红色袖章的中学生打着红旗","冲进白鹿书院时呼喊着愤怒的口号",他们架火烧了"白鹿书院"的匾牌。"书院早在此前的大跃进年代挂起了种猪场的牌子,场长是白鹿村白兴儿的后人""小白连指"。"小白连指上过初中,又兼着祖传的配种秘诀,真的把种猪场办起来了。那年同时暴起的小钢炉很快就熄火了,公共食堂也不冒烟了,而小白连指的种猪场却坚持下来,而且卓有功绩。他用白鹿原上土著黑猪和苏联的一种黑猪交配,经过几代选优去劣的筛选淘汰,培育出一种全黑型的新种系。此猪既吃饲料也吃百草,成为集体和社员个人都喜欢饲养的抢手货,由县长亲自命名为'黑鹿'。"白鹿原不见了颇显神灵之气的白鹿,黑猪居然被命名为"黑鹿"现身,陈忠实真够冷峻和幽默。不久,"书院住进来滋水县一派造反队,这儿被命名为司令部,猪圈里的猪们不分肉猪或种猪、公猪或母猪、大猪或小猪一头接一头被杀掉吃了"。"大约又过了七八年,又有一群红卫兵打着红旗从白鹿原上走下原坡","在班主任带领下,寻找本原最大的孔老二的活靶子朱先生来了。班主任出面和生产队长交涉,他们打算挖墓刨根鞭挞死尸。生产队长满口答应,心里谋算着挖出墓砖来正好可以箍砌水井"。

四五十个男女学生从早晨挖到傍晚，终于挖开了朱先生的墓室，把泛着磷光的骨架用铁锨端上来曝光，一堆书籍已变成泥浆。整个墓室确系砖坯砌成，村里的年轻人此时才信服了老人们的传说。老人们的说法又有了新的发展：唔！朱先生死前就算定了要被人揭墓，所以不装棺木，也不用砖箍砌墓室。整个墓道里只搜出一块经过烧制和打磨的砖头，就是封堵暗室小孔的那一块，两面都刻着字。十年级学生认不全更理解不开刻文的含义，只好把砖头交给了带队的班主任老师。老师终于辨认出来，一面上刻着六个字：

天作孽　犹可违

另一面也是刻着六个字：

人作孽　不可活

班主任欣喜庆幸又愤怒满腔，欣喜庆幸终于得到了批判的证据，而对刻文隐含的反动思想又愤怒满腔。批判会就在揭开的墓地边召开。班主任不得不先向学生们解释这十二个字的意思，归结为一句，就是"阶级斗争熄灭论"，批判会就热烈地开始了。

一个男学生用语言批判尚觉不大解恨，愤怒中捞起那块砖头往地上一摔，那砖头没有折断却分开成为两层，原来这是两块磨薄了的砖头贴合成一起的，中间有一对公卯和母卯嵌接在一起，里面同样刻着一行字：

折腾到何日为止

学生和围观的村民全都惊呼起来……①

朱先生用"折腾到何日为止"这个反问句表明对"胡折腾"历史和现实的反思和批判。而要深刻理解这句话的含义，既要认真阅读《白鹿原》这部小说，也要结合中国现当代的历史特别是各种运动史反复体会。

---

①陈忠实：《白鹿原》，人民文学出版社1993年，第639–642页。

又一次是京城有人评价陈忠实的"接通地脉"思想，说他的"接通地脉"思想与当时上边提出的"接地气"要求思想一致，说他"先知先觉"，早早提出了"接通地脉"的思想。

2007年，陈忠实65岁了，这一年的1月4日，他在西安的二府庄书房写成一篇回忆性叙事并带抒情和思考的散文，题为《接通地脉》。这篇散文写他全家当年带户口进城后，把村里的责任田交还给村委会，村长又把无人耕种的二分地让他种玉米等作物。他住在乡间，既务弄这二分地，也写作，由于接通地脉，他感慨地说："这几年间，大概是我写作生涯中最出活的一段时光。"这篇文章其实也是在阐发一个乡土作家与土地的内在关系，一个乡土作家的生活积累、情感蕴蓄以及理性思考，都与是否"接通地脉"有着内在而微妙的关系。

且看陈忠实在这篇散文中的一段叙写："这几年间，大概是我写作生涯中最出活的一段时光，无论是中篇《蓝袍先生》《四妹子》《地窖》等，以及许多短篇小说，还有费时四年的长篇《白鹿原》，我在书案上追逐着一个个男女的心灵，屏气凝神专注无杂，然后于傍晚到二分地里来挥镢把锄，再把那些缠绕在我心中的蓝袍先生、四妹子、白嘉轩、田小娥、鹿子霖、黑娃们彻底排除出去，赢得心底和脑际的清爽。只有专注的体力劳作，成为我排解那些正在刻意描写的人物的有效举措之一，才能保证晚上平静入眠，也就保证了第二天清晨能进入有效的写作。这真是一种无意间找到的调解方式，对我却完全实用。无论在书桌的稿纸上涂抹，无论在二分地里务弄苞谷蔬菜，这种调节方式的科学性能有几何？对我却是实用而又实惠的方式。我尽管朝夕都生活在南原（白鹿原）的北坡根下，却从来没有陶渊明采菊时的悠然，白嘉轩们的欢乐和痛苦同样折腾得我彻夜失眠，小娥被阿公鹿三从背后捅进削椽利刃时回头的一声惨叫，令我眼前一黑，钢笔颤抖……我在二分地的苞谷苗间大葱行间重归沉静。"[①]

---

[①] 陈忠实：《接通地脉》，《陈忠实文集》增订本第9卷，人民文学出版社2015年，第5-6页。

此文发表在当年的《南方文坛》第 2 期。后来，陈忠实又把此文编入他的一部散文集并以《接通地脉》为书名，2012 年 6 月由作家出版社出版。

听到陈忠实讲述有人把他的"接通地脉"与"接地气"联系起来，我查了一下，关于"接地气"，有如下阐述：

"接地气"是一种民间用语，指大地的气息。

"接地气"就是接其自然，顺乎人情物理。

"接地气"就是贴近现实生活，贴近本地文化，贴近普通民众需求。

"接地气"就是要广泛接触老百姓的普通生活，与最广大的人民群众打成一片，反映最底层普通民众的愿望、诉求、利益。

"接地气"就是听民声，惠民生。

我后来想，"接通地脉"与"接地气"确实有相通之处，但是"接通地脉"似乎更有文学的形象感。

还有一次，也是京城有人评价他的一个观点，肯定他在创作中重视和强调作家思想的重要性。

陈忠实是一个非常重视思想重要性的作家。

在我看来，陈忠实是一个生活型的作家。生活型指的是生活积累的丰富和厚实。文学创作特别是小说创作，需要生活、才气和思想综合要素。但是，具体到每一个作家个人，则各人的情况不同。如果要对作家大致分类，从一个作家创作中最突出的特点来看，以中国当代作家为例，似乎可以分为这么几类：思想型，如王蒙，张贤亮；才子型，如刘绍棠；生活型，则以陈忠实为代表。或者不这么绝对地看问题，从一个作家创作中表现出来的突出要素排序来看，以陕西当代的几位作家为例：路遥是思想加生活；贾平凹则首先是才气，其次是思想，最后是生活，才、理（悟）、生活经验；陈忠实首先是生活，然后是思想、人格及其他。要论才气，陈忠实并不十分突出。陈忠实终生都是一个乡土作家，他充分地认识到他的题材领域和认知领域就在故乡的土地上，所以他在五十岁以前亦即写出《白鹿原》之前，一直住在乡村，住在他白鹿原北坡下的老屋，不敢离开。改革开放初期，他家庭里的其他人都还是农村户口，外省有地方曾以给他全家办城市户口并为他安排合适工作为条件，请他去外地落户，他不为所动，以创作的根据地就在家乡为由谢绝。所以说，从乡土作家的视角来看，陈忠实的生活积累在同代作家中相当深厚与扎实。由此，他的关于乡土社会（中国本来就是一个"乡土中国"）的"生活体验"与"生命体验"也就相当地丰富，而由"体验"生出与升华的"思想"与"认识"就"接通地脉"，而不是那种凌空蹈虚的玄言和从书中得来的熟语，这种"接通地脉"的"思想"往往也就有了它的独特性和深刻性。

我和陈忠实在一个单位工作了二十八年，他在晚年，多次郑重其事地跟我谈作家思想的重要性。同时，他还谈到作家的素质和品质。我听他谈得最多的，一个是思想，一个是人格。

2002年10月，陈忠实住在白鹿原下的老家，他读了我的一部散文集《种豆南山》书稿，乘兴写了一篇评论，其中谈到作家的思想和人格的问题。他首先肯定了人格对于作家的重要性，他说："人格对于作家是至关重大的。人格肯定限定着境界和情怀。保持着心灵绿地的蓬蓬生机，保持着对纷繁生活世象敏锐的透视和审美，包括对大自然的景象即如乡间的一场雨水都会发出敏感和奇思。设想一个既想写作又要投机权力和物欲的作家，如若一次投机得手，似乎可以窃自得意，然而致命的损失同时也就发生了，必然是良心的毁丧，必然是人格的萎缩和软弱，必然是对历史和现实生活的感受的迟钝和乏力，必然是心灵绿地的污秽而失去敏感。许多天才也只能徒唤奈何。""人格对作家的特殊意义，还在于关涉作家思想的形成和发展。"同时，陈忠实认为"作家必是思想家，这是不需辩证的常理。尤其是创作发展到一定程度的作家，在实现新的突破完成新的创造时，促成或制约的诸多因素中最重要的一点便是思想的穿透力"。

在论述"思想和人格的关系"时，陈忠实认为："作家穿透生活迷雾和历史烟云的思想力量的形成，有学识有生活体验有资料的掌握，然而还有一个无形的又是首要的因素，就是人格。强大的人格是作家独立思想形成的最具影响力的杠杆。这几乎也是不需辩证的一个常规性的话题。不可能指望一个丧失良心人格卑下投机政治的人，会对生活进行深沉的独立性的思考。自然不可能有独自的发现和独到的生命体验了，学识、素材乃至天赋的聪明都凑不上劲来，浪费了。"①

"作家必是思想家"这个认识，大约是陈忠实五十岁以后形成的成熟看法。有时，他会专门告知我，他在哪里发表了谈作家思想的文章或访谈，要我看，同时想听我的看法。

我最早注意到他重视作家思想的问题是2003年10月，他和我应浙江省作家协会副主席、作家王旭烽之邀参加首届浙江作家节。10月9日晚上，作家节安排举行中国当代文学首届"西湖论剑"活动，一共有八位作家被选为坛主论剑，由于陈忠实当晚被当地的一位重要领导邀请参加招待会，论剑活动早早举行。"西湖论剑"在一个很大的报告厅举行，华灯辉煌，参加作家节的嘉宾和杭州听众约二三百人坐在台下。论剑活动由高洪波主持，提出一个问题：当前的中国文学缺少什么？请八位坛主依座位顺序分别回答。陈忠实第一个"论剑"。接下来分别论剑的是仲呈祥、铁凝、莫言、张平、张抗抗和鬼子。我记得很清楚也很有意思的是，李存葆当时也是论剑坛主之一，轮到他时，他却说没话好讲，直接从台子前边跳下来，不讲了，急得主持人高洪波在台上直喊"别跳""别跳"，李存葆高大的身子还是从台子上跳下来了，转眼不见影了，颇有落荒而逃之势。

陈忠实亮出他的思想剑光："我觉得中国文学现在最缺乏的就是思想的力量。社会发展到了今天，各种矛盾都已经展示得非常清楚，一个普通的读者，都能在一定程度上看到这些问题，于是就有一个非常严峻的问题留给作家：如果作家的思想不能超越普通读者，具有穿透当代生活和历史的力量，那么，我们的作品就很难接近读者、震撼读者。这个思想力量的形成，要求作家在创作过程中，必须从生活体验进入生命体验的层面。生活体验的作品可能会

---

①陈忠实：《解读一种人生姿态》，《陈忠实文集》增订本第7卷，人民文学出版社2015年版，第521页。

有雷同，但进入生命体验的作品就很难雷同，这里有本质的区别。比如米兰·昆德拉，他前期的作品《玩笑》，应该是生活体验的作品，这样的作品在当代中国不难找到，而后期作品《生命中不能承受之轻》则是生命体验的作品，这是我们的文学所缺少的。写作就像化蝶，一次次蜕皮，蜕一次皮长一截，这是生活体验；而一旦蛹化成蝶，就变成了生命体验。我觉得应该有更多的作家和作品进入生命体验这个层次。"①

在这次"论剑"中，陈忠实不仅重点提出文学需要"思想的力量"，而且他把"思想力量的形成"，与作家的"生命体验"联系起来。作家要从"生活体验"进入"生命体验"，这个观点也是陈忠实后来形成的重要的文学思想之一。那么，什么是"生活体验"，什么又是"生命体验"？陈忠实后来有深入的论述。陈忠实认为："从生活体验进入到生命体验，对作家来说，如同生命形态蚕茧里的'蚕蛹'羽化成'飞蛾'，其中最为关键的是心灵和思想的自由，有了心灵和思想的自由，'蚕蛹'才能羽化成'飞蛾'。'生活体验'更多的指一种主体的外在的生活经验，'生命体验'则指生命内在的心理体验、情感体验以及思想升华。"② 2009 年 11 月 23 日晚上，应我之请，陈忠实与高艳国等一起在西安荞麦园吃饭交流。高艳国是山东德州一位企业家和文学作者。席间，高艳国请陈忠实为他所编的《鲁北文学》题字，陈忠实题：既随物以婉转，亦与心而徘徊。题完之后，陈忠实说，这两句是刘勰《文心雕龙》中的话，他认为前一句讲的是生活体验，后一句讲的是生命体验。陈忠实在这里的解说可以看作是他的两体验论的另一注解。

2009 年 9 月，陈忠实在接受记者采访时说，当前长篇小说创作数量大，但没有史诗性作品，是因为作家的思想缺乏力度。他说："在我看来，主要在于思想的软弱，缺乏穿透历史和现实纷繁烟云的力度。""体验"这个词的意思是通过实践来认识周围的事物，陈忠实从"思想"又谈到了"体验"，陈忠实认为，作家有自己独立的思想，对于历史或现实生活就会有独特的体验，

---

① 邢小利、邢之美：《陈忠实年谱》，华文出版社 2021 年，第 178-179 页。
② 陈忠实：《从生活体验到生命体验》，《南方文坛》2017 年第 5 期。

而"这种体验决定着作品的品相。思想的深刻性、准确性和独特性,决定着作家从生活体验到生命体验的独到的深刻性"。① 在另一篇与记者的对话中,陈忠实又谈了相似的看法,在谈到对"文学的本质"的理解时,陈忠实认为:"我所理解的文学的本质,是作家对社会对人生的独特体验,用一种新颖而又恰切的表述形式展现出来。"作家的"独特体验""能引发较大层面读者的心灵呼应,发生对某个特定时代的思考,也发生对人生人性的理解和思考"②。

概括陈忠实与两位记者的答问和对话,可以看出,陈忠实在创作中非常重视思想的作用,尤其看重"生命体验"特别是"作家对社会对人生的独特体验"对于"文学的本质"的体现。

"折腾到何日为止"是朱先生的遗训与诘问,当然也是作家陈忠实通过小说人物要表达的"思想"和"生命体验"。"接通地脉",是陈忠实的生活体验,当然也是一种生命体验,甚至也是他的一个思想。由此也可以理解,当京城人士夸赞他这两个话语时,陈忠实的"思想"和"生命体验"被人发现、被人理解并被人肯定和赞扬,作为一个作家,他是得意的,也是可以得意的。陈忠实本来就十分重视"思想"以及"思想的力量",当京城人士肯定他在创作中重视和强调作家思想的重要性时,他自然引为知己和知音,当然要得意一回。人生得意有几回,该得意时且得意。

原刊 2023 年第 1 期《文学自由谈》

---

① 陈忠实:《也说思想——答〈南方周末〉张英问》,《陈忠实文集》增订本第 9 卷,人民文学出版社 2015 年,第 538 页。

② 陈忠实:《文学的心脏,不可或缺——与〈解放日报·周末刊〉高慎盈的对话》,《陈忠实文集》增订本第 10 卷,人民文学出版社 2015 年,第 521 页。

# 注目南原觅白鹿

## 一

出西安城区往东，遇出自秦岭而北流的浐河。沿浐河往北，会自东西来的灞河。陈忠实长篇小说《白鹿原》称灞河为滋水，浐河为润河，滋润二水从东、北、西三面环绕一原，即白鹿原。白鹿原居高临下，西望长安。地质学认为，此原为亿万年形成的风成黄土台原。清代学者、陕西巡抚毕沅在《关中胜迹图志》中考述白鹿原之得名，引《三秦记》说："周平王东迁，有白鹿游于此原，以是得名。"[①]

西周亡，东周初年，有人见到白鹿原上有白鹿。白鹿原上什么时候没了白鹿，无从查考。至少从《白鹿原》所记述的清末以至于今，未见白鹿原上有白鹿的记载。

1992年夏天，陈忠实已经写完了《白鹿原》，他感慨万端，填了一首词《小重山·创作感怀》："春来寒去复重重。掼下秃笔时，桃正红。独自掩卷默无声。却想哭，鼻涩泪不涌。单是图名利？怎堪这四载，煎熬情。注目南原觅白鹿。绿无涯，似闻呦呦鸣。"陈忠实写完《白鹿原》，他"注目南原觅白鹿"，结果是"似闻呦呦鸣"，但他没有看到白鹿。

2022年7月的一个黄昏，我驾车西上白鹿原，转从白鹿原北坡下去，就到了西蒋村。村边就是陈忠实故居，陈忠实生前总是称这个地方为"祖居老

---

[①] 毕沅：《关中胜迹图志》，张沛校点，三秦出版社2004年，第36页。

屋"，现在这个"祖居老屋"的门前立着一个牌子：陈忠实故居。我站在门外，绿树掩映之中，旧居还是当年的样子，我熟悉的老样子。只是大门紧锁着。

这个被陈忠实称为"祖居老屋"今天又被称为"陈忠实故居"的院子，现在静静地隐在大树的浓荫之中。我知道，院子后面，就是白鹿原的北坡。北坡上某一处，是陈忠实的墓地。小小的一块地方。墓地朴素。有一棵松树，一块黑色墓碑，上面写着"陈忠实之墓"。

1986年春天，陈忠实住在西蒋村老宅，在《白鹿原》创作准备的阶段，他找乡亲们帮忙，在祖居老屋的地面上，亲手建成了一院新房。新房或者说新院落，我来过很多次，不进去都很清楚：院子倚着白鹿原北坡，坐南朝北，面向北面的滔滔灞河。院子格局是：门楼，前面小院，前房三间，中间院落，种有小树花草，后房三间，后面小院，小院背后是白鹿原北坡，坡底下，当年凿有一个小窑洞，夏天可以在里边乘凉。2001年7月23日下午，就是在这个窑洞里，陈忠实与西安光中影视有限公司董事长赵安、总经理赵军谈成并签了《白鹿原》电视剧改编版权的合同。

老家新房建成，陈忠实把后房三间中的右边的那一间，约有十多平方米，做了他的书房。这个书房，是陈忠实1992年年底住回城里之前，也是写完《白鹿原》之前，他的读书创作之所在，其中存放着他数十年间所购、所藏之书刊。这个书房共有三个两开门书柜，其中两个样式一样，稍宽一些，上边是花纹玻璃推拉门，里面分为三层，下边是木拉门；另一个较窄，上边是木框镶透明玻璃拉手门，里面分为四层，下边是木拉门。当年，我把陈忠实在这里的藏书全部拍了照片。他的藏书大致有一个归类，如中国文学、外国文学，但总体上没有很细致地分类存放，看起来是散乱摆放的。从藏书来看，书多，刊少。书主要是文学书，文学书里又多是外国文学作品。

前两年，我与中国社科院文学所李建军等朋友还来看过这个书房，旧貌依然。前几天遇到西北大学教授现当代文学的王鹏程先生，他说他近年有一次来看这个书房，偶然看到书房桌子抽屉里还散放着一些陈忠实收到的当代一些作家学者的信件。看来，陈忠实的这个旧居，特别是他的书房，还依旧样保存着。

新房建设时，陈忠实还在前房屋后廊沿两边的石子墙上，以深色石子各画了一幅画，一边是山，一边是水和海燕，算是山水画吧，镶在墙上。这是陈忠实平生第一次也是唯一一次作画。

这就是现在的陈忠实故居。它是二十世纪八十年代陕西关中农村居家小院的典型风貌。当然，它也有浓厚的文化气息，属于一个长期生活在农村基层的作家陈忠实的文化气息。

## 二

依我的观察和了解，陈忠实的人生观总体上属于实用一类，他较少浪漫，不喜欢务虚。比如对于旅游，他并不热衷。但是，他专门去过三个作家的故居或者是家乡。

绍兴鲁迅故居，乌镇茅盾故居，湘西凤凰沈从文的墓地，陈忠实都去过。去，都是为了他心仪的作家。

2000年5月底至6月初，陈忠实应邀到浙江省金华市参加中国小说学会第五次年会。会后，他与李建军等人专程去了绍兴。在绍兴，他参观了鲁迅故居和鲁迅博物馆。他说："每个弄文学的人都应该到这里来归宗认祖。咱们这是来归宗认祖哩。"对于一些丑化或诋毁鲁迅的言论，他大感不解，说："这些人都不想想，把鲁迅都否定了，那现代文学史上还剩下啥东西不能否定？问题是到现在为止，还没有谁达到鲁迅的高度，还没有谁像鲁迅那样对我们这个民族的病根和问题挖得那么深。"[1] 可以看出，在陈忠实对鲁迅的认识里，他重视的是鲁迅对民族病根和问题的解剖。

2002年10月下旬，陈忠实参观了乌镇和在乌镇的茅盾故居，随后写了散

---

[1] 邢小利、邢之美：《陈忠实年谱》，华文出版社2021年，第141页。

文《在乌镇》。在这篇散文中,他深情地叙说:"一千余年的古镇或村寨,无论在中国的南方或北方,其实都不会引起太多的惊奇,就我生活的渭河平原,许多村庄的历史可以追溯到公元纪年之前,推想南方也是如此,这个民族繁衍生息的历史太悠久了。我从遥远的关中赶到这里来,显然不是纯粹观光一个江南古镇的风情,而是因为中国现代文学的开拓者奠基者之一的茅盾先生,出生并成长在这里。这个镇叫乌镇。乌镇的茅盾和茅盾的乌镇,就一样萦绕于我的情感世界,几十年了。"[1] 陈忠实回忆他读高中时的情景:"游览在东溪河上,我的思绪里便时隐时浮着先生和他的作品。周六下午放学回家的路,我总是选择沿着灞河而上的宽阔的河堤,这儿连骑自行车的人也难碰到,可以放心地边走边读了。我在那一段时日里集中阅读茅盾,《子夜》《蚀》《腐蚀》《多角关系》,以及《林家铺子》等中短篇小说。那时候正处于'三年困难'时期,教育主管部门在中学取消体育课的同时,也取消晚自习和各学科的作业,目的很单纯,保存学生因食物缺乏而有限的热量,说白了就是保命。我因此而获得了阅读小说的最好机遇。我已记不清因由和缘起,竟然在这段时日里把茅盾先生所出版的作品几乎全部通读了。躺在集体宿舍里读,隐蔽在灞河柳阴下读,周六回家沿着河堤一路读过去,作为一个偏爱着文学的中学生,没有任何企图去研究评价,浑然的感觉却是经久不泯的钦敬。四十余年后,我终于走到诞生这位巨匠的南方古镇来了,这镇叫乌镇。"[2]

陈忠实写他参观茅盾故居的所见与所感,写得很细,表明他观察细微,想得也很多。他谈到茅盾乡土小说对他的影响,特别提到他在参观中"联想到我曾经在中学课本上学过的《春蚕》,文中那个因养蚕而破产的老通宝的痛苦脸色,至今依然存储在心底",并且"意识到养蚕专业户老通宝的破灭和绝望",并非茅盾在自家的深宅大院里体验感受到的,作为一个新文学作家,是茅盾的"眼睛和心灵""投注到""无以计数的日趋凋敝的老通宝们的茅屋小院里去了"的结果。因此,"学习《春蚕》时的感觉,竟然没有因为老通宝

---

[1] 陈忠实:《在乌镇》,《陈忠实文集》第7卷,人民文学出版社2015年,第203页。
[2] 陈忠实:《在乌镇》,《陈忠实文集》第7卷,人民文学出版社2015年,第204页。

是一个南方的蚕农而陌生而隔膜",反而觉得"与我生活的关中地区的粮农、棉农、菜农在那个年代的遭际也没有什么不同"。陈忠实进而谈到,"这种感觉对我一直影响到现在"。因此,他后来"不大关注一方地域的小文化色彩"。他认识到,"一个儒家学说",在同一个历史进程中是广泛地影响着同一个民族的,因而要在北方南方不同地域"寻找心理秩序和心理结构的本质性差异,是难得结果的"①。

  2005年5月底到6月初,陈忠实参加中国作家协会组织的重走长征路活动。他担任中国作家采风团第一团团长。在行程进入尾声时,为了缅怀沈从文,陈忠实带着第一团特地选择从湘西古城凤凰路过。过后约半年,陈忠实于当年的11月29日,在西安写了一篇散文《再到凤凰山》,详细记述了他这次因沈从文再到凤凰城的经历和所感所思。陈忠实回忆,他"大约十年前"到过凤凰城,"看了山,看了水,看了沈从文先生的书屋和墓地,感触多多",但他未写一字,因为"沈先生早在几十年前把湘西的山光水色和民生的风情灵气展示得淋漓尽致,至今很难再读到那样耐得咀嚼的文字,我便不敢贸然动笔了"。这次再来,他一方面感慨十年来的变化太大,另一方面,他看得也很用心,很细。看了沈从文的旧居,又到了沈从文墓地。在离墓碑不远的树荫下,有一块石碑,上面刻着画家黄永玉为表叔沈从文题写的碑文:"一个士兵不是战死沙场,便是回到故乡。"陈忠实记述,他"初看吓了一跳,碑题内容似乎太硬,一下子竟反应不及",细看是黄永玉所题,才"慢慢嚼磨,反复体味个中内涵"。墓地没有坟冢,只树有一块天然五彩石墓碑,正面镌刻着沈从文的手迹:"照我思索,能理解我;照我思索,可认识人。"陈忠实认为:"这应该是先生一生的哲思概括,也是一种复杂曲折的人生历程之后的生命体验,只可领悟,不可评说。"② 碑石背面由沈从文姨妹张充和撰联并书:"不折不从,星斗其文;亦慈亦让,赤子其人。"这是对沈从文其文其人的概括与评价。在沈从文墓前,陈忠实戴上眼镜,拿出笔记本,严肃地看着,认真地

---

①陈忠实:《在乌镇》,《陈忠实文集》第7卷,人民文学出版社2015年,第205、206页。
②陈忠实:《再到凤凰山》,《陈忠实文集》第8卷,人民文学出版社2015年,第125页。

记着。无论是从故乡地域特点还是从作品风格来说,来自陕西关中的陈忠实和从湘西水乡走出的沈从文,都无相似之处,但陈忠实钦佩沈从文的人格,"边城"的风景也给陈忠实以丰富的感受和想象。

陈忠实是当代一位主要描写乡土的作家。鲁迅、茅盾、沈从文,三人文学风格截然不同,但他们三位都写过乡土,茅盾的创作重点虽不在乡土,但他的包括《春蚕》在内的"农村三部曲"等作品,可看作广义上的乡土小说,而鲁迅和沈从文,他们文学创作的一个重要方面就是乡土小说。因此,从一定意义上说,鲁迅、茅盾、沈从文是中国现代乡土文学的大家和前驱。从这个意义上说,他们三人也应该是陈忠实乡土创作的文学之"根"与"源",是陈忠实乡土创作的重要的参照作家。

陈忠实对鲁迅、茅盾和沈从文故乡的参观,从文学的意义上说,多少带有朝拜的意味。这是作家对作家的朝拜和尊重,也是作家对作家的学习和传承。由于尊重和传承,某种文学的价值和意绪将得以永久流传。

## 三

传统中国是一个乡土社会,社会学家费孝通的《乡土中国》对中国乡土社会作过深刻论述。陈忠实的《白鹿原》,现在看来,无疑是描写中国乡土社会和历史的一部有经典意义的长篇小说。如果说,鲁迅、茅盾和沈从文所写的乡土世界,是南方的乡土社会,那么,陈忠实所写的乡土世界,则是北方的乡土社会。鲁迅笔下的半城半村的S城、半镇半村的鲁镇和封闭的未庄,因为有弯曲的水,有乌篷船,就有了江南的特点。茅盾笔下的"春蚕",也是江南的代表性意象。沈从文的"湘西世界""边城",那清澈的小溪和渡船,自然也是南方的。而陈忠实笔下的"白鹿原"世界,则是厚实的平整广阔的黄土台原,其间也有沟坎,但那是平原与平原之间的过渡,而不是崇山峻岭中那深不见底的沟壑。"白鹿原"世界也有滋水和润河,还有渭河,但这些水与河很久已不用于航行,渭河还有个摆渡的船,而滋水和润河虽有渡口,多无渡船，是人背人过河。《白鹿原》第二十四章，写润河上"通往古城的路上就形成一个没有渡船的渡口，也就造就了一种背人渡河的职业"，共产党人鹿兆鹏，被国民党县保安队的白孝文追捕，逃脱后到润河渡口，就装扮成了一个背人渡河的背河人。《白鹿原》所写的白鹿原上的交通，比如从滋水县城到省城西安，公共交通是牛拉的木轮车，只有白嘉轩和鹿子霖这样的富户大户人家，出行才是马拉或骡子拉的木轮车。这一切，都充分地体现了"白鹿原"的世界，这个关中平原的乡土世界，它与水乡的南方不同，它是北方的，是黄土地的北方。一方水土养一方人，一方水土自然也有不同的文化。"白鹿原"世界与其他乡土社会还有一个重大区别，这就是它在古代处于"京畿"之地。西安曾是周秦汉唐等十三个王朝的建都之地，陈忠实说，他的家乡"灞桥地区占有历史上咸宁县的大部疆域"，"在汉唐时咸宁为京畿之地，其后作为关中第一邑直到封建制度彻底瓦解"，封建王朝"在宫墙周围造就一代又一代忠勇礼仪之民，所谓京门脸面"，因此，灞桥地区即古时的咸宁亦包括现在白鹿原的部分，"封建文化封建文明与皇族贵妃们的胭脂水洗脚水一起排泄到宫墙外的土地上，这块土地既接受文明也容纳污浊"①。把陈忠实的形象化表达换一个说法，即这块土地传统文化积淀很深。因此，陈忠实笔下的"白鹿原"世界，既是北方的一个自然世界，也是一个传统文化积淀深厚的乡土文学世界。

从乡土文学角度来看，陈忠实的《白鹿原》自有天地。鲁迅、茅盾、沈从文等，出身或者是没落的大家庭或者是小康之家，尔后成为学生或洋学生，生活在北京、上海这样的大城市，他们写乡土，多少都有回忆或怀旧的成分。陈忠实是地道的农民家庭出身，生于斯，长于斯，靠土地吃饭，虽然也读了高中，但毕业后就回乡当了民办教师，三十岁成为农村基层干部，四十岁虽然当了专业作家，却一直住在农村，直到五十岁写出《白鹿原》才正式住进城里。因此，从熟悉农村社会、了解农民群体来看，陈忠实有他超出常人的

---

① 陈忠实：《我说关中人——〈灞桥区民间文学集成〉序》，《陈忠实文集》第5卷，人民文学出版社2015年，第316页。

生活厚度和体验深度。从他们作品的特点看，鲁迅是五四新文化、新思想的前驱与代表，他的乡土小说，带着对传统文化或曰旧文化批判的眼光，他像医生一样，拿着解剖刀，解剖农村社会和人的病灶与病根，从某种意义上说，是对传统的田园诗式的乡土文化概念和想象的"祛魅"。茅盾，他的文学角色总体上是一个城里人，他是站在左翼思想和文化角度，揭示资本主义裹挟下农村的衰败。沈从文从故乡湘西走出，一个"乡下人"奔走在北京（北平）、上海、武汉、南京、青岛、昆明等城市，带着对城市既需要又厌恶的复杂情绪，如有的学者所称，他像"先知"一样地"白昼提灯"，照见了城市、上流社会以及现代化的种种不堪，因而带着"反现代化"的倾向。他回眸那个未曾被现代化冲击的民风淳厚的湘西边城世界，写出了属于他的乡土文学作品，他的乡土文学显然具有"返魅"的特征。后来的赵树理和孙犁也写乡土，他们的作品甚至带有"山药蛋"浓郁的泥土气息和"荷花淀"清芬的荷香与水气，但他们更为属意的，似乎是乡村社会的阶级和阶级斗争等包含着政治意味的人与事。再后来的柳青和浩然，他们所写的关于农村或称乡土的作品，泥土气息仍然浓郁，农村人物及生活景象也丰富生动，但其要旨，是写"全新的社会"和"全新的人"。比较来看陈忠实的长篇《白鹿原》，不能说是后来居上，但确实在写乡土社会方面，由于学习和借鉴了文学前辈的经验，在前贤开辟的各种路径中"寻找属于自己的句子"，终成自家风景。

陈忠实笔下的乡土社会，更趋于乡土社会特别是北方关中乡土社会的本真。这是一个由地主、家长和族长白嘉轩，贤妻良母仙草，地主鹿子霖，长工鹿三，诗礼传承、教书育人的朱先生，以及儒家仁义孝悌忠信等思想观念构成的传统的超稳定的乡土社会结构。可是，时代的暴风雨来了，延续数千年的"超稳定"结构风雨飘摇。白鹿原上腰杆最直最硬的白嘉轩被子一辈的当了土匪的黑娃打弯了腰，他的女儿白灵在新思潮的引导下，不仅拒绝包办的婚姻，进城读新式学堂，而且参加了革命，成为坚定的共产党人。白嘉轩的看起来要当族长接班人的儿子白孝文，虽然也受过朱先生的教诲，但最终还是人格堕落，堕落到底之后幡然悔悟，却变成一个投机分子，他对他后来的太太说的一句话意味深长："谁走不出这原谁一辈子都没出息。"是的，老一辈的白嘉轩们还在"守"，而新一代的人却要走出，并要"变"。白鹿原上的聪明人鹿子霖的两个儿子，鹿兆鹏和鹿兆海，也都投身"革命"，甚至分别成为共产党人和国民党人，在外面各闹各的世事。由此看，《白鹿原》既是一部乡土社会的全景图，也是一部乡土结构和传统社会的变迁史。《白鹿原》以文学的形式，记载并且在一定程度上还原了我国几千年来形成的成熟的乡土社会各种历史形态，这部作品在相当程度上还保留着民族关于乡土真实而深刻的记忆。

几千年来，乡土曾经是绝大多数中国人生命的根，乡土社会也曾经是中国人的生活家园。在革故鼎新隆隆的"革命"炮火声中，在呼啸而来的现代化浪潮中，传统的乡土中国逐渐消失，重新塑形。李白有诗曰："此夜曲中闻折柳，何人不起故园情。"杜甫曰："丛菊两开他日泪，孤舟一系故园心。"岑参曰："故园东望路漫漫，双袖龙钟泪不干。"文学特别是小说，因为有艺术再现的功能，有"故园心""故园情"的人总要在现实中寻求历史的斑驳遗迹，也愿意在小说中寻找通往"故园"的路径，重温"故园情"。正如要了解封建或曰帝制时代贵族家庭的生活，需要读《红楼梦》一样，如果要寻求传统乡土社会生活的质感，则要读一读《白鹿原》。

## 四

"浮云游子意，落日故人情。"热衷于文化寻根者和喜欢历史寻迹的人，他们总要寻找一处能寄托"意""情"之地，安顿乡愁。小说《白鹿原》出版后数年，因为此书的巨大影响力，白鹿原先是改回原名（周平王东迁时名此原为白鹿原，宋代狄青因在此原驻军扎寨，后世又称此原为狄寨原，《白鹿原》问世，改回原名），并在原顶上立碑以志。《白鹿原》问世后十余年，以《白鹿原》中的白鹿仓（民国时期县下边的行政机构）为理念的文旅项目在白鹿原北边建成，白鹿仓初为民间兴建后有国资投入，其中有古代街区和民国街区，试图以实景再现民国时期白鹿原上的旧时风景，鼎盛时年游客量达千万以上，近年每年游客量亦在六七百万人次。白鹿原影视城也在同时期建成，位于白鹿原南面的原坡沟道之中，规模宏大，是陕西省文旅项目。它以《白鹿原》中的乡土社会为基本建设理念，有滋水县城，城中有各种具有民俗特点的街区，有白鹿村，村中有牌楼（牌坊）、祠堂、戏台，有白嘉轩宅院和鹿子霖宅院以及村口的寨门等。白鹿村中的诸设施及民居宅院，多由《白鹿原》电影摄制时的实际场景迁建，这些实景相当一部分就是关中平原东部的历史实物，因此，白鹿村及滋水县城等园区，游于其中就有恍若重回旧时之感。园区又将《白鹿原》中的若干人物及故事，以实景演出形式循环演出，如《二虎守长安》《黑娃演义》等。据了解，白鹿原影视城2017年游客量为346万人次，2021年为108万人次。

而在更早的时候，2005年，陕西一些学人就会同陈忠实本人，与西安思源学院合作，办起了白鹿书院，陈忠实被推举为终身院长。陈忠实在书院成立时感慨地说，"白鹿回到了白鹿原"。据专家研究，由宋至清，我国建书院计7500多所，今天还保留下的传统书院有1000多所，二十世纪八十年代以来，新建现代书院近2000所。作为从小说《白鹿原》中搬到现实生活中来的白鹿书院，继承创新，聚书编书，论坛讲学，学术研究，师生名流雅集，各界文化交流，兴办十八年来亦颇有影响。中国书院学会成立被推举为副会长单位，甚至被有关方面誉为现代四大书院之一。2006年，白鹿书院与西安思源学院合作，建起了陈忠实文学馆，展示陈忠实的文学道路和创作成果，亦成为白鹿原上一道风景，今已成为中国博物馆协会会员单位和博协文学专业委员会会员单位，来自海内外的参观者和研究者络绎不绝。

在这个黄昏，我独自徘徊在陈忠实故居门前，想起陈忠实的话："乌镇的茅盾和茅盾的乌镇"，"萦绕于我的情感世界，几十年了"。我想，某个时候，也许，不，一定会有另外一个作家或一些作家，以及来自不同地方的游人，来到西安，来到灞桥，来到西蒋村，看陈忠实的旧居，说"灞桥的陈忠实和陈忠实的灞桥"曾经多年萦绕于他的情感世界，再上白鹿原，看"白鹿原的陈忠实和陈忠实的白鹿原"。

  此后的某一天,在陈忠实诞辰八十周年的时候,陈忠实的故乡灞桥区召开了一个与陈忠实有关的会。会上,有一位区上领导说,白鹿原上某处林地发现了几只白鹿。

  据说还是野生的白鹿。

  周平王东迁洛邑(公元前770年)之后2792年,白鹿原上,又有白鹿游于此原。

原载 2022 年 7 月 29 日《光明日报》

## 《陈忠实传》是这样写成的

著名作家陈忠实于2016年4月29日驾鹤西去,令中国文坛陷入痛惜悲悼。连续数日来,文学界人士及普通读者纷纷怀念这位文学大师,怀念他朴实无华、忠厚纯正的人格魅力,怀念他扎根土地、厚重坚实的文学精神。5月5日上午,陈忠实遗体告别仪式举行,上千名各界人士前往送别。如此大规模的、自发的、真诚的缅怀,再次证明了文化的力量,证明了大师的作品和思想对社会产生的巨大影响力和震撼力。忠实一路走好,白鹿万载不朽。

4月29日,陈忠实先生不幸逝世,我悲痛万分。有天南海北的记者采访,心中有许多话,却又不知说些什么。两天来,为先生的后事,忙得一塌糊涂,睡得很晚,夜里又突然醒来,无法入眠,想起很多关于先生的事。关于先生,许多我知道的都已写在《陈忠实传》里了,当然也有许多还没有写出来。有许多残稿就存在电脑里。写出来的,有重要的,也有不那么重要的;没有写的,却还有很多我认为是重要的,甚至是特别重要的。随着时间的推移,我越来越认识到,陈忠实是一本大书。关于他的传,我还要续写下去。

去年11月,陕西人民出版社出版了《陈忠实传》。我还没有顾上送先生,就有热心人买来送他了。先生自己也买了一些书送人。2016年2月16日,正月十五前,我在海南度假,下午正在酒店前的海滩上散步,先生打来电话,谈了他读《陈忠实传》的感受:"你写的那个我的传,早就看完了。原想春节当面和你谈读后的看法,因为一直在治疗中,没有找到合适的时间,今天电话中简单谈几点看法:一、写得很客观。二、资料很丰富,也都真实。有些资料是我写到过的,提到过的,也有很多资料是你从各处找来的,搜集来的,有些资料我也是头一回见，不容易，很感动。三、分析冷静，也切中我的创作实际。四、没有胡吹，我很赞赏。"

先生是 4 月 26 日开始大量吐血住进医院抢救的。27 日中午，负责接送先生的作协同事杨毅打电话给我，说完先生的病情后，他说先生让他转交两套人民文学出版社新出的十卷本《陈忠实文集》给我。当日下午我准备去医院看望先生，便顺路先到单位。见到杨毅，他把两套书给我，一套是先生送我的，一套是给白鹿书院陈忠实文学馆的，都写有赠送对象和他的签名，落款的日期是"2016.4.25"。杨毅后来告诉我这是先生在他作品上最后的签名和字迹——先生在住院急救的几天里，无法对前来探望他的人说话，就用笔在本子上写字。我明白，先生这套赠书是他对我的研究的一个支持。他每有新书出版，无论版本有多么稀罕，都会送给我，其中原因，一是我在研究他，写过评论他作品的文字，也写了《陈忠实传》；二是我负责陈忠实文学馆的工作，我编的他的作品目录，甚至比他自己掌握得还全还细。作品目录在文学馆里展示出来，占了整整一面墙，而且在不断更新，是了解、研究陈忠实创作的重要线索和资料。

我写《陈忠实传》，前后用了十五年时间。

2000 年时，我就有写一部《陈忠实评传》的想法。但是先生不赞成。他对写他的一切带"传"字的东西都反对。他认为，"评传"也是一种"传"。他一贯低调，总认为了解他通过作品就可以了，没必要写一本传记。他还有一个理由："传"是个人的历史，"史传"的要点一是真实，二是要比较全面地反映一个人。但是，一个在世的作家，做到真实已经很难，人总是要避讳许多东西，不然会惹麻烦；要把一个人全部的真实历史都表现出来，显然更难。

见他态度坚决，我也不好多说什么。

但是我一直在搜集资料。算起来，搜集资料和研究资料，大约用了十年时间。在这十年期间，成立了白鹿书院，在我的倡议下，还建了陈忠实文学馆。我掌握了关于先生的大量一手资料，还编了一本《陈忠实集外集》，收集了先生从 1958 年至 1976 年发表的所有作品。这些数量不少的作品，先生在出版的近百部文集中，一篇都没有收录，他认为这些作品或者艺术上不成熟，或者作品主题受时代政治的影响有问题。但从研究和了解一个时代的文学的角度，这个"集外集"很有价值。所以，这本书虽然由白鹿书院内部印行，但广受读者特别是国内一些重要研究机构学者的重视。先生起初对我编这本书态度不积极，但见了书后，还是觉得惊讶，因为其中很多作品连他也找不见了，一些作品当年发表在哪里他也记不清了，有的作品当年以为被"枪毙"了，却不知被有心的编辑转投他刊而发表，所以他也是第一次见。但先生把这本书送人时，总要写一句"供批判用"。

2011年，陕西人民出版社决定推出陕西几位重要作家的评传，出版社与先生沟通，也让我和先生沟通。我是一个顺其自然的人，但也觉得有必要跟先生讲一讲我的道理。

我对先生讲，"评传"虽然有很多很强的"传"的成分，但还是一种研究，是对作家及其作品的整体性考察、分析和研究。即使研究作家的一部或一段时期的作品，也必须与作家在特定时期的生活境遇、性格、思想、趣味等方面都联系起来进行考察，还要把作品放在历史和时代的大背景中去分析和考量。

先生说："像我这样经历的人很多，农村里一茬一茬的，农民出身，没有念过大学，当个民办教师业余搞点文学创作，而且有的人比我经受的苦难更多。写我没有什么价值和意义。"我说："历史总要选择一个人作为代表或者作为叙事对象，来呈现历史的面貌。在我看来，你就是一个典型代表。研究你，不只对你个人有意义，对中国当代文学史的研究也有意义。"

先生考虑了半个月，终于同意我写，还叮嘱说："放开写，大胆写。"

这本书从2011年写到2013年，前后三年。为写这本书，我先下笨功夫，编了《陈忠实年谱》，阅读大量资料，到省委组织部查看先生档案，访问与先生工作和生活有关的一切可以访问的人，当然，也随时询问先生有关问题，以期尽可能地还原先生生命的每一年每一月甚至每一天。在此期间，我应约把《陈忠实年谱》加上为《陈忠实评传》写的少量文字，再加上我多年来为陈忠实文学馆的建立和完善搜集和拍摄的图片资料精选，合为一体，2012年

10月出版了《陈忠实画传》一书。2013年,《陈忠实评传》写完。

写完后请先生过目,他仔细看了,改了个别小问题,也提出有些内容可以删去。他对我说:"写的都是事实。"但是,这部书没有马上出版。我要对作家负责,也要对历史和文学负责,所以在不断斟酌修改。我打磨了两年,又加进了最近两年的一些研究成果。书终于出版了。书名几经变化,我拟的书名是《陈忠实评传》,出版社认为传记的成分更大,便改为《陈忠实传》。

《陈忠实传》能在先生在世时出版,让他看到并得到他的肯定,我感到很欣慰。当然,这部书还有许多不足,这是我日后要尽力弥补的。

常有人问我:你为什么要写《陈忠实传》?我认为,陈忠实是当代文学代表性的作家。我有时甚至觉得,像他这样的作家,也许在文学史上"前无古人,后无来者"。从业余爱好到专业从事写作,他的成长道路和发展过程极具时代特性。先生是农民出身,自学成才,业余发表习作,略有成绩被作家协会发现后调到省作家协会成为专业作家,受到作家协会体制的大力扶持和党的精心培养。自学成才、业余写作者古今都有,但受作家协会体制的大力扶持和党的精心培养,则为我们这个时代所独有。因自学成才而调入作家协会的业余作者,也非陈忠实一人,但能在一种集体性的写作环境中自觉认识到自身的思想局限和精神困境,从"我"的自觉到文学的自觉,不断反思,不断剥离,经过几次精神上的蜕变——既有被动的不得已蜕变,更有自觉的凤凰涅槃式的蜕变——终于完成精神和心理上的"洗心革面"和"脱胎换骨",文学创作也面貌一新,从而写出《白鹿原》这样的代表一个时代文学高度的杰作,则更是凤毛麟角了。从这个意义上说,先生是"前无古人,后无来者"。认识到先生具有的文学史意义和价值,我觉得为他写评传很有必要。

先生五十岁以前一直生活在农村,即使四十岁以后全家从农村搬到城里,他成为专业专家,也还是要居住在老家农村。他对农村生活极为熟悉,他为人一贯谦虚,但在说到生活体验时,曾把自己与柳青对比过,他说,他可能在思想认识高度和艺术表现能力上,不敢和柳青比,但在对农村的熟悉和对农村生活素材的占有上,绝不比柳青差。

从写乡村生活的文学特别是小说来看，以鲁迅、茅盾、赵树理、柳青等人为代表的写实派或称现实主义流派是主流。先生走上文学道路，完全靠的是自学，而他所学和所宗之师，前为赵树理，后为柳青。在数十年的创作实践中，先生在坚持现实主义创作方法的同时，艺术上也不断更新，注重吸收和融入了现代小说的魔幻、心理分析等艺术表现手法。从文学表现乡村的历史来看，先生的小说创作，既准确地表现了"自然的乡村"，表现了北方大地的乡村民俗风物之美，也真实、深刻地展现了"社会的乡村"，剖析了家族、宗法、政治、经济糅在一起的关系复杂的乡村社会，而其代表作《白鹿原》，更是表现了儒家文化积淀深厚的"文化的乡村"，堪称这一领域的开创性作品和高峰之作。

基于以上认识，2006年年底，由我倡议并策划，得到西安思源学院大力支持，在白鹿原上建起了陈忠实文学馆。算起来，这个文学馆从建立到现在，已经整整十年了。陈忠实文学馆面积有近五百平方米，整个一层楼是一个大开间，经过几度改造，精心设计和布置，是陈忠实有关研究资料以及陕西关中地域历史与文化的专门的收藏与陈列、展示馆。由于先生生前大力支持，不断捐赠各种珍贵资料，再加文学馆人员的用心和努力，馆里收藏和展示的先生生活和创作各方面的资料非常丰富，先生的著作版本资料更是最全的，其他实物资料和图片资料也非常丰富，馆藏和展示资料经常被有关方面借用。文学馆对外开放，海内外的来访者和研究者络绎不绝，已经成为白鹿原上的一道风景。

先生不幸逝世后，我们当天下午就在文学馆前边设立了陈忠实吊唁灵堂。白鹿原大学城数万师生和白鹿原周围的村民、市民，纷纷前来吊唁。吊唁后再到馆内参观，进一步了解先生的创作生命。文学馆成为纪念先生的一个重要场所。

先生虽已离去，白鹿精魂永在！

原刊 2016 年 5 月 6 日《光明日报》

# 新文学的一个高峰

# 史学的态度,史学的方法[1]

**慕江伟**(以下简称"慕"):邢老师您好,谢谢您抽出宝贵的时间回答我的问题。这次访谈涉及的问题都是围绕您写的四部传记(《柳青年谱》(2016)、《陈忠实画传》(2012)、《陈忠实传》(2015)、《陈忠实年谱》(2017))展开的。

今年陕西人民出版社又推出了陕西三位"茅奖"作家全新的传记,您的《陈忠实传》也在其中,不知这次出版的和前面出版的有何不同?

**邢小利**(以下简称"邢"):它和你拿的这本《陈忠实传》是一样的,还是这个。

**慕**:这个是陕西人民出版社2015年11月出的第1版,2016年5月第2次印刷。

**邢**:对,新推出的还是2016年5月第2次印刷的版本。

这套书,最早是2011年,陕西人民出版社约我们三个——孙见喜、张艳茜和我——分别写贾平凹、路遥和陈忠实,当时它们不叫"传",想叫"评传",说是省上的一个项目。孙见喜本来就写过贾平凹的传或者跟传相关的书,他可能把原来写的重新编排整理了,把书稿给出版社了;张艳茜是新写的;我也是新写的。因为当时陈忠实先生不同意用"传"这样的名字、这样的概念,所以出版社就考虑换一个名字,就有了《废都里的贾平凹》《平凡世界里的路遥》《白鹿原上的陈忠实》,当时考虑的是这样的三个名字。其他两

---

[1] 2017年8月18日与西北大学中国现当代文学专业在读硕士慕江伟访谈录。

本书2013年都出了，唯独陈忠实的这本写出来之后，因为陈先生说再放一放，这书就搁下来了，未立即出版。放的两年中，我一是修订了全书，二是又补充了很多内容。2015年，陈忠实同意出这本书了。出的时候，出版社直接把名字改成了《陈忠实传》。你现在拿的这本书是第2次印刷的。

慕：对，是第2次印刷的。

邢：因为叫"传"销得好，现在陕西人民出版社又想把其他两种书都改成"传"，张艳茜还是原来的书，孙见喜也是原来的书，只是把名字换了。

慕：张老师的没有变化，只是对原来内容修订了几处错误。孙老师的不是原来的《废都里的贾平凹》一书，新出的《贾平凹传》是他对原来所写内容的重新整合和压缩，又增加了一些新内容。

邢：就是这样一个过程，书名变了，书基本上还是那个书。

慕：请老师谈一谈《陈忠实传》《陈忠实画传》出版、修订的一些细节。

邢：《陈忠实传》的情况是这样的，第一版是2015年11月出的，那时候陈老师还健在，首印一万册，很快就卖完了，陈老师去世之后出版社又加印了一万册，就是你现在拿的这个版本。

《陈忠实传》出版后，我仍然在修订，从去年到今年一直在修订。过去交稿时间还是有些仓促，现在我细细打磨，个别重复的地方我把它删了，有些方面我又补充了许多细节和资料，对全书进行修订。另外补写了很多，这本书第一版是22万字，现在我又写了10多万字，包括陈老师去世之后的情况都有。第一版出的时候，陈老师还在世。新增订的书稿我已经接近完成。

《陈忠实画传》第一版是2012年出版的，陈老师去世之后，书很快就卖完了，很多人去买，买不到。北京有个画家，他想用绘画来表现陈先生，对图像资料特别感兴趣，他说他跑遍西安市也没买到"画传"，后来听说宝鸡有个书店有，他专门去宝鸡买了回来，让我签了名，还请我一起喝茶聊陈老师，仔细问了许多关于陈忠实先生的情况。后来我就给陕西师范大学出版社打电话，我说："陈老师的'画传'有读者反映找不见，市面上没有！"他们很快就重新加印。加印的书有些变化。原来一版的"画传"附有年谱，出版社说附上年谱书比较厚,厚了成本比较高,定价也就比较高,影响销售,他们就把年谱去掉,这样就薄一些,定价便宜一些。新版让我加一个"年表",同时我也补充了两节文字,一个是"最后的日子",一个是"送别",又增添了一些照片。他们以原版为基础增补,没有重新排版,这样节约成本,书也出得快。原来的版本也有个缺点,就是字比较小,把年谱去掉之后又显得薄,所以出版社现在又想重新排版,重新做,再出一版《陈忠实画传》。

**慕:** 我看到一、二版"画传"里面图片虽说非常讲究,但图片的大小、形状变化不是很大,不是长方形,就是正方形,不是特别注重图片的美感与文字的和谐。

**邢:** 我现在先把《陈忠实传》的增订本做完,再对"画传"做一些增订,补充一些图片。这就是这两本书的情况。

再讲讲《陈忠实年谱》。当初写传的时候,尽管我和陈老师在一个单位工作,后来我们又一起办白鹿书院,关系非常密切,来往也特别多,我对他后来的情况应该说比较熟悉,但对他早期的生活,对他小时候,他青年时期,以及他在农村那么多年的生活,了解得还不是很多,感觉还不能全面把握这个人物。我当时就想,先做一个"年谱"。做一个年谱就可以把收集的资料,书上得来的、访问得来的、陈老师讲给我的,全部排下来,对陈忠实有一个比较全面的了解。这样也能避免发生事件、时间上的错误,因为事情发生,肯定在某年某月某一天,一排下来,前后不会乱。这样就做了一个"年谱"。"画传"第一版附的那个年谱,就是"年谱"第一稿。后来在修订陈老师"传"的过程中,就把后来发现的更多的资料,包括当时因为匆忙没有整理出来的一些资料,重新整理、梳理,对"年谱"进行增订。增订后的"年谱",今年4月由陕西人民出版社单独出版了,这是一个比较厚的"年谱"。书出来,很受欢迎,4月份出了之后,5月份又加印了一次。

"年谱"我还在继续做。第一次印刷出来之后,发现了几处校对时没有发现的错误,第二次印刷时改了。后来又发现了很多新的资料。所以这个"传"以后会出一个增订本,"年谱"也会出一个增订本。

**慕**：您在一篇文章中曾谈到，您写的"传"是由"评传"增扩而来的。

**邢**：不是。其实原来的想法就是准备写"评传"，但是在写的过程中我还是侧重于"传"，"评"的方面比较少。我是搞评论的，但在评论这方面我比较慎重。我觉得有好多东西，现在还不好评论；另外我在评论方面下太大的功夫，时间也不太够；再者，我觉得"评"这个工作以后也可以做，即使我不做，别人也可以做。总之，在写这本书的过程中，我在"评"这方面没有太用力。我觉得在当下评、现在评，不好评。《陈忠实传》最初我还是按"评传"的想法去写的，但我用心用力的是在"传"这一部分。把事实搞清楚，先把陈忠实先生的生平，包括他的生活道路、文学道路、创作情况弄清楚，所以写出来的应该是一个"传"。"评"的成分很少，"评"也就是一些简单的梳理，真正要"评"的话，下来要下很大的功夫。

**慕**：在您之前已经出了两本关于陈老师的"评传"，一本是李清霞写的，一本是王仲生写的，他俩的书主要都是以"评"为主的，"传"的部分都是特别少，基本上都是对传主人生轨迹的概括性梳理。

**邢**：也正是鉴于这一方面的情况，我以写"传"为主。其实我做这一方面的工作更早，李清霞和王仲生老师做这个工作的时候我也知道，初稿出来情况我也了解，所以我也就尽量先不"评"，把"传"的这一部分做扎实了。

**慕**：在您的文章中您透露您写完的"传"是经过陈老师审阅同意才出版的，那么据您所知，李清霞和王仲生两位老师写"评传"以及出版有没有征求过陈老师的意见？

**邢**：应该都是征求过的。

他俩的书名后来都不叫"评传"。李清霞写的时间可能要比王仲生老师早一点，她在中国社科院做博士后，那本书是她的出站报告。她读博士，是在兰州大学，导师是雷达，当时山东出版了一套当代作家研究资料集，李清霞负责编陈忠实这一部分，她掌握了一些资料，做博士后时就准备写《陈忠实评传》。其实大家最初的想法，都是写"评传"，他们俩都是搞研究的，"评"的部分比较多，"传"的这一块较少。

**慕**："评"的内容在他们的书中占了三分之二。

**邢**：他们应该给陈老师说过，陈忠实不同意用"传"这个概念，因为陈老师对"评传"没有太多的了解。陈忠实认为"评传"带个"传"字就是"传"，他不同意，所以最后出书的时候都不叫"评传"。李清霞的叫《陈忠实的人与文》，王仲生的叫《陈忠实的文学人生》，都包含了"评传"的要素。

**慕**：邢老师，您可不可以谈一谈您为什么写《陈忠实传》以及您所持的态度是什么？

**邢**：最早我考虑给陈忠实先生写"评传"，这应该是文学研究的一个工作，因为"评传"在评和研究的过程中需要结合传主的生平和时代的很多内容，不是只就文本而谈文本，一般的评论就是文本评论，"评传"要结合传主的生平和时代的很多因素。其实在陈忠实先生反对一切人给他写"传"和"评传"的时候，我曾跟他谈过什么是"评传"，我说其实也就是一种研究，这种研究是结合传主的生平，他的生活道路，他整个的创作道路，也结合时代因素的一种研究。比如你的《信任》为什么会在1979年写出来，你在此前和此后都不会写出来；比如写《白鹿原》，你肯定是在1986年有了这个想法，此前你不会有，此后你也不会有。这其实是一种文学史意义的研究，从文学史角度看一个作家，往往包括时代背景、个人经历、作家思想、创作发展等方方面面，然后才是代表作品的分析以及影响等。我这样讲了之后他接受了。

写《陈忠实传》，其实我主要的兴趣还不是文学的，尽管这个"评传"是个文学研究，但我更多的是一种历史学的兴趣。我秉持的是一种历史学的态度。历史学的第一个特点是"求真"，就是追求真实，一丝不苟，不像文学，它有许多的想象、虚构、夸张等。《陈忠实传》，我是当历史著作来写的。我这里面没有一处是虚构的，没有一句话是虚构的和想象的。写的任何事情都是有来源、有出处的。包括一些对话，也都是有出处的。

第二个是历史学的方法。方法就是重材料，更要重视考据、考证。材料我刚才给你讲了，要么是陈忠实散文里面自己写过的，要么是他给我讲的，要么是他家里人给我讲的,要么是跟他工作的同事讲的,要么就是档案里面来的,都有出处。但是,这里面还有一个问题,这就是,传主说的我是不是都要采信呢?我认为,也要进行一个考证,最好再有第二个材料可以证明这个东西,然后采信,这就是历史学的方法。为什么呢?因为人的记忆也有不准确的地方。陈先生一些回忆性散文,他写过的事实材料,应该不会错,陈先生不是那种随便的人,他这个人是一个真实的人,不像有些作家有吹牛、给自己脸上贴金的现象。但是,因为陈忠实先生不是一个学者,学者特别讲究严谨,他是一个作家,他在写一些回忆性散文或者谈说往事的时候,对时间和地点,尤其是对时间,有些是凭记忆,没有进行严格的考证,所以他对同一个事件在时间上会有不同的说法。比如说,他说二十世纪八十年代初他和路遥一起去河北涿县(今涿州市)参加由中国作协组织的一个全国农业题材的创作讨论会,他在一篇散文里面说是在 1983 年初春,在另外一处他又说是 1985 年初春,会议名称他记不全,但他肯定是在河北涿县开的。那到底是 1983 年还是 1985 年呢?我去问他,一问他,他就发现这是一个问题。河北涿县会议是一个重要的会议,因为在这个会上,他听到了路遥关于现代派和现实主义创作方法的发言,对他很有启示。为了搞清这次会议的准确时间,我用了一年多的时间——当然这一年也不是每天都干这个事儿,根据一些线索去查证,弄了一年多,最后考证出既不是 1983 年,也不是 1985 年,而是 1984 年。

陈先生的回忆性文章和访谈中,类似这样的问题还是不少的。比如,《白鹿原》写出来之后,他认为当时的形势不利于他这样的作品出来,他就没有拿出来,放着慢慢地修改,直到有一天他从广播里听到邓小平南方谈话以后,才把这个稿子拿出来了。这个时间,是一件非常重要的事情,这说明他是在一个什么样的政治环境下把稿子拿出来的。陈忠实曾回忆说,他是在 1992 年"公历 2 月下旬的一天"收听了中央人民广播电台关于邓小平"南方谈话"的新闻,然后才给何启治写信。可是他的这个时间记忆有误。因为陈老师关于时间的记忆与后来《白鹿原》有明确记载的编辑出版时间对不上,我用了很多时间才弄清这个问题。邓小平"南方谈话",是在 1992 年 1 月 18 日至 2 月 21 日,但"南方谈话"的消息当时并未立即公开,媒体亦未有报道。"南方谈话"不久,党内曾以中央文件的形式对邓小平视察南方发表的言论进行过传达,但媒体很长时间没有公开报道。直到 3 月 26 日,《深圳特区报》才在一版头条刊登了长篇通讯《东方风来满眼春》。从次日开始,全国一些地方的主要报纸陆续转载这篇通讯。3 月 30 日,新华社正式向全世界播发了该文,中央电视台新闻节目播发了邓小平"南方谈话"。31 日,《人民日报》转载了《东方风来满眼春》。我查中央人民广播电台的播出时间,没有找到。但是根据以上时间判断,中央人民广播电台关于"南方谈话"的广播报道应与新华社同时。当年我曾多次问陈先生:"你当年确定可以把《白鹿原》拿出来,是不是在听了关于邓小平'南方谈话'广播之后?"陈忠实说:"肯定是听了广播之后。不听这个讲话,当时没有把握;听了之后,才有了信心。"我又说到"南方谈话"的公开报道时间与他所谈的时间对不上,他听了以后说:"这样的话,记忆就有误了。"如按陈说是听了"南方谈话"之后才拿出《白鹿原》这个时间推断,他在《寻找属于自己的句子》中回忆的,"1992 年公历 3 月 25 日早晨,我提着《白》书的手稿赶往城里",交给人民文学出版社编辑高贤均和洪清波的时间就不准确了。甚至何启治的文章《陈忠实和他的〈白鹿原〉》,何回忆陈在《白鹿原》写完后给他写信的时间是"1992 年的 3 月间,我收到了忠实的来信",应该也不准确了。仔细辨析这里的时间问题,可以看出,由于陈把"南方谈话"的时间记错了,又把这个时间说成是其他一系列活动的前提时间,其他的诸如写信、送稿、收信等活动就都对不上了,与其他有关人员的时间回忆也对不上了。正确的应该是这样:1992 年 1 月 29 日写完《白鹿原》,"2 月下旬"给何启治写信,等何回复期间慢慢修改《白鹿原》,何"3 月间"收到陈信,"3 月 25 日"把手稿交高、洪二编辑。3 月底准确应该是 3 月 31 日在广播中听到"南方谈话"新闻,距高、洪二位编辑拿走稿子"大约二十天之后",4 月中旬收到高贤钧写于本月 16 日的来信,4 月 18 日洪清波给《当代》杂志写出初审意见。一切的时间都很顺。我把这个时间问题考证清楚以后,陈忠实先生非常信服,何启治也非常信服,说我把这个事情给搞清楚了。因为这是一个很大的问题,这牵扯到陈忠实说的,他认为是在政治气候允许的情况下才把书稿拿出来的,事实上不是这样的。这个问题也涉及陈忠实当时对一些问题的认识和判断,它不仅仅是个时间问题。所以,我说这里面的考据和考证,都是历史学的态度和历史学的方法。

我写陈忠实,当时就特别想写传。我知道很多人在写"评传",包括畅广元先生也准备写。我觉得"评"一定要建立在可靠的事实的基础上,先把事实搞清楚,然后我们再评论。就我刚才举的例子,以陈忠实的回忆和说法,他对当时的政治环境还是很失望的,是邓小平的讲话鼓舞了他,然后才把书稿拿出来的,然而事实并不是这样的。如果不把这个事实搞清楚,就可能轻下判断和评论。

我要说的,就是我对这个问题有着非常浓厚的历史学兴趣。我秉持的应该是一种历史学的态度——求真,我写的这个"传"里面没有虚构的,没有想象的。有些人会说:你有些东西没写到。那是因为有些东西,我掌握的材料不充分,我没有写。还有一些事实,我是掌握了,但不能写。特别是陈忠实的晚年,我跟他特别熟悉,包括很多事情我们都是一起亲历的,有些事情如你刚才说的他是一个在世的人,尽管他现在去世了,但是其他和他一起工作的人都在,这里面牵扯到很多复杂的人事关系,怎么写?

**慕**:比如说有些事情非常重要,您不得不写的时候,少了它就缺少了很多,这时候,您会不会去写?

**邢**:有些人说有很多东西没有写,我觉得最主要的原因是不便于写。我的增订本里,我写了一个《白鹿原》参评"茅盾文学奖"的过程,这是非常尖锐的、非常复杂的、不好说的一个过程。参评这个奖,不仅仅是参评得奖那样简单的事情。《白鹿原》这部作品,它复杂就复杂在它的内涵非常丰富,争议也相当大,特别是高层的领导对这个作品有看法。陈忠实自己说:上边有批评,也有指示。所以当时参评"茅盾文学奖"就很复杂。我觉得把这个过程写出来,不仅仅是对陈忠实有意义,它也是我们了解这个时代政治、文化、思想的一个窗口，通过这个事件反映出来方方面面的一些微妙的东西。这个我已经写出来了，写了一万多字，现在有一个刊物想发（按：后以《我所知道的〈白鹿原〉参评茅盾文学奖的真实经过》为题由《鸭绿江》2018年上半月第1期发表）。

类似这样的一些东西，我认为非常重要。我还写了两个，一个就是电视剧《白鹿原》问世的过程。《白鹿原》改编成电视剧为什么长达十七年，2017年这个电视剧才能出来呢？就是因为立项不被批准。《白鹿原》这部作品的丰富性和复杂性，它跟这个时代的政治、文化、思想、思潮有着密切的关系，还不是一般的关系，这也彰显了这部作品的价值和意义。这么复杂，这么难产，我把这个过程写了，我们后世的人再来了解这个时代，一个电视剧审查出世的过程，把这个一看就什么都知道了，同时也对深入理解和研究电视剧《白鹿原》有帮助。我刚好又是陕西省电影电视剧审查专家组的成员，我从九十年代就开始做审查专家，做了二十多年了，我特别了解这里面的情况。

我最近刚完成《〈白鹿原〉电影的问世》，写了将近三万字，有陈忠实自己讲的，有我和他共同经历的，有我日记里面记的东西，还有我查阅的大量的档案材料。我觉得这些材料非常丰富，都是第一手的资料，我认为第二手的资料没有意义，第一手资料很真实，有意义。这是历史学的东西。我反对写"传"时主观想象、虚构。有人写古代文学家的传记，比如写王维，写陶渊明，有些内容他没有材料，他居然虚构。我看到一本《王维传》写王维二十九岁结婚，过了一年之后，王维的夫人就死了，从此王维再没有娶过，这个史料上有记载，那么为什么没有娶，写传的人就开始想象、虚构了。我觉得这种东西就是瞎扯。你不知道的可以不写，即使想象也要根据一些真实的材料和线索，适可而止，同时注明是虚构和想象，他写王维却在那儿完全按小说的套路虚构。

还有一个最大的问题，就是有些人心目中先对传主预设一个概念，然后根据这个概念去塑造这个人物，这是非常可怕的。陈先生反对写传，他也是有感于有人给当代作家写传虚构、想象和神化。他特别强调写传要真实,但是真实不了,他做不到,时代也做不到。

慕:那老师您怎么看刘可风《柳青传》中大段大段的对话,你认为她写的这些有没有虚构和想象?

邢:《柳青传》我看得特别早,没出版的时候我就看了,我认为基本真实。我看的是刘可风2013年的完成稿,当时她这个稿子还在中国青年出版社,当时编辑要求删掉很多。后来是我的一个朋友李建军推荐给人民文学出版社出了,编辑对全书做了很多加工工作。

写传我不赞成想象和虚构,也不采用这种写法,我是严格按史的态度和方法去写的。这是我今天特别要强调的——史学的态度和方法。

我是按历史学的态度和方法去写,所以《陈忠实传》中的内容都是有出处的,我没有虚构,也没有去塑造,比如先认定陈忠实是一个什么样的作家,然后按什么样的作家的概念去塑造他。有的人写传,先对传主有一个概念性的认识,然后按这个认识去塑造这个形象,比如英雄人物,就按英雄人物去塑造,这个问题非常大。很多人写传记都要塑造一个完美的形象,我觉得这是非常可怕的,我极其反对这种写法。我认为,有一份材料就写一份材料,不写成两份,不虚夸,不渲染,不刻意拔高,就事写事,而且对写的事一定要考证清楚,不相信的事也不写。尽管我和陈先生那么熟,我重视真实,我要强调的一点就是我预先没有设定陈忠实是一个什么样的人。我编《陈忠实年谱》、写《陈忠实传》的过程,也是一个进一步了解、深化认识陈忠实的过程,在搜集材料、整理材料、考辨材料和研究材料的过程中,我对陈忠实的理解和认识逐渐清晰和深化起来。

我编写《柳青年谱》的时候,看到陕西人民出版社2015年出版的《人民作家柳青》,书中有一处说,柳青访问日本,买回五千斤优质稻种给皇甫村,说得有鼻子有眼。我如果不慎重的话,会觉得这一条材料很重要,就会把它写进年谱里了。但是我对这个说法很怀疑,因为我从来没听说柳青去过日本。我想,那个时候中国和日本没有建交,当然没有建交访问日本也不是不可能,但是像柳青这样的作家访问日本有没有可能？我就给刘可风打电话，刘可风对她爸的经历应该是很熟悉的。刘可风说："没有，从来没有去过。"为了保险，我又电话询问了我们陕西作协的老人杨韦昕，他也说柳青没有去过日本，只去过苏联。所以说，没有历史学的态度和方法，很容易出错。

慕：据我统计，给陕西当代四位著名作家（柳、路、陈、贾）作传的传记作者中，除了评论家李星参与撰写过《路遥评传》和《贾平凹评传》，就只有老师您写过两位传主（柳、陈）的传记，您是有一种怎样的想法？

邢：做研究，还是要找自己的优势。我的优势就是我跟陈忠实在一个单位——陕西作家协会工作，而且曾经有一段时间住在一个单元的楼上楼下，我在四楼，他在二楼；办公室很长一段时间也紧邻，都在二楼，相隔不远；他在晚年，我们又一起办白鹿书院。工作乃至生活中的很多事情我们是共同经历的。我对他很熟悉。很熟悉，这样基本上不会出大的差错，这个人会做什么，不会做什么，我基本上是有把握的。在一个单位工作将近三十年了，我也不敢说不会有错，但基本上不会出大的差错。

我读大学时曾想过要研究列夫·托尔斯泰，后来我想，俄罗斯我没去过，我对俄罗斯历史和文化的认知都是从纸上得来的，研究得再好，用的都是二手三手甚至不知道是几手的材料，没有第一手资料，就做不到最好，也就没有太大的价值。我跟陈忠实在一起工作，我可能写得不好，但首先材料是真实的，甚至是第一手的，这是我把握的一点。

陈忠实的生活道路和创作道路颇能体现典型的共和国文学史。我有一个认识——陈忠实"前无古人，后无来者"。我这样说，不是着眼于这个作家是如何伟大，而是说这样的作家"前无古人，后无来者"。从古代到现代的作家，他们都是自我学习、自我成长，在一种可称之为"自然"的环境下从事写作。陈忠实这一代作家，当年被称为"工农兵业余作者"，他们是党着意培养的，进入作家协会体制后被特意扶持的，是在一种前所未有的文学创作体制中进行创作的。陈忠实高中毕业，回到乡村当了民办教师，当年试图以文学写作来改变命运，如果不是这种文学体制，业余写作有了成绩，调进作家协会从事专业写作，他的人生道路未必就是后来的样子。从这个意义上说，他是"前无古人，后无来者"。所以说，他的作品，他的生活经历和文学经历，反映了共和国的历史，政治的、经济的、文化的、文学体制的方方面面的东西。他的人生之路不仅仅是一个作家的创作道路，同时也包含着很多历史的信息，有时代的折光在其中。从二十世纪这个很大的背景和视野里去看，新中国成立后，党培养了一大批陈忠实这样的所谓的"工农兵业余作者"，当年是千千万万，到现在，绝大部分都销声匿迹了，被历史淹没了，而陈忠实成长起来了，并发展成代表一个时代的作家，那么多"工农兵业余作者"，只有陈忠实、蒋子龙等少数作家经过大浪淘沙，水落石出，在文学史上留下了自己的名字和作品。此中的消息，他们的成长过程和转变过程，确实具有丰富而深刻的历史内涵和意义。

陈忠实因为有了《白鹿原》，他的很多作品，包括早年的很多习作，那些习作即使文学性不强，即使是模仿性的或者是时代精神的传声筒，都有了特殊的价值，至少是文学史研究的价值。陈忠实有一个思想艰难转变的过程，这个过程和这个时代的政治、思想、文化有着密切而内在的关系。陈忠实不像你们读书人，从小读了很多圣贤书，读了古今中外很多经典，陈忠实因为时代和环境，早年并没有读多少像样的书。他早年接受的文学思想有不少是非文学的，后来，他怎么一步步走出来，走过来，这里边有很多历史的内容，我对这个很感兴趣。对此能写多少就写多少。我研究他读过什么样的书，是什么书影响了他、触动了他。看他十六岁的时候写的《钢、粮颂》："粮食堆成山，钢铁入云端。兵强马又壮，收复我台湾。"这种模仿性的顺口溜式的东西有什么文学性呢！但是，他这样的文学爱好者，后来居然能写出《白鹿原》，其中的转变能有多大？所以我觉得陈忠实不仅仅是个作家，他还是个历史人物，他的身上有历史的内涵。

我为什么要研究柳青？我把陈忠实写完，告一段落之后，就有一个问题，陈忠实的一些精神和思想包括写小说的艺术方法和手法是从哪儿来的？这种思想，这种文化，包括小说艺术，它有一个源头，是从柳青那儿来的，而柳青则是从延安来的。柳青是 1938 年 5 月到的延安，他是老延安，"三八式"干部。我想通过研究柳青，对那个时代的具体情况有一些了解。我研究柳青，因为柳青是陈忠实的文学之父，包括路遥也认为柳青是他的文学之父，路遥甚至称柳青为他的文学"教父"，陈忠实、路遥他们最初的文学滋养都是从柳青那里来的。研究了柳青之后，研究了柳青的文学之路，包括吴堡、榆林、西安、延安、米脂、大连、北京等，会从文学的和历史的角度，清晰地看到一条精神和思想的走向和脉络。文学的儿子我知道了，那么文学的父亲是谁，我需要去找，去发掘，去寻根。包括小说艺术上的学习和承续。柳青的一些小说和陈忠实的一些小说，其人物结构都有一个鲜明的特点，那就是父子结构，梁三老汉与梁生宝，白嘉轩与白孝文等，都是父子结构。陈忠实与柳青在文学上的代际传承，从比喻的意义上说，也是一个父子结构，子承父教，当然，更有叛逆，叛逆是时代的进步，也是文学的进步。

你问我为什么要写陈忠实和柳青两个人的传记，我就是这样的想法。我倒不是特意选一个大作家或一个名作家，我是认为柳青是陈忠实、路遥的文学之父，尤其是陈忠实的文学的精神之父，我要了解柳青那个时代的思想、文化、政治，追根溯源，看柳青是怎么走过来的。这样就把文学上的父与子的关系搞清楚了，满足我的好奇心，解决我心中的疑问。

慕：我在采访张艳茜老师的时候，她说您和她，还有路遥，八十年代都在高桂滋公馆的作协院子里住着，您刚刚也谈到您和陈忠实先生一起相处了近三十年，那您和路遥交往了几年？

邢：我是 1983 年夏天大学毕业分配到一所中学教书，然后在 1984 年的春天，被借调到西安市文联的文学杂志《长安》去做理论编辑，从 1984 年到 1988 年，四年的时间，由于当时调动学校不放，我调了四年都没有调过去。当时是在学校上完课就去做理论编辑，那时候路遥、陈忠实、贾平凹我都知道，在一些文学活动中也都见过，但不是特别熟，关系也不是特别密切。我是 1988 年 4 月调到陕西省作家协会的，路遥是 1992 年 11 月去世的，我们在一起工作也就四年多的时间。路遥当时在家属院住，我有很长时间在办公室住，张艳茜也是在办公室住，因为那时候单位住房紧张，没有给我们在家属楼分上房子。我与路遥还是有一些交往。

**慕**：那老师您在写陕西作家传记的时候，有没有想过写路遥的传记？

**邢**：有过。但是这种想法都是一闪而过，因为这里面还要有一些机缘，还是自己工作比较多，没有这样的一个条件。想过，肯定是想过，给路遥写个什么东西，搞文学评论的都想写"评传"，我到现在觉得我还是能胜任的，可是要把这个事情落实的话，需要一个长期的资料准备的过程，也不是你想写两年三年就能写出来，它不像写小说。

写路遥我只是想了一下，还是条件不具备。后来我觉得写陈忠实更好一些，跟陈忠实最熟，相处了那么多年又那么密切，掌握的资料也很多。而且我认为陈忠实从经历方面看，从《白鹿原》作品的丰富性和复杂性来看，比路遥更丰富、更复杂、更有研究的价值。路遥毕竟只活了42岁。我有时候更关注作家与他所处的那个时代的紧密关系，特别是与时代的紧张关系。路遥相对来说最有意思的是他的"文革"经历，他的其他方面的经历似乎不够丰富。我准备写一个《回望路遥》，当然不是传，传已经有人写了，也没有更多更新的材料，我想把他整个生命历程和创作历程回望一遍。

柳青的晚年也是比较丰富和复杂的。我写过《柳青晚年的读书与反思》。我觉得柳青最值得写的就是他的晚年，从1966年到他1978年去世的这12年，曾经想写"柳青的晚年"这样一本书，但资料不充分，因为写这个必须有大量史实材料作为支撑。你看刘可风写的《柳青传》，很多地方都写得不饱满。写传记就会有这样的一个问题，某一个时间段你了解得很少，写得不饱满，或者无法去写。

我最近写了一篇文章《陈忠实的寂寞》，其实就是写陈忠实的晚年，在《文学自由谈》今年的第三期和第四期发表了，一万八千字。陈先生去世之后，我写的文章很少，今年就写了《〈白鹿原〉的创作过程》，《南方文坛》发了。陈先生去世后，我有很多陈先生与别人的通信，包括他在1989年10月份给人写的信，他让收信人看完以后烧掉，但收信人没有烧掉，信的复印件都在我这里。我以这些信作为主要的一手资料。你不能瞎编，也不能想象，这种东西全部都要拿资料在那里说话，想象的丝毫没有价值。包括"茅盾文学奖"评奖过程，陈忠实是怎么说的，茅奖办公室的人是怎么说的，这个才有意思，怎么会闹得那么复杂。我写的《陈忠实的寂寞》其实已经触及了一些矛盾。

**慕**：我采访孙见喜老师的时候，他也说到了关于贾平凹一些敏感问题怎么写的问题，孙老师就说，有一些事儿他是不能写的，但这些对了解贾平凹非常关键，所以他就在叙述中留下了一些线索，给后来的写传者提供一个方向，不然十年、二十年后，这些有意义的事儿都消失了。

**邢**：这个说得非常好。有些事情未必能把它完整地呈现，但必须要写到。我也是一个不怕事儿的人，既然要做这个事情，就要有一些思想准备。我那个时候不怕，现在更不怕了。

**慕**：老师您为陈老师写传的过程中，您最感兴趣的点有哪些？

**邢**：从我现在写的内容来看，一个人的一生是非常丰富的，或者说也很复杂，包括这个人有一些矛盾的地方，这是肯定的。像陈忠实这样的作家，他经历了那么多，肯定有很多丰富复杂的东西在里面，转变的过程就很有意味，当然也有他前后一贯的，否则这个人就不是这个人了。

我感兴趣的主要有两点：一个是跟文学有关，我认为这是一个主要或者核心的问题，他的文学观念或者说他对文学的认识是什么？他肯定有一个翻天覆地的变化，不像我们开始知道文学是什么，到老了依旧知道文学是什么，陈忠实不是这样的。陈忠实开始接受的大多是非文学的、反文学的、反美学的，而且他认为这就是文学，他后来精神上的蜕变过程是非常复杂的，人要改变自己这个东西，很难很难。很多作家没有改变自己，不是因为才华，而是思想上没有转过来。我很看重的一点，就是陈忠实是怎么一步一步同这个时代一起转变的。

再一个就是陈忠实的生活道路和文学道路，跟历史连接的那些点。比如说他喜欢文学的时候，受到几个作家的影响，一个赵树理，一个柳青，二十世纪五十年代那时候这两个作家很红。还有刘绍棠。通过一个年轻学子、一个文学爱好者，他喜欢的，他崇拜的，你可以看出那个年代的文学风气。一个农村孩子，他怎么不喜欢《诗经》呢？怎么不喜欢李白、杜甫呢？陈忠实到了晚年，也写旧体诗，也读白居易等人的诗，但他的那种文学趣味，是从小培养起来的，是他小时候的那个时代给予他的。这就能看到时代的影响，而时代正是历史的组成部分。有了时代感，才会有历史感。再比如，陈忠实"文革"后期写的那些短篇小说，这些小说的思想和艺术极具时代性，也极具历史性。陈忠实这个时期的这些作品，可以说是典型的"文革文学"，它们可能没有多少文学价值，但是确实有时代的认识意义。

慕：老师您为陈老师写传的过程中，您认为陈老师生命中的哪些点是最难捕捉和表达的？

邢：我有三点：第一点是陈忠实的政治态度。陈忠实的政治态度到底是什么？这是我一直在思考和琢磨的。第二点是陈忠实的思想是什么？我觉得至今都不好把握。第三点是陈忠实的感情世界。

慕：这一点我在读了陕西这四个作家的传记之后有明显的感受，其他三位作家的传记基本上都写到了作家丰富的情感生活，唯独陈老师的感情生活没有在传记中全面地表现出来。

邢：这个就牵扯到个人的隐私，其实陈忠实应该是一个历史人物，是公众人物，大家都有了解的愿望，包括编辑家何启治也说我把陈忠实的感情部分没有写出来。

慕：这样一对比，我发现贾平凹在对待感情方面的事入传好像要比陈老师更看得开一些。

邢：可以这么说。一个是贾平凹对写他的感情要比陈先生开放一些，贾平凹这个人和陈忠实这个人不一样，贾平凹有些接近中国文人性格，中国传统文人把很多事情，一是看得很开，还有就是看得很淡。再一个他也理解，比如说文人的韵事呀，他知道人们有时候是持欣赏态度去看待这个问题的，所以他会理解别人写这一方面，最起码是不干预，这是贾平凹的文化人格，他有道家的那种洒脱的一面。再一个是他婚姻的变化，当时也是沸沸扬扬，大家都知道，都公开化了，写出来有一种以正视听的效果在里头。我想孙见喜等人在写这方面内容时都不可能添油加醋，来抹黑贾平凹的形象，应该是站在贾平凹的立场上给贾平凹以辩白。

陈忠实不是这样的人，陈忠实身上没有一点道家和佛家的东西，要从文化人格上来说，他就是儒家的，现代西方文化对陈忠实文化人格的塑造，我觉得都不是太多。是这块儒家文化的土地培养了他，倒不是他读了儒家的"四书五经"等典籍才对儒家了解，那种东西反而是外在的，所以说他比较严谨，比较严肃，很看重自己的形象。当然情感人总是有，我的书里面写了，他年轻时当小学老师，有一个人破坏了军婚被抓了，对他有警示作用，他就觉得这一辈子不能在这个事情上栽倒。

你问我最难表达的，一个是政治，一个是思想，一个是感情，还有就是他晚年遇到的矛盾。我觉得矛盾对一个作家来说，其实非常有意义，没有矛盾，没有冲突，那就没有思想，人的很多思想就是因为跟现实发生了剧烈的冲突，他才会思考一些问题。好好的，风和日丽的，怎么会想一些问题呢！屈原就是因为与现实、与时代发生了剧烈的冲突，他才有"路漫漫其修远兮，吾将上下而求索"的"求索"，有《天问》《离骚》等作品。所有的思想其实就是对问题的思考，有思考才有思想，而且要有一些让人想不通的问题，觉得无法解决的一些问题，思考才更有深度。

**慕**：给当代人作传有一些约定俗成，就是一些作家的隐秘事情虽已成为众所周知的，但也是不能触碰的。

**邢**：一些写传者在写传主的时候，会对传主有一个想当然的形象塑造，或者是理想中有一个先在的形象，然后根据这个形象去选择素材，有利的就选，不利的就不选，回避一些东西，或者舍弃一些东西。现在的一些传记存在这个问题，一些后世写前人的传记也有这种情况。我觉得这不是历史学的态度，这是文学塑造人物的态度。我特别强调历史学的态度，那就是求真，文学会按照自己的设想去塑造一个这样或者那样的人物，我觉得很多人写传的时候，文学对他们的影响还是很大的，所以有一些是偏重文学性的传，有一些是偏重历史学的传。我写的是一个历史学的传，没有那些不必要的文学性。

**慕**：在与其他三位作家的"正传"对比后，我发现老师您写的《陈忠实传》非常注重结构的"平衡性"，每一章每一节的字数基本上都很接近。我的问题是，厚夫《路遥传》写路遥创作《平凡的世界》的前后经过，用了三章的内容，近百页的篇幅，按理说陈老师的《白鹿原》是他文学创作中的重量级作品，而老师您却只用了一章的内容作了介绍，不知老师您当时在写作时是怎样考虑的？

**邢**：我写的《陈忠实传》，当时写到他七十岁，尽可能把陈忠实一生的每一阶段都写到，不能有一个阶段是空着的。对我来说，一方面是有多少材料写多少，另一方面就是尽可能地写得全面。这里面就会有一个矛盾，有些地方掌握的材料多，有些地方掌握的材料少，它就不均衡，均衡是最好的。其实我写的时候，并没有先把这六章先构思好了，然后才写。我是掌握什么材料写什么，一段一段写的，可能这一段材料不够了我就放下了。我有很多事件想写，但材料不完满、不丰富，就写了半截子，放在那里了。初稿里面有很多都是半截子工程，最后都没用。因为在每一节里面，内容相对要饱满，相对要完整。全部写完之后，才给它梳理结构，比如："少年，乡村的路""民请教师的文学梦"等。我不知厚夫他是如何去写的，我没有看。

**慕**：厚夫的《路遥传》把路遥写《平凡的世界》的经历分为三章内容来叙述，与您写的陈老师创作《白鹿原》的经历一对比，您的就比较特殊一些。

**邢**：是的，我写《白鹿原》这一块的内容比较单薄，所以后面修订的时候我专门写了一章"《白鹿原》的创作过程"，一万多字，这个内容就不少了。

**慕**：在关于陈老师的两部评传（《陈忠实的文学人生》《陈忠实的人与文》）中，他们也是用三到四章的内容来评述《白鹿原》，这也与老师您的《陈忠实传》形成了鲜明的对比，不过老师您的书非常注重对陈老师人生中每

· 298 ·

一个重要节点的书写，我觉得用"平衡性"来概括《陈忠实传》的结构比较合适。

**邢**：其实《白鹿原》要研究和评论，我还是有很多的想法，掌握的材料也很多。实话实说，李清霞的那本书和王仲生老师的那本书，我都没有认真看。为什么没有认真看呢？一方面我不愿接受他们的影响，因为看了之后多少会受影响；再一个我当时就是把握一点，侧重于写传，评的这方面暂时搁下。《白鹿原》的评论，我也看了不少。我觉得写评论必须要有自己的观点和看法，才有意义。

要专门谈我对《白鹿原》的认识，可以写一本书，那是一本书的分量，而不是几章的分量。我觉得《白鹿原》的研究，一定要结合陈忠实这个人，结合这块土地，包括陈忠实的矛盾和含混的地方，去理解这个作品到底写的什么？讨论《白鹿原》，有一个问题，就是陈忠实的文化立场是什么。比如有人认为陈忠实是站在封建礼教的文化立场上的，这是从五四新文化立场上的倒退，鲁迅认为中国历史就是一部"吃人"的历史，田小娥是怎么死的，就是被封建礼教给吃了，而陈忠实是站在白嘉轩的立场上，这样就比鲁迅倒退，从新文化立场上倒退。这样观点的文章，文学界不是很多，我是看有些搞电影的专家在电影、电视剧的讨论中，谈到这样的观点，他们的发言特别尖锐犀利，他们不看好陈忠实的小说。那么，这样的所谓站在封建礼教的文化立场上，是不是陈忠实要表达的东西，陈忠实是要赞美封建文化和礼教吗？在《白鹿原》电视剧早期的一个剧本研讨会上，陈忠实发言明确说，传统文化是腐朽的。由这个发言来看，我觉得他对传统文化至少在理性、理智的层面，是不认同或不大认同的。还有一种观点认为陈忠实就是反封建、反礼教的。

那《白鹿原》的思想到底是什么？我觉得需要细细地分析。我看过一些评论，我觉得很多关于《白鹿原》的评论是作者自己想象的，是文化想象、主题想象，是读书之后仓促得出的一些判断，缺乏深入的研究，缺乏与陈忠实的整个为人、思想和文化立场的比较和联系，匆忙地下结论。《白鹿原》出来之后，我很少写评论，因为我始终觉得有一些东西我还没有完全吃透，随便从哪一个观点说都能说通，但从哪一个观点说我觉得又都说不通。《白鹿原》的意义到底何在？还是很难言说的，你不能光评价是一个高峰呀，一个巨作呀，它的思想内涵究竟是什么，它的文化价值、历史意义到底在什么地方，这个需要好好地探讨。不急于评论，我是想用一些可靠的材料来支持我的一些想法，评论将来有可能补到传里面，也有另外一种可能，就是写一本《〈白鹿原〉论》，单独的一个小薄册子都可以，充分展开我对《白鹿原》的一些看法。

慕：老师，您知道陈老师有没有写日记的习惯？

邢：应该断断续续写过，但是没让我看过。但我有日记。

慕：那您写的日记在您写传记过程中，有没有写进去？

邢：有。我有记日记的习惯，尤其是和陈老先生在一起，我记得都非常详细，我觉得有意义的我都记，所以有好多内容我是直接从日记里面摘出来的，比如那一年那一天天气是什么样的，这肯定不能虚构。

陈先生的日记我不知道有没有，应该有，日记文化人都记过。我估计可能不完整。他没有让我看过，我曾经问他要过他的作品年表，这个他肯定会有一个记录，一般发表了他会记一下，陈老先生不是特别配合，你问啥他就给你说啥，有些东西他就回避了，他不给你多说。比如说信件，高贤均看到《白鹿原》手稿之后给他写了一封信，他说他看了之后在沙发上跳起来了，喊起来了，他每次都谈这个事，说高的评价特别高。我说你让我把那封信看一下，他不注意保存，说在乡下放着，找起来很麻烦，这个信始终没让我看。高贤均到底怎么说的，我觉得这个非常重要。后来白烨找到了这封信的复印件，陈先生当时和评论家走得比较近，他看了之后非常高兴，就把这封信的复印件给了白烨。白烨在陈先生去世后，把这复印件又给我寄了一个复印件。陈先生平时的言行，他给我讲的一些事和话，我就记在日记里面。写传所用的材料，还有我采访他家人的，比如他的哥哥，有他从前的同事，比如当年毛西公社的书记。我们作协的我都不用采访，也不好采访，我和他在一个单位，好多事我都知道。还有他的档案。他的档案中关于他的生平材料很详细，很多内容是他填写的,他填档案是不能胡填的,那时候有内查外调。档案中也有一些别人的旁证以及上级的调查与结论。档案中关于陈先生的事,一些内容陈先生可能都不知道,因为个人档案本人不能看。我曾和他开玩笑说,有些事情,我了解的比他自己知道的都多。

**慕**:他的档案现在在哪里?

**邢**:陕西省委组织部。当然也不是一般人想看就能看的。那里的档案只能抄,不能复印,也不能拍照。

**慕**:梁启超在《中国历史研究方法补编》中谈到:谱主去世后,关于谱主的一些事可以作为"谱后"在年谱后附录上,不做记载,一定看不出谱主的全体。我在读您的《柳青年谱》时发现在附录中并未有类似的内容,柳青去世已经三十多年了,而且他去世后,每一时期都要对他的关注,那老师您当时在写的时候有没有考虑过柳青去世后的内容呢?

**邢**:我做《柳青年谱》也做了两年多,因为做这种东西不像写小说,写小说坐在那里可以不需要啥资料,做年谱必须有资料,而且资料是可靠的,没有可靠的资料,一切的东西都没有意义。

我当时就只是想把柳青生平这一块先写出来。刘可风的《柳青传》和蒙万夫等人写的《柳青传略》,我都看过,他们书中很多地方写得都比较简略,不太明晰。我是把我手头的资料都放在一起,对比着往下排列,然后再看哪个是真实的,哪个是有问题的。不同的人对资料的占有是不同的,有人写的东西有很多就是想象性的。有一些事实,你是知道了,但是时间不确切,无法还原到某一年中去,如果连哪一年都搞不清楚,那这个东西就用不成。

柳青去世后的材料也比较多,我是想先把柳青在世的这一块先弄清楚,如果有时间再把后面的东西往进去补,因为这种东西可以不断地去做,如果资料多了再修订一次。一个是时间,一个是资料,要弄就要弄全。柳青1978年去世到现在,所有资料都要弄得相对比较全,这就需要好好地去查资料。非常费时间。

**慕**:我看到老师您写的一篇文章,里面谈到您曾经是想写《柳青传》的,那为什么后来会退而求其次写了《柳青年谱》？

**邢**：我最初的想法是最好写一个"评传"，有"传"，资料非常丰富，同时也有一些评论，这样可能就非常完美。为什么后来是《柳青年谱》呢？还是难度问题。"评"，很多东西在这个时候无法评，也说不成。比如说，我对《创业史》的看法，我认为很多东西都是没价值的，这话能说吗？说不成，所以我就不"评"了。再有，柳青被树成了作家的楷模，已经有了形象模式。我的很多发言和文章，很多人都认为我已经颠覆了柳青的形象。

这样我就把"评"放弃了。那么"传"呢？"传"需要大量的材料和细节，但他早年的很多东西都是很简略的。比如陈忠实早年家里面的事，我还可以写得比较饱满，因为他哥可以给我讲。但是柳青从现有的资料来看，只能知道某年某月他在哪儿上学等，没法把他写得有血有肉，整个新中国成立前的都没有丰富的资料，没有那么多的材料作支持。我倒是觉得"文革"中的最后几年非常有意义，材料也较为丰富。但是整体来看，柳青一生的材料不均衡，你必须把一个人的少年、青年、中年、晚年写得相对比较平衡，可能某个阶段比较弱一些，但不能前面都是一些干巴巴的东西，后边又都是充分展开的。作传必须要有一些地方可以展开，有情节，不说峰回路转，最起码要有波折，必须要把材料掌握到这个程度才可以去写。

**慕**：当然老师您也可以只写柳青生命历程的最后几年，因为已经出现了许多类似阶段性的作家传记，比如《周作人的最后22年》《沈从文的后半生》等。

老师您的说明也打消了我的一个疑虑，我发现您的《柳青年谱》和刘可风的《柳青传》都是2016年人民文学出版社推出的，而这一年又是柳青诞辰100周年，我开始以为是不是由于柳青的家属要写《柳青传》，其他的人就不能写了。

**邢**：没有，这个没有。家属写，别人也可以写，可以写很多种。

**慕**：我阅读时以为有可能在这一个特殊的时间，老师您写《柳青传》的想法受到了柳青家属的干涉。

**邢**：没有。我就是把《陈忠实传》《陈忠实年谱》弄完之后想溯源，陈忠实的精神是从哪儿来的。

**慕**：您写的《陈忠实传》陈老师有没有看过？

**邢**：看过。

**慕**：那您的书在出版社出版时有没有因一些内容比较敏感被删改过？

**邢**：没有。

**慕**：那也就是说您的书是按您提交的稿件出版出来的？

**邢**：个别的小地方，编辑是有删改的，但基本上是些技术问题，比如时间的表达，不能说"解放前"，要改成"新中国成立前"，还有不规范的字等。我觉得这一点陕西人民出版社做得非常好。另外一方面，我是编辑出身，我的专业就是编辑，我编了多年的刊物，就像鱼一样，我知道岸在哪里。还有一个方面，我希望尽可能真实，当然有一些就写得比较含蓄，编辑说我用了"春秋笔法"。再一个，我尽量用事实来说话，不去"评"。

书写成后，陈先生开始说不出，他的看法是，还是太真实了。陈先生说过"要真实，要真实"，还说"放开写，大胆写"。但是，他把传拿去看了一个月，年谱都同意出了，但这个传说放一放。陈先生解释了一下，说，第一不是你写得不真实，都很真实；第二也不是写得不好，写得也挺好的。他就是觉得还是太真实了，他形象地说，"像被扒光了衣服一样"。其实这本书写成之后，有很多东西我都删了，该回避的都回避了。

**慕**：老师您在写传记的过程中，哪些传记作品、传记作家，以及传记理论对你写传有影响？

**邢**：这个好像没有。我没有明确学习或是模仿哪一个传记的写法，但是我确实是读了大量的传记作品。我是搞文学的，其实我读文学之外的传记也比较多，俄罗斯、法国、德国、英国、美国很多作家的传记或评传我都看过，中国古代文人的传记我也读过很多，还有一些西方哲学家的传记、音乐家的传记、美术家的传记，都读过。我很难说我是受了哪一个的影响。

**慕**：老师您认为一名优秀的传记作家应具备怎样的专业素养？

**邢：**我觉得知识面应该非常广，修养应该是比较全面的。我说点个人体会，我是一个兴趣特别杂的人，我最早是想搞创作，也写过中短篇小说、散文、诗歌、评论，文学的这些体裁和门类我都弄过，长篇小说也写过，没有写完，我下来就准备写部长篇小说。我觉得仅有文学的修养还是远远不够的。至于读历史书，培养历史学的态度、精神，掌握历史学的方法，我觉得更不用说。

我觉得传记属于历史。可以用一些文学的方法和手法。再一个就是对思想和哲学必须有认识，对很多东西都要有认识，没有认识就很难把握。但这些东西我未必都要写，我懂得音乐我就在传记里面卖弄和炫耀是不行的，那些和传记无关的尽量不要写。必须具备全面的知识结构和知识体系，包括中外历史、中外文学、中外哲学的修养，文史哲就不用说，音乐、美术、书法，政治、文化、习俗，越广博越好，因为这种训练和这种素养它会在写作中体现出来。很多人写的传记你一看就比较单薄，不在于写了多长时间，不在于写得多么惊心动魄，不在于谈了多少，你一看他那个见识就不行，甚至是在门外。

**慕：**老师您近几年写了陈老师的"画传""年谱""正传"之后，您感觉再给陈老师作传在短期内会不会有新的视角或突破？

**邢：**我自己要写的话，就是再增加一些内容，说不上突破，我就只能把这本书写得更丰富，写得更精练一些。现在看来，写一本传记很不容易，需要很长时间去打磨它，特别是写传的时候，你没有材料根本就没法写。

别人会不会突破，咱不能去想。但是有一点我比较自信，那就是我有很多资料都是第一手的，只有我掌握，别人肯定不知道。至于别人文字比我更好，或者评论方面见解方面更高明，那肯定会有。当然，《陈忠实传》是陈忠实先生的第一部传记，它的内容、它的结构、它的线索，也会给别人写传提供一点参考吧。

**慕：**在《〈柳青年谱〉后叙》中您提到："我觉得，自己离柳青所处的这个时代太近，固然有许多切近的感受和看法，能'评'固然好，但'身在此山中',很难从'远近高低'各个角度观察,特别是,时代总有它的禁忌,还是有许多不可说的。……最后决定编一部年谱。"柳青已去世近四十年,老师你觉得不易作传,相比而言,陈先生在世时您就出版了《陈忠实传》,这是不是构成了一定的矛盾,老师您可不可以解释一下?

**邢**:我手头掌握了大量的陈先生资料,不好评,不好说,就只把事实写出来。《柳青传》不写主要还是资料不够。你读的这句话应该是我针对"评传"说的,当时宣传部有一位领导建议我写柳青的"评传",说代表这个时代写出对柳青的一个看法。我觉得不好写,也不好评,想写传,传的材料又不够,所以就编了一部年谱。

**慕**:谢谢老师精彩答疑。

# 《白鹿原》是近一百年来新文学的一个高峰[①]

作家陈忠实去世后,关于他的纸上纪录片、陕西人民出版社 2015 年 11 月出版的《陈忠实传》再次进入大家的视野。作者邢小利在陈忠实的前七十年人生历程中截取了二十余个重要节点,还原了陈忠实富有传奇色彩的文学人生,展示陈忠实独特的人格魅力与处世风骨。5 月 3 日,《阳光报》总编辑万波独家采访了《陈忠实传》的作者邢小利。邢小利认为,《白鹿原》是近一百年来中国新文学的一个高峰,陈忠实不仅是一个能进入文学史的人,"他的德行和他的作品是在同一高度的"。

见到邢小利的时候,他看起来很疲惫。这几天,他每天早上 5 点就起床了,每天为老先生的后事奔忙,还要接受很多媒体的访问。"老先生走的第一天,多半天的时间,我接完一个电话,平均隔两分钟就要再接一个电话,天南海北的人都关心陈忠实先生去世这件事,表达衷心的哀悼。我也发现,有很多群众都是自发地来悼念老先生,都很真诚,这让我非常感动。"

## 陈忠实是一个能进入文学史的人

### 本书以传为主,"观点随时可能会过时,但事实不会"

记　者:您是《陈忠实传》的作者,写这本书的初衷是什么?

邢小利:我在省作协工作,主要是做文学评论,为陈老写传这个意识比

---

[①] 邢小利与《阳光报》总编辑万波对话录。

较早，2000年就有这个想法了。《白鹿原》出版后，我认真研究后，认为陈忠实是一个能进入文学史的人，这样的作家很值得为他写一个评传。我和陈老师在一个单位工作，很长时间还住在一栋楼一个单元里，我在四楼，他在二楼，离得很近，这样，对他了解得就比较多，认识真切，觉得对他的把握不会走样。

最初，我跟陈老师提起想给他写评传的事，他不同意。他说有一些人和一些出版社都提出要给他写传出传，他都拒绝了。他认为传属于历史，要真实，而活着的人不可能做到完全真实。2005年我们共同创办了白鹿书院，2006年底由我策划并负责，西安思源学院支持，建立了陈忠实文学馆，为了丰富和完善文学馆关于陈忠实先生各个生活时期的资料陈列和展示，我搜集、研读和掌握了关于陈老师的大量的一手资料，包括著作、手稿以及其他的实物等，他出席的重要活动我也有即时记录的习惯，还做了很多读他作品的笔记。

记　者：《陈忠实传》写作和出版的时间都是在陈忠实在世的时候，这个对您写作过程有没有什么影响？

邢小利：2011年的时候，陕西人民出版社说省上有一个项目，给路遥、陈忠实、贾平凹分别出一本传记，出版社说我写陈老师比较合适，就联系了我。我说："写我愿意写，准备的资料也不少，但是陈老师不同意，需要你们去做工作。"出版社派人去跟陈老师谈，他还是没有同意，又让我和陈老师谈。

我跟陈老师正式谈过一次。我说评传有很大的传的成分，同时也是一种研究，这种研究是结合作家整个的人生道路、时代背景以及相关的历史和文化做的研究，是一种深度研究。陈老师考虑了半个月，又找我谈，他同意我写，还对我说："你放开写，大胆写。"

这样，我就开始写了，从2011年到2013年，总共花了三年时间写完。那个时候主要写的是传的部分，先编了一个年谱，争取把陈老师的生活还原到每一年、每一月、每一天，最后从陈忠实的前七十年人生历程里截取了二十余个重要节点。写完以后我拿给他看,他也修改了一小部分。当时并没有马上出版,又用两年时间补进了近年的一些研究成果,到了去年才出版。

这本书以传为主,评论的部分很少。我记得有人说过,"观点随时可能会过时,但事实不会"。

## 这是陈忠实唯一的一本传记
## 真实、资料丰富、实事求是

记　者:你和陈老师是文友、同事,又是传记的作者,写完传记以后,与立传之前相比,你对他的认识有没有一些变化?

邢小利:肯定是有变化的,这是一个从感性到理性的认知过程。最初的认识感性的东西较多,觉得《白鹿原》出来以后,陈忠实就是一座大山,有太多的宝藏需要发掘,但这个山到底是金矿还是银矿铜铁矿,我不是很清楚,做完传记以后就比较清楚了。

我觉得这个传记写得非常值,但还有相当一部分资料没有用进去,写完以后,我先删了一部分,陈老师看完以后也删了一部分,他说有一些东西先放一放。

记　者:陈老去世后,陕西乃至全国读者一片哀鸣,您这本《陈忠实传》是目前关于陈忠实唯一的一本传记,如果要把这个传记推荐给读者,你的推荐词是什么?

邢小利:如果让我谈,我觉得首先是真实。我近些年来读历史书比较多,历史学的态度、精神和方法对我影响特别大。这本传记没有一处是假的。

同时,我掌握的资料也比较丰富。对于资料的搜集,即使是陈老师自述的事件,我都要去找旁证核实。

再就是实事求是。陈老先生后来也评价过这本书,他说了几点:一、写得客观;二、资料很丰富,真实,有很多资料他也是第一次见,不容易,很感动;三、分析冷静,切中实际;四、没有胡吹,十分赞赏。书里有些资料,比如像陈老自己的档案等,他肯定是看不到的。

## 《白鹿原》是近一百年来中国新文学的一个高峰 在世界文学之林里也独树一帜

**记　者**:作为一个传记作者,您能不能依照不同的坐标维度,陕西的、中国的、世界的……对陈忠实的文学成就做个比较精确的定位?

**邢小利**:我认为《白鹿原》是近一百年来中国新文学的一个高峰。

我说几个数据。1997年,《白鹿原》获中国作家协会第四届茅盾文学奖;2008年,在由深圳读书月组委会、深圳报业集团主办的"30年30本书"文史类读物评选活动中,经过全国专家与读者的共同推选,《白鹿原》入选。此次评选的书籍被称为"30本影响中国人30年阅读生活的优秀文史书籍",入选书目既考虑其"历史的重要性",也考量其"本身的价值"。2009年,《中国新文学大系》五辑100卷由上海文艺出版社出齐,《白鹿原》完整入选"大系"第五辑(1976—2000)。2010年,《钟山》杂志推出"30年10部最佳长篇小说"投票结果,为盘点30年(1979—2009年)长篇小说创作的成就,《钟山》杂志邀约12位知名评论家,从纯粹的文学标准出发,投票选出他们认为最好的十部作品并简述理由,排名第一位的是《白鹿原》。这说明,无论是从文学的标准,还是从各个阶层的读者接受欢迎的角度,从出版史来看,《白鹿原》都在极醒目和极重要的位置。

新文学运动1917年发起,到明年(2017)就一百年了。我认为,《白鹿原》是其最重要的成果之一。这样的作品在世界文学之林里也是独树一帜的,它的社会认识价值、历史研究价值、文学价值和文化价值都是非常高的。

**记　者**:从柳青,到路遥,再到陈忠实,在读者印象中,陕西文坛似乎有这样一个传统,每一代都有一个作家呕心沥血用生命在写作,这是不是陕西独有的一种现象?如果有,这种现象能否延续下去?

**邢小利**:我认为,这就是陕西文学的一个传统。这个传统从司马迁那里就开始了，源远流长，一直延续到今天。司马迁为了写《史记》，"究天人之际，通古今之变，成一家之言"，呕心沥血，忍辱负重，是用命在写作。

陈忠实认为，文学是神圣的，他和柳青、路遥等，把文学当成生命中最重要的一部分，他们是文学的圣徒和殉道者。他写《白鹿原》的时候，没想过会用这个来发财，权力和金钱这种东西对他们这一代作家是没有诱惑力的。

而现代社会是一个多元的社会，很多写作者并不把文学当成一个终极事业，权力、金钱这些东西对一些人还是有一定的冲击的。让我谈现在谁能接受这个衣钵，目前看还不是很清楚。也可能从陈忠实这一代之后，这种用命写作的传统，会出现一段时间的空白。

## 陈忠实的德行和他的作品在同一高度
## "好人""好老汉"是最高的评价

**记　者**：最近大家都能感受到，有很多人是自发地去悼念陈老先生，这背后反映了什么？

**邢小利**：这反映了我们这个时代特别是当下社会人们的一种价值肯定。一方面，这肯定是因为老先生的文学成就。但我们尊重他，不仅仅是因为他的作品，还有他的道德人格。他的德行和他的作品是在同一高度的。

大家对他的普遍评价是什么？是"好人"，"好老汉"，这个评价我认为是对一个人、一个作家道德人格的最高评价。古人云：太上立德，其次立功，其次立言。古人对这个问题的认识很精确。

人们不是因为陈忠实位高权重或者因为他是名人而尊敬他，而是因为他一辈子的德行给人的一种道德和人格的感召力。我们可以亲身感受到，所有前来吊唁他的人，都是真诚的，并没有什么功利目的。

**记　者**：那么您认为他德行的源头来自哪里？什么是好人？

**邢小利**：好是他的本质。我觉得陈老师是很本色的，他这个好是本色的，不是装出来的，装也装不出来的。他的道德人格跟他的家庭的文化渊源有很大关系，用他的话说，就是"家之脉"。

他在文章中回忆，他的父亲曾给他讲过一句他铭记在心的话，"不管你在外边成就如何，事干成了还是没有干成，你回家的时候，必须是干干净净地回来"。陈老先生的家庭是普通的农民家庭。要说这个源头，那就是中国几千年的传统文化。陈忠实是中国几千年的传统文化滋养出来的，这是典型的儒家文化。传统意义上的好人就是"孝、悌、忠、信、礼、义、廉、耻"。这种文化心理和白鹿原、和关中这片土地有相当的关系。

## 他是好人，但非常有立场，有原则
## 他也是宽厚的、宽容的，有容乃大

**记　者**：您看过电影《老炮儿》吗？老炮儿指的是年龄比较大、一直在坚守过去的价值观和行为方式的人。有人觉得很可笑，有人觉得很可敬，您觉得陈忠实是"老炮儿"吗？

**邢小利**：如果"老炮儿"就是你说的那个意思，我认为陈忠实就是个"老炮儿"，关中大地的"老炮儿"，文坛的"老炮儿"。

他是个好人。一般人印象中的好人，有时是没有原则的，陈忠实是非常有立场、有原则的。他这一生，该做什么，不该做什么，什么该取，什么不该取，他心里非常清楚，也很有原则。

比如，他自从给自己立下规矩后，从不给别人题牌匾。他生活简朴，实用。不说假话，真诚。在他身上没有虚的东西，对待所有人都一样的尊重，他的言谈举止让人感到很真诚。

同时，他也是宽厚的、宽容的。不论是官员、商人，还是普通人，他都同样尊重。他不会因为你是当官的就高看你，也不会因为你是一个普通人就冷落你。在他那里，他对所有人都一样。

在意见不统一的时候，他也不争。有容乃大。所以我说他高大，是一个榜样。

**记　者**：因为您是在陈老生前写的传，缺少这几年的内容，会继续写吗？

**邢小利**：有人建议我再写一部《陈忠实全传》。其实我回头再来看这本书，它缺少的东西还有很多。等手头上的工作做完，我准备接下来再继续写，补充完成最终修订本。在此，要特别感谢陕西人民出版社的领导和编辑，感谢他们在此书出版过程中给予的帮助与支持。

原刊 2016 年 5 月 5 日《阳光报》

# 《白鹿原》提供了"白学"的文本基础

虽然陈忠实老师离开大家已经两年了,但是关于他的话题热度从未减弱,打开微博,"致敬经典 追忆忠实"的话题仍然有着几十万人的关注度;生活中世人对他的关注度也是依旧不减,在刚刚过去的世界读书日,众多读书榜单揭晓,其中陕西人最爱读的十本书里《白鹿原》位居榜首,清华学生喜爱的十本好书里有《白鹿原》,甚至在喜马拉雅2017年度最受欢迎有声书中《白鹿原》也跻身前三……

在陈老师两周年忌日之际,文化艺术报记者采访陈忠实研究者、陕西白鹿书院常务副院长邢小利,了解近年来对陈忠实及《白鹿原》的学术研究情况。

## 学术研究近年持续升温

关于陈忠实和《白鹿原》的研究,西安白鹿原上的白鹿书院算是比较多的,这里有陈忠实文学馆,是唯一一个收藏、展示和研究陈忠实生活和创作的专题文学馆。白鹿书院成立于2005年,是以陈忠实和周延波为核心,陕西作家、评论家和学者与西安思源学院联合创办的,书院学术研究的一个重要方面,就是对陕西文学的研究。

邢小利介绍,书院目前的成果主要有《陈忠实传》,该作2011年开始撰写,2015年出版,之后又经三年修订,增加了一些内容,今年4月已由人民文学出版社出版,这也是目前陈忠实研究的最新著作。再一个就是《陈忠实画传》，2012年出版，2016年再版，今年第三次再版，补充了很多文字和图片，预计9月份出版。还有《陈忠实年谱》，去年出版，同年加印，也是比较重要的基础性研究成果。除此之外，西北大学文学院、西安文理学院、西安工业大学陈忠实当代文学研究中心，都有对陈忠实及作品的研究成果。

去年，西安工业大学陈忠实当代文学研究中心推出《走近陈忠实》第二辑、《说不尽的〈白鹿原〉》第二辑，一个是关于陈忠实的资料，一个是《白鹿原》研究的资料。

邢小利透露，西北大学有一部陈忠实研究论文集即将出版。另外，《文艺报》编的《写作就是他的生命：陈忠实纪念文集》，冯希哲、张琼编的《陈忠实访谈录》，祁念曾、张效民编的《魂系白鹿原——陈忠实纪念文集》，雷涛主编的《天地白鹿魂永存——陈忠实纪念文集》等文集类著作，都是近两年出版的。

去年还有一本《陈忠实的蝶变》，是中国社会科学院文学研究所研究员李建军写的。该书通过细致的文本解读和缜密的实证分析，完整而深入地梳理了陈忠实艰困而辉煌的文学历程，分析了影响他思想变化和创作升华的复杂原因，揭示了他不断超越自我的精神"蝶变"和创作《白鹿原》的成熟经验，因而，既可以当作关于陈忠实的研究专著来看，也可以当作陈忠实的别样形态的精神传记来读。邢小利认为，这本书非常有分量，这是一本对陈忠实的创作全面分析评论的著作，从陈忠实的整个创作情况、从批评和研究的角度，是非常重要的研究成果。

## 当下文学评论渐趋弱化

对于陕西文学的研究，邢小利介绍说过去研究者主要分为两个部分：一部分是作协、文联系统的评论家，另外一部分是高校系统的研究者。

过去作家、文学评论家都在作家协会，都在一个院子共同工作，评论家对作家的创作很熟悉，对作家的人生道路和创作历程很熟悉。作家协会的评论家对全国作家的创作情况也比较熟悉，他们可以结合时代和文学的整个情况，对作家的创作进行跟踪式评论和研究，这样的评论具有敏锐性和鲜活性。比如作家在创作中有新的特点或者突破，他们可以立刻捕捉到。

而高校的研究与创作相对拉开了距离，更多的是一种研究态度，他们可能会将这种研究放在文学史的坐标上从文学理论乃至文化的多个向度进行考察。

这样看来，作家协会和文联系统的评论往往紧扣作家的当前创作，具有当下性和鲜活性，而高校的研究具有一定的理论性和史论性。但是近年来，作家协会和文联系统的研究力量相对弱化，而高校的研究也与课题成果紧密相关，这就造成了对创作特别是对当前创作关注度不够、及时有力的评论渐趋弱化的现象。

## 有"红学"，也应有"白学"

陈忠实已是中国当代文坛上的一座不朽的丰碑，我们应该充分认识陈忠实创作道路的意义和对作家创作的启示作用。邢小利常用"前无古人，后无来者"来形容陈忠实。他之所以这样形容，是因为陈忠实的独特性：古人成为作家是自然形成的，后世的作家也是自然形成的，他们有了一定的文化，有了一定的文学修养，自己写作，各自须寻各自门，就成了作家。陈忠实先生不同，他处在一个历史的转变时期，他是党和作家协会体制扶持、培养起来的作家，然后又经过了剥离、寻找这样的"蝶变"过程，才成为一个真正的作家，他的身上有这个时代鲜明的政治文化烙印。

陈忠实的创作没有太多的理论，他的创作更多来自生活，来自乡土生活和生命体验。"要想了解中国社会，认识中国社会特别是乡土中国，可能还没有哪本书比《白鹿原》更丰富更深刻。"邢小利说，对《白鹿原》的认识就是对中国农民、农村社会和农业文化的认识，对中国农民、农村社会和农业文化的认识也是对中国社会的认识。

对中国社会的理解，《白鹿原》给我们有很多启示。小说中的封建文化、儒家文化、乡约治理等传统社会的种种思想和实践理性，是通过人物性格、人物关系、人物冲突和人物命运展现出来的，这些思想和实践理性是中国社会在历史长河中一些相当重要的部分，甚至是主流所在，所以无论是对陈忠实个人的研究还是对《白鹿原》作品的研究，都有极强的学术价值。

《白鹿原》问世以来，文学界方方面面对这部作品评价越来越高，有人称这本书是当代文学的珠穆朗玛峰，是新文学一百年来的一座文学高峰。邢小利说：《红楼梦》有"红学"，很多人提出应该再有一个"白学"，他认为，至少《白鹿原》提供了"白学"的文本基础，《白鹿原》具有各方面研究的价值，它的历史内涵、现实意义、文化内涵以及艺术表现的丰富性，都需要我们用很长的时间去研究去解读。

原刊 2018 年 4 月 27 日《文化艺术报》

# 陈忠实之后：乡土文学的出路

陈忠实小说中有一个主题，那就是"乡村"，也就是乡土社会。中国是一个历史悠久的农业社会国家。几千年来，乡村是中国人生命的故乡和生活的家园，同时也成为历朝历代文人咏歌和描写的对象，从先秦《诗经》中的"国风"到东晋的陶渊明，从唐代的王维、孟浩然、韦应物再到宋代的范成大、杨万里等诗人，文学史上形成了一个源远流长的田园山水诗派，也形成了中国文学独有的关于乡村的审美范式，中国历史上的田园山水诗历史地积淀为中国人关于乡村的审美理想和文化想象。

仔细辨析，其实乡村可分为自然的乡村和社会的乡村。可以看到，中国古代文人描写和咏歌的，主要是乡村社会自然平和的那一面，那是可以尽情享受自然之美、人伦之美的牧歌式的乡村，也是士子不得志时和失意后可以安然归隐于其中的乡村。如果说中国古代文学主要是诗歌文章占主流，小说居支流，那么到了20世纪，由于小说这种叙事文学占据文学的主流，文学中的社会呈现和社会分析因素增强，这时，乡村世界中社会的现实的一面，逐渐在文学特别是小说中得到比较全面的描绘和深刻的表现。鲁迅等作家笔下的乡村社会，呈现着破败、灰暗、沉闷、衰落的质相，令人失望以至绝望，也成为当时乡村社会的真实写照。而沈从文等作家，则倾心于书写自然的人性，他们离开乡土进入都市之后，常常以一种怀恋的温情回望他们曾经生活过的乡村，他们笔下的乡村社会，也更多地呈现出乡村世界自然的一面。

近现代以来，文学改良、文学革命的思想和艺术思潮空前高涨，文学干预社会的作用也被极度放大和空前提高。从乡土小说来看，以鲁迅、赵树理、柳青等人为代表的现实主义流派是主流。陈忠实走上文学道路，自学所学和所宗之师，是赵树理和柳青。因此，陈忠实承续的也是现实主义流派。陈忠实后期的创作，在坚持现实主义创作方法的同时，艺术上也不断更新，吸收和融入了现代小说的魔幻、心理分析等艺术表现手法。从中国当代文学史来看，陈忠实小说艺术的一个重大突破，就是他的艺术眼光和审美追求从柳青的着重表现政治与人的关系，转变为文化与人的关系。陈忠实早年的小说紧跟时代，着力表现时代政治对人的影响，后期则着力从文化对人塑造的视角表现乡土社会各种人物的文化心理结构以及这种文化心理在时代的暴风雨击打之下不同的嬗变，通过人物不同的文化心理变化折射时代演变的历史轨迹。

　　陈忠实以家族并从文化心理视角透视和塑造人物，表现一方乡土的文学经验，对中国文学也包括陕西文学产生了重要的影响。仅从陕西文学来看，《白鹿原》之后的写乡村题材的陕西作家，从二十世纪九十年代李康美的《天荒》到二十一世纪冯积岐的《村子》以及近年周瑄璞的《多湾》等不同代际作家的创作，或多或少，或浓或淡，都受到了陈忠实的影响，进而成为陕西乡土小说的一个鲜明特点。再要突破这种文学观念，寻求新的乡土文学美学，在我看来，一则需要时日，二则需要艺术视野更为宽广、艺术追求更为新锐的力量型作家。时代在飞速变化，几千年几乎一成不变的乡村社会正在面临日新月异的巨大变化甚至是崩溃式的变化，关于乡土新的哀愁正在滋生新的文化心理，而新的关于乡土的美学原则也正在悄然形成，它等待着乡土文学更为新锐的作家去感受，去发现，去表现。在纪念陈忠实的同时，走出陈忠实，也许是一个迫切的命题。

原刊 2016 年 5 月 6 日《西安晚报》

# 《白鹿原》电视剧是难得一见的"良心剧"[①]

**问**：《白鹿原》电视剧的口碑和收视率与您之前预期的相符合吗？

**答**：口碑也就是评价较高，这个与预期相符，收视（好像播出过半以后收视率有较大提升）情况有些出乎意料。原因复杂，问题值得思考。有电视剧本身的原因，我在微信朋友圈中看到，有人说他听说该剧改编过度，又被删得太多，所以不想看了；也有时代风气的原因，似乎沉重的、思考的剧作不如猎奇的、娱乐的和实用的剧作更受这个时代的欢迎。

**问**：您对电视剧《白鹿原》的呈现总体如何评价？

**答**：关于此剧，我曾和朋友既是解释也是认真地说：因为了解一些情况，所以理解电视剧《白鹿原》能达到今天的境地已经实属不易；也因为理解，所以更多地给予肯定。

**问**：与原著相比，电视剧中哪些部分的改编让您觉得真不错？有没有哪些是略显遗憾的？

**答**：必须承认，《白鹿原》的改编是有相当的难度的。《白鹿原》出版于二十世纪九十年代初，从那时到现在，时代语境已经发生了很大的变化。原著的一个鲜明特色就是厚重，其中也包括它的丰富性和复杂性。由于对《白鹿原》电视剧的改编，我充满了理解，所以，我不好说对哪里满意或者说哪里有遗憾。从这个角度看是满意的，换个角度看可能又是遗憾的，反之亦然。

**问**：看观众的评价，李沁版田小娥颇受认可，您觉得如何？

---

[①] 邢小利关于《白鹿原》电视剧答《华商报》记者罗媛问。

答：小说《白鹿原》中的田小娥性格具有丰富性，也有复杂性。李沁扮演的田小娥，总体还行，但有点过于突出了田小娥的软弱、无助和孤独，突出了她的善良，要"活人"，把这个人物性格的丰富性和复杂性表现得有些不足，也就是说性格显得有些单一。

问：小说《白鹿原》留给世人的精神财富已有共识，您觉得通过电视剧这样的形式，它会留下一些什么？

答：历史学界有一个观点，说中国古史是"层累地造成的"。《白鹿原》电视剧似乎就是"层累构成"的一个艺术样本，它以电视剧的艺术形式对原作内容在演绎的过程中也进行了再造，对原著故事有新改编，对其意义也作了新的阐释和发挥，这就构成了三个时间点的对话：电视剧播出的 21 世纪 10 年代、《白鹿原》故事发生的 20 世纪上半叶、陈忠实创作《白鹿原》的 20 世纪 80 年代，这也是三个不同时代的对话，有了对话，其不同的意义向度也构成了一定程度的争论，这就使《白鹿原》的文学意义和历史意义更加丰富起来。因此，《白鹿原》电视剧留给我们的，就是它已经成为"层累地造成"的历史中的一个重要的时代样本。

问：作为最熟悉陈老的人，您觉得陈老生前有机会看到电视剧，会如何评价？

答："最熟悉陈老"这个话不敢当，猜想陈先生如何评价也很荒唐。不过可以讨论一下陈先生对《白鹿原》改编的一些期望。我感觉，陈先生对于改编的态度，一是希望《白鹿原》能被完整或者是较为完整地展示，当年电影《白鹿原》被"腰斩"（到抗战开始就突然结束），他就非常沮丧；二是希望不被"歪曲"。《白鹿原》电视剧还是尽可能地做到了完整展示，考虑到时代的要求和电视剧艺术的需要，电视剧对小说还是有较大的变动和改动，但原著的主要人物和重要的故事都在，以陈先生的宽容，他应该是理解的。总体看来，《白鹿原》电视剧思想性、艺术性和观赏性俱佳，是一部多年来难得一见的"良心剧"，大气，深沉，动心，感人，应该是可以告慰陈先生的。

原刊 2017 年 6 月 22 日《华商报》

# 陈忠实是一位人品和文品俱佳的作家[①]

**问**：邢老师您好，首先非常感谢您接受"故纸寻新"的采访。先简单介绍一下我们，"故纸寻新"是一个微信公众号，汇集了全国各地的一些爱读书、爱藏书的书友。今天采访您的问题也是从书友们中间征集而来的。您准备为陈忠实先生写传的时候，曾请教陈老师，他考虑了半个月才同意，并说："你放开写，大胆写。"这让我想起陈老师在小说创作过程中给自己制定了性描写的原则："不回避，撕开写，不做诱饵。"您可否介绍一下您的写作经验？这两句话可以为书友们的写作带来什么启迪呢？谢谢！

**答**：陈先生说的"放开写，大胆写"，表面上看，是陈先生鼓励我在为他写传的过程中，不要有太多的顾忌，要敢于表现想要表现的一切内容；往深里看，其实表明了陈先生对于传记写作的认识和态度："放开"就是放下种种顾忌，客观真实地展现传主的一生，不要遮遮掩掩；"大胆"就是要敢于触碰一些敏感问题和重大问题，因为这些敏感问题和重大问题中含有大家想要了解的各种重要信息。

现在看来，"放开写，大胆写"也是陈先生创作《白鹿原》的一个基本态度。这其实也是一切想要表现生活真实和历史真实的作家，必须具有的基本的写作态度。

**问**：您好邢老师，请问《陈忠实传》和《陈忠实画传》有何区别？书中如何还原一个真实的陈忠实给读者？

---

[①] 邢小利与微信公众号"故纸寻新"编辑对话录。

答：《陈忠实画传》是以较为简洁的文字，配以各种生活图片和历史图片，以文字和图片简洁、形象地展示陈忠实先生一生的生活道路和创作道路，既有文字叙述，也有图片视觉的冲击和形象还原，可读性更强，历史现场感的展示更为充分。

《陈忠实传》的文字内容更为丰富、全面，在全面、深入地叙述陈忠实先生一生的生活道路和创作道路的同时，对时代与生活、对陈先生每个时期的创作，都有较为深入的分析。这本书属于深度解读，适合一般读者、文学爱好者和研究者阅读。

问：在您为陈忠实先生作传的过程中，最震撼或者说印象最深的是什么？

答：为陈忠实先生作传的过程是漫长的，从搜集材料到研究材料，从构思到写作，经历了十几年的时间。应该说，每发现一个材料，哪怕是考证出一个正确或准确的时间，我都有如获至宝的欣喜，很难说哪一件事、哪一个特别的点是印象最深的。只有对传主一生的每一点、每一处都怀着饱满的热情，都带着认真的态度，才能把传主的一生写得酣畅淋漓，写得饱满、丰富。

问：陈忠实先生在五十岁才捅破人生这层纸，创作出长篇《白鹿原》，如今很多作家少年成名、长篇不断，两相比较，一个作家越早确立自己的长篇地位好，还是人生、思想积累到一定程度的转化更有意义？

答：创作是一项与生活体验、思想水平、艺术才能等各方面因素都有紧密关联的创造性劳动，与创作主体的灵感、情绪也有很大关系，人生的任何年龄段都有可能创作出好作品。但长篇小说，特别是写社会历史内容的长篇小说，显然需要创作主体更多更深厚的生活积累和更高更深刻的思想磨砺，太过年轻可能很难做到这些。

问：陈忠实先生在动笔写《白鹿原》前，曾研究阅读了中国当代作家王蒙的《活动变人形》、张炜的《古船》，您能谈谈这两部作品对《白鹿原》的影响和《白鹿原》在当代文学史的地位吗？

答：陈先生在《白鹿原》的创作准备阶段，为了借鉴长篇小说的结构经验，曾阅读了包括您提到的王蒙的《活动变人形》和张炜的《古船》等当代有影响的一些长篇小说,但陈先生阅读后的认识是,每一部作品因为题材和内容的特点,因为创作主体艺术追求的需要,都有属于每一部作品特殊的长篇小说结构,没有一成不变的模式。所以要说《活动变人形》和《古船》到底对《白鹿原》产生了什么样的影响,还不好谈得太具体。不过,在我看来,由于《活动变人形》和《古船》所写的历史、生活和人物,与《白鹿原》的内容有一定的关联,两部作品对于历史的解析、对于时代的表现、对于人物的刻画,对陈先生应该都有一定的开阔视野作用。

**问:** 陈忠实如果当年没有遇到汪兆骞,《白鹿原》还能否顺利问世?讲一讲他俩之间的故事吧。

**答:** 您可能说的是何启治,而不是汪兆骞。《白鹿原》的问世包括您说的"顺利问世"与何启治先生关系很大。何启治有《〈白鹿原〉是怎样诞生的》一文,对您所提问题回答甚详,转述如下,供您参考:

> 回想我与陈忠实的初识,是在 1973 年的隆冬。那时,我在人民文学出版社现代文学编辑室的小说北组当编辑,分工管西北片,西安自然是重点。就在西安郊区区委所在地小寨的街角上,我拦住了刚开完会推着一辆破旧的自行车出来的陈忠实,约请他写农村题材的长篇小说。在陈忠实听来,这简直就像老虎吃天一样不可思议。但他也感觉到我这个来自人民文学出版社"高门楼"的编辑约稿的真诚,从此记住了我,开始了我们长达 40 多年的友谊交往。
>
> 后来,我经手在《当代》1984 年第 4 期头条刊发了陈忠实的中篇小说《初夏》。这部中篇小说几经修改,历经三个年头才和读者见面,被公认为陈忠实的代表作之一,也是他写长篇的必要的过渡。
>
> 到 1990 年 10 月 24 日,我在陈忠实给我的回信里终于知道他写长篇的一些重要信息。他在信里说:"关于长篇的内容……作品未成之前,我不想泄露太多,以免松动……这个作品,我是倾其生活储备的全部,以及艺术能力的全部而为之的。究竟怎样,尚无把握,

只能等写完后交您评阅。"又说,"我争取今冬再拼一下"。最后他表示:"终成稿后我即与您联系。您不要惦记,我已给朱(盛昌)应诺过,不会见异变卦的。也不要催,我承受不了催迫,需要平和的心绪做此事。"

我时任《当代》常务副主编,当然对陈忠实这连书名都没有披露但倾其全力而为之的长篇充满期待。后来的实际情况就是:1992年3月间,我终于收到陈忠实报告《白鹿原》已定稿的信,他在信里询问是由他送稿到北京还是由我们派人去取稿。我和主管《当代》的副总编朱盛昌商议后,决定派当代文学一编室负责人高贤均和《当代》杂志的编辑洪清波去西安取稿。大约3月25日,陈忠实说,"在作家协会的客房里,我只是把书稿从兜里取出来交给他们,竟然连一句话也说不出来,那时突然涌到嘴边一句话,我连生命都交给你们了,最后关头还是压到喉咙以下而没有说出,却憋得几乎涌出泪来。"而"出乎意料的是,在高、洪拿着书稿离开西安之后的20天,我接到了高贤均的来信。(笔者按:此信写于1992年4月11日,其中有"这是我几年来读过的最好一部长篇。犹如《太阳照在桑干河上》一样。它完全是从生活出发,但比'桑干河'更丰富更博大更生动。其总体艺术价值不弱于《古船》,某些方面甚至比《古船》更高"等语)我匆匆读完信后嗷嗷叫了三声就跌倒在沙发上,把在他面前交稿时没有流出的眼泪倾溅出来了。这是一封足以使我癫狂的信。"[1]

就这样,《白鹿原》在《当代》经洪波清、常振家、何启治、朱盛昌依次审稿并写下一致肯定的审稿意见,又在当代文学一编室经三位责任编辑(刘会军、高贤均、何启治)的严格三审获得一致通过。我在1992年9月由《当代》调任人民文学出版社主管当代文

---

[1] 引自《我与人民文学出版社·何谓益友》,人民文学出版社2001年。

学图书出版工作的副总编。在 1993 年 1 月 18 日的终审意见中,我写道:"这是一部显示作者走上成熟的现实主义巨著。作品恢宏的规模、严谨的结构、深邃的思想、真实的力量和精细的人物刻画(白嘉轩等可视为典型),使它在当代长篇小说之林中成为大气(磅礴)的作品,有永久艺术魅力的作品。应作重点书处理。"

《白鹿原》连载于《当代》杂志 1992 年第 6 期和 1993 年第 1 期,其单行本由人民文学出版社于 1993 年 6 月出版,初版首印 14850 册。

就这样,陈忠实著长篇小说《白鹿原》经过人民文学出版社六位编辑的劳动,终于横空出世,与读者见面了。

**问**:有人评价《白鹿原》是半部杰作,请问邢先生对此有何看法?另外,对《白鹿原》以删节版获茅奖,邢先生怎么看?

**答**:您说的"有人评价《白鹿原》是半部杰作",我不知道所谓的"半部杰作"何所指,所以无法具体回答。至于"《白鹿原》以删节版获茅奖"这个问题,《白鹿原》修订版的大致经过和事实是这样的:《白鹿原》初版本已然是陈忠实要表达的作品思想内容和艺术追求的定本,删节本是根据茅盾文学奖评委会提出的一些意见进行修改的版本,陈忠实当时的回复是:"《白鹿原》出版后,我也发现了一些问题,正有修改的意愿。借此机会,修改一下。"修改内容大约两千字,主要是删节,一是涉及政治,二是涉及性描写,把容易造成误读的文字进行删节和修改。对这件事我的看法是:一、陈忠实当时和他整个的文学创作,确实需要一个奖特别是茅盾文学奖的鼓励和支持。二、作品出版后,又有删改或修订,这是古往今来常有的现象。《白鹿原》修订版的出版过程,不仅与《白鹿原》有关,使《白鹿原》的意蕴更为丰富,而且也是那个时代的文学形势和社会环境的反映,它为我们理解和研究当时的文学形势和社会环境提供了重要的历史信息。

**问**:《白鹿原》之后,陈忠实先生最好的作品是什么?是《初夏》吗?可否谈谈《白鹿原》之后陈老的作品。请谈谈电影《白鹿原》改编的成败得失，进而谈谈对名著改编电影的认识、观点。

**答**：《初夏》是《白鹿原》之前的作品。"《白鹿原》之后"陈忠实先生最好的作品是什么，这可能仁智互见。我的看法是：小说中《日子》和《李十三推磨》更有意味，散文《原下的日子》《三九的雨》等更有意味。

电影《白鹿原》的改编和上映，因为经历了一个复杂的审批过程，有些东西并不以主创人员的意志为转移，《白鹿原》能被改编成电影和上映——尽管做了删节，其意义已经超过了电影本身，具有了更为深广的社会意义和历史文化研究意义。就改编本身来说，王全安的改编是在北京人艺话剧版《白鹿原》之后的一个新的尝试，因为最后上映的是一个"腰斩"本，看不到全貌，一个半截子的作品是无法谈的，我觉得它最大的意义可能就是为后来各种艺术形式的改编提供了各方的借鉴价值。

名著改编是一个有意思的艺术现象和社会文化现象。我认为，它是改编者对一部具有经典意义的作品的再阐释，是以另一种艺术形式对其内涵和意义的重新解读。《白鹿原》迄今已有三个话剧版的改编（北京人民艺术剧院版、陕西人民艺术剧院版、西安外事学院版），一部电影，一部电视剧，一部舞剧，一部歌剧，一部秦腔剧，一部连环画，每一个改编的着眼点和着重点都不同，都有自己的取舍甚至补充，这说明改编者都有自己的理解和发现，仁智互见，很有研究意义。

**问**：一说起文坛陕军，路遥、贾平凹、陈忠实个顶个大拿，每个人都会有个排名。请问邢小利先生，在您心中陈忠实先生在中国文坛的地位如何？陈忠实先生也曾经不少次写到自己，提到自己，晚年他对自己一生及成就是如何定位的？

**答**：我认为，陈忠实先生是中国当代文学的一个代表性作家，《白鹿原》是中国当代文学的一部具有经典意义的作品。

**问**：大家对陈忠实先生的普遍评价是："好人""好老汉"。请邢先生从朋友的角度评价一下陈先生。

**答**：陈忠实是一位人品和文品俱佳的作家。作品中，《白鹿原》堪称经典；人品上，"好人"可能是一个最恰当的评价。这个"好"，是各方面的"好"，做人好，待人好。

先生走了，这是自然规律，谁也没有办法，但他所追求的在有限的生命中追求无限意义的目标应该说达到了。他的作品不朽，而且，因为《白鹿原》所达到的高度，他的所有作品也都有了研究的价值和意义。他的精神不朽，他74年的人生追求和艺术追求所留下的精神遗产，将是人们长久论说的话题和研究的对象，既是人们解读他所处的这个时代的一个敞亮的窗口，也是人们获得启迪走向未来的一个源头。

# 陈忠实文学馆是一部陕西地域文化史[①]

**张锐**：陈忠实文学馆筹建、落成的具体时间、地址、对外开放时间是什么？文学馆的六个区域分别展出什么？请您详细介绍一下文学馆各个阶段的基本情况。

**答**：陈忠实文学馆是收藏、展示和研究陈忠实生活、工作和文学创作活动的专题性文学馆，于2006年12月落成，由陕西白鹿书院和西安思源学院联合建立，地址在西安东郊白鹿原上西安思源学院校园内。对外开放时间，节假日除外，每天上午九点到下午五点。

陈忠实文学馆现占地面积约500平方米，馆名由著名画家、书法家范曾所题。文学馆以实物、图片和文字形式展示，按内容分为六个区域：一、"不要耽搁了自己的行程"，展示陈忠实的家世，少年时代如何喜欢上文学，早期的文学学习和探索情况；二、"寻找属于自己的句子"，展示陈忠实《白鹿原》之前的文学创作，他在文学上"寻找属于自己的句子"的追求和探索；三、"《白鹿原》：一个民族的秘史"，展示白鹿原的历史和风土人情，陈忠实创作《白鹿原》的过程，《白鹿原》的版本、改编移植为其他艺术形式的资料等；四、"原下的日子：接通地脉，生命之雨"，展示陈忠实在《白鹿原》之后的创作、生活和工作；五、"人与文：在文学和历史的长河中"，展示《白鹿原》的研究、评论成果，问世以来的各种社会评价和反响；六、"白鹿书院：文化育人，教育树人"，展示2005年陈忠实与西安思源学院联合创办

---

[①] 原题《关于陈忠实文学馆答〈深圳特区报〉记者张锐问》。

陕西白鹿书院，陕西白鹿书院创办以来的文化活动和学术研究成果等。

**张锐**：陈忠实在家乡的文化项目有陕西白鹿书院、陈忠实故居（是否还有其他？），文学馆与其他项目的定位（亮点）有何不同？

**答**：陈忠实家乡西安市灞桥区，目前与陈忠实有关的文化项目，主要还是白鹿书院和陈忠实文学馆，这两个项目都是陈先生在世时由陈先生主持或首肯建立的。陈忠实故居是陈忠实的祖居老屋，现在还是维持原状，未做变动和改造，只是门口立了一块"陈忠实故居"的牌子。陈忠实文学馆与其他项目不同之处在于，它是专门的关于陈忠实生活、工作和文学活动的收藏、展示和研究的场馆，汇聚、展示的陈忠实著作版本、实物、图片相当丰富，是了解、研究陈忠实以及陕西文学、关中文化的重要窗口。

**张锐**：文学馆筹建时陈忠实先生还在世，先生本人对文学馆提出了哪些建议或要求？

**答**：文学馆是我提议建立并对内容进行构想布置的，设计陈列请了西安美术学院的专家指导。陈先生是个低调的人，他很相信我们，没有提过什么建议和要求。他尽力配合，包括把他手头有的一些著作版本特别是不易找的外文著作版本都捐了出来。

**张锐**：为营造文学馆的文化氛围和文学色彩塑造，在场馆布置、周边环境维护方面，有哪些建设考虑？

**答**：陈忠实文学馆位于学院图书馆广场东边，西邻并突出于学院的图书馆，东眺学院体育场地，北接学生宿舍，南与教学区相望，周围环境优美，视野开阔，是学生读书休闲的好去处，也是来宾参观的方便之地。

**张锐**：文学馆是由西安思源学院支持建设的，文学馆与学校的合作是出于怎样的考虑？在文学、文化推广等方面是否有具体的合作培养项目？

**答**：文学馆由西安思源学院支持建设，文学馆与学校合作，从十几年来的实践和效果来看，可以说是互利共赢，相得益彰。文学馆是白鹿书院的下设单位，白鹿书院建文学馆，主要是从书院的文化建设和文学研究诸目的着眼，西安思源学院支持建设，一是为了学生教育，二是为校园文化建设。西安思源学院的学生，多半是来自全国各地的农村青年，陈忠实的成长过程和奋斗经历，是学子们学习的好榜样。陈忠实出身农家，当年高考失利后，他自学成才，以学习文学改变了自己的命运，又一步一步成为作家，成为一代文学大家，写出《白鹿原》这样的足可传世的史诗性作品，他的经历，他的精神，对学校的学子无疑具有启迪和励志作用。正因如此，文学馆被西安思源学院列为学院的实践教育基地、人文素质教育基地，文学馆还被共青团陕西省委列为陕西省青少年教育基地，被陕西省社会科学联合会列为陕西省社会科学普及基地，是中国博物馆协会团体会员单位等。

**张锐**：目前文学馆的年均或日均游客量为多少？游客群体多为哪些？游客反映的文学馆最吸引他们到来的原因有哪些？

**答**：由于季节的不同，游客量也有不同。白鹿原是旅游胜地，春秋佳日，文学馆游客量日均数百近千，盛夏和冬季日均多为数十或上百人次。由于文学馆是思源学生必到之地，每年秋季新生入学，都会有组织地参观，这时候一天往往上千。游客群体多的，一是大学生和教师，二是文学爱好者和文学研究者，三是文化教育界的负责人，四是白鹿原的普通游客和陈忠实及其《白鹿原》的粉丝。一般游客来参观，是冲着陈忠实这个名字和《白鹿原》的印象来的，参观完后，他们往往会发现，陈忠实的文学经历是如此丰富，陈忠实的生活经历也是如此丰富，陈忠实的作品除了《白鹿原》之外，还有那么多，多达一百三十多种，关于陈忠实和《白鹿原》的评价、研究，会大大丰富和深化他们关于陈忠实和《白鹿原》的理解和认识。游客们认为，陈忠实文学馆是一个很专业的文学馆，它的实物、图书、报刊、图片和文字，构成了一部高度提炼的简洁的陈忠实个人生活史和文学史，同时也是一部扩展开来的陕西文学史和陕西关中的地域文化史。由一人而一地，由今天而历史，印象丰富。

**张锐**：今年春节期间，文学馆是否营业，游客来访量如何？是否有策划主题活动？

**答**：春节期间，虽然学校放寒假，但文学馆是按社会正常的工作和节假日安排开放和休息时间的。除春节几天假期外，文学馆都按社会时间开放。

**张锐**：目前是否有文创产品或书籍在纪念馆有售？销量如何？

**答**：文创产品目前正在研发中。销售的书籍有数十种，还有杂志，都是白鹿书院的学术成果，书院编辑的图书和杂志，包括像《陈忠实集外集》这样的根据陈忠实文学馆藏品和研究成果编辑而成的极具文献价值、图文并茂的书。

**张锐**：《白鹿原》开拍时，剧组是否有来纪念馆参观学习？有哪些生动故事可以分享？

**答**：《白鹿原》话剧、电影和电视剧开拍，甚至电影《柳青》开拍，都有剧组人员或主创人员来陈忠实文学馆参观，寻找"感觉"。值得一提的是，《白鹿原》话剧和电影开拍时，剧组主创人员来参观时，陈忠实先生还健在，都是陈先生亲自接待的，场面热烈而生动。但陈先生都不讲解，他说他不能自己讲自己，所以主创人员参观的时候，他坐在一边抽烟喝茶，让我或我们的工作人员讲解。

**张锐**：文学馆的建成，对西安灞桥区的文化旅游是否产生了具体的带动效应？接待过哪些国内外贵宾或文化界名人？

**答**：陈忠实文学馆无疑已经成为白鹿原或者说是西安灞桥区的一个重要的文化旅游景点。如同沈从文之于湘西以及凤凰古城一样，陈忠实与白鹿原，与灞桥，已经构成了一种文化联想和语词连贯关系，去灞桥，上白鹿原，就会想到陈忠实，或者说，想到陈忠实，就会想到白鹿原，想到灞桥。有游客说，到白鹿原，不看陈忠实文学馆看什么呢？陈忠实文学馆接待过的国家和一些省市、部局的领导就不细说了，文学界的名人非常多，如张贤亮、张炜、熊召政、舒婷、赵玫、刘兆林、李陀、何西来、雷达等。还有葡萄牙等国的驻中国大使，美国、加拿大、法国、英国、日本等国以及中国台湾、香港地区的作家、翻译家、学者、教授和艺术家等。

**张锐**：您从何时开始担任陈忠实文学馆馆长？您在任期间，文学馆召开了哪些相关文化推广活动？

**答**：白鹿书院成立后，陈忠实先生是院长，我是常务副院长，主持日常工作。文学馆是我提议并主持建设起来的，2006年建立，2016年重新改造提升，现在还有改造提升为博物馆的考虑，陕西省和西安市非常重视陈忠实文学馆的建设，正在与各方协调磋商之中。文学馆建成后，没有任命专职馆长，由于我负责并主持书院的工作包括文学馆的工作，就成了实际上的馆长。文学馆除了日常的接待、管理和研究工作外，由于文学馆场地宽阔，外面还有一个非常大的约有近百平方米的阳台，我们在文学馆还举办了很多文学和文化活动。主要的活动是举办了多届白鹿雅集，另外每年由书院或学院的学生牵头，举办多次文学和文化活动。

白鹿雅集是白鹿书院每年都要举办的文化活动。2007年5月，"白鹿雅集·春之声"活动在陈忠实文学馆隆重举行。雅集以青春、理想、人生为主题，内容有学生、诗人、作家、教授、电台电视台专业朗诵艺术家同台配乐诗朗诵，古琴名家演奏，古筝、笛子演奏等。同时举行笔会，邀请参加雅集的作家、艺术家现场挥毫泼墨。西安中国画院副院长、著名画家江文湛，徐州古琴学会会长徐永及其弟子陈华进行古琴演奏和琴歌表演。古琴演奏完毕，西安艺术品制作名家、古琴制作家魏庚虎将专家精心挑选的一把古琴现场赠给白鹿书院。西北大学文学院副院长刘炜评，西北大学播音与主持人系主任周东华，太白文艺出版社编审孙见喜，陕西电视台《都市快报》主笔渭水，西安人民广播电台主任播音员晓河，西安人民广播电台播音员何清等学者、作家、专业播音员与学生决赛代表现场朗诵诗歌。同时请专家组成评委会为学生打分评出名次，并请参加此次雅集的领导和嘉宾为学生颁奖。这个活动受到了学生的广泛欢迎，影响良好。陕西省原副省长姜信真等领导，著名作家竹林、辽宁作协副主席孙春平、青海作协副主席风马、上海《文学报》副总编辑徐春萍、中国环境文学研究会副主席郭雪波、西藏文联曲艺家协会副主席平措扎西、云南楚雄文联副主席张永祥、辽宁《营口日报》时事部主任薛涛等来自全国各地的作家、艺术家，陕西地区的著名作家、艺术家莫伸、茹桂等，陕西省教育厅专家组、西安思源学院领导及师生代表二百余位嘉宾参加了白鹿雅集。

文学和文化活动如"新世纪第一个十年的文化与文学状况"座谈会。座谈会主题由陈忠实先生拟定，他和西安地区多位作家、学者参加，西安思源学院人文学院数十位师生旁听。座谈会气氛轻松自由，作家学者所谈，皆立足于当下的社会现实和具体的文化与文学情境，视野开阔，论析深入。

**张锐：**您与陈忠实先生的交往中，先生给您留下了怎样的印象？有什么故事可以分享一下？

**答：**陈忠实先生为人有古君子之风，仁义忠厚，对待文学事业，则如朝圣的圣徒。可以说，陈忠实先生愈到后来，中华民族优秀的传统人格和精神，在他的身上体现得愈为鲜明。

故事说起来就多了，大家有兴趣的可以看我写的《陈忠实传》，编的《陈忠实年谱》，还有陈先生去世后我写的回忆文章《陈忠实的寂寞》等。

**张锐：**您本人也是作家、文学杂志主编和文学研究者，您怎样解读陈忠实先生的作品？

**答：**在陈忠实先生74年的人生中，从1965年他发表处女作开始，他的写作生涯大约有五十年，总字数大约有五百万字。他作品的体裁主要是小说，其次是散文。散文不是他写作的主项，《白鹿原》之后，也就是他50岁以后，晚年，所涉笔者基本上都是散文，其中又大多为随笔。陈忠实通过散文回到了自身，审视自己的生活，回味自己的人生甘苦，思索更为深沉的人生哲理。总体来看，陈忠实主要的是一位小说家。他写小说，从1973年写第一个短篇小说《接班以后》开始，到1992年写完长篇小说《白鹿原》为止，时间约为二十年，是他生命的30岁到50岁，可谓青壮年。二十年间，中国的历史由"文革"后期到改革开放再到改革开放的深化时期，这正是中国社会深刻转型的时代。陈忠实不是文学天才，开始创作时，他的知识结构和文学修养既不全面，也有缺陷，但他的特点，一是一直生活在他的艺术描写对象之中——乡土社会和乡土生活之中；二是他能紧跟时代，不断学习；三是勇于批判自我，面对自我，不断反思，以一种圣徒的精神苦苦追寻艺术之门，最后能坚定地走自己认定的艺术之路。他的 65 篇短篇小说、9 部中篇小说和 1 部长篇小说，基本的和最有价值的，是他写的乡土社会题材的小说。他的小说艺术，基本上可以表征当代文学的基本走向，从写政治、政策与人，到写时代、文化与人。《白鹿原》写新文化进入中国后对乡村社会生活以及各类人的影响，表现白鹿原上新文化与旧文化的激烈冲突，为民族画魂。

**张锐**：您认为兴建文学馆、文化馆的意义是什么？陈忠实文学馆对于西安的文化推广起到了怎样的作用？

**答**：人的生活不仅有经济层面，更有文化和精神层面。同理，一方地域，不仅要有经济建设，也要有或者说更要有文化建设和精神生活的去处。兴建有历史价值和文化意义的文学馆和文化馆，它显示着一方地域的文化向度和精神高度。陈忠实文学馆的兴建，对他这个人特别是他的文学世界，自然是一种弘扬。陈忠实先生的作品，写了西安和关中这一片土地上的今天和昨天，人们要了解和发现这一方地域的历史、文化和人，包括这块土地的美，文学馆这种形式，无疑是最好的形式之一。通过实物、著作、图片和简洁的文字，人们可能会在较短的时间内全面地立体地了解陈忠实和他的文学世界。胡适先生于 1923 年年底，应邀在南京东南大学做了一个叫《书院制史略》的演讲，在这个演讲中，他讲到"书院的精神"时说，书院的精神第一是"代表时代精神"，他说，"一时代的精神，只有一时代的祠祀，可以代表。因某时之所尊奉者，列为祠祀，即可觇某时代民意的趋向。古时书院常设神祠祀，带有宗教的色彩，其为一千年来民意之所寄托，所以能代表各时代的精神。……由此以观，一时代精神，即于一时代书院所崇祀者足以代表了"。陈忠实文学馆，从某种意义上说，似乎也是一个"祠祀"，从这个"祠祀"中，我们也许可以看到"一时代的精神"。

原刊 2019 年 3 月 6 日《深圳特区报》

# 陈忠实、《白鹿原》研究及其他[1]

**王刚**（以下简称"王"）：邢老师您好。您是哪一年进入西安市文联《长安》文学月刊的，能谈谈当时的情况吗？

**邢小利**（以下简称"邢"）：1984年，经我的大学老师、俄苏文学研究专家雷成德先生推荐，我到《长安》杂志做理论编辑。当时我的正式工作是在市内一所中学教书。据雷老师给我说，一次他到市上参加文学方面的会，市上有关领导还有《长安》杂志负责理论的副主编李健民说刊物缺理论编辑，合适的人难找，他就推荐了我。我到《长安》杂志工作了一段时间，李老师和编辑部还算满意，就让我办工作调动手续。

谁知这个手续一办三年，大约从1984年下半年到1987年，都没有办成。那个时代工作调动非常难，主要是学校不放我，学校放了区教育局不放，区教育局放了市教育局也难放，三关难过。大约三年之后，有人给我说，我的大学班主任王魁田老师和新城区委鲁生林书记是同学（据说王老师还是鲁书记的入党介绍人），让我找王魁田老师帮忙，王魁田老师带我找到新城区委鲁生林书记，鲁生林书记说话，学校才放了我，区教育局也放了我。我现在还记得，我和王老师找到鲁书记，鲁书记听了王老师对我的介绍，定睛看了我一会儿，对我说："去文联、作协没有什么意思，你到区委来给我当办公室主任吧。"我当即回绝："我不喜欢当官。"王老师在旁边笑着说："邢小利确实不喜欢走仕途。"前几天和几个朋友吃饭聊天，我说起这个往事，有朋友说：

---

[1] 邢小利与王刚对谈录。

· 335 ·

"哎呀，区委办公室主任是一个正处级，你当时如果去了，现在至少是一个厅局级。"另一个朋友则开玩笑说："现在也是一个贪官。"我笑了，说："贪官不会，犯其他的错误有可能。"

新城区放了我以后，正准备给市教育局做工作时，李健民老师给我说，市文联当时编制已满，让我暂时停下调动。

有一天，我和市文联资料室一位姓姚的年轻朋友下棋，前边我占绝对优势，后来一步棋走错，结果被对方下败。我想起前人的一句话，一步走错，满盘皆输，三年多的工作调动已经令我苦恼不已，我想我不能再等了，等编制也不知道会等到哪年哪月。那时，刚好省作协的《小说评论》也缺人，我跟《小说评论》编辑部的几位老师和编辑也很熟，他们想要我，还说我没有任何背景，他们喜欢这样的人调进去。于是我就想调进省作协。省作协这边办理调动非常快，我记得是1988年4月初才开始办，月底我就到省作协报到上班了。前边说过，由于新城区委鲁生林书记打过招呼，我调离学校和区教育局，办理手续时非常顺利。我至今还记得新城区教育局那个办理手续的老同志，最初我找他，说什么都不行，后来我去找他，他满面笑容，见了我居然站起来和我打招呼，当下就办完了所有手续。还有，1988年的时候，我办理调动，已经不需要经过市教育局了，区教育局可以直接放人。所以，不到一个月，我就办理完了所有调动手续。

在《长安》那四年，我在李健民老师的领导下，主要负责理论、评论文章的初审，李健民老师是复审和终审。在李健民老师的安排或指导下，也写了一些与杂志有关或与当时西安市及省上文学活动有关的消息、报道、综述、评论等文章，很受锻炼。当时也参与了《长安》杂志举办或参与的许多文学活动。比如新时期第一次全省青年文学评论工作者会议，那是由省作协《小说评论》、省艺术研究所和《长安》杂志三家联合举办的，会议在西北大学宾馆召开，开了好几天，领导会议的是胡采、王愚、陈孝英、李健民和西北大学中文系的几位老师如刘建军等，李国平、丁科民和我分别代表《小说评论》、省艺术研究所和《长安》杂志办会，至今印象深刻。还有《长安》杂志举办的柳青文学院——为青年文学爱好者进行文学授课并指导习作等,记得获得首届茅盾文学奖的作家周克芹还来授过课,我参与了柳青文学院的活动,辅导过业余作者的文学写作,就是在那次活动中,我发现了一位颇有才气的青年工人业余作者,后来还有来往,那个业余作者后来发表过一些不俗的作品。

王:当时您是理论编辑,写作也是从那个时候开始?

邢:我在上大学期间就发表过文学评论习作,如关于路遥《人生》的评论,但的确如你所说,因为是理论编辑,对理论、评论就特别关注,读得多,想得多,也写了一些文学评论或与理论沾边的文章,文学评论写作是从那个时候开始的。至于创作,也就是写诗、散文和小说,则开始的时间较早,从上初中就开始了。只是没有发表过,都是写在本子上。中学时投过稿,记忆中有两次吧,没有发表过。

王:那时候您和陈忠实老师有过接触?

邢:作为编辑特别是理论和评论编辑,那时参加省内的文学活动还是比较多的。在文学活动中肯定是接触过陈老师的,也是认识的,但时间久远,具体的接触情况记不清了。

王:从《长安》到《小说评论》,您从事的一直是编辑工作,像路遥、贾平凹早期也都曾从事过这个职业,您是如何看待这个职业的?

邢:我理解,编辑首先得是一个"专家",这个"专",是说他必须对他所编辑的学科领域有比较专门的知识和了解。像路遥和贾平凹,早年都当过编辑,路遥是《延河》小说编辑,贾平凹是陕西人民出版社文艺编辑,他们主要编发当代文学作品,那么,他们除了专业的文学知识之外,更重要的是对当前的文学创作状况有比较全面而敏锐的把握,是这一方面的"专家"。另外,编辑还得是一个"通家"和"杂家",这方面前人说得很多。我的体会是,从事当代文学理论和评论方面的编辑工作,面对的挑战很多,因为你经常面对的是一个"新"的东西,"新"人,"新"的研究对象,"新"的理论和观念,"新"的方法和技巧,这就促使你要不断地学习、不断地更新自己的知识和观念，因为文学与时代与当前的社会生活有密切的关联，你也必须时时面对新的时代和社会生活。而且，你手中的稿件，很多都是这个时代的大家和高人写的，你在读和编的过程中，包括与他们联系和交往中，都是学习和提高。所以，我觉得，从事"当代"的编辑也容易在工作中得到提高和成长。

王：从一名普通编辑到《小说评论》副主编，经您之手发表的作品很多，编辑为发表一些重要的作品需要非凡的胆识与勇气，也需要付出许多心血。在您的职业生涯中有没有特别难忘的人、事与作品？

邢：一本文学杂志，特别是评论版面和评论刊物，往往是时代风云、时代思想和文学潮流演进的记录。在《长安》时，现在还能记得的，是编发过诗人流沙河研究台湾诗人的诗评文章。在《小说评论》，由于时间长，难忘的人和作品特别多，我觉得特别值得一提的是，当年《小说评论》刊发了很多青年评论家或还在大学读书的青年学子的评论文章，他们虎虎有生气，有新的思想，新的理念，也有新方法，有锐气，给评坛给评论带来新风。记得现在的中国作家协会副主席、作家出版社社长吴义勤当年给《小说评论》来稿时，还是苏州大学的在读博士。还有上海的李劼，在《小说评论》发过多篇文章，影响一时，至今回看，仍然不失魅力。

王：作为编辑，有没有失误和遗憾？

邢：失误似乎没有。遗憾一定是有的。所有的遗憾都是我认为的好文章发不出来。原因种种，种种原因。

王：您是从什么时候开始关注陈老师和他的写作的？

邢：关于陈老师特别是他的作品，从文学意义上关注，我可能是后知后觉的。尽管《白鹿原》1993年出版后，在陕西召开了第一次研讨会，纪要就是我写的，《陕西日报》同年4月26日刊登时用的题目是《一部展示民族秘史的力作》，《小说评论》1993年第4期刊登时用的题目是《一部展现民族灵魂的大作品》，但我那时对陈老师和《白鹿原》都还认识不够，特别是研究不够，所以我当时没有写过评论。

从文学研究的角度关注陈老师和他的作品，大约是在 2000 年的时候。那个时候，我明确意识到，陈忠实和他的作品，具有文学史的意义。

**王**：系统写作《陈忠实年谱》《陈忠实画传》《陈忠实传》到完成它们，这个过程是多久，陈老师看过之后又是什么态度？

**邢**：单独出版的《陈忠实年谱》，第一版是 2017 年 4 月由陕西人民出版社出版的，增订本也就是第二个版本是 2021 年由北京华文出版社出版的。可以说，写这本书前后用了二十年时间。《陈忠实画传》从 2012 年出第一版到 2022 年出版增订再版本，前后也用了十多年时间。《陈忠实传》从 2015 年由陕西人民出版社出第一版到人民文学出版社 2018 年出版增订本，前后也用了好几年时间。

2015 年 11 月，陕西人民出版社出版了《陈忠实传》。我还没有顾上送先生，就有热心人买来送他了。先生自己也买了一些书送人。先生看过之后对我说："一、写得很客观。二、资料很丰富，也都真实。三、分析冷静，也切中我的创作实际。四、没有胡吹，我很赞赏。"

**王**：评论家李建军老师在《陈忠实的蝶变》（二十一世纪出版社 2017 年版）中说，陈忠实经历过至少两次精神蜕变和文学蝶变。您是如何认识陈老师的这种"精神蜕变"和"文学蝶变"的？

**邢**：我认为，陈忠实是当代文学代表性的作家。20 世纪 80 年代初期，陈忠实具有农民、农村基层干部和业余作家三种身份，这三种社会角色使他经常陷于矛盾纠缠之中。陈忠实通过自己的不断努力，"剥离"了狭隘的农民精神视野、政策执行者的角色和思想认识方面的诸多狭隘的或片面的观念，使他不断突破旧有思想观念的束缚，追寻审美境界的人生。他的"剥离"就是精神和心理上的洗心革面和脱胎换骨，而"剥离"之后的"寻找"，主要是寻求人生的审美的意义世界。经过这个寻找自我的过程，陈忠实成为一个时代标志与代表的大作家。

**王**：您觉得《白鹿原》成功的原因是什么？

**邢**：是《白鹿原》的思想和艺术成就。传统中国是一个乡土社会，现代以来，鲁迅、沈从文、赵树理、孙犁、柳青、刘绍棠包括浩然等一系列作家用作品写过乡村和乡土社会，当代的许多作家如张炜、路遥、贾平凹、韩少功等也写农村和乡土，他们各有各的思想和艺术成就，但像《白鹿原》这样，以一部长篇小说艺术地展现乡土社会的全景，思想深刻、人物丰富典型的艺术长卷并不多见，甚至是仅见。

王：《白鹿原》题记引用了巴尔扎克的"小说被认为是一个民族的秘史"。这句话的指向是哪里，您是如何理解这句话的？

邢：据我所知，"小说被认为是一个民族的秘史"，说是引用巴尔扎克的话，但准确的出处并没有找到。陈老师当年爱读《世界文学》一类译介外国文学的杂志，他应该是从这样的杂志中读了什么文章后对这句话有一个记忆，然后引用在《白鹿原》卷首，他没有注明出处。我一直想找到准确的出处，但没有认真找过。曾听一位读书很广的朋友讲过，"小说被认为是一个民族的秘史"，是有人评介巴尔扎克时引用巴尔扎克的话，原话说的也不是"秘史"而是"野史"。也就是说，陈老师读的并不是巴尔扎克的原文，而是有人引用的巴尔扎克的话，原话可能是"秘史"，也可能是"野史"。这个待考。

"秘史"曾被释读为"心灵史"，"野史"则是与"正史"相对而言，"正史"有许多避讳，"野史"虽然有一些"假语村言"，但可能更接近真实。

简单地说，在我看来，陈老师当时很明确，他当时引用巴尔扎克这句话，一方面表明他服膺巴尔扎克的现实主义，另一方面，他心目中的"民族的秘史"就是民族的"文化心理"。关于这方面，我在《陈忠实传》中有较详细的考述。

王：学者梁鸿在《"灵光"的消逝》（中信出版集团2021年版）中谈到，《白鹿原》中性描写在小说中承担着"角色"，也就是说它寄寓了陈老师某些思考和情绪。您如何看待这个问题？

邢：新中国成立后，讲求四新：新思想、新文化、新风俗和新习惯，还讲"全新的社会，全新的人"。在这样的历史文化背景下，小说中涉及的男女关系，总体是"禁欲主义"的。"十七年"中的小说一般都写得很"干净"。

《创业史》第二十一章中描写富农姚士杰和素芳发生关系的那一段，初版本写得其实已经很"干净"了，但后来的版本还是删得一点痕迹都没有。"文革"中的小说更不用说。到了新时期，一些小说写到男女关系，也不算过分。可能涉及性比较大胆的，还是到了1993年《废都》的出现。《废都》也因此被禁多年。

《白鹿原》中涉及性的描写，还是很适度的。当然，即使如此，这些描写在陈忠实的小说中，也还是很有突破性的。总体上看，陈忠实是一个小说家，除长篇小说《白鹿原》之外，他还写了54个短篇小说，9个中篇小说。通览这些小说，我们可以发现，陈忠实的笔下，男人多，女人少，他善于描写男人，对中老年男人的把握和描写尤其精妙。他笔下的女性形象与男人形象比较起来，在真实性、深刻性和丰富性上，可能还稍逊一筹。陈忠实最初的写作是没有"性"的概念的，最多写一定程度上的爱情。写《白鹿原》时，面对那宏阔的历史，面对丰富、复杂甚至有些诡谲的生活和种种人物，他意识到回避性是不可能的，写人写生活也是不完整的。他说："在写作时，我给自己写过一张提示性的小纸条——'不回避，撕开写，不作诱饵。'"

性描写在《白鹿原》中承担着"角色"，这是一定的。陈忠实是严肃的作家，他在《白鹿原》中写性，每一处都有他的思考、情绪和意欲表达的意义，而且都颇为精彩，这需要具体的文本分析。

王：《白鹿原》中的白嘉轩是"新地主"形象，他和路遥《人生》中的高加林一样，都是文学史能区别其他人物的一个新形象。这可以不可以看作是陈老师的一种"自我寻找"？

邢：2003年10月，我和陈老师在杭州参加首届"浙江作家节"，10号那一天，他提前返回西安，当天晚上在西安东门外的秦朝瓦罐饭庄与参加"华山论剑"的金庸见面。晚宴上，金庸对陈忠实说："我很喜欢《白鹿原》，你胆子大，敢给地主翻案，在（二十世纪）五十年代，这是要杀头的。"陈忠实说："你看懂了。"

2014年3月10日《南方人物周刊》刊出金庸一段答记者问：

记者：一百年来的中国作家，您比较喜欢的有哪些？

金庸：一百年有很多人啊。沈从文吧，文字好，路子好。……巴金也喜欢。

记者：当代有吗？

金庸：当代喜欢陈忠实，《白鹿原》。

从金庸这个谈话中，可以看出，"敢给地主翻案"确实是《白鹿原》的一个突破性的艺术贡献。把白嘉轩这个人物形象放在中国文学史特别是当代文学史的长河中看，说白嘉轩是"新地主"形象，一点都不差。还要再强调一点，传统中国基本上是一个农村、乡土社会，大大小小的地主是中国乡土社会的主角甚至是核心人物，但写出真实、丰满而且生动的地主形象的文学作品并不多，甚至没有。我们可以看到，二十世纪四十年代以来的很多文学作品包括戏剧作品，地主形象不是大坏蛋就是小丑。《白鹿原》中的白嘉轩当然是地主，也是一个人，一个热爱土地并且视土地如命的农民、庄稼汉，一个父亲、家长和族长，他真实、丰富而且有自己坚定的人生信念和并不自觉的文化坚守。他是一个全新的文学形象，也是一个"新地主"形象。

能塑造出这样的全新的人物形象、地主形象，从陈忠实的创作历程来看，无疑是他作为一个作家"自我寻找"过程中的一个丰硕结果。

**王**：从《寻找属于自己的句子——〈白鹿原〉创作手记》中，我们能看到陈老师的自我的突破——寻找新的文学观念，寻找精神上新生，寻找属于自己的句子。您把这个过程称为"剥离"与"寻找"。这种转变是如何发生的？

**邢**：对于当时的陈忠实来说，这种转变的发生，是危机，是陈忠实明确意识到的创作上的危机。他明确意识到，尽管此前他在创作上也取得了一些能引以为傲的成绩，生活有所改善，待遇有所提高，但如果满足于此，他也就是一个平凡之辈。而面对当时八十年代那种日新月异的时代进步与变化，包括文化、思想和文学创作中的种种变化，他意识到，自己如果不能跟上时代前进的步伐，就会落伍。而文学创作的要求更高，它需要一个作家既要跟上时代、走在时代的前列，更需要超越一个时代的更为超拔的文化视野与精神格局。

1985年前后的中国文学，是一个转折点。其中重要的是两个方面，一个是"先锋"，一个是"寻根"。一个向前求索，一个向后探寻。对陈忠实来说，他在解析他正在写作的《蓝袍先生》中蓝袍先生这个人物的精神历程并揭示其人生轨迹时，也在解析自己。"剥离"与"寻找"是陈忠实后期创作特别是《白鹿原》创作必要的艺术创造心理过程，没有这个"剥离"与"寻找"，就没有后来的作家陈忠实，当然也就没有《白鹿原》。因之，陈忠实的"寻找"过程，同时也是一个"剥离"过程；"剥离"的过程，同时也是一个"寻找"的过程。

王：有没有过一本书（一部作品），对陈老师写作《白鹿原》有过至关重要的影响？

邢：若说对陈老师写作《白鹿原》产生至关重要的影响，我觉得应该是两本书、一个理论，是三个不同方面的重要影响产生的合力，促使《白鹿原》孕育成形。

一本书是魔幻现实主义的开山大师、古巴作家阿莱霍·卡彭铁尔的中篇小说《人间王国》。卡彭铁尔对陈忠实启示最深的一点，是陈忠实对自己乡村生活的自信被击碎了。陈忠实此前一直引以为傲的，就是他对农村生活的熟悉。他曾说过，他在思想的高度和艺术的成熟度上可能比不上柳青，但论对农村生活的熟悉程度，他绝对不亚于柳青，甚至胜过柳青。读了《人间王国》后，他感觉自己对于乡村的生活知道得太狭窄了，因为他熟悉的只是农村生活的现在，亦即当代，对农村包括他所生所长的家乡的历史，并不十分熟悉。只知当下，不知以往，遑论未来。

另一本书是加西亚·马尔克斯的《百年孤独》。此书对陈忠实的影响，一是他在他熟悉的现实主义创作方法中糅进了魔幻现实主义，二是专注于写一方地域，诚如他曾对一位朋友说的"弄他一个马孔多"，这就是他后来创造的白鹿原这个文学世界。

一个理论是李泽厚提出的"文化心理结构"说。20世纪80年代中期的文坛，主义、流派、方法异彩纷呈，"各领风骚一半年"，而其中的"文化心理结构"的创作理论，使陈忠实茅塞顿开。"文化心理结构"这一概念，最早是由李泽厚提出的。李泽厚在美学、哲学和思想史诸方面进行研究时，提出的有关"主体性"的理论和"心理积淀""文化心理结构"等学术概念，对于我国的美学、哲学、思想史、文化以及文艺理论诸领域的研究都产生了较大的影响，直接或间接地引发了新时期美学和文学理论的更新和突破。一批具有革新意识的文学研究者如刘再复等人，把"主体性""心理积淀""文化心理结构"等概念和理论引入文学研究和文学批评领域，对我国当时的文艺理论研究和文学批评形成强大的冲击，引起强烈的反响。陈忠实由此理论得到启示，他的创作开始由表现人物性格转为探寻人的心理结构。探寻对象就是他生活的渭河流域，这块华夏大地上农业文明出现最早的土地，它的历史和现实的文化对人的心理结构的塑造。

王：《白鹿原》之后为什么再没有长篇小说，坊间有很多说法。作为陈忠实研究专家，您怎样理解并看待这个问题？

邢：据我所知，陈老师当时至少有两个长篇题材的创作计划或设想，都是当代跟农村有关的题材。记得当年我跟陈老师聊天时说过，你最熟悉的，应该还是当代的农村生活，因为你生在农村，长在农村，学在农村，早年工作在农村，当过农村基层干部，农村的生活和方方面面的人你都熟悉，再写一部当代农村题材的小说，可能比《白鹿原》更好。他沉吟不语。他后来去过礼泉、户县等地，做过调查，也买过与上述两地有关的农村的人与事的书。为什么没有写？我想至少有两个方面的原因：一是后来陈老师因为担任一些职务，他的时间并不宽裕，二是写当代比写前代更有难度。陈老师是那种不写则已，要写就要写出"垫棺作枕"作品的作家，他当时的计划和心中的波澜只有他自己知道了。

**王**：在我的印象中，关于这三部书，一开始陈忠实老师不太能接受传记这种形式，后来又同意了，先出版了《陈忠实画传》，当时我也曾参与编辑。能否谈谈这三部书的一些具体情况？

**邢**：你说得对。陈老师当年一开始是不同意写传。他认为传记必须真实，而且要写出相对比较全面的真实，他做不到这一点，现实的种种方面也不允许做到这一点。后来的情况前边已谈到。

《陈忠实画传》是最先出版的，2012 年由陕西师范大学出版总社出版，你是责任编辑之一。这本书已经出版了三个版本，每一版都有较大的增订，越出越漂亮。这本书当时附有一个简略的年谱，后来我用五年时间重新增补这个年谱，2017 年陕西人民出版社出版了二十多万字的较为详尽的《陈忠实年谱》，2021 年北京的华文出版社又出版了近三十万字的更为详尽的《陈忠实年谱》增订本。《陈忠实传》2015 年由陕西人民出版社出版，陈老师当时在世看过，2018 年人民文学出版社出版了全新的《陈忠实传》增订本。

**王**：在外界看来，陈老师一直是淡泊名利的人。根据您和他多年的交往，他是如何看待名利的？

**邢**：从陈老师本人来看，比较而言，他不那么汲汲于名利。他为人做事，没有那么急功近利，不贪不占，急公好义，在同事、朋友和社会上，有一个清正、廉洁而且非常仁义的好名声。但他无论是私下聊天、公开谈话还是写文章，都说过，追求名利是人的本性，也是必然的和应该的，当然也是正常的。

陈忠实说："毋须讳言，我向来不说淡泊名利的话。反之，在一定的场合和相关的文字话题中，我鼓励作家要出名，先出小名，再出大名……""我希望有中国作家包括陕西作家能出大名，大到让世界都能闻其名而赞叹，当是我的国家我的民族我的家乡的大幸。""再说利，作家通过自己的创作劳动赢得酬报……是为正道，有什么可指责的呢！要求喝着玉米糁子就着酸菜的作家'淡泊'名利，缺乏人道。"

**王**：陈老师和他同时代作家最大的区别是什么？

**邢**：是陈老师那一张脸。刀刻一般满是粗深皱纹的脸，那一双坚定而锋利的眼睛。满是皱纹的脸写着岁月、沧桑、生活，还有艰难。锋利的双眼能看透生活，穿透历史。

**王**：未来在陈忠实研究方面还有新的研究计划吗？

**邢**：已经有一本《陈忠实研究》的书，三十多万字，是多来年研究论文和与陈忠实生平有关的考述文章的汇集，有的文章发表过，有的至今未能发表。该书还没有正式出版。现在出版较难，等等看吧。

计划写一本《陈忠实评传》。真正的评传。

**王**：《白鹿原》问世以来，相关研究著作不断出版，您觉得《白鹿原》在未来会不会形成像"红学"一样的"白学"？

**邢**：《红楼梦》之所以有"红学"，是因为它有极高的艺术成就和极深的思想蕴含；是因为它的博大精深，它与它问世的那个时代乃至整个中国历史与文化都有纵横交错的关联，放在整个中国文学史中，奇峰突起，高山仰止；也因为其作者曹雪芹的奇妙以及其家世的高深莫测；也因为《红楼梦》是前朝古人之作，研究没有什么禁忌。因而才有说不尽的《红楼梦》和"红学"。

古代四大小说名著之所以能成为名著经典，当然是因为它们代表了一个时代小说创作的艺术高度，各有各的极高的思想与艺术成就，也因为它们各有各的题材领域，是一个生活领域方面的杰作。你要了解这个领域的生活，就要看这部作品。《三国演义》是政治与战争题材，写的是一个社会的主流领域与显在生活；《水浒传》是江湖侠义题材，写的是与社会冲突、逸出主流社会、逃亡在途或占山为王的各路好汉；《西游记》是半人半仙的神魔题材，是佛、神、仙、魔的亦真亦幻的世界；《红楼梦》是贵族家庭生活题材，四大名著的题材各有各的代表性和典型性。我反复强调，传统中国是一个以农村为主的乡土社会，写农村、写乡土社会的小说作品，现代以来，作品很多，佳作不少，但像《白鹿原》这样，叙写乡土而如此丰富深厚并且具有经典意义的作品似为独见。因此，《白鹿原》会否形成"白学"，我个人觉得有基础。

现在的问题是，研究方面的禁忌还是不少，未能形成对《白鹿原》包括其作者陈忠实的全方位的和更为深入的研究。"白学"能否最终形成，只能有待于现在和未来的天时地利人和吧。

王：您是如何看待陕西文学的未来？

邢：清人赵翼说，江山代有才人出，各领风骚数百年。廉颇们老矣，陕西文学的今天和未来，寄希望于包括你在内的年轻人。没有年轻人的出头和出来，就没有陕西文学乃至整个中国文学的未来。

王：谢谢您接受我的访谈。最后，邀请您给西安市文学艺术创作研究室公众号"文学西安"和它的读者写一段寄语。

邢：熟知历史，放眼世界。大胆创新，收获未来。

原刊 2023 年 2 月 28 日"文学西安"公众号

# 研究陈忠实是天时地利人和[1]

**季风**（以下简称"季"）：陈忠实先生生前曾犀利地批评说，当前长篇小说创作中没有史诗性作品，是因为作家的思想缺乏力度。他表达的意思是否是指我们当下的作家们集体思想软弱，作品缺乏穿透历史和现实的力度？

**邢小利**（以下简称"邢"）：陈先生所谈，是他对当年长篇小说创作数量大，但"史诗性作品"缺乏现象的一个看法，认为"史诗性作品"与"作家的思想力度"有内在关系。至于你这里问的"作家的思想缺乏力度"是否由于我们作家们"集体的思想软弱"，这个我不以为然。我觉得这是一个比较复杂的问题。一个或几个作家"思想软弱"有可能，但我不相信这个时代"我们作家们"会"集体的思想软弱"。

另外，"史诗性作品"固然需要"思想力度"，但有"思想力度"的作家并不一定都去写"史诗性作品"。有《白鹿原》那样的具有史诗性的长篇小说，固然很好，但一些散文、随笔以及报告文学等，也能穿透历史和现实的纷繁烟云，比如鲁迅当年的一些散文和杂文，改革开放这几十年来，国内也曾出现了许多颇有思想力度的作家，他们的散文、随笔、报告文学甚至论文都有思想的穿透性力量。

**季**：您和陈忠实在一个单位工作整整二十八年，是朋友加同事，这段忘年交至关紧要，他是否在某种情况下影响到您的散文写作及思想？您的评论也有散文形式的韵味，您觉得他对您影响最多、最大的是什么？

---

[1] 邢小利与季风访谈。原题《非常对话：关于陈忠实研究及其他》。

**邢**：作家协会这种单位，大家在一起工作，我觉得，不管年龄有多大差距，彼此都是一种同事的关系，有的可能同时也是朋友。此外，没有更多别的。这种文化单位，就像我年轻时在新华书店工作时一样，年龄有代差的，年轻的会称年长的为老师，这是一种尊称，但彼此并没有师生关系，它不是学校里的那种师生关系。我和陈老师同事二十八年，我对他的为人和创作非常敬重，但他在文学写作上，对我并没有影响。我对他的研究及其作品的评论，是面对作家对象和文学文本，持的是客观、理性的态度，并不带其他的因素。

正因为我们离得非常近，我看得非常清楚，我的文学理想和他的文学理想并不是一类。我能理解并能欣赏他的作品，但我们的文学理想和审美趣味并不一致。比如，陈老师说过，《红楼梦》里的那种人和生活他不理解也不欣赏，《红楼梦》他也看不进去，而我认为《红楼梦》是中国最好的小说。中国的诗人中，我最喜欢陶渊明和王维，但我几乎没有听过陈老师谈过陶渊明，他晚年写毛笔字，偶尔也写一些王维的诗，但我看不出他对王维的诗有多么欣赏，或者说欣赏王维的什么。陈老师对隐逸、空灵、恬淡一类风格，在我看来，他似乎没有多少感觉，也不太欣赏。有一年我们做客泾阳，有人请他写毛笔字，我在旁边看，他要给我写一张，问我写什么，我说那就写王维诗句"行到水穷处，坐看云起时"中的"坐看云起"四字，他踌躇了一会儿，才肯下笔，写完这四字，最后还用小字写上"小利雅兴"，表明这是应我要求写的。

陈老师的艺术气质和我也不一样。他喜欢听秦腔，我喜欢听古琴。同样是现实主义作家，他喜欢巴尔扎克，我喜欢罗曼·罗兰。他抽烟并且抽雪茄，我不抽烟。他喝酒，我不喝酒。

陈忠实创作所受的影响，用他的话说，早年有两个老师，一个是赵树理，一个是柳青，后来是苏联的肖洛霍夫、柯切托夫，是法国的莫泊桑和俄国的契诃夫，是古巴的卡彭铁尔和哥伦比亚的马尔克斯。陈老师的写作是乡土的现实主义的，他的写作目的带有一定程度的实用主义或者说功利主义。这种实用主义或功利主义既是个人意义上的，也是社会意义上的。而我认为，文学更多是个人的、个性化的，是审美意义上的。

**季**：这点您谈得很深刻！谢谢您直言不讳。当然，我们知道陈忠实先生倘若还在，也会理解其中的文学意义。

陈忠实当年"垫棺作枕"作品完成，也成了真正的老汉，心性豁达，人生通透，您觉得他最快活和自得的事情是什么？您也是长安的"邢老汉"，您最快活和自得的事情是什么？

**邢**：你这个问题是一个很有趣的问题。陈老师是一位把文学当事业当最大最终追求的人，他的人生目标就是写一部死后可以"垫棺作枕"的作品。他五十岁完成了《白鹿原》，"他最快活和自得的事情"当然是写成了《白鹿原》，而且《白鹿原》被中国当代文学研究会会长、评论家白烨称为"中国当代长篇小说的珠穆朗玛峰式的里程碑性精品"。想象陈老师的心境和心情，差不多就是革命现代京剧《红灯记》中李玉和念白中所说的："有您这碗酒垫底，什么样的酒我全能对付。"

2001年6月某日，陈老师在一个雨天给我打电话，得知我也在长安乡下住着，他很高兴，信口说道："君在城之南，我在城之东。隔了一道原，都是乡下人。"他当年再回乡下住另有原因，而我住在乡下是常态。我到省作协没有几年，就借老宅迁移的机会在乡下老家盖了几间房，带一个院子，起名"南山居"，时时回去住。陈老师是在2001年春节过后回到乡下住的，后来住了两年。他回乡下住和我回乡下住，心境是不一样的。我这人比较闲散，想在乡下盖房闲居，是三十多岁就有的念头，盖了房后，又不断地在院子里折腾，一会儿种树养花，一会儿又挖出一个鱼池，寻找江南的感觉。最近我又把院子里的鱼池填了，用青石全部铺平，因为鱼池夏秋容易生蚊子，而且水底容易脏，又不好清理。你问我最快活和自得的事是什么？实话实说，我最快活最自得的事，就是一天什么事也没有，闲着，没人找，无事干，一个人待在乡下，望山，看云，读书，听音乐。我还在南山居前边弄了一个园子，养花种树置石。多年前我和陕西师范大学的畅广元老师闲谈说，我特别喜欢陶渊明的"抚孤松而盘桓"的意境，但我要在园子里种三棵松树，抚三棵松而盘桓。畅广元老师说："看把你得能的！"现在，我的园子里前边长了三棵松，后边也长了三棵松，中间还有一棵松树，已经有了七棵松树，可称"七松园"，盘桓其间，其乐融融，乐不思蜀。当然，园子里还有很多其他的漂亮的树，四季可以开放的花，还有一些奇石美石。每到傍晚，很多知名和不知名的鸟雀从天上各处纷纷归来，落在我的园子里的树上，我就欣喜万分。看着其他的庄户，家家都是一砖到顶水泥灌满的院子，没有一棵树，当然也没有鸟儿飞到他们家，我就十分得意，快活而自得。

是不是可以这样说，陈老师是人生为艺术，我是艺术为人生，生活艺术化。

**季**：说得好，还真让人有向往效仿做当代魏晋名士的欲望。您对小说艺术的理解精辟到位，是否好小说必然要揭示事物本质，直抵读者心灵深处，并观照到历史的隐秘？您觉得《白鹿原》达到了吗？国内现在有什么样的作品能和《白鹿原》并肩而立？

**邢**：从你说的三点来看，我觉得，《白鹿原》是达到了的。当代中国的好小说还是不少的，但不一定都同时符合你说的这三个标准，而且好小说也许还有更多的衡量尺度。在我有限的阅读看来，张洁的《无字》，阎真的《沧浪之水》，阿来的《尘埃落定》，张炜的《柏慧》，李佩甫的《羊的门》，路遥的《人生》，贾平凹的《废都》，余华的《活着》，叶广芩的《采桑子》，都是好小说。好小说就是好小说，各有各的好，也可能各有各的局限，但都是独立的艺术存在，好比春花与秋树，彼此最好不比，也不相提并论。

**季**：评价重要人物就像看待大树，应该看整体，也看他枝枝节节，甚至虫钻咬过的地方，中国现当代作家群里，您最看重哪个作家、什么作品？为什么？

**邢**：我可能没有最为看重的作家。我不唯一。我喜欢有自己风格的作家，真正的作家中，我甚至认为谁并不一定比谁高多少。现当代文学的历史，从新文化运动算起来，也就是一百年多一点，在历史的长河里，一百年不算长，那么多作家，那么多作品，还需要大浪淘沙，还需要历史的汰选。我当然看重深刻也尖刻的鲁迅，但我也看重纯真也简单的沈从文。我还特别欣赏张爱玲、张洁这样的女作家。有时候，我觉得女作家可能在某些方面比男作家更敏锐也更深刻，比如对人性的体察，比如从寻常生活中发现不寻常的意义，当然她们更有文学必不可少的情感深度，有比男性作家更深更广的情感体验与观察。

**季**：谢谢您认可中国女性作家在文坛的地位！

过去中国城乡的贫富差异很大，最大的特点是三分之一的人住在城市，而三分之二的人住在农村。现在的乡村振兴，需要依靠居住在村庄的人们才能振兴，但是很多青年选择继续在城市打工、安家，村庄再难以看见五十岁以下的男女。乡土文学的观念也在逐渐淡化，人们对乡村的印象也变得生疏，您觉得当下的中国作家面对乡土，如何选择表达？是从历史回望切入，哀叹百年乡土精神沉沦将要不再，还是主动选择刻意回避，把自己变成所谓的新时代再生作家？

**邢**：几千年的中国，主要是一个乡土的中国，也就是农村的中国。中国的城市化进程主要发生在最近三十年，而这三十年确实如你所说，变化非常之大，特别是青年人纷纷进城，农村面临很多问题。面对今天的农村现实，乡土文学如何写？我觉得，文学从来是要面对真实的，真正地面对真实的现实，同时作家需要具备丰富的历史知识，具有历史发展的意识，既着眼于古往今来的历史现实和历史发展逻辑，也要有世界视野，有现代理念，从历史发展的逻辑和世界视野、现代理念的角度，宏观把握，又能真正熟悉真实的农村，把握现实的农村，特别是熟悉农村的各类人物及其心理与思想，是能写出好作品、大作品的。

你发现没有，那些有历史深度的现实主义小说，差不多写的都是时代的转变之际，所谓"代际转换"。我们熟悉的柳青的《创业史》是这样，路遥的《平凡的世界》是这样，陈忠实的《白鹿原》也是这样，《创业史》写的是新中国成立后土地改革农村实行合作化运动，《平凡的世界》写的是1975

年到 1985 年这十年，农村土地承包，农村人口松动，农民可以进城这一时期的故事，《白鹿原》则写的是整个传统社会崩溃、"皇帝死了"之后、新的社会制度如何建立、新的文化如何产生、革命与反革命、旧人退场、新人登台的历史巨变。

作家要有历史意识，熟悉真实的农村和各色人物，有现代思想和前瞻思维，也许能写出好的反映今天现实农村、表现新的价值理念的作品。

**季**：您的《回家的路有多远》《长安夜雨》《种豆南山》等作品，都是 2000 年前后的散文力作，在读者群里影响甚大，但您当时主持理论性刊物《小说评论》杂志，也写评论，并在评论界颇有建树，是否理论工作影响了您的散文创作？您怎么看待自己的散文写作，包括您以散文作家及理论家身份谈谈，当下的散文写什么，如何写，散文的时代能否在文体上影响到我们的生活？

**邢**：散文是一种最为贴近主体心灵的文体，我写散文，是依着我的心来的。我说过，"我的散文是我心灵的颤抖"。我站在时代的大风中，淋着现实的雨，踏着脚下的土地，心有所感，则笔而记之。我写散文从不刻意为之，没有宏大计划，也没有长远规划，心有所动则写，心不动则笔不动。写评论做其他并不影响我。

当下的散文写什么，如何写？这个我不敢说，也说不了。

**季**：我们知道您写了《陈忠实传》《陈忠实画传》，整理过陈忠实先生的很多资料，也是研究他的权威专家。您前后用了十五年时间做这种工作，是因为几十年朝夕相处的同事感情还是其他原因？

**邢**：我写《陈忠实传》，编写《陈忠实年谱》，编《陈忠实集外集》，一是我认为陈忠实能进入文学史，为他作传和整理有关资料有必要；二是我觉得，因为我与他是同事也是朋友，对他比较熟悉，我又是做文学研究的，对历史也颇感兴趣，也写小说和散文，似乎有一些先天优势，在传记写作所需要的材料掌握与考辨、理论与文本分析、事件叙写等方面似乎还能胜任，所谓天时地利人和，所以才想着去写。

**季**：长安底蕴深厚，尤其是文脉郁郁，散文作家以您和朱鸿等为首，画家以杨晓阳等为代表，能确切谈谈您的家乡吗，包括您当年求学的环境？

**邢**：我出生在青海省海西蒙古族藏族自治州德令哈市，一岁多的时候，被父母送回老家长安县（今长安区）杜曲公社（今杜曲镇）东江坡村（现在与东边邻村西韦村合并后叫兴教寺村），由我爷爷和奶奶带大。1972年我十四岁进西安城，回到我母亲身边。后来一直在西安读书、工作。我觉得我的家乡是世界上最好的地方。有一位高人曾对我说，你的家乡在中国独一无二，世界上也少有，为什么？你居住在大山（中国最高最长的山脉是秦岭，我家正南方向即是终南山太乙宫）、大川（樊川，汉代刘邦大将樊哙的封地，故称樊川。此地有韦曲、杜曲，唐代有"长安韦杜、去天尺五"之说，为王公贵族居住之地）、大原（少陵原，唐代诗人杜甫曾居此地，故号少陵）、大城（长安城）、大河（黄河最大支流渭河）之间，这样的地理位置世上少有。我们村子面朝终南山，背靠少陵原，村子南面还有一条潏河自东向西流过。村东是兴教寺，又称"大唐护国兴教寺"。兴教寺在唐代是樊川八大寺院之首，中国佛教八宗法相宗（又称唯识宗、慈恩宗）祖庭之一。兴教寺里边的兴教寺塔是唐代著名翻译家、旅行家玄奘法师长眠之地。后来玄奘的弟子窥基法师和圆测法师也归灵于此，建塔陪伴在玄奘灵塔左右。兴教寺塔与大雁塔、小雁塔都是唐代建筑，为西安现在仅存的三座唐代建筑，前多年被联合国教科文卫组织列为"世界文化遗产"。村西有一个道观，叫药王庙，供奉孙思邈，始建于北宋年间，"文革"破"四旧"时被毁。前多年重建药王庙，原匾早已不知去向，村上让我请陈忠实题写了庙名，制匾于上。我的朋友来我们村里游览，常说我们村风水极好，坐北朝南，北倚少陵原，南眺终南山，村南有河，东有兴教寺，西有药王庙，东佛西道，村中有儒生，儒道佛都有，是典型的中国文化乡村。我们东江坡村，据史书记载，最早见于东晋时期，原名羌堡，后演变为姜堡，宋人张礼在《游城南记》中记有"越姜堡过兴教寺"，姜堡即今江坡，系谐音演变而成今名。清嘉庆《咸宁县志》记为东江坡和西江坡二村，沿用至今。大户姓从东往西，依次为李、王、田；小户姓为姚、席、南、邢、刘、高等。我本姓席，后随母姓，改为邢。

村中原有一个小学，我在那里上完了小学，后到我们村东边的韦村初中，读了初中第一年级。初二时进城读书。我上小学时，爱读课外书，主要是小说，也读过《红旗飘飘》一类的书。书主要是借，那时能借能看到的书，主要都是现在所谓"十七年"（1949—1966）的小说和革命回忆录、革命故事之类，也有一些"文革"中出版的书，至今还记得《渔岛怒潮》（1972年出版，作者姜树茂）这样的小说。多年前我还在网上买了这本小说，当然没有再看，只是看着亲切，买回来是对过去的一个纪念。此外也读过《水浒传》《三侠五义》这样的书。曾经借到一部《红楼梦》，当时年纪小，还在上小学时，读时完全的不知所云。能读《红楼梦》，最好在四十岁以后，读懂《红楼梦》，最好在五十岁以后。

**季**：古代四大书院有河南商丘的睢阳南湖畔的应天府书院、河南登封嵩山的嵩阳书院、湖南长沙岳麓山书院、江西九江庐山的白鹿洞书院，都是"古往今来，先圣后贤同脉络；天高地下，四时百物共流行"的古代第一名校。尤其是江西庐山五老峰的白鹿洞书院，是四大书院之首，和您主持的白鹿书院，是否有相通之处？当时陈忠实等成立书院时初衷和背景是什么，现在能否单独招生，又是怎么发展的？

**邢**：这个问题，我想引用陈忠实先生当年在白鹿书院成立庆典上的一段话来回答。陈先生说："书院是教育和学术研究机构，同时它又是一种文化和精神的象征。我们办白鹿书院，一是要承继中国传统文化之精华和风神秀骨。以白鹿书院为平台，广泛团结、联系国内外的学者、评论家和作家，开展游学、讲学、讨论等交流活动，让传统文化在现代化进程中焕发生机。白鹿书院诞生在古长安这块具有深厚文化底蕴的土地上，我们将会开掘源远流长的关中文脉，关学精神，探索促进传统文化向现代转型的新途径。第二，我们现有的这些人差不多都是从事文学和艺术的人，文学和艺术只是大文化范畴里的一系，文学、艺术与社会、历史和人的生存形态有非常紧密的关联，但只是一条途径。因此，书院的研究课题将对现实问题和人类普遍面临的问题，既从文学和艺术的角度，也从思想理论的角度，以及学术的角度，进行研究和探讨，争取对我们的生活发展做出富于建设性的建树。第三，白鹿书院还会以文学和艺术为其特色，藏书、编书、教书，研讨、交流，从而对陕西、对西部乃至全国的文学事业发挥作用，为促进和繁荣文学事业起到促进作用。"这也许就是我们的初衷。

现在一般把书院分成两类，一类是古已有之的，叫传统书院，一类是二十世纪八十年代以来兴建的，叫现代书院。江西的白鹿洞书院是传统书院，我们白鹿书院是现代书院，两者除了名字上有相像之处外，没有什么内在的关系，但我们之间有交流，互相有联系。

现在的教育制度与古代大不相同，所以，我们单独招生尚无可能。我们更多的是在学术研究、文化交流及活动、编书和讲座等方面做一些工作，同时还与西安思源学院共同建立了陈忠实文学馆，对外开放，成为各方面研学交流的重要场所。

原刊 2023 年 4 月 12 日《阳光报》及同日该报公众号

# 后 记

《走近历史的陈忠实》是一部关于陈忠实、陈忠实的创作以及有关文事的考述、评论和研究文集。

文集收录了我近些年来写的此类文章的大部分。

所收文章分为四个部分,对应的主题分别是评论、纪事、纪念、访谈。评论是关于陈忠实创作道路的研究和作品评论,纪事是关于陈忠实及其文事的纪录和考述,纪念是在特定的日子写下的关于陈忠实的回忆与述评,访谈是与记者和研究者的问答录。

我另有一些关于陈忠实及其作品评论与研究的文章,已收入我的其他文集,这里不再收录。包括:

《又见白鹿》《〈白鹿原〉中关于瘟疫的描写》收入我的文学评论集《长安夜雨》增订本(陕西人民教育出版社 2006 年版)。

《陈忠实的读书兴趣和文学接受》《陈忠实的藏书》《〈白鹿原〉的版本》《陈忠实与柳青》《一个业余作者的精神面影》收入我的文学评论集《文学与文坛的边上》(中国社会科学出版社 2014 年版)。

《生命的苦难与生命的壮美——读陈忠实的散文集〈生命之雨〉》《〈陈忠实集外集〉编后记》收入我的文学评论集《陕西作家与陕西文学》(陕西人民出版社 2017 年版)。

需要说明的是,这本集子中的一些文章,当时是应约写的,发表时因为版面等原因，有的文章有删节，这里保存了原貌。另外，除两篇文章外，书中的其他文章都在报纸或刊物发表过，收入本书时，对个别文章或有删削，或有改动，或标题作了修改，特此说明。

作　者

2023 年 3 月